Julia Lackmann

Die Auswirkungen der Nachhaltigkeitsberichterstattung auf den Kapitalmarkt

GABLER RESEARCH

Julia Lackmann

Die Auswirkungen der Nachhaltigkeitsberichterstattung auf den Kapitalmarkt

Eine empirische Analyse

Mit einem Geleitwort von Prof. Dr. Hannes Streim

RESEARCH

Bibliografische Information der Deutschen Nationalbibliothek
Die Deutsche Nationalbibliothek verzeichnet diese Publikation in der
Deutschen Nationalbibliografie; detaillierte bibliografische Daten sind im Internet über
<http://dnb.d-nb.de> abrufbar.

Dissertation Ruhr-Universität Bochum, 2009

1. Auflage 2010

Alle Rechte vorbehalten
© Gabler Verlag | Springer Fachmedien Wiesbaden GmbH 2010

Lektorat: Ute Wrasmann | Stefanie Loyal

Gabler Verlag ist eine Marke von Springer Fachmedien.
Springer Fachmedien ist Teil der Fachverlagsgruppe Springer Science+Business Media.
www.gabler.de

Das Werk einschließlich aller seiner Teile ist urheberrechtlich geschützt. Jede Verwertung außerhalb der engen Grenzen des Urheberrechtsgesetzes ist ohne Zustimmung des Verlags unzulässig und strafbar. Das gilt insbesondere für Vervielfältigungen, Übersetzungen, Mikroverfilmungen und die Einspeicherung und Verarbeitung in elektronischen Systemen.

Die Wiedergabe von Gebrauchsnamen, Handelsnamen, Warenbezeichnungen usw. in diesem Werk berechtigt auch ohne besondere Kennzeichnung nicht zu der Annahme, dass solche Namen im Sinne der Warenzeichen- und Markenschutz-Gesetzgebung als frei zu betrachten wären und daher von jedermann benutzt werden dürften.

Umschlaggestaltung: KünkelLopka Medienentwicklung, Heidelberg

ISBN 978-3-8349-2180-2

Geleitwort

In der Öffentlichkeit setzt sich zunehmend die Erwartungshaltung durch, dass Unternehmen ihr Handeln am Konzept der Nachhaltigkeit ausrichten sollen. Nachhaltiges Handeln impliziert, dass Unternehmen neben ökonomischen Zielen auch ökologische und soziale Ziele anstreben. Außerdem wird von Unternehmen erwartet, dass sie regelmäßig über die Aktivitäten zur Nachhaltigkeit und deren Ergebnisse Rechenschaft ablegen. Diese Erwartungen versuchen immer mehr Unternehmen zu erfüllen, indem sie einen zusätzlichen Bericht erstellen, den sogenannten Nachhaltigkeitsbericht. Häufig orientieren sich Inhalt und Aufbau des Nachhaltigkeitsberichts an den Leitlinien der Global Reporting Initiative (GRI).

Aktionäre zählen üblicherweise nicht zu den primären Adressaten des Nachhaltigkeitsberichts. Gleichwohl stellt sich die Frage, ob ein nach den Leitlinien der GRI erstellter Nachhaltigkeitsbericht entscheidungsnützliche Informationen für aktuelle und potenzielle Aktionäre bereitstellt. Diese Frage lässt sich entweder direkt durch Befragungen der Aktionäre oder indirekt durch Analyse von Börsenkursreaktionen zu beantworten versuchen.

Frau Lackmann wählt in ihrer Arbeit den indirekten Weg und untersucht mit Hilfe einer kurzfristigen Ereignisstudie, ob Informationen über die Aufnahme eines Unternehmens in bzw. die Herausnahme aus einem speziellen Nachhaltigkeitsindex kursrelevant sind. Im Wesentlichen führt ihre methodisch saubere und stringente Untersuchung zu folgenden Ergebnissen:

Mit Hilfe einer kurzfristigen Ereignisstudie kann gezeigt werden, dass die Aufnahme eines börsennotierten Unternehmens in einen Nachhaltigkeitsindex, beispielsweise in den Dow Jones STOXX Sustainability Index, eine positive Reaktion der Aktienkurse zur Folge hat. Die Herausnahme eines Unternehmens aus einem Nachhaltigkeitsindex führt dagegen zu keinen eindeutigen Kursreaktionen.

Die langfristige Ereignisstudie, mit deren Hilfe geklärt werden soll, ob Aktionäre mit Aktien von Unternehmen, die Nachhaltigkeitsberichte in Anlehnung an die GRI-Leitlinien veröffentlichen, langfristig höhere Renditen erzielen, führt zu keinem signifikanten Ergebnis.

Die von Frau Lackmann durchgeführte Untersuchung zur Entscheidungsnützlichkeit von Nachhaltigkeitsberichten kann ohne Zweifel als Pionierarbeit bezeichnet werden. Sie liefert wertvolle Denkanstöße für die Weiterentwicklung der Nachhaltigkeitsberichterstattung. Der Arbeit ist deshalb eine weite Verbreitung in Wissenschaft und Praxis zu wünschen.

Prof. Dr. Hannes Streim

Vorwort

Die vorliegende Arbeit wurde im November 2009 von der Fakultät für Wirtschaftswissenschaft der Ruhr-Universität Bochum als Dissertation angenommen. An dieser Stelle möchte ich den Personen danken, die mich bei der Entstehung dieser Schrift unterstützt haben.

Besonders bedanken möchte ich mich bei meinem akademischen Lehrer und Doktorvater, Herrn Prof. Dr. Hannes Streim. Er hat es mir ermöglicht, unter optimalen Rahmenbedingungen zu promovieren. Großen Dank schulde ich ihm dafür, dass er mich auch über seine Pensionierung hinaus noch betreut hat und diese Arbeit mit wertvollen Anregungen und mit seinem Forschungsansatz prägte. Zudem danke ich ihm für die stets herzliche Atmosphäre an seinem Lehrstuhl.

Herrn Prof. Dr. Jürgen Ernstberger danke ich nicht nur für die Übernahme des Zweitgutachtens, sondern auch für die stete Diskussionsbereitschaft und die konstruktiven Impulse in der Endphase. Darüber hinaus danke ich ihm für die Gewährung großzügiger Arbeitsfreiräume während der Fertigstellung dieser Arbeit.

Für den Vorsitz der Disputation bedanke ich mich herzlich bei Herrn Prof. Dr. Bernhard Pellens.

Bei meinen ehemaligen Lehrstuhlkollegen Dr. Jens Hackenberger und Dr. Thomas Lenz möchte ich mich für die schöne Zeit und den freundschaftlichen Umgang am Lehrstuhl von Herrn Prof. Dr. Hannes Streim bedanken. Ich danke ihnen dafür, dass sie stets ein offenes Ohr für aufkommende Diskussionspunkte hatten. Bei Herrn Dr. Thomas Lenz darf ich mich zudem sehr für die große Mühe des äußerst präzisen und hilfreichen Korrekturlesens bedanken.

Für die ebenfalls freundschaftliche und überaus angenehme Arbeitsatmosphäre am Lehrstuhl von Herrn Prof. Dr. Jürgen Ernstberger danke ich meinen aktuellen Lehrstuhlkollegen Dr. Marcus Bieker, Sarah Blaszkowski, Khaled Kholmy, Stephanie Schmidt und Michael Stich.

Mein Dank gilt auch den studentischen Hilfskräften beider Lehrstühle für die Unterstützung bei der Literaturbeschaffung und der Durchsicht des Literaturverzeichnisses, insbesondere Martin Kluge und Branislav Trajkovic. Ilka Lappenküper danke ich darüber hinaus sehr für die freundschaftliche Unterstützung während meiner Promotionszeit.

Bei meinem Fakultätskollegen Adam Strzyz bedanke ich mich für die Hilfe bei der Recherche der Aktienkursdaten. Meiner Freundin Sarah Scholich danke ich für das Zuhören bei Höhen und Tiefen während der Promotionszeit sowie für die Ablenkung von allen Dissertationsbelangen.

Insbesondere für die Förderung auf meinem Bildungsweg bedanke ich mich bei meinen Eltern. Meiner Mutter Hildegard Lackmann danke ich zudem herzlich für das Korrekturlesen in letzter Minute vor der Abgabe dieser Arbeit.

Zutiefst bedanken möchte ich mich bei meinem Freund Christian Assig. Unser interdisziplinärer Diskurs, sein Fachwissen auf dem Gebiet statistischer Methodik und seine große Hilfestellung bei der Bewältigung der diversen technischen Hürden trugen maßgeblich zum Gelingen dieser Arbeit bei. Ohne seine uneingeschränkte Unterstützung wäre diese Arbeit niemals entstanden.

Größter Dank gebührt meiner Oma Ehrentrud Lackmann, die auf meinem gesamten Lebensweg stets selbstlos für mich da war. Ihr sei diese Arbeit gewidmet.

Julia Lackmann

Inhaltsverzeichnis

Abbildungsverzeichnis xiii
Tabellenverzeichnis xv
Abkürzungsverzeichnis xvii
1 Einleitung 1
   1.1 Problemstellung 1
   1.2 Gang der Untersuchung 2
2 Theoretische Grundlagen der Nachhaltigkeitsberichterstattung 5
   2.1 Das Konzept der Unternehmensnachhaltigkeit 5
   2.2 Unternehmensführung nach dem Stakeholder-Ansatz 12
   2.3 Vergleich mit dem Shareholder Value-Ansatz 18
   2.4 Ethische Entwicklungen auf dem Kapitalmarkt 19
   2.5 Offenlegung unternehmensbezogener Daten 24
      2.5.1 Freiwillige Veröffentlichung von Unternehmensdaten 24
      2.5.2 Ausweisverhalten innerhalb einer Branche 31
   2.6 Abgrenzung zum Lagebericht und zum Management Commentary 31
3 Leitlinien zur Nachhaltigkeitsberichterstattung 39
   3.1 Standardisierung der Berichte 39
   3.2 Nachhaltigkeitsberichterstattung nach den Leitlinien der Global Reporting Initiative 40
   3.3 Teil 1 der GRI-Leitlinien – Inhalt, Qualität und Berichtsgrenzen 46
      3.3.1 Prinzipien zur Bestimmung des Inhalts 47
         3.3.1.1 Das Prinzip der Wesentlichkeit 47
         3.3.1.2 Das Prinzip der Einbeziehung von Stakeholdern 49
         3.3.1.3 Das Prinzip des Nachhaltigkeitskontexts 50
         3.3.1.4 Das Prinzip der Vollständigkeit 51
      3.3.2 Prinzipien zur Bestimmung der Berichtsqualität 52
         3.3.2.1 Das Prinzip der Ausgewogenheit 53
         3.3.2.2 Das Prinzip der Vergleichbarkeit 53
         3.3.2.3 Das Prinzip der Genauigkeit 54
         3.3.2.4 Das Prinzip der Aktualität 55
         3.3.2.5 Das Prinzip der Klarheit 55
         3.3.2.6 Das Prinzip der Zuverlässigkeit 55
      3.3.3 Bestimmung der Berichtsgrenzen 56
   3.4 Teil 2 der GRI-Leitlinien – Standardangaben 58
      3.4.1 Die Kategorie „Profil" 60
         3.4.1.1 Strategie & Analyse 60
         3.4.1.2 Unternehmensprofil 62

3.4.1.3 Berichtsparameter 62
3.4.1.4 Governance, Verpflichtungen und Engagement 64
3.4.2 Die Kategorie „Managementansatz und Leistungsindikatoren" 67
3.4.2.1 Ökonomische Leistungsindikatoren 70
3.4.2.2 Ökologische Leistungsindikatoren 72
3.4.2.3 Gesellschaftliche / soziale Leistungsindikatoren 74
3.4.3 Indikatorprotokollsatz 80
3.4.4 Anwendungsebenen für GRI-Nachhaltigkeitsberichte 85
4 Zwecke der Normierung der Nachhaltigkeitsberichterstattung 91
4.1 Zwecke der GRI-Leitlinien zur Nachhaltigkeitsberichterstattung 92
4.2 Berichterstattung aus Effizienzgründen 95
4.3 Effizienz aus wohlfahrtsökonomischer Sicht 96
4.4 Die Agency-Theorie im Kontext der Nachhaltigkeitsberichterstattung 97
4.4.1 Das Problem des Auftraghandelns 98
4.4.2 Auftragsverhältnisse im Rahmen der Nachhaltigkeitsberichterstattung und potentielle Wohlfahrtseinbußen 100
4.4.3 Agency-induzierte Kapitalgeberrisiken 101
4.4.4 Nachhaltigkeitsberichterstattung zur Reduzierung von Agency-theoretischen Kapitalgeberrisiken 103
4.4.5 Implikationen der Agency-Theorie für die Nachhaltigkeitsberichterstattung 107
4.5 Nachhaltigkeitsberichterstattung aus Gerechtigkeitsgründen 108
4.6 Reduzierung informationsbedingter Kapitalgeberrisiken 110
4.6.1 Informationsbedarf der Kapitalgeber 112
4.6.2 Kriterien entscheidungsnützlicher Informationen 112
4.6.2.1 Das Kriterium der Relevanz 115
4.6.2.2 Das Kriterium der Verlässlichkeit 116
4.6.2.3 Das Spannungsverhältnis zwischen Relevanz und Verlässlichkeit ... 116
4.7 Kapitalgeberschutz durch sonstige Informationsvermittlung 119
5 Nachhaltigkeitsberichterstattung nach GRI im HDAX 121
5.1 Entwicklung der Bedeutung der GRI-Leitlinien für die Unternehmen des HDAX . 121
5.2 Vergleich des Anteils der Berichterstattung im DAX und im MDAX 128
6 Kurzfristige Ereignisstudie 133
6.1 Ergebnisse bisheriger empirischer Studien 133
6.2 Fragestellung der Ereignisstudie 135
6.3 Durchführung der Ereignisstudie 137
6.4 Interpretation der Ergebnisse 149
6.4.1 Erklärung der Ergebnisse der Ereignisstudie 149
6.4.2 Zusammenhang zwischen dem DJSI STOXX und den GRI-Leitlinien 151

Inhaltsverzeichnis xi

7 Langfristige Ereignisstudie 155
   7.1 Fragestellung der Ereignisstudie 155
   7.2 Durchführung der Ereignisstudie 156
       7.2.1 Ermittlung tatsächlicher Renditen 157
       7.2.2 Ermittlung erwarteter Renditen 159
       7.2.3 Test auf Signifikanz 160
   7.3 Interpretation der Ergebnisse 164
8 Kritische Würdigung der Ergebnisse und Reformvorschläge 169
   8.1 Entscheidungsnützlichkeit der Informationen zur Nachhaltigkeit 169
   8.2 Reformvorschläge 175
9 Schlussbetrachtung und Ausblick 185

Literaturverzeichnis 191
Rechtsquellenverzeichnis 213
Anhang 215
   A.1 GRI Content Index 215
   A.2 Daten zu Kapitel 5 217
   A.3 Daten zu Kapitel 6 220
   A.4 Daten zu Kapitel 7 223

Abbildungsverzeichnis

2.1	Die Ausrichtungen der Nachhaltigkeit	7
2.2	Potentielle Stakeholder eines Unternehmens	13
2.3	Übersicht über die Dow Jones Sustainability Indizes	21
3.1	Struktur der GRI-Leitlinien	45
3.2	Aufbau des ersten Teils der GRI-Leitlinien nach der aktuellen Version 3.0 (G3)	46
3.3	Stakeholder der Daimler AG	50
3.4	Anleitung der GRI zur Bestimmung der Berichtsgrenzen	57
3.5	Aufbau der GRI G3 Teil 2 – Die Standardangaben	59
3.6	Häufigkeit der GRI-Anwendungsebenen in Nachhaltigkeitsberichten der HDAX-Unternehmen (2006)	89
3.7	Häufigkeit der GRI-Anwendungsebenen in Nachhaltigkeitsberichten der HDAX-Unternehmen (2007)	89
4.1	Kapitalgeberrisiken	104
5.1	Anzahl der HDAX-Unternehmen, die GRI-Nachhaltigkeitsberichte veröffentlichen	123
6.1	Regressionsgerade	142
6.2	Zeitachse von Ereignisstudien	143
6.3	Durchschnittliche kumulierte abnormale Renditen	147
7.1	Durchschnittliche abnormale Renditen mit und ohne Einbeziehung von Volkswagen	163
7.2	Verteilungsfunktion inklusive Volkswagen	165
7.3	Verteilungsfunktion ohne Volkswagen	165
A.1	Beispiel für einen GRI Content Index	216

Tabellenverzeichnis

3.1 Das System der Rechnungslegungsgrundsätze des IASB als Ergebnis des Informationszwecks eines Abschlusses 48

3.2 Kern- und Zusatzindikatoren in den GRI-Leitlinien 68

3.3 GRI-Anwendungsebenen für Nachhaltigkeitsberichte 86

5.1 Daten und Ergebnisse der durchgeführten Tests zur Entwicklung der Nachhaltigkeitsberichterstattung 126

A.1 Daten zu den Untersuchungen aus Kapitel 5 218

A.2 Daten zur Untersuchung aus Kapitel 6 221

A.3 Renditen zur Untersuchung aus Kapitel 7 224

A.4 Differenzen der abnormalen Renditen zur Untersuchung aus Kapitel 7 226

Abkürzungsverzeichnis

Abs. Absatz

ABl. Amtsblatt

AR Abnormal Return

Art. Artikel

Aufl. Auflage

BGBl. Bundesgesetzblatt

BilKoG Gesetz zur Kontrolle von Unternehmensabschlüssen, auch Bilanzkontrollgesetz

BilReG Gesetz zur Einführung internationaler Rechnungslegungsstandards und zur Sicherung der Qualität der Abschlussprüfung, auch Bilanzrechtsreformgesetz

BSD Business Sustainability Development

bzw. beziehungsweise

CAPM Capital Asset Pricing Model

CAR Cumulative Abnormal Return

CERES Coalition for Environmentally Responsible Economies

CPA Certified Public Accountant

CR Corporate Responsibility

CSR Corporate Social Responsibility

d.h. das heißt

dass. dasselbe

DAX Deutscher Aktienindex

DCF Discounted Cash Flow

ders. derselbe

dies. dieselbe(n)

Diss. Dissertation

DJSI STOXX Dow Jones STOXX Sustainability Index

DJSI Dow Jones Sustainability Indexes

Dr. Doktor

DRS Deutscher Rechnungslegungs Standard

DRSC Deutsches Rechnungslegungs Standards Committee

EABR European Applied Business Research

ebd. ebenda

EG Europäische Gemeinschaft

EIRIS Ethical Investment Research Services

EMAS Eco-Management and Audit Scheme

et al. et alii bzw. et aliae

EU Europäische Union

f. und folgende Seite

FCF Free Cash Flow

ff. und folgende Seiten

FK Fremdkapital

FN Finanznachrichten

FTSE Financial Times Stock Exchange

F&E Forschung und Entwicklung

G3 GRI Reporting Guidelines Version 3.0

gem. gemäß

GoB Grundsätze ordnungsmäßiger Buchführung

GRI Global Reporting Initiative

h.c. honoris causa

Habil.-Schrift Habilitationsschrift

HFA Hauptfachausschuss

HGB Handelsgesetzbuch

hrsg. v. herausgegeben von

IAS International Accounting Standard(s)

IASB International Accounting Standards Board

IASC International Accounting Standards Committee

IDW Institut der Wirtschaftsprüfer

IFRIC International Financial Reporting Interpretations Committee

IFRS International Financial Reporting Standard(s)

ILO International Labour Organization

IPCC Intergovernmental Panel on Climate Change

ISAE International Standard on Assurance Engagements

k.A. keine Angabe

MC Management Commentary

NGOs Non-Governmental Organisations

OECD Organisation for Economic Co-operation and Development

OLS Ordinary Least Squares

PS Prüfungsstandard

PwC Pricewaterhouse Coopers

RG Reporting Guidelines

RGBl. Reichsgesetzblatt

RIC Rechnungslegungs Interpretations Committee

RWTH Rheinisch-Westfälische Technische Hochschule

S. Seite

SAM Sustainable Asset Management

sog. sogenannt(e)

TLC College Teaching & Learning

u.a. und andere bzw. unter anderem

UN United Nations

UNEP United Nations Environment Programme

Univ. Universität

vgl. vergleiche

WCED World Commission on Environment and Development

z.B. zum Beispiel

zugl. zugleich

1 Einleitung

1.1 Problemstellung

Im Zusammenhang mit den Aktivitäten von Unternehmen tauchen die Begriffe der Nachhaltigkeit und des nachhaltigen Handelns inzwischen immer öfter auf. Ein Unternehmen handelt nachhaltig, wenn seine Aktivitäten nicht ausschließlich auf ökonomische Ziele ausgerichtet sind, sondern sich auch an ökologischen und sozialen Zielen orientieren. Bezogen auf die ökonomische Ausrichtung eines Unternehmens bedeutet nachhaltiges Handeln, dass das Unternehmen sich mehr an langfristigen als an kurzfristigen Zielen orientiert.

Ökologische Sachverhalte gewinnen in der Gesellschaft zunehmend an Bedeutung, seitdem sich die Anzeichen dafür verdichten, dass der Klimawandel maßgeblich vom Menschen verursacht wird. Zusätzlich trägt die aktuelle globale Wirtschaftskrise dazu bei, dass die Gesellschaft mehr Wert darauf legt, dass Unternehmen langfristig ökonomisch erfolgreich sind, statt sich an kurzfristigen Zielen zu orientieren. Gesellschaftliche Zustimmung finden dabei Maßnahmen, die zum Erreichen der veränderten ökologischen und ökonomischen Ziele führen, ohne dabei soziale Belange zu vernachlässigen. Durch verschiedene Ereignisse verursacht, traten damit ökonomische, ökologische und soziale Aspekte in das Bewusstsein der Gesellschaft, und damit genau jene Aspekte, die zusammengenommen als Nachhaltigkeit bezeichnet werden. Diese Entwicklung in der Gesellschaft wirkt sich auch auf Unternehmen aus. Die Unternehmen werden in der Verantwortung gesehen, durch nachhaltiges Handeln einen Beitrag zum Erreichen der Ziele zu leisten.[1]

Diese Verantwortung versucht eine steigende Anzahl von Unternehmen wahrzunehmen, indem sie ethische Grundsätze in ihre Unternehmensstrategien integrieren. Damit zeigen die Unternehmen, dass sie bereit sind, sich freiwillig der Verantwortung zu stellen, also ohne dass gesetzliche Anforderungen bestehen. Das gebräuchlichste Instrument zur Veröffentlichung von Informationen dazu, wie ein Unternehmen seiner Verantwortung im Bereich der Nachhaltigkeit nachkommt, ist der Nachhaltigkeitsbericht. Mit dem Nachhaltigkeitsbericht veröffentlicht eine stetig steigende Anzahl der Unternehmen einen Bericht, in dem sie Bezug zu Themen nehmen, die über rein finanzielle Sachverhalte hinausgehen. Diese Entwicklung stellt auf den ersten Blick eine grundlegende Änderung in der ökonomischen Ausrichtung der Unternehmen dar, die sich zuvor auf den Shareholder Value fokussierte.[2] Dabei stellt sich die Frage, ob sich die Einbeziehung nichtfinanzieller Sachverhalte in die Strategie eines Unternehmens auch als positiv für die Aktionäre erweisen kann.

---

[1] Vgl. Robinson et al.: The Value of a Reputation for Corporate Social Responsibility: Empirical Evidence, S. 16.
[2] Zur Verbreitung des Shareholder Value-Konzepts, vgl. exemplarisch Horváth/Minning: Wertorientierte Managementkonzepte in Deutschland, Großbritannien, Italien und Frankreich sowie Pellens et al.: Wertorientierte Unternehmensführung in Deutschland – Eine empirische Untersuchung der DAX 100-Unternehmen.

Daher besteht das Ziel dieser wirtschaftswissenschaftlichen Arbeit darin, einen Beitrag zur Beantwortung der Frage zu leisten, ob und inwiefern die Aktionäre den Informationen zur Nachhaltigkeit Entscheidungsnützlichkeit beimessen, indem sie diese Informationen in ihre Entscheidungen einfließen lassen. Dazu wird das Konzept der Nachhaltigkeit betrachtet und die Berichterstattung insbesondere aus Sicht der Aktionäre hinterfragt. Die Beantwortung dieser zentralen Frage dieser Arbeit basiert auf empirischen Untersuchungen des Kapitalmarkts, die analysieren, ob bzw. welche Reaktionen auf die Informationen zur Nachhaltigkeit dort messbar sind. Zu den Zielen dieser Arbeit gehört es dagegen nicht, die global operierenden Unternehmen auf ihre ethischen Werte hin zu überprüfen und ggf. bestehende Missstände aufzudecken.[3]

1.2 Gang der Untersuchung

Um die Frage zu beantworten, ob die Informationen zur Nachhaltigkeit aus Sicht der Aktionäre entscheidungsnützlich sind, und damit das Ziel dieser Arbeit zu erreichen, weist die vorliegende Arbeit folgende Struktur auf:

Das zweite Kapitel definiert zunächst den Begriff der Nachhaltigkeit. Darauf aufbauend wird das Konzept der Nachhaltigkeit und der sich daraus ableitende Stakeholder-Ansatz mit dem in der Unternehmensführung etablierten Shareholder Value-Ansatz verglichen. Dabei wird untersucht, ob Parallelen zwischen den Ansätzen bestehen. Die gestiegene Bedeutung der Nachhaltigkeit wird anschließend mit einer Bestandsaufnahme der aktuellen Entwicklungen am Kapitalmarkt in Bezug auf nachhaltige Investitionsmöglichkeiten geschildert. Weiterhin beschäftigt sich dieses Kapitel mit Ansätzen, die Erklärungen dafür liefern können, was Unternehmen dazu motiviert, freiwillig Informationen zu veröffentlichen. Den Abschluss des Kapitels bildet die Betrachtung der aktuell bestehenden gesetzlichen Vorschriften zur Veröffentlichung von Informationen, die potentiell einen Nachhaltigkeitscharakter aufweisen.

Das dritte Kapitel widmet sich den aktuell bedeutendsten Normen zur Erstellung eines Nachhaltigkeitsberichts, den Leitlinien der Global Reporting Initiative (GRI).[4] Vor dem Hintergrund der später erfolgenden empirischen Betrachtung der GRI-Nachhaltigkeitsberichte werden die GRI-Leitlinien zunächst ausführlich dargestellt. Besonderes Interesse wird hier dem Ziel der GRI-Leitlinien zuteil, da die GRI durch ihre Anforderungen an einen Nachhaltigkeitsbericht ausschließlich Informationen vermitteln möchte. An geeigneter Stelle werden hierbei Parallelen zur ebenfalls informationsorientierten IFRS-Rechnungslegung gezogen. Dabei werden die teilweise bestehenden Verknüpfungen dieser Normen-Systeme aufgezeigt.

---

[3] Zur Vertiefung dieser Aspekte sei exemplarisch auf Breuer et al.: Wirtschaftsethik als kritische Sozialwissenschaft sowie auf Homann/Blome-Drees: Wirtschafts- und Unternehmensethik verwiesen.
[4] Diese Arbeit weicht von der offiziellen deutschen Übersetzung für den Begriff GRI Guidelines ab. Die deutsche Version bezeichnet die GRI Guidelines als GRI-Leitfaden. In der Praxis, insbesondere in den Nachhaltigkeitsberichten, hat sich jedoch die Bezeichnung als GRI-Leitlinien durchgesetzt. Daher wird in dieser Arbeit von der Bezeichnung in der offiziellen Übersetzung abgewichen.

1.2 Gang der Untersuchung

Im Rahmen des vierten Kapitels wird ein Maßstab zur Analyse der GRI-Leitlinien hergeleitet. In diesem Kapitel wird gezeigt, dass die Zwecke dieser Normen zur Nachhaltigkeitsberichterstattung darin liegen, am Kapitalmarkt die Effizienz und die Gerechtigkeit zu erhöhen. Das Ziel dieses Kapitels besteht darin, die Informationsbedürfnisse der Kapitalgeber zu identifizieren, die sich aus den Zwecken ableiten lassen. Anders als bei der Analyse von Rechnungslegungssystemen mit dem Ziel der Informationsvermittlung kann hier nicht auf das Konzept eines informativen Gewinns zurückgegriffen werden. Vielmehr besteht die Aufgabe dieses Kapitels darin, einen Maßstab zur Beurteilung der Entscheidungsnützlichkeit von Informationen für die Kapitalgeber aufzustellen.

Alle Untersuchungen dieser Arbeit beziehen sich auf die Sicht der Kapitalgebergruppe der Eigenkapitalgeber. Da ausschließlich börsennotierte Unternehmen untersucht werden, erfolgt die Betrachtung der Nachhaltigkeitsberichterstattung aus der Perspektive der Aktionäre.

Da in dieser Arbeit hauptsächlich Nachhaltigkeitsberichte analysiert werden, die sich an den GRI-Leitlinien orientieren, wird in Kapitel fünf zunächst die Relevanz dieser Leitlinien für die Unternehmen des HDAX überprüft. Im Rahmen dieser ersten empirischen Untersuchung wird zunächst die Entwicklung der Nachhaltigkeitsberichterstattung in den letzten Jahren betrachtet. Wird ein signifikanter Anstieg in der Anzahl der Unternehmen nachgewiesen, die Nachhaltigkeitsberichte veröffentlichen, spräche dies für eine hohe Relevanz der Thematik der Nachhaltigkeitsberichterstattung in der Praxis.

In einer weiteren Untersuchung dieses Kapitels wird analysiert, ob ein Zusammenhang zwischen der Größe des Unternehmens und seinem Verhalten bezüglich der Nachhaltigkeitsberichterstattung besteht. Dazu wurde das Berichtsverhalten der Unternehmen des HDAX, der sich aus dem DAX, dem MDAX und dem TecDAX zusammensetzt, für jeden Index einzeln betrachtet.

Nachdem das Verhalten der Unternehmen des HDAX bezüglich der Nachhaltigkeitsberichterstattung untersucht worden ist, beginnen mit dem sechsten Kapitel die Untersuchungen, mit denen analysiert wird, ob die Informationen eines Nachhaltigkeitsberichts für die Aktionäre entscheidungsnützlich sind.

Vor diesem Hintergrund wird in einer kurzfristigen Ereignisstudie überprüft, ob die Aufnahme eines Unternehmens in einen Nachhaltigkeitsindex zu positiven Auswirkungen auf den Aktienkurs des Unternehmens führt, und ob die Herausnahme sich negativ auswirkt. Dabei wird davon ausgegangen, dass Unternehmen, die in dem Nachhaltigkeitsindex gelistet sind, hervorragende Leistungen im Bereich der Nachhaltigkeit erzielen. Eine deutlich messbare positive Reaktion am Kapitalmarkt auf die Information, dass ein Unternehmen zu diesem Kreis zählt, ermöglicht Rückschlüsse auf die Entscheidungsnützlichkeit der Informationen zur Nachhaltigkeit für die Aktionäre.

Neben der Betrachtung der kurzfristigen Auswirkungen am Kapitalmarkt auf die Informationen zur Nachhaltigkeit werden in einer weiteren empirischen Untersuchung die langfristigen Auswirkungen analysiert. Dazu wird eine langfristige Ereignisstudie durchgeführt.

Im siebten Kapitel wird analysiert, ob Aktionäre mit Aktien von Unternehmen, die GRI-Nachhaltigkeitsberichte veröffentlichen, langfristig höhere Renditen erzielen als mit den Aktien anderer Unternehmen. Wie auch die empirische Untersuchung des sechsten Kapitels dient diese Untersuchung der Beantwortung der zentralen Frage dieser Arbeit nach der Entscheidungsnützlichkeit der Informationen zur Nachhaltigkeit aus Sicht der Aktionäre.

Vor dem Hintergrund der im vierten Kapitel erörterten Zwecke der GRI-Leitlinien, wird im Rahmen des achten Kapitels diskutiert, ob die GRI-Leitlinien so konzipiert sind, dass sie einen Beitrag zum Schutz der Kapitalgeber leisten können. Im Mittelpunkt steht hierbei die Beantwortung der Frage nach der Entscheidungsnützlichkeit der Informationen aus Sicht der Aktionäre unter Bezugnahme auf die Ergebnisse empirischen Untersuchungen dieser Arbeit. Zudem zeigt dieses Kapitel Wege auf, wie die Entscheidungsnützlichkeit der Informationen zur Nachhaltigkeit aus Sicht der Aktionäre verbessert werden kann.

Das neunte Kapitel bildet den Abschluss dieser Arbeit, indem es die wesentlichen Ergebnisse der empirischen Untersuchungen hinsichtlich des Ziels dieser Arbeit – der Beantwortung der Frage, ob die Informationen zur Nachhaltigkeit aus Sicht der Aktionäre entscheidungsnützlich sind – zusammenfasst. Für weitere Studien zur Nachhaltigkeitsberichterstattung werden Forschungsfragen vorgeschlagen, und auf mögliche zukünftige Entwicklungen in der Nachhaltigkeitsberichterstattung wird ein Ausblick gegeben.

2 Theoretische Grundlagen der Nachhaltigkeitsberichterstattung

Kapitel 2 gibt einen Überblick über die Grundlagen der Nachhaltigkeit. Zunächst wird das Konzept der Nachhaltigkeit definiert. Auf die Definition folgt eine Darstellung der historischen Entwicklung dieses Konzeptes. Das heutige Konzept der Nachhaltigkeit im Unternehmen basiert darauf, die verschiedenen Stakeholder und ihre Interessen in die strategische Ausrichtung eines Unternehmens einzubeziehen. Bei einem Vergleich des Stakeholder-Konzeptes mit dem Shareholder Value-Ansatz zeigt sich, dass diese beiden Ausrichtungen durchaus ähnlich sein können. Dies gilt vor allem für börsennotierte Unternehmen mit Konzentration auf den Kapitalgeber als Stakeholder.

Dieses Kapitel betrachtet ebenfalls den Kapitalmarkt, denn auch dort ist die Nachhaltigkeit in Form von ethischen Anlageformen sichtbar geworden. Da die Nachhaltigkeitsberichterstattung durch die Unternehmen in den meisten Ländern freiwillig erfolgt, geht dieses Kapitel auch der Frage nach, welche Gründe aus Sicht der Unternehmen zur Veröffentlichung von Nachhaltigkeitsberichten ohne gesetzliche Verpflichtung bestehen. Den Abschluss dieses Kapitels bildet eine Bestandsaufnahme zu der Frage, inwieweit Informationen zur Nachhaltigkeit bereits im Lagebericht und im Management Commentary veröffentlicht werden.

2.1 Das Konzept der Unternehmensnachhaltigkeit

Die Forderung nach einem nachhaltigen und verantwortungsbewussten Handeln von Unternehmen ist zu einem präsenten Thema des öffentlichen Interesses geworden.[1] Bevor darauf eingegangen wird, auf welche Weise nachhaltige Ansätze Anwendung in Unternehmen finden, wird zunächst betrachtet, was sich allgemein hinter dem Begriff der Nachhaltigkeit verbirgt.

Eine prägnante Definition, die den Begriff der Nachhaltigkeit genau abgrenzt, hat sich noch nicht durchgesetzt. Die geläufigste Definition umreißt nur grob, was unter Nachhaltigkeit zu verstehen ist. Sie entstammt dem Bericht „Our common Future" der Weltkommission für Umwelt und Entwicklung (World Commission on Environment and Development, abgekürzt WCED) der Vereinten Nationen (United Nations, abgekürzt UN) aus dem Jahr 1987. Die WCED definiert in diesem Bericht, der ebenfalls unter dem Namen „Brundtland Report" bekannt ist, eine nachhaltige Entwicklung (Sustainable Development) wie folgt:

„Sustainable development is development that meets the needs of the present without compromising the ability of future generations to meet their own needs."[2]

---

[1] Einige Fragestellungen, die aktuell öffentlich diskutiert werden, wurden bereits im Einleitungskapitel zu dieser Arbeit angeschnitten.
[2] United Nations World Commission on Environment and Development: Our Common Future (The Brundtland Report), S. 43.

Das Ziel der nachhaltigen Entwicklung besteht nach dem Brundtland-Bericht darin, Generationen-Gerechtigkeit herzustellen, indem die zukünftigen Generationen in ihrer Lebensqualität nicht schlechter gestellt werden als die heutigen Generationen.

Welche Inhalte die WCED in diesem Zitat anspricht bzw. welche Bereiche allgemein der Nachhaltigkeitsthematik zugeordnet werden können, erläutern das nachfolgend dargestellte Beispiel und die Skizzierung der Nachhaltigkeits-Historie. Anhand des Beispiels können zwei wesentliche Aspekte der Nachhaltigkeit verdeutlicht werden: Zum einen steckt hinter der Nachhaltigkeit eine ethische Ausrichtung, die auf philosophischen Normen- und moralischen Wertfindungsprozessen basiert.[3] Hierzu zählt der Umweltschutz und die Beachtung von Menschenrechten. Zum anderen kann die Nachhaltigkeit für eine langfristige ökonomische Ausrichtung stehen.

Die Berücksichtigung der Nachhaltigkeit beim Umgang mit natürlichen Ressourcen ist nicht nur ein Phänomen der heutigen Zeit. So wurden z.B. in der Forstwirtschaft im 18. Jahrhundert nachhaltige Ansätze entwickelt. Durch den in dieser Zeit betriebenen Raubbau wurde der Baumbestand soweit verringert, dass die langfristige Nutzbarkeit der Ressource Holz gefährdet war. Aus volkswirtschaftlicher Sicht erschien es daher sinnvoll, nach Strategien zu suchen, mit denen das Betreiben einer ertragreichen Forstwirtschaft dauerhaft gesichert werden konnte. Fortan sollte insgesamt betrachtet nur noch die Menge Holz geschlagen werden, die auch wieder aufgeforstet werden kann. Ansätze wie dieser können als Ursprung des Nachhaltigkeits-Begriffs betrachtet werden.[4]

Im zuvor geschilderten Beispiel bestand das Ziel darin, mit der Begrenzung der Abholzung die Erträge langfristig zu maximieren. Gleichzeitig verdeutlicht das Beispiel, dass die Maximierung der Erträge mit der Umsetzung umweltschützender Maßnahmen einhergeht. Zwischen der ökonomischen und der ökologischen Ausrichtung besteht in diesem Fall folglich eine enge Verzahnung. Die nachfolgenden Generationen profitieren in ökonomischer Hinsicht, da auch sie einen Nutzen aus dem Bestand ziehen können. Gleichzeitig besteht für sie auch auf ökologischer Ebene der Vorteil, dass der Forstbestand erhalten bleibt.

Abbildung 2.1 verdeutlicht diesen Zusammenhang, der generell in Bezug auf nachhaltige Themen besteht: Eine langfristige Maximierungsstrategie als ökonomische Ausrichtung kann nur erfolgreich umgesetzt werden, wenn auch die ethische Ausrichtung mit ihren ökologischen und sozialen Aspekten in die Strategie aufgenommen wird. Die Ausrichtungen der Nachhaltigkeit können folglich nicht isoliert betrachtet werden, da jeweils der Erfolg der einen Ausrichtung vom Erfolg der anderen Ausrichtung abhängt.

Seit dem Beginn der Industrialisierung bis in die zweite Hälfte des 20. Jahrhunderts wurden die nachhaltigen Strategien jedoch weltweit kaum angewandt. Die Aussicht auf eine kurzfristige

---

[3] Vgl. exemplarisch Dunfee: Corporate Governance in a Market with Morality.
[4] Vgl. Loew et al.: Bedeutung der internationalen CSR-Diskussion für Nachhaltigkeit und die sich daraus ergebenden Anforderungen an Unternehmen mit Fokus Berichterstattung, S. 56 ff.

2.1 Das Konzept der Unternehmensnachhaltigkeit

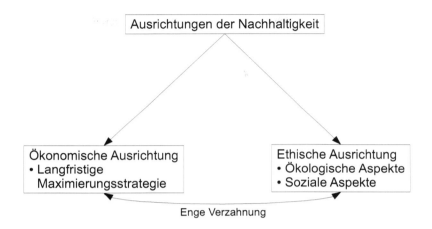

Abbildung 2.1: Die Ausrichtungen der Nachhaltigkeit,
Quelle: Eigene Darstellung

Ertragsmaximierung führte so lange zu einer Fortsetzung des Raubbaus an natürlichen Ressourcen, bis sich eine Zuspitzung der Ressourcenknappheit abzeichnete. Daraus resultierte eine Rückbesinnung auf nachhaltige Ausrichtungen, die sich zunächst auf ökologische Aspekte konzentrierte. Die zunehmende gesellschaftliche Bedeutung der ökologischen Aspekte der Nachhaltigkeit zeigte sich z.B. darin, dass in Deutschland vor allem seit den 1970er Jahren zunehmend Gesetze zum Umweltschutz verabschiedet wurden.[5]

In den 1980er Jahren setzte sich die Erkenntnis durch, dass es nicht ausreicht, lediglich ökologische Aspekte zu berücksichtigen. Der Ursprung konkreter und umfassender Nachhaltigkeitskonzepte, deren ethische Ausrichtung sich nicht auf ökologische Aspekte beschränkt, liegt in dem eingangs erwähnten Brundtland-Bericht aus dem Jahr 1987. Er ergänzt die ethische Ausrichtung der Nachhaltigkeit um soziale Aspekte.[6] Seither wird unter dem sog. Nachhaltigkeitsprinzip ein langfristiges, ganzheitliches Konzept im Sinne eines Optimierungsansatzes

---

[5] Vgl. Kunhenn: Ökobilanzen – Ursachen, Ausprägungen und Auswirkungen von Freiräumen auf den Einsatz von Ökobilanzen durch Unternehmen, S. 47.
[6] In der Theorie wurde ein dreigeteilter Ansatz schon 1979 von Carroll vorgeschlagen. Vgl. Carroll: A Three-Dimensional Conceptual Model of Corporate Social Performance.

verstanden, das in die ökonomische Dimension, in die ökologische Dimension und in die soziale Dimension unterteilt ist.[7]

Eine enge Abhängigkeit besteht nicht nur zwischen der ökonomischen und der ökologischen Dimension, sondern jeweils auch zwischen der sozialen und der ökonomischen sowie zwischen der sozialen und der ökologischen Dimension. Das Drei-Dimensionen-Modell beschreibt den Prozess, der zu einem dynamischen Gleichgewicht der Dimensionen der nachhaltigen Entwicklung führt.

Die enge Verknüpfung der sozialen und der ökologischen Dimension kann anhand des globalen Ökosystems und der darin lebenden Weltbevölkerung demonstriert werden. Überschreitet die Weltbevölkerungszahl die maximale Aufnahmefähigkeit – die sog. Carrying Capacity[8] – des globalen Ökosystems, führt dies zu einem Verbrauch der natürlichen Ressourcen über ihre Regenerationsfähigkeiten hinaus. Dadurch verschlimmert sich die Lebenssituation der aktuellen und zukünftigen Generationen, was meist zu instabilen sozialen Verhältnissen führt.

Ökonomisches Wachstum kann langfristig nur dann erreicht werden, wenn stabile soziale Verhältnisse bestehen, und die Umwelt nicht über ihre Regenerationsfähigkeit hinaus geschädigt wird. Analog verdeutlicht der Mangel an ökologischer Ausrichtung in Entwicklungsländern wiederum die Interdependenz, dass ökologische Maßnahmen nur dann ergriffen werden, wenn bereits ausreichende ökonomische und soziale Rahmenbedingungen geschaffen wurden.[9]

In den letzten Jahren fand das Drei-Dimensionen-Modell nicht nur auf der makroökonomischen Ebene, sondern auch auf der mikroökonomischen Ebene der Unternehmen Anwendung. Der dreigeteilte Ansatz hat sich als Erfolgsindikator innovativer Managementkonzepte zur langfristigen, ganzheitlichen Optimierung herauskristallisiert.[10]

Neben den traditionellen Finanzdaten publiziert aktuell eine stetig wachsende Anzahl von Unternehmen Informationen mit Nachhaltigkeitsbezug.[11] Veröffentlicht werden diese Informationen entweder im Rahmen des Geschäftsberichts,[12] oder die Unternehmen entscheiden sich, die

---

[7] Vgl. Haller/Ernstberger: Global Reporting Initiative – Internationale Leitlinien zur Erstellung von Nachhaltigkeitsberichten, S. 2516.
[8] Zur Vertiefung der theoretischen Grundlagen zur Carrying Capacity wird beispielsweise auf Meadows oder Brown und Kane verwiesen. Vgl. Meadows: It Is Too Late To Achieve Sustainable Development, Now Let Us Strive for Survivable Development sowie Brown/Kane: Full House: Reassessing the Earth's Population Carrying Capacity.
[9] Vgl. Schaltegger/Figge: Öko-Investment-Spagat zwischen Shareholder Value und Sustainable Development, S. 4.
[10] Vgl. Crone/Hoch: Nachhaltigkeit und Nachhaltigkeitsreporting, S. 41.
[11] Diese Aussage bestätigt eine Studie der Wirtschaftsprüfungsgesellschaft Deloitte. Vgl. Hesse: Langfristig mehr Wert – Nichtfinanzielle Leistungsindikatoren mit Nachhaltigkeitsbezug auf dem Weg in die Geschäftsberichte deutscher Unternehmen.
[12] Insbesondere im Lagebericht werden einige Informationen aus dem Bereich der Nachhaltigkeit veröffentlicht, vgl. Abschnitt 2.6.

2.1 Das Konzept der Unternehmensnachhaltigkeit

Informationen mit Nachhaltigkeitsbezug in einem eigenen Bericht – dem Nachhaltigkeitsbericht – zu veröffentlichen. Die Entscheidung, der Entwicklung eines Unternehmens im Bereich der Nachhaltigkeit einen separaten Bericht zu widmen, unterstreicht die Wichtigkeit, die dieser Thematik inzwischen beigemessen wird. Aufgrund der großen Bandbreite der Nachhaltigkeitsthematik scheint die Kreativität der Unternehmen bei der Bezeichnung des eigenen Nachhaltigkeitsberichts nahezu unerschöpflich zu sein. Geläufige Synonyme für das Wort Nachhaltigkeitsbericht sind beispielsweise Sustainability-Report, Corporate (Social) Responsibility-Report, Environmental-Report oder auch Sozial-Bericht.[13] In der internationalen Literatur zur Nachhaltigkeitsthematik hat sich in den letzten Jahren die Bezeichnung Corporate Social Responsibility (CSR)-Report durchgesetzt.

Die Praxisrelevanz des Drei-Dimensionen-Modells zeigt sich in den aktuell veröffentlichten Nachhaltigkeitsberichten. Im Rahmen dieser Berichte weisen die Unternehmen Informationen zu den nachhaltigen Management-Konzepten mit einer langfristigen, ganzheitlichen Betrachtungsweise unter Berücksichtigung der hier betrachteten drei Dimensionen aus.

Im Rahmen der ökonomischen Dimension kann ein Nachhaltigkeitsbericht Auskunft über die strategische Leitung des Unternehmens sowie die Qualitätssicherung, die Finanzplanung, das Knowledge-, Risiko- und Reputationsmanagement, die Einhaltung des Corporate Governance-Kodex und das Humankapital geben. Die ökologische Dimension beinhaltet Angaben über die Strategien zur Vermeidung des Material- und Ressourcenverzehrs im Unternehmen und damit über die sog. Öko-Effizienz-Strategie des Unternehmens. Darüber hinaus kann über die ökologischen Produkteigenschaften informiert werden, d.h. über die Auswirkungen der Phasen der Produktlebenszyklen auf die Umwelt, also auf den Boden, auf die Luft und auf das Wasser, sowie über die gesundheitlichen Auswirkungen auf den Menschen. Die soziale Dimension beschreibt beispielsweise, wie das Unternehmen mit Fragen der Menschenrechte, der internen Sicherheit und Gesundheit, der Diskriminierung, der Arbeitsbedingungen oder der Entlohnungssysteme umgeht und schafft in diesen Bereichen mehr Transparenz.

---

[13] Deutlich wird dies auch in einer Studie zur Nachhaltigkeitsberichterstattung, die von der Wirtschaftsprüfungsgesellschaft KMPG in einem Zeit-Rhythmus von drei Jahren wiederholt wird. Obwohl die untersuchten Berichte alle implizit die gleichen Sachverhalte thematisieren, reicht die Namensgebung von „Environmental Reporting" im Jahre 1999, das jedoch eine Berichterstattung sozialer Belange miteinschließt, über „Corporate Sustainability Reporting" im Jahre 2002 schließlich bis zur „Corporate Responsibility" im Jahre 2005 und 2008. Vgl. KPMG: KPMG International Survey of Environmental Reporting 1999, dies.: KPMG International Survey of Corporate Sustainability Reporting 2002, dies.: KPMG International Survey of Corporate Responsibility 2005 sowie dies.: KPMG International Survey of Corporate Responsibility 2008.

Informiert ein Unternehmen über die soeben exemplarisch aufgelisteten Sachverhalte in seinem Nachhaltigkeitsbericht, wird in diesem Zusammenhang von der „Leistung des Unternehmens im Nachhaltigkeitsbereich" gesprochen.[14]

Gesellschaftlich wird zunehmend die Forderung artikuliert, das Management eines Unternehmens auch am Umfang der Einbeziehung des Nachhaltigkeitsprinzips zu beurteilen.[15] In der Praxis werden dazu die strategischen und operativen Zielsetzungen des Unternehmensmanagements beurteilt. Zudem kann eine Beurteilung des Managements erfolgen, indem der Erreichungsgrad dieser Zielsetzungen gemessen wird.[16] Letztlich werden auf diese Weise die Auswirkungen der Unternehmenstätigkeit auf eben jene drei Nachhaltigkeitsbereiche – die (Makro-)Ökonomie, die Ökologie und die Sozialgesellschaft – im Sinne einer Leistung im Nachhaltigkeitsbereich ermittelt. Dabei wird der Beitrag des Managements hinsichtlich einer positiven Gestaltung in den drei Bereichen gemessen. Als problematisch erweist sich jedoch die Abbildung eines solchen Maßstabs zur Beurteilung der nachhaltigen Leistung eines Unternehmens. Ursächlich dafür ist, dass mit dem Maßstab versucht wird, nachhaltige Leistungen zu messen, welche die Eigenschaften in sich vereinen, schwer quantifizierbar, vielschichtig und äußerst komplex zu sein. Erschwerend kommt hinzu, dass die Ziele bezüglich der Leistung in einer Dimension mit den Zielen anderer Dimensionen in Konflikt stehen können. Dementsprechend muss ein Unternehmen im Hinblick auf die nachhaltige Leistung eine Abwägung dieser Ziele und ihrer Ausprägungen vornehmen.[17]

Die Gruppen, welche dem Unternehmen gegenüber Ansprüche formulieren können, werden als Stakeholder bezeichnet.[18] Diese Stakeholder fordern zunehmend von den Unternehmen, sich verantwortungsvoll als sog. Corporate Citizen zu verhalten und dies offen nach außen zu kommunizieren. Dementsprechend kann die verstärkte Auseinandersetzung von Unternehmen sowohl mit ihrer sozialen als auch mit ihrer ökologischen Verantwortung primär als eine Reaktion auf die Erwartungen der Stakeholder betrachtet werden.

---

[14] Auch die GRI, deren Leitlinien zur Nachhaltigkeitsberichterstattung in Kapitel 3 ausführlich thematisiert werden, spricht hier von Leistung: „A sustainability report should provide a balanced and reasonable representation of the sustainability performance of a reporting organization – including both positive and negative contributions." Global Reporting Initiative: Sustainability Reporting Guidelines, S. 3.

[15] Vgl. Rat für Nachhaltige Entwicklung: Unternehmerische Verantwortung in einer globalisierten Welt – Ein deutsches Profil der Corporate Social Responsibility – Empfehlungen des Rates für Nachhaltige Entwicklung, S. 3–15 sowie Adams/Zutshi: Corporate Social Responsibility: Why Business Should Act Responsibly and Be Accountable, S. 32.

[16] Ursächlich hierfür sind die globalen sozialen Zusammenhänge und Interdependenzen sowie die Limitation natürlicher Ressourcen. Vgl. Kuhndt et al.: Responsible Corporate Governance – An Overview of Trends, Initiatives and State-of-the-Art Elements oder auch Institute of Chartered Accountants in England and Wales: Information for Better Markets – Sustainabilty: The Role of Accountants.

[17] Vgl. Haller/Ernstberger: Global Reporting Initiative – Internationale Leitlinien zur Erstellung von Nachhaltigkeitsberichten, S. 2517.

[18] Die Beziehung des Unternehmens zu seinen Stakeholdern wird in Abschnitt 2.2 beschrieben. Es sei zum besseren Verständnis kurz erwähnt, dass zur Menge der Stakeholder beispielsweise die Kunden, Lieferanten, Mitarbeiter und Kapitalgeber zählen.

2.1 Das Konzept der Unternehmensnachhaltigkeit

Die immer wieder in den Medien auftretende Umweltdebatte über die Klimaerwärmung spiegelt das Interesse der Öffentlichkeit an den Umweltthemen wider. Diverse Studien wie z.B. der Sachstandsbericht des Intergovernmental Panel on Climate Change (IPCC), welche die Folgen von Klimaänderungen für Umwelt und Gesellschaft abschätzen, weisen die Öffentlichkeit auf die aktuellen Forschungsergebnisse hin. Die aktuellen Ergebnisse zeigen, dass sich die Umweltsituation in den letzten Jahren verschlechtert hat, was u.a. an der Klimaerwärmung sichtbar wird. Zudem wird vor Augen geführt, dass diese Klimaänderung menscheninduziert ist.[19] Gesellschaftlich wird erkannt, dass dieser Entwicklung durch umweltschützende Maßnahmen entgegenzuwirken ist, um negative Auswirkungen auf die Lebensqualität zukünftiger Generationen zu minimieren.

Demzufolge wird auch von den Unternehmen gesellschaftlich erwartet, dass sie ihren Beitrag zum Umweltschutz und zur Erhaltung bzw. Verbesserung der Lebensqualität verantwortungsbewusst leisten.[20]

Der Einforderung ihres Beitrags möchten die Unternehmen nachkommen und kommunizieren ihren Beitrag nach außen. Beispielsweise können die Unternehmen anführen, wie effizient sie die natürlichen Ressourcen nutzen. Ein Nachhaltigkeitsbericht kann die umweltpolitisch relevanten Themen explizit artikulieren sowie der Öffentlichkeit signalisieren, dass das Unternehmen die natürlichen Ressourcen sinnvoll einsetzt und dabei versucht, die negativen Auswirkungen auf die Gesellschaft zu minimieren.

Mit dem Einzug des Nachhaltigkeitsprinzips in die Unternehmensziele ging die Implementierung nachhaltiger Ziele in die Management- und Überwachungssysteme einher. Auf diese Weise erfuhr die Corporate Governance eine nachhaltige Ausrichtung. Als bedeutend wurde diese Entwicklung von den langfristig orientierten Kapitalgebern aufgefasst, da gesellschaftlich verantwortungsvoll handelnde Manager mit den Fähigkeiten in Verbindung gebracht werden, Marktchancen früher erkennen, Unternehmensrisiken besser reduzieren und die Effizienz im Unternehmen steigern zu können. Sichtbar werden diese Auffassungen am Kapitalmarkt in Form von Investitionen in sog. Sustainability-Fonds.[21] Haller und Ernstberger beschreiben den Zusammenhang zwischen den Erwartungen der Stakeholder und den Handlungen des Managements wie folgt:

„Als Folge der Erwartungshaltung ihrer Stakeholder erkennen immer mehr Manager die Bedeutung der Nachhaltigkeitsleistung für die Chancen-/Risiko-Position sowie die Reputation und

---

[19] Zu den Ergebnissen des Sachstandsberichts vgl. Bundesministerium für Umwelt, Naturschutz und Reaktorsicherheit: IPCC bereitet 5. Sachstandsbericht vor.

[20] Nike veröffentlichte im Jahr 2001 seinen ersten Nachhaltigkeitsbericht. Das Vorwort endet mit folgender Aussage des Vorstandsvorsitzenden Phil Knight: „Global citizenship is important to our company and to our consumer. The performance of Nike and every other global company in the 21st century will be measured as much by our impact on quality of life as it is by revenue growth and profit margins. We hope to have a head start." Nike Incorporated: Fiscal Year 2001 Corporate Responsibility Report.

[21] Vgl. Abschnitt 2.4.

Marke ihres Unternehmens und damit für dessen langfristige Entwicklung sowie Höhe des Unternehmenswertes."[22]

Erfolgreich kann die Implementierung nachhaltiger Ziele in die Unternehmensführung erst dann sein, wenn die Stakeholder befähigt werden, sich darüber zu informieren, inwieweit das Unternehmen das Nachhaltigkeitsprinzip umsetzt und inwieweit es seiner Verantwortung gerecht wird. Dies erreicht das Unternehmen mit Informationen, die entweder in informationsorientierten Finanzberichten oder im Rahmen eines Nachhaltigkeitsberichts veröffentlicht werden.

Eine Grundvoraussetzung für die Erstellung und Veröffentlichung von Informationen über die Nachhaltigkeit ist der unmittelbare Bezug zu den Adressaten der Berichte. Daher ist das Management eines Unternehmens beauftragt, die einzelnen Interessen seiner Stakeholder abzuwägen und diese Abwägung als offenen Prozess zu gestalten. Insgesamt soll die Nachhaltigkeitsberichterstattung unternehmensintern wie -extern glaubwürdig darstellen, wie das berichtende Unternehmen seine ökonomische und ethische Verantwortung wahrnimmt. Die Übernahme von Verantwortung seitens des Unternehmens kann wieder entweder mit ethischen oder mit ökonomischen Aspekten begründet werden. Ulrich z.B. gibt einen Überblick über die Forschung zur Unternehmensethik, die auf ethischen bzw. philosophischen Aspekten beruht.[23] Die Übernahme von Unternehmensverantwortung aus rein ökonomischer Perspektive ist im Sinne eines nutzenmaximierenden Kalküls mindestens langfristig als Vorteil zu sehen. Sie stellt damit einen integrativen Bestandteil des strategischen Managements in Form eines aktiven Stakeholder-Managements oder auch einer Risikoprävention dar.[24]

Bevor eine Betrachtung der Ausgestaltung von Nachhaltigkeitsberichten erfolgen kann, wird im folgenden Abschnitt präzisiert, wer zum Kreis der Berichtsadressaten gehört. Vorwegzunehmen ist bereits an dieser Stelle, dass ein Nachhaltigkeitsbericht niemals in der Lage sein wird, die Informationsbedürfnisse aller Stakeholder eines Unternehmens zu befriedigen. Daher muss das Unternehmen den Kreis der Adressaten reduzieren, die wichtigsten Stakeholder identifizieren und sich auf ihre Informationsbedürfnisse fokussieren. Diesem Prozess widmen sich die folgenden Abschnitte.

2.2 Unternehmensführung nach dem Stakeholder-Ansatz

Die Stakeholder eines Unternehmens werden als strategische Anspruchsgruppen bezeichnet, die ihre Interessen in Form ihrer jeweiligen Ansprüche formulieren und entweder selbst oder durch Interessenvertreter einen maßgeblichen Einfluss auf die Entscheidungen bzw. Tätigkeiten

---

[22] Haller/Ernstberger: Global Reporting Initiative – Internationale Leitlinien zur Erstellung von Nachhaltigkeitsberichten, S. 2517.
[23] Vgl. Ulrich: Integrative Wirtschaftsethik. Grundlagen einer lebensdienlichen Ökonomie.
[24] Vgl. Haller/Ernstberger: Global Reporting Initiative – Internationale Leitlinien zur Erstellung von Nachhaltigkeitsberichten, S. 2517.

2.2 Unternehmensführung nach dem Stakeholder-Ansatz

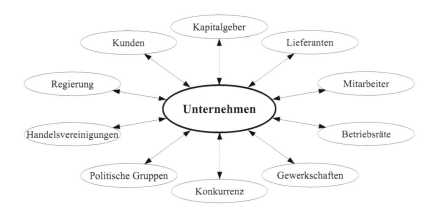

Abbildung 2.2: Potentielle Stakeholder eines Unternehmens,
Quelle: Eigene Darstellung

des Unternehmens ausüben können. Zudem wird auch dann von Stakeholdern des betrachteten Unternehmens gesprochen, wenn die Entscheidungen und Tätigkeiten des Unternehmens einen Einfluss auf diese Gruppen haben. Entscheidend geprägt wurde der Stakeholder-Ansatz von Freeman, der einen Stakeholder wie folgt definiert:

„A stakeholder is any group or individual who can affect, or is affected by, the achievement of a corporation's purpose. Stakeholders include employees, customers, suppliers, stockholders, banks, environmentalists, government and other groups who can help or hurt the corporation."[25]

Eine Übersicht möglicher Stakeholder eines Unternehmens wird in Abbildung 2.2 gegeben. Die Gesamtheit der Stakeholder eines Unternehmens umfasst sowohl wirtschaftliche Anspruchsgruppen, die auf die unternehmerische Tätigkeit als solche primär ausgerichtet sind, wie z.B. Kapitalgeber, Mitarbeiter, Kunden oder Lieferanten,[26] als auch nicht-marktliche Anspruchsgruppen, die über die gesellschaftlichen und politischen Auswirkungen der unternehmerischen Tätigkeit informiert werden wollen.[27] Zu den nicht-marktlichen Stakeholdern können der Staat, die Gemeinde, in der das Unternehmen tätig ist, und die Öffentlichkeit gezählt werden. An diese

---

[25] Freeman: Strategic Management: A Stakeholder Approach, S. vi.
[26] Stakeholder, die eine Beziehung zu einem Unternehmen auf dem Kapital-, dem Arbeits-, dem Beschaffungs- oder dem Absatzmarkt haben, und deren Beziehung eine Leistung oder Gegenleistung umfasst, werden als marktliche Stakeholder bezeichnet. Alle Stakeholder eines Unternehmens ohne diese Beziehungen werden als nicht-marktliche Stakeholder bezeichnet.
[27] Demzufolge kann eine Aufteilung der Stakeholder in Gruppen erfolgen, die direkt bzw. indirekt von den Handlungen und Entscheidungen des Unternehmens betroffen sind.

definierte Gesamtheit der Stakeholder eines Unternehmens soll ein Nachhaltigkeitsbericht im Idealfall gleichsam adressiert sein.

Die Ansprüche der Kunden setzen sich z.B. aus Qualitätsanforderungen gegenüber den Produkten oder der Liefersicherheit zusammen.[28] Entscheiden sich die Kunden für den Kauf von Markenprodukten, ist es für viele Kunden wichtig, dass die Unternehmen bei der Produktion ethischen Standards genügen und beispielsweise bei der Herstellung auf Kinderarbeit verzichten.[29] Den Lieferanten ist es vor allem wichtig, dass gegenüber dem Unternehmen eine Abnahmesicherheit besteht. Die Mitarbeiter haben den Anspruch, in einem Unternehmen mit einer gerechten Entlohnung zu arbeiten und ein ausreichendes Maß an Arbeitsplatzsicherheit zu erhalten. Die Gemeinde erhebt Ansprüche auf eine umweltschonende Produktionsweise, die Wahrung ethischer Werte, die Schaffung von Arbeitsplätzen sowie die Einnahme der Gewerbesteuer. Auch die Kapitalgeber gehören zu den Anspruchsgruppen. Sie haben primär ein finanzielles Interesse am Unternehmen.[30]

Zum Kreis der Stakeholder eines Unternehmens sind auch sog. Nicht-Regierungs-Organisationen zu zählen, die im Englischen als Non-Governmental Organisations (NGOs) bezeichnet werden. Hierbei handelt es sich nicht um staatliche Organisationen, sondern um meist gemeinnützig orientierte Akteure, die zwischen Staat und Markt anzusiedeln sind. Eine Funktion dieser Organisationen liegt insbesondere in der Beobachtung aller Handlungen und Entscheidungen seitens der Unternehmen, die in die Bereiche Umwelt, Soziales bzw. Politik fallen. Bekannte NGOs sind z.B. der World Wide Fund For Nature, Greenpeace oder Amnesty International. NGOs sind Organisationen, die eher indirekt von den Tätigkeiten und Entscheidungen des Unternehmens beeinflusst werden. Sie sind in der Lage, die Interessen von Stakeholdern durchzusetzen, insbesondere dann, wenn der Markt oder der Staat nicht dazu in der Lage sind.[31] Die Möglichkeiten zur Einflussnahme in die Politik, die Wirtschaft und die Gesellschaft zur Durchsetzung der Interessen der NGOs sind u.a. durch gezielte Kooperationen mit den Medien gestiegen.

---

[28] Anderson et al. konnten in einer empirischen Studie einen Zusammenhang zwischen der Kundenzufriedenheit und dem Shareholder Value belegen, „[...] customer satisfaction affects current and future customer behavior and, [...] in turn, the behavior of satisfied customers influences the level, timing and risk of future cash flows and, consequently, the shareholder value." Anderson et al.: Customer Satisfaction and Shareholder Value.

[29] Das Kaufverhalten von Konsumenten in Bezug auf Produkte mit ethischen Charakteristika wurde u.a. von Folkes und Kamins untersucht. Vgl. Folkes/Kamins: Effects of Information About Firms' Ethical and Unethical Actions on Consumers' Attitudes. Zudem haben z.B. Auger et al. untersucht, ob die Konsumenten bereit sind, mögliche Aufpreise für diese Charakteristika zu zahlen. Vgl. Auger et al.: What Will Consumers Pay for Social Product Features?

[30] Die finanziellen Interessen der Eigen- und Fremdkapitalgeber werden in Abschnitt 4.4.3 dargestellt.

[31] Viele Unternehmen haben insbesondere durch Mergers & Acquisitions-Tätigkeiten zur Globalisierung der Märkte beigetragen und sich ein großes Machtpotenzial bei diversen Verhandlungen mit den jeweiligen Staaten bzw. Regierungen geschaffen. Daher ist es fraglich, ob die Regierungen tatsächlich in der Lage sind, Regeln durchzusetzen, die der sozialen Verantwortung in der Gesellschaft nachkommen. Kommen die Regierungen ihrer Pflicht nicht nach, z.B. weil sie von den Unternehmen abhängig sind, liegt es im Ermessen der global agierenden Unternehmen, inwieweit sie die Verantwortung gegenüber der Gesellschaft übernehmen wollen.

2.2 Unternehmensführung nach dem Stakeholder-Ansatz

Diese Kooperationen stellen wiederum eine Motivation für die Unternehmen dar, Informationen zu den für die NGOs relevanten Sachverhalten zu veröffentlichen und auf diese Weise einer möglichen Negativ-Berichterstattung zu entgehen.[32] Inzwischen wird auch eine mangelnde Berücksichtigung von ethischen Aspekten des nachhaltigen Wirtschaftens als finanzielles Risiko betrachtet. Denn Unternehmen, die von NGOs aufgrund mangelnden Umweltschutzes oder fehlender sozialer Verantwortung angegriffen werden, haben ein Imageproblem, das ihren Aktienkurs einbrechen lassen kann. Insbesondere für weltweit agierende Konzerne können Reputationsrisiken entstehen, z.B. durch die Nicht-Einhaltung von ethischen Standards bei Zulieferern, durch die Verletzung von Umweltstandards bei Bau- und Infrastrukturprojekten oder durch das Anwenden korrupter Geschäftsmethoden.[33]

Die zunehmende Forderung der Gesellschaft danach, dass die Unternehmen ethische Standards einhalten, kann als Ursache für die besseren Möglichkeiten der Einflussnahme von NGOs gesehen werden. Die sich wandelnde Betrachtungsweise der Gesellschaft erhöht den Druck auf den Gesetzgeber, die Veröffentlichung von Informationen zur Nachhaltigkeitsleistung der Unternehmen stärker zu regulieren.

Auch drohende, potentiell höhere gesetzliche Anforderungen können aus Unternehmenssicht eine zusätzliche Motivation darstellen, freiwillig die Stakeholder in die Unternehmensprozesse einzubeziehen und freiwillig die Informationen zur Nachhaltigkeitsleistung zu veröffentlichen, um auf diese Weise einer Regulierung vorzugreifen.[34]

Eine Auflistung aller potentiellen Stakeholder eines Unternehmens summiert sich schnell zu einer großen Anzahl vielfältiger Gruppen. Mit der Vielfalt der verschiedenen Stakeholder-Gruppen geht das Problem einher, dass die Interessen zwischen den Stakeholdern durchaus konträr zueinander stehen können. Eine ganzheitlich nach seinen Stakeholdern ausgerichtete Unternehmensstrategie, die alle Stakeholder gleichermaßen und gänzlich befriedigt, ist daher vom Unternehmen in der Praxis nicht durchführbar. Vielmehr selektieren die Unternehmen ihre Stakeholder bei der Orientierung am gleichnamigen Ansatz nach dem Kriterium der Relevanz,

---

[32] Wie groß der Einfluss einer NGO sein kann, wenn sie mit den Medien, mit den Konsumenten oder mit der Regierung zusammenarbeitet, zeigen insbesondere negative Schlagzeilen. Zwei prominente Beispiele hierfür sind die geplante Versenkung der Ölplattform Brent Spar in der Nordsee durch das Unternehmen Shell und die bemängelten Arbeitsbedingungen in den Zulieferbetrieben von Nike in den 1990er Jahren. Gerade diese negativen Schlagzeilen können bei den Unternehmen zu empfindlichen Umsatzeinbußen führen, was die Einhaltung bestimmter Umweltstandards sowie Standards in den Arbeitsbedingungen vorantrieb. Vgl. hierzu Adams/Zutshi: Corporate Social Responsibility: Why Business Should Act Responsibly and Be Accountable, Livesey: Eco-Identity as Discursive Struggle: Royal Dutch/Shell, Brent Spar, and Nigeria, S. 32–36, Livesey/Kearins: Transparent and Caring Corporations? A Study of Sustainability Reports by the Body Shop and Royal Dutch/Shell, Mirvis: Transformation at Shell: Commerce and Citizenship, Paine: Royal Dutch/Shell in Transition (A). Case No. 9–300–039 sowie Paine/Moldoveanu: Royal Dutch/Shell in Nigeria. Case No. 9–399–126.
[33] Vgl. Werner: Global Reporting Initiative – Berichterstattung in Zeiten der Globalisierung, S. 70.
[34] Vgl. O'Donovan: Environmental Disclosures in the Annual Report – Extending the Applicability and Predictive Power of Legitimacy Theory, S. 346 sowie Adams/Zutshi: Corporate Social Responsibility: Why Business Should Act Responsibly and Be Accountable, S. 33.

um dann die für das Unternehmen wichtigen Stakeholder und ihre Interessen bevorzugt in die Unternehmensführung zu integrieren. Den Ausgangspunkt der Relevanz-Analyse stellt dabei die Identifikation der Stakeholder dar. Welge und Al-Laham[35] sprechen sich für die folgende Gliederung der Analyse zur Relevanz der Stakeholder eines Unternehmens aus:

Auf die Identifizierung folgt eine Charakterisierung der potentiellen Stakeholder des Unternehmens. Diese Charakterisierung erfolgt hier mit einer Klassifikation der Stakeholder anhand ihrer Ziel- und Machtstruktur sowie des von ihnen eingegangenen Risikos.

Zunächst sind die Ziele der identifizierten Stakeholder zu erfassen. Dabei ist zu jedem Stakeholder eine Zielstruktur zu erstellen.

Neben der Zielstruktur der Stakeholder trägt auch die Einbeziehung ihrer jeweiligen Machtposition bedeutend zur strategischen Ausrichtung des Unternehmens bei. Ermittelt wird dabei das Ausmaß des Einflusses, den der Stakeholder auf das Unternehmen ausüben kann. Denn bei Nichterfüllung der Ansprüche eines einflussreichen Stakeholders könnten auf das Unternehmen Sanktionen zukommen.

Zur Analyse des Ausmaßes des Einflusses kann ein Unternehmen die folgenden vier Ebenen betrachten, die das Kriterium der Macht aus verschiedenen Perspektiven beleuchten.

- Die Bindungsmacht sagt aus, inwieweit die Handlungen und Entscheidungen eines Unternehmens beschränkt sind und an die Zustimmung des betrachteten Stakeholders gebunden sind.
- Die Retaliationsmacht stellt auf die Fähigkeit des Stakeholders ab, Sanktionen bei einem Fehlverhalten des Unternehmens auszuüben.[36]
- Die Substitutionsmacht beschreibt die Möglichkeit des Stakeholders, die Beziehung zu diesem Unternehmen abzubrechen und an dessen Stelle eine Beziehung zu einem anderen Unternehmen aufzubauen. Große Substitutionsmacht besitzt der Stakeholder dann, wenn er die Beziehung zu dem Unternehmen leicht – beispielsweise ohne wesentliche Kosten – mit der Beziehung zu einem anderen Unternehmen ersetzen kann. Dieser Abbruch der Beziehung kann auch schon dann erfolgen, wenn dem Stakeholder nur eine geringe Nutzeneinbuße widerfährt.
- Unter der Koalitionsmacht wird die Fähigkeit des Stakeholders verstanden, sich mit anderen (mächtigen) Anspruchsgruppen zu verbünden und mit Hilfe dieser Koalition seine bzw. gemeinsame Interessen durchzusetzen.

Zusätzlich zu der Ermittlung der Ziel- und Machtstruktur im Unternehmen empfehlen Welge und Al-Laham eine Berücksichtigung des Risikos. Das Risiko des Stakeholders hängt von der

---
[35] Vgl. Welge/Al-Laham: Planung: Prozesse – Strategien – Maßnahmen, S. 51–56.
[36] Das hier beschriebene Fehlverhalten meint eine Nichterfüllung der Ansprüche des betrachteten Stakeholders.

2.2 Unternehmensführung nach dem Stakeholder-Ansatz

Höhe seines Einsatzes[37] ab. Hier lässt sich ein kausaler Zusammenhang zwischen der Höhe des Einsatzes und dem Anspruch gegenüber dem Unternehmen erkennen. Je höher dieser Einsatz ist, desto höher ist das Risiko des Stakeholders, und damit auch sein Anspruch gegenüber dem Unternehmen.

Anhand des ermittelten Ziels, der Machtposition und des Risikos eines Stakeholders lassen sich schließlich Aussagen über die Relevanz des jeweiligen Stakeholders tätigen. Die Relevanz des Stakeholders ist wiederum für die Einschätzung von Nöten, ob und in welchem Maße seine Ansprüche in die Ziele und damit in die Strategie des Unternehmens aufgenommen werden müssen.

Welche Stakeholder für ein Unternehmen relevant sind, kann z.B. von den Eigentümern des Unternehmens abhängen. Handelt es sich bei dem Unternehmen um ein Staatsunternehmen, liegt das Ziel des Staates als Unternehmenseigentümer nicht unbedingt in der Maximierung des Unternehmenswerts. Als Beispiel lässt sich die Deutsche Bahn AG nennen. Bevor es Bestrebungen gab, das Unternehmen am Kapitalmarkt notieren zu lassen, gehörten beispielsweise die Politiker, die Kunden und die Anwohner der Bahnstrecken zu den wichtigen Stakeholdern des Staatsunternehmens. Die Politiker haben ein Interesse daran, gewählt zu werden. Über einen gut ausgebauten Schienenverkehr bot sich Politikern die Möglichkeit, sich zu profilieren. Die Kunden hatten den Anspruch, eine gute Dienstleistung zu erhalten, z.B. im Hinblick auf die Zuverlässigkeit und den Reisekomfort. Den Anwohnern der Bahnstrecken war es auch zu dieser Zeit wichtig, dass die Beeinträchtigungen, z.B. in Form von Lärmbelästigungen, so gering wie möglich gehalten wurden.

Die bedeutendsten und größten Unternehmen sind jedoch meist kapitalmarktorientiert. Unter der Einbeziehung aller Kriterien, insbesondere jedoch unter Beachtung des Machtkriteriums, wird deutlich, dass im Falle der börsennotierten Unternehmen die Aktionäre, die sog. Shareholder, zu den wichtigsten Stakeholdern zählen. Folglich liegt die strategische Ausrichtung vieler Unternehmen zunächst in der Befriedigung der Aktionärsansprüche. Das Erfüllen der Ansprüche der Aktionäre ist eine notwendige Voraussetzung für die Kapitalausstattung des Unternehmens, die wiederum existenziell für ein erfolgreiches Wirtschaften und schließlich für die Befriedigung der Ansprüche der anderen Stakeholder ist. Wie die Ansprüche des Aktionärs quantifiziert werden können und worauf die Berechnung basiert, wird im Folgenden anhand des etablierten Konzepts des Shareholder Value-Ansatzes dargestellt.

---

[37] Dieser Einsatz wird im Englischen als Stake bezeichnet.

2.3 Vergleich mit dem Shareholder Value-Ansatz

Der Shareholder Value-Ansatz ist ein von Rappaport entwickeltes Konzept der wertorientierten Unternehmensführung mit der Handlungsmaxime, den Unternehmenswert für die Eigenkapitalgeber zu maximieren. Rappaport beschreibt den Shareholder Value-Ansatz wie folgt:

„The shareholder value approach estimates the economic value of an investment by discounting forecasted cash flows by the cost of capital. These cash flows, in turn, serve as the foundation for shareholder returns from dividends and share-price appreciation."[38]

Der Shareholder Value dient als Maßstab für die Bewertung von Strategien. Eine Strategie wird als erfolgversprechend gewertet, wenn der Wert eines Unternehmens aus Sicht der Eigentümer im Zuge der neuen Strategie gesteigert werden kann.[39] Damit schätzt der Shareholder Value-Ansatz den ökonomischen Wert einer Investition.[40] Ein ökonomischer Wert wird für den Eigenkapitalgeber jedoch nur dann geschaffen, wenn die eingesetzten Mittel eine Rendite erwirtschaften, die höher ist als die einer vergleichbaren Anlage zum selben Risiko. Der Shareholder Value-Ansatz kann insgesamt als Finanzgröße, Handlungsmaxime oder Verfahren genutzt werden, welches das Unternehmen mittels Diskontierung zukünftiger Geldflüsse bewertet.[41] Diese verfügbaren Geldflüsse, die sog. Free Cash Flows, ergeben sich, nachdem die Ansprüche aller anderen Stakeholder befriedigt wurden und danach frei für die Befriedigung der Ansprüche der Kapitalgeber sind.[42]

Die Ermittlung des Unternehmenswerts und nachfolgend die Ermittlung des hier relevanten Anteils des Eigentümerwerts ist Gegenstand der Discounted Cash Flow (DCF)-Verfahren.[43] Charakteristisch für die DCF-Verfahren ist die konzeptionelle Orientierung am Kapitalmarkt,[44] da im Rahmen dieser Verfahren zur Ermittlung des Diskontierungszinssatzes auf kapitalmarkttheoretische Modelle zurückgegriffen wird.[45] Daher kann der auf diese Weise ermittelte Wert des Eigenkapitals als Marktwert betrachtet werden.

---

[38] Rappaport: Creating Shareholder Value: A Guide for Managers and Investors, S. 32.
[39] Das Kapital sollte nur dann nicht ausgeschüttet werden, wenn das Unternehmen eine höhere Rendite erwirtschaften kann, als zur Alternative stehende Investitionen, unter Berücksichtigung möglicher Risikounterschiede.
[40] Methodisch werden den aus einer Investition resultierenden Cash Flows Eintrittswahrscheinlichkeiten zugeordnet. Auf diese Weise wird im Rahmen der Prognose zukünftiger Cash Flows eine Gewichtung der Situationen vorgenommen, in denen sich das Unternehmen zukünftig befinden könnte.
[41] Shareholder Value = $\sum_{j=1}^{n} \frac{FCF_j}{(1+i)^j} - FK$
[42] Die hier geschilderte Ermittlung des Shareholder Value wird als Bruttoverfahren klassifiziert.
[43] Exemplarisch sei zur Vertiefung der einzelnen DCF-Verfahren auf Mandl/Rabel: Unternehmensbewertung – Eine praxisorientierte Einführung oder Drukarczyk/Schüler: Unternehmensbewertung verwiesen.
[44] Vgl. Mandl/Rabel: Unternehmensbewertung – Eine praxisorientierte Einführung, S. 37.
[45] Ein häufig verwendetes Modell zur Ermittlung des Diskontierungszinssatzes ist das Capital Asset Pricing Model (CAPM), welches beispielsweise in Sharpe: Capital Asset Prices: A Theory of Market Equilibrium Under Conditions of Risk vertiefend dargestellt wird.

Sollte ein Unternehmen die Interessen der Anspruchsgruppe der Aktionäre vernachlässigen und für den Aktionär weniger vorteilhafte Renditen erwirtschaften, droht die Gefahr, dass der Eigenkapitalgeber sein Kapital in andere Unternehmen investiert, von denen er eine höhere Rendite erwartet.[46] Hieraus entsteht wiederum die Gefahr, dass die Ansprüche der übrigen Stakeholder ebenfalls nicht befriedigt werden können. Denkbare Szenarien sind z.B. höhere Kapitalkosten für das Unternehmen, der Abbau von Arbeitsplätzen, eine nicht fristgerechte Rückzahlung von Fremdkapital oder auch sinkende Steuereinnahmen. Rappaport beschreibt diesen Zusammenhang wie folgt:

„The mutual interdependence among shareholders and other stakeholders makes it imparative that they engage in a partnership for value creation. But stakeholders must perceive that value-sharing process to be fair before they can be expected to maximize their commitment to a company. Simply said, I will help grow the pie if you give me my fair share."[47]

Das obige Zitat bekräftigt, dass die Renditeforderungen der Aktionäre nur dann befriedigt werden können, wenn die Interessen anderer Stakeholder ebenfalls in das Konzept der Unternehmensführung eingebunden werden.[48] Auf Käufermärkten z.B. müssen die Ansprüche der Kunden bezüglich der Qualität und Lieferbereitschaft erreicht werden. Werden die Interessen von Stakeholdern vernachlässigt, können Optimierungsstrategien nicht umgesetzt werden. Daher fließen in die Berechnung der Cash Flows im Shareholder Value-Ansatz die quantifizierbaren Auswirkungen der Investitionsentscheidung auf relevante Stakeholder mit ein. Eine Entscheidung zwischen verschiedenen Investitionsprojekten wird jedoch ausschließlich anhand der Shareholder-Ausrichtung getroffen. Hierin liegt der Unterschied zum Stakeholder-Ansatz. Im Stakeholder-Ansatz ist der Shareholder bei den meisten Unternehmen zwar auch ein wichtiger und daher häufig mit Vorrang zu berücksichtigender Stakeholder, jedoch erfolgt die Entscheidung über eine Investition auch unter der Berücksichtigung der anderen relevanten Stakeholder. Je nachdem, als wie wichtig die Interessen der übrigen Stakeholder vom Unternehmen eingestuft werden, unterscheidet sich die Ausrichtung des Stakeholder-Ansatzes mehr oder weniger stark von der Ausrichtung des Shareholder Value-Ansatzes.[49]

2.4 Ethische Entwicklungen auf dem Kapitalmarkt

Langfristig kann der Unternehmenswert nur dann maximiert werden, wenn auch ökologische und soziale Aspekte in der Unternehmensstrategie berücksichtigt werden. Die nachhaltige Aus-

---

[46] Insbesondere unter der Prämisse international funktionierender Kapitalmärkte ist es für den Aktionär unproblematisch, seine Anteile am Unternehmen zu verkaufen und in renditeträchtigere Unternehmen zu investieren.
[47] Rappaport: Creating Shareholder Value: A Guide for Managers and Investors, S. 11.
[48] Vgl. Slater/Gilbert: The Evolution of Business Reporting: Make Room for Sustainability Disclosure, S. 41 ff.
[49] Vgl. hierzu Albach: Shareholder Value und Unternehmenswert – Theoretische Anmerkungen zu einem aktuellen Thema, Kürsten: „Shareholder Value" – Grundelemente und Schieflagen einer polit-ökonomischen Diskussion aus finanzierungstheoretischer Sicht oder auch Wesner: Möglichkeiten und Grenzen der wertorientierten Unternehmensführung.

richtung, die sich aus dem Stakeholder-Ansatz ergibt, wird in weiten Teilen auch durch eine Orientierung am Shareholder Value-Ansatz erreicht. Somit könnte der Kapitalmarktteilnehmer den Schluss ziehen, dass nachhaltig ausgerichtete Unternehmen langfristig in der Lage sind, die Ansprüche der Aktionäre zu befriedigen. Am Kapitalmarkt lassen sich Indizien finden, die auf einen Zusammenhang zwischen der Wirtschaftlichkeit eines Unternehmens und der Integration nachhaltiger Ziele in die Unternehmensstrategie schließen lassen.

Der Kapitalmarkt bildet seine Erwartungen bezüglich des Unternehmenswerts u.a. auf Basis von volkswirtschaftlichen Untersuchungen und aktuellen Markt- und Branchendaten.[50] Auch vom Unternehmen veröffentlichte Informationen – hierzu gehören Informationen zur Nachhaltigkeit – können die Erwartungen des Kapitalmarkts beeinflussen.

Die Informationen zur Nachhaltigkeit haben jedoch die Eigenschaften, schwer quantifizierbar, vielschichtig sowie äußerst komplex zu sein.[51] Aufgrund dieser Eigenschaften ist von einer positiven Reaktion des Kapitalmarkts nicht unbedingt auszugehen. Ob und inwiefern der Kapitalmarkt auf die Veröffentlichung von Informationen zur Nachhaltigkeit reagiert, soll an dieser Stelle noch offen bleiben. Diese Fragestellung wird im empirischen Teil dieser Arbeit wieder aufgegriffen und untersucht.[52] Es werden zunächst die Entwicklungen auf dem Kapitalmarkt beschrieben, die auch ohne die Anwendung statistischer Methoden evident sind.

Anleger, die sich am Ethical Investment orientieren, investieren ihr Kapital in solche Unternehmen, die bestimmten ökologischen und sozialen Ansprüchen entsprechen. Ob die Unternehmen ethischen Ansprüchen genügen, können sie in einem Nachhaltigkeitsbericht offenlegen. Die Kapitalgeber können anhand dieser Informationen selbständig die nachhaltig agierenden Unternehmen identifizieren. Zusätzlich besteht für die Kapitalgeber die Möglichkeit, sich an Nachhaltigkeitsindizes[53] zu orientieren. Nachhaltigkeits-Indizes wurden innerhalb der letzten Jahre aufgelegt. Sie enthalten Unternehmen, die sich an Kriterien der Nachhaltigkeit orientieren. Auf diese Weise erhält der Kapitalgeber bei der Betrachtung der indexzugehörigen Werte einen sofortigen Überblick über nachhaltig wirtschaftende Unternehmen. Diese Indizes dienen daher dem Kapitalgeber als Orientierungshilfe. Gleichzeitig werden für den Kapitalgeber die Transaktionskosten gesenkt, indem er die Unternehmen nicht einzeln auf die Erfüllung nachhaltiger Kriterien hin überprüfen muss.

Mit der Auflegung einer hohen Anzahl von ethischen Investmentfonds und der Aufstellung entsprechender Indizes reagieren der Kapitalmarkt und seine Intermediäre auf die Nachfrage der Kapitalgeber. Die in diesem Zusammenhang wohl bedeutendste Index-Familie sind die im Jahre

---

[50] Vgl. Schumacher: Beteiligungscontrolling in der Management-Holding, S. 181.
[51] Vgl. Abschnitt 2.1.
[52] Vgl. hierzu die Kapitel 5–7.
[53] Anhand eines Aktienindexes kann die Entwicklung des betreffenden Aktienmarktes oder eines Teilbereichs des Marktes abgelesen werden. Vgl. exemplarisch Bettscheider: Indexveränderungen und ihre Auswirkungen auf Kapitalmärkte und Unternehmen, S. 45 ff.

2.4 Ethische Entwicklungen auf dem Kapitalmarkt

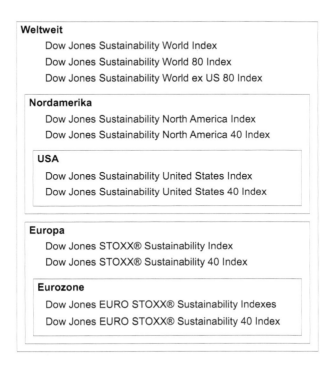

Abbildung 2.3: Übersicht über die Dow Jones Sustainability Indizes, Quelle: Eigene Darstellung

1999 in den USA ins Leben gerufenen Dow Jones Sustainability Indexes (DJSI).[54] Abbildung 2.3 verdeutlicht die Struktur dieser Indizes und ihre Zuordnung zu den abgebildeten Märkten. Zusätzlich zu den dargestellten Indizes, gehören zur Dow Jones Sustainability Index-Familie noch weitere kleinere Indizes. Diese zeichnen sich durch eine Nichtaufnahme von Unternehmen aus, die beispielsweise zur Tabak-Industrie gehören oder Waffen herstellen.

Allen Indizes ist gemein, dass sie die besten 10 bzw. 20 % börsennotierter Unternehmen hinsichtlich der Nachhaltigkeits-Leistung und hinsichtlich ihrer Marktbedeutung enthalten. Der Dow Jones Sustainability World Index beispielsweise enthält von den 2500 weltweit größten Unternehmen aus dem Dow Jones World Index die 10 %, die am besten hinsichtlich ökonomischer, ökologischer und sozialer Kriterien bewertet wurden. Die europaweiten Indizes beziehen

---

[54] Die Indizes wurden von den Unternehmen Dow Jones Indexes, STOXX Limited und der SAM Group entwickelt und werden auch von diesen veröffentlicht.

sich jeweils auf den Dow Jones STOXX 600 Index bzw. auf die in ihm enthaltenen Unternehmen der Eurozone. Die nordamerikanischen Dow Jones Sustainability-Indizes beziehen sich entsprechend auf die 600 größten nordamerikanischen Unternehmen des Dow Jones Global Index. Aus dem zugrunde liegenden Index werden jeweils die Unternehmen in einen entsprechenden Sustainability Index aufgenommen, welche vorbildliche Umwelt- und Sozialstandards anwenden.[55]

Eine weitere international bedeutende Indexserie bilden die britisch geprägten FTSE4Good Indexes, die seit dem Jahre 2001 bestehen.[56] Zu dieser Familie gehören die Benchmark-Indizes: FTSE4Good Global Index, FTSE4Good Europe Index, FTSE4Good UK Index, FTSE4Good USA Index sowie FTSE4Good Japan Index. Um eine ähnliche Performance wie diese Benchmark-Indizes zu erreichen, jedoch die Kosten gering zu halten, hat die FTSE sog. handelbare Indizes aufgelegt. Sie sollen den Benchmark-Index mit einer kleineren Anzahl an Werten nachbilden.[57] Zu den handelbaren Indizes gehören: der FTSE4GOOD UK 50 Index, der FTSE4Good Europe 50 Index, der FTSE4Good US 100 Index und der FTSE4Good Global 100 Index. In diese Indizes werden ausschließlich Unternehmen des FTSE All-Share Index (UK) oder FTSE Developed Index (Global) aufgenommen, die sich besonders im sozialen Bereich der Menschenrechte engagieren und Verantwortung zeigen. Ökologische Aspekte wie die Menge der CO_2-Emission sowie positive Beziehungen zu den Stakeholdern werden ebenfalls einbezogen.

Die Einhaltung der ethischen Kriterien und die Leistung in diesen Bereichen wird von der gemeinnützigen Organisation Ethical Investment Research Services (EIRIS) überprüft. Sie entscheidet über die Zusammensetzung der Indizes, und damit über die Aufnahme und den Ausschluss von Unternehmen. Unternehmen, die Tabakwaren oder Waffen herstellen, wichtige Bauteile oder Dienstleistungen für den Bau von Atomwaffen-Systemen anbieten, Atomkraftwerke betreiben, Uran-Minen oder Uran-Verarbeitungsanlagen besitzen oder betreiben, werden explizit aus den Indizes ausgeschlossen. Die Lizenzeinnahmen und andere Einnahmen im Zusammenhang mit dem FTSE4GOOD spendet die FTSE an UNICEF.[58]

Auch für Kleinanleger besteht mit ethischen Investmentfonds die Möglichkeit, mit vergleichsweise geringen Transaktionskosten breitdiversifiziert in Unternehmen zu investieren, die sich an Kriterien der Nachhaltigkeit orientieren.[59]

---

[55] Vgl. SAM Indexes GmbH: Dow Jones Sustainability Indexes.
[56] Gegründet wurde diese Indexserie mit einer nachhaltigen Ausrichtung von der Londoner Börse und der Financial Times.
[57] Vgl. FTSE International Limited: Knowledge Centre – FTSE Glossary.
[58] Vgl. dies.: FTSE4Good Index Series.
[59] Beispielhaft können hier die Fonds ÖkoWorld ÖkoVision, Dr. Hoeller Prime Values und Pioneer Funds Global Ecology genannt werden.

2.4 Ethische Entwicklungen auf dem Kapitalmarkt

Allerdings vermag die bloße Feststellung der ethischen Ausrichtung einiger Indizes am Kapitalmarkt nicht zu klären, welche Motive seitens des Kapitalgebers hinter seiner Investitionsentscheidung stecken. Auch hier sind es wieder die zwei Ausprägungen der Nachhaltigkeit, die als mögliche Motive in Frage kommen. Zum einen ist es möglich, dass ein Kapitalgeber ethische Ziele mit seiner Investition verbindet. Zum anderen kann der Kapitalgeber in ein nachhaltig wirtschaftendes Unternehmen investieren, da er davon überzeugt ist, dass so der Unternehmenswert maximiert wird, und damit die an ihn fließenden Zahlungsmittel aus seiner Investition maximiert werden. Ethisch motivierte Investitionen von anders motivierten zu separieren, ist weder anhand der Beobachtung der Entwicklung nachhaltiger Indizes noch anhand der Kurssteigerungen ihrer zugehörigen Werte möglich.[60] Der ethisch motivierte Kapitalgeber findet in einem Nachhaltigkeitsbericht Informationen, die seine Investitionsentscheidung erleichtern. Ob auch der an einer langfristigen Unternehmenswertsteigerung interessierte Kapitalgeber für ihn relevante Informationen aus einem Nachhaltigkeitsbericht ableiten kann, soll im weiteren Verlauf dieser Arbeit untersucht werden.

Die Vielzahl der Auflegungen neuer Nachhaltigkeitsindizes in den letzten Jahren kann ein Hinweis darauf sein, dass die Kapitalgeber ein hohes Wachstumspotential in diesem Bereich erwarten.[61] Die Erfüllung definierter ökologischer sowie sozialer Standards oder gar die Übererfüllung aktueller, gesetzlich einzuhaltender Standards muss nicht im Gegensatz zu den ökonomischen Zielen eines Unternehmens stehen. Insbesondere die langfristig ausgerichteten Kapitalgeber sind daran interessiert, Informationen über die strategische Ausrichtung des Unternehmens zu erhalten. Der Kapitalgeber versucht zu erfahren, ob das Unternehmen in der Lage ist, seine Zukunftsaussichten ganzheitlich zu bewerten und die Chancen und Risiken, die mit den Nachhaltigkeitsthemen in Verbindung stehen, zu erkennen und frühzeitig einzuschätzen.[62]

Mit der Schaffung neuer nachhaltiger Investitionsmöglichkeiten hat der Kapitalmarkt auf die Nachfrage der Kapitalgeber nach Investitionen in nachhaltig wirtschaftende Unternehmen reagiert. Voraussetzung für die Aufnahme in Nachhaltigkeit-Indizes ist eine Veröffentlichung von Informationen, die über das vom Gesetzgeber vorgeschriebene Maß hinausgeht. Der freiwilligen Veröffentlichung von Informationen und der zugrunde liegenden Motive widmen sich die nachfolgenden Abschnitte.

---

[60] Als Anregung für andere wissenschaftliche Arbeiten, kann hier die Durchführung einer Studie in Betracht gezogen werden, die im Rahmen einer Umfrage die Motive der Kapitalgeber untersucht, welche in Nachhaltigkeitsindizes investieren.
[61] Vgl. hierzu exemplarisch Boos/Priermeier: Gewinnchance Klimawandel: Investitionsmöglichkeiten und Anlagestrategien.
[62] Vgl. Zollinger: Sustainability Reporting: Ein Führungsinstrument für nachhaltiges Wirtschaften, S. 69.

2.5 Offenlegung unternehmensbezogener Daten

Eine wichtige Grundlage für die Entscheidungsfindung der Kapitalgeber sind die veröffentlichten Informationen vom Unternehmen, die den Wert des Unternehmens am Kapitalmarkt beeinflussen können. Neben der Erfüllung der rechtlichen Publizitätspflichten können die Unternehmen[63] auch freiwillig Informationen veröffentlichen.[64] Teil dieser freiwilligen Veröffentlichung ist der Nachhaltigkeitsbericht. In die Preisbildung des Aktienkurses eines Unternehmens fließen sowohl das Maß, zu dem die Kapitalmarktteilnehmer vom Unternehmen informiert werden, als auch die Wahrnehmung des Informationsverhaltens ein. Die Kommunikation des Unternehmens mit den Teilnehmern des Kapitalmarktes ist daher für das Unternehmen ein wichtiges Instrument, um Einfluss auf den eigenen Aktienkurs zu nehmen.[65] Die Informationsmöglichkeiten und insbesondere die Verfügbarkeit der Informationen konnten durch Medien wie das Internet enorm gesteigert werden.[66] Damit stiegen jedoch auch die Ansprüche des Kapitalmarktes gegenüber dem Informationsverhalten des Unternehmens.[67]

Die freiwillige Veröffentlichung von Informationen seitens des Unternehmens lässt folgende Ursache-Wirkungs-Beziehung erkennen: Mit der Veröffentlichung werden Informationen an den Nutzer der Berichte geliefert. Es liegt nun an diesen Nutzern, anhand der erhaltenen Informationen Entscheidungen bezüglich ihres Investitionsverhaltens zu treffen. Diese Entscheidungen, welche die Nutzer der erhaltenen Informationen treffen, wirken sich wiederum auf das Unternehmen und seine Finanzsituation aus. Dabei stellt sich die Frage, in welchen Fällen sich Unternehmen dazu entscheiden, freiwillig Informationen zu veröffentlichen.

2.5.1 Freiwillige Veröffentlichung von Unternehmensdaten

Ein Ansatz zur Erklärung freiwilligen Ausweisverhaltens seitens eines Unternehmens ist das Unraveling-Prinzip. Das Unraveling-Prinzip erörtert unter Voraussetzung bestimmter Annahmen in Form eines Modells das Ausweisverhalten von Unternehmen, dem strategische Überlegungen zugrunde liegen. Eine Voraussetzung des Modells besteht darin, dass die Kapitalmarktteilnehmer wissen, dass einem betrachteten Unternehmen eine wertrelevante Information vorliegt.[68] Dieses Wissen kann daraus resultieren, dass z.B. Konkurrenten innerhalb einer

---

[63] Der Fokus liegt hierbei insbesondere auf kapitalmarktorientierten Gesellschaften.
[64] Ein Unternehmen kann durch die freiwillige Veröffentlichung von Informationen signalisieren, dass es sich um ein „gutes" Unternehmen handelt. Zur Erläuterung des Instruments Signaling sei exemplarisch auf Wagenhofer und auf Spence verwiesen. Vgl. Wagenhofer: Voluntary Disclosure with a Strategic Opponent, S. 323 ff. sowie Spence: Signaling in Retrospect and the Informational Structure of Markets.
[65] Vgl. Meckel et al.: Unternehmenskommunikation und Corporate Governance als qualitative Erfolgsfaktoren in der Kapitalmarktpraxis.
[66] Untersucht wurde die Kommunikation über das Internet im Kontext der Nachhaltigkeitsberichterstattung z.B. in Blanke et al.: Internetgestützte Nachhaltigkeitsberichterstattung: Eine empirische Untersuchung der Unternehmen des DAX30.
[67] Vgl. Kirchhoff: Grundlagen der Investor Relations, S. 31.
[68] Vgl. Grossman: The Informational Role of Warranties and Private Disclosure About Product Quality, S. 464 ff.

2.5 Offenlegung unternehmensbezogener Daten

Branche diese betrachtete Information veröffentlichen,[69] oder daraus, dass das Unternehmen zu einem spezifischen Sachverhalt in den letzten Jahren stets diese Information veröffentlicht hat. Die Teilnehmer des Kapitalmarkts wissen, dass ein Unternehmen ihnen gegenüber einen Informationsvorsprung besitzt.[70] Diesen Zustand kalkulieren die Kapitalmarktteilnehmer in ihre Preisbildung und den daraus resultierenden Unternehmenswert ein. Dabei wird die Annahme getroffen, dass der Wert eines Unternehmens über die Preise am Kapitalmarkt widergespiegelt wird.[71]

Zunächst wird überprüft, ob es für ein Unternehmen Gründe bzw. Anreize gibt, eine günstige, wertrelevante Information nicht zu veröffentlichen.

Liegt das Unternehmensziel in der Maximierung des aktuellen Marktwerts, stellt sich für das Unternehmen die Frage der optimalen Ausweisstrategie. Als Ausweisstrategien bestehen nach dem Unraveling-Prinzip ausschließlich die Möglichkeiten, eine Information entweder sofort, vollständig und wahrheitsgemäß auszuweisen oder sie zu verschweigen.[72]

Veröffentlicht das Unternehmen die Information, kann der Kapitalmarkt diese in seine Preisbildung einfließen lassen. Somit ändert sich der Unternehmenswert π. Je nach Ausprägung der Information kann der Unternehmenswert unterschiedlich stark steigen oder sinken. Der unter Einbeziehung der Information resultierende Unternehmenswert wird begrenzt durch $E[\pi|U]$, d.h. durch den erwarteten Unternehmenswert, für den Fall, dass die für den Unternehmenswert ungünstigste Erwartung des Marktes bezüglich der Information zuträfe, und durch $E[\pi|G]$, d.h. durch den erwarteten Unternehmenswert, für den Fall, dass die günstigste Erwartung zuträfe. Der Unternehmenswert unter Einbeziehung der Information ist in diesem Intervall gleichverteilt, solange über die Ausprägung der Information nichts bekannt ist.

Sobald dem Unternehmen die Information vorliegt, muss es abschätzen, wie der Kapitalmarkt auf die Veröffentlichung der Information reagieren würde. Dazu schätzt das Unternehmen seinen Wert nach der Veröffentlichung dieser Information: $E[\pi|V]$. Veröffentlicht das Unternehmen die Information nicht, kann der Kapitalmarkt die Information nicht direkt in die Preisbildung

---

[69] Vgl. Wagenhofer: Voluntary Disclosure with a Strategic Opponent, S. 346 f.
[70] Beispielhaft sei hier auf Myers/Majluf: Corporate Financing and Investment Decisions When Firms Have Information That Investors Do Not Have, S. 187 f. und auf Crawford/Sobel: Strategic Information Transmission, S. 1431 verwiesen.
[71] Zur Theorie der Informationseffizienz der Kapitalmärkte, vgl. Fama: Efficient Capital Markets: A Review of Theory and Empirical Work. Kritische Anmerkungen zur Problematik effizienter Marktpreisbildung und zur Gleichsetzung der Marktpreise mit dem Unternehmenswert werden u.a. von Böcking und Nowak thematisiert, vgl. Böcking/Nowak: Marktorientierte Unternehmensbewertung: Darstellung und Würdigung der marktorientierten Vergleichsverfahren vor dem Hintergrund der deutschen Kapitalmarktverhältnisse, S. 169 und S. 174 f. Vgl. hierzu auch Abschnitt 6.3 dieser Arbeit.
[72] Unter der Prämisse, dass die Information nachprüfbar ist, könnte eine Gewährleistung der Wahrheit und Vollständigkeit durch einen Wirtschaftsprüfer oder, bei einer Fehlinformation, die Möglichkeit von Sanktionen gegen das Management eines Unternehmens erfolgen.

einfließen lassen. Stattdessen muss der Kapitalmarkt die Auswirkung der unbekannten Information auf den Unternehmenswert abschätzen. Das Ergebnis der Abschätzung durch den Kapitalmarkt bei Nicht-Veröffentlichung versucht das Unternehmen zu prognostizieren, ausgedrückt durch $E[\pi|N]$.

Wenn ein Unternehmen ausschließlich Informationen veröffentlicht, welche den Wert des Unternehmens positiv beeinflussen, stellt sich die Frage, ob ein Kapitalmarktteilnehmer davon ausgehen sollte, dass ein Nicht-Ausweis einer Information mit dem Vorliegen einer Information gleichzusetzen ist, die den Wert des Unternehmens negativ beeinflusst.[73] Wie der Kapitalmarktteilnehmer auf das Ausweisverhalten eines Unternehmens reagiert und von welchem Unternehmenswert der Kapitalmarktteilnehmer im Falle einer Nicht-Veröffentlichung ausgeht, wird im Folgenden beschrieben.

Beobachten die Marktteilnehmer den Nicht-Ausweis einer Information, korrigieren sie folglich ihre Erwartung bezüglich der Auswirkung der Information auf den Unternehmenswert nach unten, sofern ihnen der Wissensvorsprung des Unternehmens und das Vorliegen einer Information bekannt sind. Legt das Unternehmen keine Informationen offen, antizipieren die Aktionäre, dass dem Unternehmen wahrscheinlich Informationen vorliegen, die den Wert des Unternehmens negativ beeinflussen. Unter Einbeziehung der erwarteten Auswirkung der Information auf den Unternehmenswert errechnet der Aktionär einen Preis für das Unternehmen.[74]

Die Teilnehmer des Kapitalmarkts bilden somit eine Erwartung über den Wert einer nicht veröffentlichten Information. Unter der Prämisse, dass die Unternehmen ausschließlich Informationen veröffentlichen, die ihren Unternehmenswert positiv beeinflussen, erwartet der Markt, dass eine nicht veröffentlichte Information im Mittel des Spektrums aller ungünstigen wertrelevanten Informationen liegt. Würde es sich um eine wertrelevante, günstige Information handeln, hätte das Unternehmen diese veröffentlicht. Somit wird im Falle des Nicht-Ausweises nur der Bereich aller ungünstigen, wertrelevanten Informationen betrachtet.

Ausgehend von diesem erwarteten Wert der Information im Spektrum der den Unternehmenswert negativ beeinflussenden Informationen würden alle Unternehmen zusätzlich solche Informationen veröffentlichen, die zwar im Spektrum der ungünstigen Informationen liegen, jedoch eine Wertrelevanz besitzen, die sich oberhalb des erwarteten Werts befindet. Eine Veröffentlichung dieser ungünstigen Informationen führt zwar nach wie vor zu einer negativen Auswirkung auf den Unternehmenswert, jedoch erfolgt die Senkung in einem geringeren Maße als bei einer Nicht-Veröffentlichung. Als Konsequenz daraus passen die Aktionäre ihre Erwartung bezüglich der Auswirkungen der Information auf den Unternehmenswert erneut an die Ausweisstrategie der Unternehmen an, da nun alle Informationen, die nicht veröffentlicht werden,

---

[73] Vgl. Verrecchia: Discretionary Disclosure, S. 186 ff.
[74] Vgl. Wagenhofer/Ewert: Externe Unternehmensrechnung, S. 329–333.

2.5 Offenlegung unternehmensbezogener Daten

noch größere negative Auswirkungen haben als die zuvor durchschnittlich vom Markt erwarteten negativen Auswirkungen der Information auf den Unternehmenswert.

An dieser Stelle beginnt der Prozess zum wiederholten Male. Alle Unternehmen, die negative wertrelevante Informationen besitzen, die weniger schlecht sind, als die, die der Markt erwartet, werden diese auch veröffentlichen, da der Ausweis dieser Informationen zu einer geringeren Unternehmenswertsenkung führt als bei einer Nicht-Veröffentlichung. Nur die wenigen Unternehmen, die Informationen mit einer größeren negativen Auswirkung auf den Unternehmenswert besitzen als vom Markt erwartet, werden diese nicht veröffentlichen, da diese Handlung zu einer höheren Unternehmenswertsenkung führen würde. Dieser Prozess setzt sich so lange fort, bis die erwartete Auswirkung der Information auf den Unternehmenswert bei Nicht-Veröffentlichung zur größtmöglichen negativen Auswirkung der Information auf den Unternehmenswert tendiert. Daher veröffentlichen unter den Voraussetzungen dieses Modells alle Unternehmen letztendlich jede wertrelevante Information, die ihnen vorliegt.

In diesem vereinfachten Modell ist es nicht möglich, dass Strategien bestehen, in denen Unternehmen eine beliebige Information nicht veröffentlichen, die den Wert des Unternehmens beeinflusst.[75] Gelten die Annahmen des Modells, dass die Kapitalmarktteilnehmer wissen, dass dem Unternehmen unternehmenswertbeeinflussende Informationen vorliegen, und dass im Falle einer Veröffentlichung die Informationen unmittelbar nach dem Bekanntwerden im Unternehmen offengelegt werden, ergibt sich folglich das einzig mögliche Gleichgewicht:[76] Das Unternehmen befolgt eine Ausweisstrategie, mit der jede Information, sowohl positiv wie auch negativ unternehmenswertbeeinflussend, offengelegt wird.[77]

Im Gegensatz zur Gleichgewichtssituation des Unraveling-Prinzips lässt sich in der Praxis beobachten, dass Unternehmen nicht sämtliche vorliegenden Informationen offenlegen und dass sie ungünstige Informationen z.T. verschweigen oder ihre Veröffentlichung hinauszögern. Eine vollständige Offenlegung scheint somit in der Realität nicht immer das optimale Ausweisverhalten der Unternehmen zu sein.[78] Daher kann das Modell erweitert werden, um auf diese Weise einen stärkeren Praxisbezug herzustellen.

Veröffentlicht ein Unternehmen Informationen, ist diese Handlung mit direkten Kosten verbunden, zu denen Veröffentlichungs- und Verifikationskosten zählen. Die Verifikationskosten

---

[75] Empirisch kann z.B. Skinner ebenfalls nachweisen, dass Unternehmen freiwillig ungünstige Nachrichten veröffentlichen, die sich negativ auf den Wert des Unternehmens auswirken. Vgl. Skinner: Why Firms Voluntarily Disclose Bad News, S. 43 ff.
[76] Vgl. Wagenhofer: Voluntary Disclosure with a Strategic Opponent, S. 332.
[77] Ein ähnliches Szenario wird von Akerlof für den Gebrauchtwagenmarkt beschrieben. Der Informationsvorsprung des Verkäufers führt dazu, dass der Käufer seinen Durchschnittspreis immer weiter senkt. Dieser Prozess dauert so lange an, bis ausschließlich Autos von schlechtester Qualität am Markt angeboten werden zum entsprechend niedrigen Preis. Vgl. Akerlof: The Market for 'Lemons': Quality Uncertainty and the Market Mechanism.
[78] Vgl. Wagenhofer/Ewert: Externe Unternehmensrechnung, S. 334.

lassen sich in diesem Rahmen aus Kapitalgebersicht dadurch erklären, dass ihnen die vorliegende asymmetrische Informationsverteilung zwischen ihnen und dem Unternehmen bekannt ist. Sie werden günstige Informationen erst in ihre Entscheidung einbeziehen, wenn diese Informationen vom Unternehmen z.b. durch eine externe Prüfung glaubhaft gemacht werden. Die Vermittlung von Informationen, welche freiwillig erfolgt und somit keinen gesetzlichen Regelungen unterliegt, ist in der Praxis meist von Heterogenität geprägt, was wiederum zu höheren Prüfkosten führt.[79]

Insgesamt wird hier von konstanten Veröffentlichungskosten k ausgegangen.[80] Diese Veröffentlichungskosten mindern wiederum den Wert des Unternehmens, da sie einen Aufwand für das Unternehmen darstellen.[81] Nach der Erweiterung des Modells um die Veröffentlichungskosten kommt es wieder zu einer Gleichgewichtssituation. Jedoch veröffentlichen in dieser Gleichgewichtssituation die Unternehmen nicht alle Informationen. Unter Einbeziehung der Kosten, die im Zusammenhang mit der Veröffentlichung entstehen, wird ein Unternehmen immer dann zu einer Veröffentlichung der Information tendieren, wenn gilt:

$$E[\pi|V] - k > E[\pi|N] \qquad (2.1)$$

Ein Unternehmen wird somit immer dann eine Information veröffentlichen, die den Wert des Unternehmens beeinflusst, wenn der Unternehmenswert nach Veröffentlichung dieser Information unter Einbeziehung der entstehenden Kosten größer ist als der vom Markt erwartete Unternehmenswert im Falle einer Nicht-Veröffentlichung der Information.

Wagenhofer und Ewert kommen unter Einbeziehung der Kosten zu folgendem Ergebnis für den Nicht-Ausweisbereich:

$$E[\pi|V] - 2k > E[\pi|U] \qquad (2.2)$$

Das Unternehmen wird sich nur dann entscheiden, die Information zu veröffentlichen, wenn der Unternehmenswert nach der Veröffentlichung der Information um mehr als die doppelten Veröffentlichungskosten höher ist als der Unternehmenswert, wenn die ungünstigsten negativen Erwartungen des Marktes bezüglich der Information zuträfen.[82] In allen anderen Fällen wird das Unternehmen die Information nicht veröffentlichen.[83]

---

[79] Zudem geht mit einer uneinheitlichen Berichterstattung das Risiko einher, dass der externe, unabhängige Prüfer eine Information irrtümlich als glaubhaft bezeichnet.
[80] Vgl. hierzu Verrecchia: Discretionary Disclosure.
[81] Vgl. Wagenhofer/Ewert: Externe Unternehmensrechnung, S. 334 f.
[82] Die doppelten Veröffentlichungskosten 2k entstammen der Darstellung von Wagenhofer und Ewert. Vgl. ebd., S. 335.
[83] Vgl. ebd., S. 335 f.

2.5 Offenlegung unternehmensbezogener Daten

Diese Aussage wird im Folgenden anhand von vier Beispielen veranschaulicht. In den Beispielen werden unterschiedliche Ausprägungen einer Information verglichen, die sich bei Veröffentlichung unterschiedlich auf den Wert des Unternehmens auswirken würden. Des Weiteren variieren die von den Kapitalmarktteilnehmern erwarteten Auswirkungen der Information auf den Wert des Unternehmens. Im vierten Beispiel werden vergleichsweise hohe Kosten zur Veröffentlichung einer Information betrachtet.

Beispiel 1

Einem Unternehmen liegt die Information y vor. In allen Beispielen geht das Unternehmen davon aus, dass der Kapitalmarkt folgende Auswirkungen der Information auf den Unternehmenswert erwartet: Die ungünstigste Erwartung des Marktes bezüglich der Information führt zu einem Unternehmenswert von 0 €, die günstigste zu einem Wert von 200.000 €. Die Kosten der Veröffentlichung seien in den ersten drei Beispielen 30.000 €. Damit erstreckt sich der Nicht-Veröffentlichungsbereich von 0 bis 60.000 €. Der Wert 0 € entspricht dem Wert des Unternehmens, wenn die Information so ausgeprägt ist, dass sie der ungünstigsten Erwartung des Marktes entspricht. Der Wert von 60.000 € entspricht dem zweifachen Wert der Veröffentlichungskosten. Durchschnittlich betrachtet, erwartet der Markt im Falle einer Nicht-Veröffentlichung einen Wert des Unternehmens in Höhe von 30.000 €.

In diesem Beispiel sei die Information y so ausgeprägt, dass sich ein Unternehmenswert von 50.000 € ergibt. Diese Information und der sich ergebende Unternehmenswert sind dem Unternehmen bekannt. Wenn das Unternehmen die Information nun veröffentlichen möchte, sind die damit verbundenen Veröffentlichungskosten einzubeziehen. Somit sind vom Unternehmenswert, den 50.000 €, die 30.000 € Veröffentlichungskosten zu subtrahieren, und es ergibt sich ein Saldo von 20.000 €. Da sich bei Nicht-Veröffentlichung der Information ein Unternehmenswert von 30.000 € ergibt, ist es für ein Unternehmen vorteilhafter, die Information nicht zu veröffentlichen.

Beispiel 2

In diesem Beispiel sei die Information y so ausgeprägt, dass sich statt 50.000 € ein Unternehmenswert von 60.000 € ergibt. Wenn das Unternehmen die Information veröffentlicht, sind auch hier die damit verbundenen Veröffentlichungskosten einzubeziehen. Somit sind vom Wert der Information, den 60.000 €, die 30.000 € Veröffentlichungskosten zu subtrahieren, und es ergibt sich ein Saldo von 30.000 €. Da sich im Falle einer Veröffentlichung wie auch im Falle einer Nicht-Veröffentlichung ein Wert von 30.000 € ergibt, ist das Unternehmen indifferent zwischen der Veröffentlichung und der Nicht-Veröffentlichung der Information.

Beispiel 3

In diesem Beispiel sei die Information y so ausgeprägt, dass sich statt 60.000 € ein Unternehmenswert von 75.000 € ergibt. Zudem sollen wieder im Falle einer Veröffentlichung der Information durch das Unternehmen die damit verbundenen Veröffentlichungskosten einbezogen werden. Somit sind vom Wert der Information, den 75.000 €, die 30.000 € Veröffentlichungskosten zu subtrahieren, und es ergibt sich ein Saldo von 45.000 €. Da sich bei der Veröffentlichung der Information ein Unternehmenswert in Höhe von 45.000 € ergibt, ist es für das Unternehmen vorteilhafter die Information zu veröffentlichen.

Beispiel 4

Dem Unternehmen liegt wieder die Information y vor. Die Kosten der Veröffentlichung sollen nun 100.000 € betragen. Damit erstreckt sich der neue Nicht-Veröffentlichungsbereich von 0 bis 200.000 €. Der Wert 0 € entspricht wieder dem Wert des Unternehmens, wenn die Information so ausgeprägt ist, dass sie der ungünstigsten Erwartung des Marktes entspricht. Der Wert von 200.000 € entspricht dem zweifachen Wert der Veröffentlichungskosten.

Unabhängig davon, wie hoch der Unternehmenswert unter Einbeziehung der Information tatsächlich ist, wird sich das Unternehmen niemals für eine Veröffentlichung der Information entscheiden, da selbst die günstigste Ausprägung der Information mit einem Wert von 200.000 € im Nicht-Veröffentlichungs-Intervall liegt. In diesem Fall ergäbe sich bei Veröffentlichung unter Einbeziehung der dabei anfallenden Kosten ein Unternehmenswert von 100.000 €. Da auch die Erwartung des Marktes im Falle einer Nicht-Veröffentlichung bei 100.000 € liegt, kann es für das Unternehmen nicht vorteilhaft sein, die Information zu veröffentlichen.

Aus dem letzten Beispiel kann abgeleitet werden, dass Informationen, deren Veröffentlichung teurer ist als die Hälfte des Spektrums von der günstigsten bis zur ungünstigsten Markterwartung, niemals veröffentlicht werden.

Insgesamt liefert das erweiterte Unraveling-Prinzip einen möglichen Erklärungsansatz für die freiwillige Veröffentlichung von Informationen durch Unternehmen unter Einbeziehung der Veröffentlichungskosten. Es erklärt, warum einige Unternehmen bestimmte Informationen veröffentlichen, während sich andere Unternehmen entscheiden, diese Information aufgrund der zu hohen Veröffentlichungskosten nicht zu veröffentlichen. Im Sinne der Unternehmenswertmaximierung kann es für ein Unternehmen sinnvoll sein, zwar nachhaltig zu wirtschaften, jedoch die Informationen dazu zurückzuhalten, falls die Steigerung des Unternehmenswerts durch die Veröffentlichung die Veröffentlichungskosten nicht deutlich übersteigt.

2.5.2 Ausweisverhalten innerhalb einer Branche

In der Nachhaltigkeitsberichterstattung ist zu beobachten, dass die Anzahl der Unternehmen, die diese Informationen veröffentlichen, stark anstieg. Ändert ein Unternehmen sein Ausweisverhalten, indem es zusätzliche Informationen publiziert, wird dieses Verhalten oftmals von Unternehmen imitiert, insbesondere wenn sie zur selben Branche gehören.[84] Zurückzuführen ist dieser Imitationseffekt u.a. auf die Korrelation der Informationen zwischen den Unternehmen. Lev und Penman zeigen, dass die Veröffentlichung negativer Informationen eines Unternehmens zu einer negativen Preisreaktion auf die anderen Unternehmen der Branche führt.[85] Dieses Ergebnis deutet auf die Korrelation der Informationen innerhalb der Unternehmen einer Branche hin.[86] Die Adressaten der Berichte können auf Basis der Informationen, die ein Unternehmen einer Branche veröffentlicht, davon ausgehen, dass die anderen Unternehmen ähnliche Informationen besitzen, diese jedoch nicht veröffentlichen. Auf diese Weise kann ein Unternehmen das Ausweisverhalten der übrigen beeinflussen.

2.6 Abgrenzung zum Lagebericht und zum Management Commentary

Die jährliche Rechnungslegung setzt sich für große und mittelgroße Kapitalgesellschaften[87] aus dem Jahresabschluss, welcher die Bilanz, die GuV sowie den Anhang umfasst, und aus dem Lagebericht zusammen.[88] Insbesondere der Lagebericht informiert über einige Sachverhalte, die gleichzeitig Gegenstand der Nachhaltigkeitsberichterstattung sind. Ein Lagebericht soll den Geschäftsverlauf, das Geschäftsergebnis und die Lage des Unternehmens so darstellen, dass ein den tatsächlichen Verhältnissen entsprechendes Bild vermittelt wird. Dem Lagebericht wird hauptsächlich eine Informationsfunktion[89] und eine Rechenschaftsfunktion für die Geschäftsleitung beigemessen.[90]

Seitdem das Gesetz zur Einführung internationaler Rechnungslegungsstandards und zur Sicherung der Qualität der Abschlussprüfung, auch Bilanzrechtsreformgesetz (BilReG) genannt, zum Geschäftsjahr 2005 in Kraft trat, sind bei der Lageberichterstattung folgende Anforderungen zu erfüllen:

---

[84] Vgl. Wagenhofer/Ewert: Externe Unternehmensrechnung, S. 346 ff.
[85] Vgl. Lev/Penman: Voluntary Forecast Disclosure, Nondisclosure, and Stock Prices, S. 73 f.
[86] Die Aussage, dass das Ausweisverhalten von Unternehmen innerhalb einer Branche korreliert, wird ebenfalls durch die Studie zur Branchenpublizität von Dye und Sridhar bekräftigt, vgl. Dye/Sridhar: Industry-Wide Disclosure Dynamics, S. 158 ff.
[87] Die Umschreibung der Größenklassen einer Kapitalgesellschaft erfolgt in § 267 HGB.
[88] Vgl. § 264 HGB.
[89] Die Informationsfunktion umfasst die Ergänzungsfunktion, die Komplementärfunktion, die Beurteilungsfunktion und die Verdichtungsfunktion.
[90] Vgl. Tesch: Nichtfinanzielle Leistungsindikatoren im Lagebericht, S. 303.

- Der Geschäftsverlauf ist einschließlich des Geschäftsergebnisses sowie der Ertrags-, Finanz- und Vermögenslage des Unternehmens darzustellen und zu analysieren.[91]
- Bedeutsame finanzielle Leistungsindikatoren sind einzubeziehen und unter Bezugnahme auf die im Abschluss ausgewiesenen Beträge und Angaben zu erläutern.[92]
- Die voraussichtliche Unternehmensentwicklung ist mit ihren wesentlichen Chancen und Risiken zu erläutern.[93]
- Es ist auf Vorgänge von besonderer Bedeutung einzugehen, die nach dem Schluss des Geschäftsjahres eingetreten sind.[94]
- Die beim Risikomanagement angestrebten Ziele und angewandten Methoden sind in Bezug auf die Verwendung von Finanzinstrumenten zu erläutern.[95]
- Preisänderungs-, Ausfall- und Liquiditätsrisiken sowie Risiken aus Zahlungsstromschwankungen sind zu erläutern.[96]
- Auf den Bereich der Forschung und Entwicklung ist einzugehen.[97]
- Bei großen Kapitalgesellschaften sind nichtfinanzielle Leistungsindikatoren wie Informationen über Umwelt- und Arbeitnehmerbelange ebenfalls einzubeziehen, soweit sie für das Verständnis des Geschäftsverlaufs oder der Lage des Unternehmens von Bedeutung sind.[98]
- Anzugeben sind zudem u.a. die Eigenkapitalstruktur und die Rechte der Eigenkapitalgeber.[99]

Insbesondere die Themen der Lageberichterstattung, die anhand nichtfinanzieller Leistungsindikatoren dargestellt werden, überschneiden sich partiell mit den Themen der Nachhaltigkeitsberichterstattung.[100] Im Rahmen der Umweltaspekte kann das Unternehmen im Lagebericht beispielsweise über seine Emissionswerte, den Energieverbrauch oder die Durchführung eines Umwelt-Audit berichten. Zu den Arbeitnehmerbelangen zählen die Fluktuation der Mitarbeiter, die Betriebszugehörigkeit, die Ausbildungsstrukturen, die Fortbildungsmaßnahmen oder interne Förderungsmaßnahmen. Eine Ergänzung um weitere Themenbereiche ist möglich, da

---

[91] Vgl. § 289 Abs. 1 Sätze 1, 2 HGB.
[92] Vgl. § 289 Abs. 1 Satz 3 HGB.
[93] Vgl. § 289 Abs. 1 Satz 4 HGB.
[94] Vgl. § 289 Abs. 2 Nr. 1 HGB.
[95] Vgl. § 289 Abs. 2 Nr. 2a HGB.
[96] Vgl. § 289 Abs. 2 Nr. 2b HGB.
[97] Vgl. § 289 Abs. 2 Nr. 3 HGB.
[98] Vgl. § 289 Abs. 3 HGB.
[99] Vgl. § 289 Abs. 4 HGB.
[100] Allerdings ist in der Praxis die im Gesetz scheinbar klare Trennung zwischen finanziellen und nichtfinanziellen Leistungsindikatoren nicht immer ohne Weiteres möglich, insbesondere dann nicht, wenn ursprünglich nichtfinanzielle Aspekte indirekte finanzielle Auswirkungen haben können.

2.6 Abgrenzung zum Lagebericht und zum Management Commentary

die Aufzählung im Gesetz keinesfalls abschließend ist.[101] Auf diese Weise werden nachhaltigkeitsorientierte Inhalte zumindest für große Kapitalgesellschaften zu einem verpflichtenden Bestandteil der Unternehmensberichterstattung.

Zur Zielgruppe der Nachhaltigkeitsberichterstattung zählen im Gegensatz zur Lageberichterstattung nicht nur die Kapitalgeber, sondern alle Stakeholder eines Unternehmens. Das Informationsbedürfnis einiger Stakeholder umfasst auch solche Informationen, die allenfalls einen indirekten Bezug zur wirtschaftlichen Lage aufweisen. Der Lagebericht ist aufgrund seiner Ausrichtung auf die Kapitalgeber, die primär ein finanzielles Interesse am Unternehmen haben,[102] nicht das geeignete Berichtsinstrument, um Informationen ohne direkten Bezug zur wirtschaftlichen Lage des Unternehmens auszuweisen. Möchten die Unternehmen diesen Informationsbedürfnissen nachkommen, können sie derartige Informationen in separaten Berichten vermitteln. Zu den separaten Berichten zählt der Nachhaltigkeitsbericht, der diese Informationsbedürfnisse befriedigen soll und sich auf diese Weise von der Lageberichterstattung abgrenzt.

Ein Nachhaltigkeitsbericht umfasst sowohl ökologische und soziale Aspekte mit einem direkten Bezug zur wirtschaftlichen Lage als auch Indikatoren, die nur einen indirekten oder womöglich gar keinen Einfluss haben. Damit vereint ein Nachhaltigkeitsbericht eine Teilmenge der Informationen, die Bestandteil eines Lageberichts sind, mit zusätzlichen Informationen, die auf die Bedürfnisse der Stakeholder des Unternehmens zugeschnitten sind. Insgesamt zeigt dies auch, dass ein Nachhaltigkeitsbericht durch Schnittmengen zum Lagebericht – z.B. in der Risikoberichterstattung – durchaus Nähe zur Finanzberichterstattung aufweist.

Durch die Verpflichtung der großen Kapitalgesellschaften zur Angabe nichtfinanzieller Leistungsindikatoren im Lagebericht leistet der Gesetzgeber einen Beitrag zur Befriedigung des gestiegenen Interesses der Kapitalgeber an nichtfinanziellen Indikatoren. Das gestiegene Interesse des Kapitalmarkts an nichtfinanziellen Informationen zu Unternehmen beschreibt Küting wie folgt:

„Der Fokus der Jahresabschlussadressaten ist immer weniger auf (nachlaufende) monetäre Globalfaktoren der Unternehmensentwicklung gerichtet als auf (vorlaufende) nichtfinanzielle Einflussgrößen. [...] Globalisierung und Kapitalmarktdruck versetzen die Jahresabschlussadressaten in die Lage, ihren Informationswünschen einen stärkeren Nachdruck als früher zu verleihen."[103]

Mit der verpflichtenden Einbeziehung nichtfinanzieller Indikatoren zeigt der Gesetzgeber ferner, dass er Informationen dieser Art als prinzipiell zum Schutz der Kapitalgeber geeignet erachtet. Für diese Argumentation spricht die Informationsfunktion des Lageberichts: Die Infor-

---

[101] Vgl. Fink/Keck: Lageberichterstattung nach BilReG und DRS 15: Eine kritische Würdigung, S. 138.
[102] Vgl. Moxter: Die Grundsätze ordnungsmäßiger Bilanzierung und der Stand der Bilanztheorie, S. 38 sowie Schmidt/Terberger-Stoy: Grundzüge der Investitions- und Finanzierungstheorie, S. 50.
[103] Küting: Perspektiven der externen Rechnungslegung, S. 157.

mationen, die durch die Berichterstattung nichtfinanzieller Indikatoren vermittelt werden, sind nach Meinung des Gesetzgebers in der Lage, Informationsasymmetrien zwischen den Kapitalgebern und dem Unternehmen abzubauen.[104] Damit wird auch nichtfinanziellen Indikatoren zugesprochen, einen Beitrag zum Schutz des Kapitalgebers zu leisten. Die im empirischen Teil dieser Arbeit zu überprüfende Vermutung der Entscheidungsnützlichkeit und der damit einhergehenden Relevanz einiger nichtfinanzieller Indikatoren hat den Gesetzgeber dazu veranlasst, nicht nur – wie es vor dem BilReG der Fall war – auf eine freiwillige Berichterstattung dieser Belange zu hoffen, sondern eine Verpflichtung dazu im HGB explizit zu kodifizieren.

Insgesamt sind die gesetzlichen Vorschriften zur Berichterstattung über die nichtfinanziellen Indikatoren sehr offen gehalten. Sie stellen damit keineswegs einen detaillierten Anforderungskatalog über nichtfinanzielle Indikatoren dar. Begründet wird diese Ausgestaltung der gesetzlichen Regelung damit, dass die Unternehmen im Lagebericht nur solche Informationen vermitteln sollen, die für das Verständnis des Geschäftsverlaufs, des -ergebnisses oder der Lage des Unternehmens erforderlich sind. Aus dieser Forderung leitet sich wiederum die Forderung an die nichtfinanziellen Indikatoren ab, für die jeweilige Geschäftstätigkeit von Bedeutung zu sein.

Detailliert ausformulierte Anforderungen an die Berichterstattung nichtfinanzieller Indikatoren im Lagebericht könnten die Flexibilität eines Unternehmens einschränken, Bezug zu unternehmensindividuellen oder branchenspezifischen Besonderheiten zu nehmen. Dem gegenüber steht jedoch die Gefahr, dass die Ermessensspielräume, die den Unternehmen gewährt werden, zu einer willkürlichen Berichterstattung ausarten, oder gar, dass der Lagebericht als Werbemedium missbraucht wird. Entschärft werden soll die Problematik dadurch, dass die Informationen stets einen Bezug zur wirtschaftlichen Lage aufzuweisen haben. Nur unter der Bedingung, dass dieser Bezug gewährleistet wird, kann die offene Formulierung im Sinne aussagekräftiger Lageberichte zielführend sein. Gleichzeitig kommt es nicht zu einer Informationsüberflutung, die zu Lasten der Klarheit und der Übersichtlichkeit geht.

Die einschlägige Literatur zur Regulierung der Lageberichterstattung kommt zu dem Ergebnis, dass eine offene und eher abstrakt gehaltene Regulierung nichtfinanzieller Indikatoren prinzipiell geeignet zu sein scheint, um den Informationsgehalt des Lageberichts zu erhöhen und relevante Informationen zu vermitteln.[105] Fraglich ist jedoch, ob der Markt von sich aus bei den bestehenden, flexibel auslegbaren Vorschriften das vom Gesetzgeber angestrebte Ziel erreichen kann, dass die Unternehmen mit den Lageberichten tatsächlich entscheidungsnützliche nichtfinanzielle Informationen vermitteln. Fey argumentiert, dass die Unternehmen durch eine

---

[104] Vgl. hierzu Abschnitt 4.4.1.
[105] Vgl. exemplarisch Kirsch/Scheele: Die Auswirkungen der Modernisierungsrichtlinie auf die (Konzern)-Lageberichterstattung – unter Berücksichtigung von E-DRS 20 und des Entwurfs eines Bilanzrechtsreformgesetzes vom 15.12.2003, S. 12.

2.6 Abgrenzung zum Lagebericht und zum Management Commentary

offene Gestaltung der Vorschriften zusätzlich die Möglichkeit erhalten, sich über die Anwendung sog. Best Practices zu positionieren.[106] Durch die Anwendung von Best Practices wollen die Unternehmen eine vorbildliche Arbeitsweise und -qualität signalisieren.

Die Theorie des Unraveling-Prinzips impliziert,[107] dass die Unternehmen die eingeräumten Spielräume dazu nutzen müssten, alle wertrelevanten Informationen zu veröffentlichen. Im Gegensatz dazu zeichnet die Praxis ein Bild, in welchem die Unternehmen nicht alle vorliegenden wertrelevanten Informationen veröffentlichen, die vom Kapitalgeber benötigt werden.

Erklärt werden kann die Abweichung von dieser Lösung u.a. durch den Aspekt der Stetigkeit, welche die im Rahmen des Lageberichts offengelegten Informationen im Zeitablauf aufweisen müssen. Das Postulat der Stetigkeit führt dazu, dass die in einer guten wirtschaftlichen Lage gewählte Publizitätsform auch während einer eventuell schlechten, zukünftigen wirtschaftlichen Lage beizubehalten ist.[108] Das Management ist sich jedoch bewusst, dass es die Lage des Unternehmens nicht immer beeinflussen kann. Beispielhaft können hier Konjunktur- oder Währungsschwankungen angeführt werden.[109] Unternehmen nehmen daher freiwillig nur die Informationen in ihre Lageberichte auf, die sie in jeder wirtschaftlichen Lage veröffentlichen würden. Alle Informationen, die nur in einer bestimmten wirtschaftlichen Lage des Unternehmens veröffentlicht würden, finden sich nicht im Lagebericht wieder.[110]

Auch die zur Lageberichterstattung durchgeführten empirischen Studien zeigen, dass die Unternehmen die für die Kapitalgeber relevanten Informationen freiwillig nicht vollständig vermitteln.[111] Die Studie von Dietsche und Fink kommt zu dem Ergebnis, dass sich die offengelegten Informationen hinsichtlich ihrer Qualität und Ausgestaltung zwischen den Unternehmen noch deutlich unterscheiden. Folglich können die Regeln zur Lageberichterstattung auch nur einen sehr bedingten Beitrag zum Schutz des Kapitalgebers leisten. In einer weiteren Studie kommen auch Baetge und Prigge zu einem ähnlichen Ergebnis:

„Sofern sich die Konzernlageberichte, vor allem die für Kapitalmarktteilnehmer wichtigen und bisher stark vernachlässigten Prognoseberichte, qualitativ nicht erheblich verbessern, sollte der Gesetzgeber über stärkere Sanktionen für Verstöße gegen die Berichtspflichten nachdenken."[112]

---

[106] Vgl. Fey: Prüfung kapitalmarktorientierter Unternehmensberichte – Erweiterungen der Abschlussprüfung nach nationalen und internationalen Prüfungsgrundsätzen, S. 1108.
[107] Vgl. Abschnitt 2.5.1.
[108] Vgl. Streim: Zum Stellenwert des Lageberichts im System der handelsrechtlichen Rechnungslegung, S. 716.
[109] Vgl. Jost: Die Prinzipal-Agenten Theorie im Unternehmenskontext, S. 26.
[110] Graham et al. haben eine empirische Untersuchung zu den Vor- und Nachteilen der freiwilligen Veröffentlichung von Informationen durchgeführt. Von den über 400 befragten Unternehmen gaben 70 % an, dass das Setzen eines Präzedenzfalls für die Publizität, die schwer fortzusetzen sein kann, als ein deutlicher Nachteil angesehen wird. Vgl. Graham et al.: The Economic Implications of Corporate Financial Reporting.
[111] Vgl. Dietsche/Fink: Die Qualität der Lageberichterstattung in Deutschland, S. 261.
[112] Baetge/Prigge: Anforderungen an verpflichtende, empfohlene und freiwillige Angaben des Konzernlageberichts, S. 405.

Insbesondere eine Auflistung von verpflichtend auszuweisenden Leistungsindikatoren im finanziellen wie im nichtfinanziellen Bereich ist für eine Erhöhung der Qualität und gleichzeitig zur Minderung der Diskrepanzen der Berichte unausweichlich. Wie die weiterhin präsenten Qualitätsunterschiede in der Berichterstattung zeigen, die mit Hilfe der Empirie festgestellt wurden, kann die Lösung nur in einer weiter reichenden Normierung von Leistungsindikatoren liegen, als es die aktuellen gesetzlichen Normierungen vorgeben. Zweifelsohne kann dieser Lösungsweg nicht zu einem Lagebericht führen, der im Zuge der normierten Pflichtpublizität alle Informationsbedürfnisse befriedigt, die seitens der Kapitalgeber an dieses Instrument gerichtet sind. Gleichwohl könnte ein vorgegebener Mindestkatalog an Angabeerfordernissen zu einem einheitlichen Mindestberichtsumfang führen. Damit ließe sich zumindest eine Verbesserung des jetzigen Zustands erreichen. Im Rahmen dieser Lösung wäre zudem eine freiwillige Publizität von solchen zusätzlichen Informationen möglich, die ein Unternehmen über die Angabeerfordernisse hinaus als relevant für die Kapitalgeber einstuft.[113]

Die Pflicht, einen gemäß HGB aufgestellten Lagebericht zu veröffentlichen, besteht für ein Unternehmen unabhängig davon, ob es einen IFRS-Abschluss veröffentlicht, da bisher keine IFRS-Vorschriften zur Lageberichterstattung existieren.[114] Daher veröffentlichte eine Arbeitsgruppe des IASB am 27. Oktober 2005 ein Diskussionspapier, welches Vorschläge zu einem standardisierten internationalen Berichtsinstrument enthält, das dem Lagebericht ähnelt.[115] Die Arbeitsgruppe verwendete für dieses Berichtsinstrument den Begriff Management Commentary (MC).

Die Aufgabe des MC liegt darin, die wichtigsten Trends und Einflussfaktoren zu erläutern, die sowohl der Entwicklung, dem Erfolg als auch der Lage des Unternehmens in der vergangenen Berichtsperiode zugrunde lagen. Zudem soll dabei auf die Trends und Einflussfaktoren eingegangen werden, die zukünftig wahrscheinlich einen maßgeblichen Einfluss auf den Erfolg und die Lage des Unternehmens nehmen werden.[116] Laut dem Diskussionspapier sollen die Inhalte des MC auf die Gruppe der Kapitalgeber und ihre Informationsbedürfnisse zugeschnitten sein.

Mit dem Diskussionspapier zum MC wird ein prinzipienbasierter Ansatz verfolgt, der es in den Verantwortungsbereich des Managements des Unternehmens legt, die Auswahl der Themengebiete individuell so anzupassen, dass die Investoren mit dem MC optimal informiert werden. Der Spielraum ist bei der Erstellung des MC ähnlich groß wie bei der Erstellung des Lageberichts gemäß HGB, da die Anforderungen an das MC einen prinzipienbasierten Ansatz verfolgen. Die Arbeitsgruppe sieht die Notwendigkeit, das Management Commentary über einen verbindlich anzuwendenden, internationalen Standard zu implementieren.

---

[113] Vgl. Bieker et al.: Stand und Perspektiven der Lageberichterstattung, S. 35–37.
[114] Die Pflicht zur Lageberichterstattung ist in den §§ 289 und 315 HGB kodifiziert.
[115] Da der Exposure Draft zum Management Commentary nur wenige Tage vor der Fertigstellung dieser Arbeit veröffentlicht wurde, findet dieser in den folgenden Ausführungen keine Berücksichtigung.
[116] Vgl. Discussion Paper, Management Commentary Abs. 19 ff.

2.6 Abgrenzung zum Lagebericht und zum Management Commentary

Zur Abgrenzung von MC und Nachhaltigkeitsberichterstattung schreibt die Arbeitsgruppe in ihrem Diskussionspapier:

„In our view, the information provided by MC should focus on meeting the needs of investors. It should not be expanded to fulfil the information needs of an extended range of users. Furthermore, MC should not be seen as a replacement for other forms of reporting addressed to a wider stakeholder group. For example, sustainability and corporate social responsibility reports are prepared by many companies nowadays and are aimed at the needs of a broad class of stakeholders."[117]

Die Arbeitsgruppe erkennt, dass potentielle Schnittmengen zwischen den Berichtsinhalten des MC und Berichtsinstrumenten wie dem Nachhaltigkeitsbericht bestehen. Berichtsformate wie der Nachhaltigkeitsbericht sollen durch das MC jedoch nicht verdrängt werden. Die Existenzberechtigung von Nachhaltigkeitsberichten sieht die Arbeitsgruppe darin begründet, dass mit Hilfe dieser Berichte ein weiter gefasster Adressatenkreis informiert werden kann, während sich das MC primär auf die Kapitalgeber beschränkt und sich ausdrücklich nicht an die Gesamtheit der Stakeholder eines Unternehmens wendet. Aus der Fokussierung auf die Kapitalgeber und ihre Informationsbedürfnisse leiten sich die Ziele des MC ab, welche darin bestehen, Informationen bereitzustellen, die den Kapitalgebern bei ihren Entscheidungen nützlich sind.[118]

Genau wie die Vorschriften zur Lageberichterstattung gemäß HGB werden auch im Diskussionspapier zum MC keine konkreten nichtfinanziellen Leistungsindikatoren genannt.[119] Damit sind die Anforderungen an das MC bisher ähnlich offen formuliert wie die gesetzlichen Regelungen zur Lageberichterstattung im HGB. Daher ist auch bei der Anwendung der Anforderungen an das MC zu befürchten, dass die Unternehmen bei weitem nicht alle für die Kapitalgeber relevanten Informationen veröffentlichen würden.

---

[117] Discussion Paper, Management Commentary Abs. 30.
[118] Vgl. Discussion Paper, Management Commentary Abs. 34.
[119] Vgl. Fink: Management Commentary: Eine Diskussionsgrundlage zur internationalen Lageberichterstattung, S. 143.

3 Leitlinien zur Nachhaltigkeitsberichterstattung

Auf dem Wege zu einer standardisierten Nachhaltigkeitsberichterstattung erwiesen sich die Leitlinien zur Nachhaltigkeitsberichterstattung der Global Reporting Initiative (GRI) als diejenigen, die bisher die größte Verbreitung erreicht haben. Daher stehen diese Leitlinien im Mittelpunkt dieses Kapitels. Zunächst werden die grundlegenden Ziele und Prinzipien der GRI-Leitlinien dargestellt. Nach der Beschreibung dieser Grundlagen der Leitlinien werden dann die Vorgaben zur Erstellung eines Nachhaltigkeitsberichts nach den GRI-Leitlinien beschrieben. Zum Abschluss werden die drei Anwendungsebenen der GRI-Leitlinien erläutert, die etwas darüber aussagen, wie detailliert ein Nachhaltigkeitsbericht eines Unternehmens ist.

Die Darstellung der GRI-Leitlinien geschieht vor dem Hintergrund der in dieser Arbeit durchgeführten empirischen Untersuchungen. Die empirischen Untersuchungen in den Kapiteln 5 und 7 beziehen sich auf die Nachhaltigkeitsberichterstattung, die in Anlehnung an die Leitlinien der GRI erfolgte. Daher werden zunächst die GRI-Leitlinien dargestellt, bevor die Untersuchungen zu den Informationen eines GRI-Nachhaltigkeitsberichts erfolgen.

3.1 Standardisierung der Berichte

Im Rahmen der Nachhaltigkeitsberichterstattung werden Informationen vom Unternehmen an seine Stakeholder vermittelt. Wie bei jeder Informationsvermittlung müssen auch bei der Nachhaltigkeitsberichterstattung bestimmte qualitative Anforderungen erfüllt werden.[1] Eine Möglichkeit sicherzustellen, dass die Stakeholder von den Unternehmen Informationen erhalten, die diesen Anforderungen gerecht werden, besteht in der Standardisierung der Erstellung von informationsvermittelnden Berichten.

Seit Ende der 1970er Jahre gibt es mit der Umweltberichterstattung Ansätze zur Standardisierung dieser Informationsvermittlung.[2] Ergänzend zur Umweltberichterstattung entstand das Sozialbilanzkonzept,[3] welches die ökologische Betrachtung der betrieblichen Tätigkeit eines Unternehmens um die Wohlfahrtswirkungen erweiterte. Gemeint sind hierbei sowohl die positiven als auch die negativen Auswirkungen der Tätigkeit eines Unternehmens auf die gesellschaftliche Wohlfahrt. Diese galt es im Rahmen des Sozialbilanzkonzepts zu quantifizieren und zu publizieren.

In den letzten Jahren ist zu beobachten, dass nachhaltige Ziele zunehmend in die Strategien der Unternehmen implementiert wurden. Zur Umsetzung der nachhaltigen Ziele wurden inter-

---

[1] Zu den Anforderungen, die an Informationen gestellt werden, vgl. Zollner: Handbuch Informationsvermittlung, S. 70.
[2] Vgl. Steven et al.: Umweltberichterstattung und Umwelterklärung nach der EG-Öko-Audit-Verordnung, S. 3.
[3] Zur Vertiefung des Konzepts, vgl. beispielsweise Wysocki: Sozialbilanzen oder Dierkes: Die Sozialbilanz.

nationale Managementsysteme entwickelt, z.b. die ISO 14000-Systeme oder EMAS,[4] welche die nachhaltigen Ziele in die Strategie des Unternehmens integrieren und auf gleichem Wege eine Kontrolle ermöglichen.[5] Zudem wurden Leitlinien zur standardisierten Nachhaltigkeitsberichterstattung erarbeitet,[6] die sowohl dem Sender als auch dem Empfänger der Nachhaltigkeitsinformationen als Orientierungshilfe dienen sollen. Eine Standardisierung der Nachhaltigkeitsberichterstattung soll dem Empfänger dabei helfen, die von verschiedenen Unternehmen vermittelten Informationen vergleichen zu können.

Zur Normierung der Nachhaltigkeitsberichterstattung, mit der u.a. diese Vergleichbarkeit gewährleistet werden soll, fand sich 1997 mit der GRI eine internationale, unabhängige Organisation zusammen. Ihre Leitlinien werden derzeit weltweit als Standard zur ökologischen, ökonomischen und gesellschaftlichen / sozialen Berichterstattung angesehen.[7] Daher widmet sich dieses Kapitel der GRI und ihren Leitlinien. Im Hinblick auf die Analyse der GRI-Normen werden in den folgenden Abschnitten auch die Parallelen zwischen der GRI-Nachhaltigkeitsberichterstattung und den Rechnungslegungsregeln der IFRS aufgezeigt, da ihr gemeinsames Ziel in der Vermittlung von Informationen liegt.

3.2 Nachhaltigkeitsberichterstattung nach den Leitlinien der Global Reporting Initiative

Die GRI hat die Leitlinien so konzipiert, dass ihre universelle Anwendbarkeit für alle Organisationsformen eines ihrer Hauptcharakteristika darstellt. Da in dieser Arbeit ausschließlich börsennotierte Unternehmen betrachtet werden, erfolgt die Beschreibung der GRI-Leitlinien unter Bezugnahme auf Unternehmen, wenngleich sich die GRI-Leitlinien auf Organisationen im Allgemeinen beziehen.[8]

Integraler Bestandteil der Nachhaltigkeitsberichterstattung ist der kontinuierliche Dialog zwischen dem Unternehmen und seinen Stakeholdern. Aufmerksamkeit bekam der als offener Stakeholder-Dialog bezeichnete Prozess der Zusammenarbeit eines Unternehmens mit seinen Stakeholdern insbesondere nach der in Rio de Janeiro abgehaltenen UN-Konferenz 1992, bei

---

[4] EMAS ist die Abkürzung für Eco-Management and Audit Scheme. Es handelt sich hierbei um ein Gemeinschaftssystem für das freiwillige Umweltmanagement und die Umweltbetriebsprüfung, welches ein von den Europäischen Gemeinschaften 1993 entwickeltes Instrument für diejenigen Unternehmen ist, die ihre Umweltleistung verbessern wollen. Als Rechtsgrundlage dient die Verordnung (EG) Nr. 761/2001 des Europäischen Parlaments und des Rates vom 19. März 2001. Der Aufbau eines Umweltmanagementsystems und die Abläufe entsprechen seit 2001 auch bei EMAS der ISO 14001. Zur Vertiefung, vgl. Bundesministerium für Umwelt, Naturschutz und Reaktorsicherheit: EMAS – Von der Umwelterklärung zum Nachhaltigkeitsbericht.
[5] Vgl. Haller/Ernstberger: Global Reporting Initiative – Internationale Leitlinien zur Erstellung von Nachhaltigkeitsberichten, S. 2516.
[6] Ein Überblick der wichtigsten Entwicklungsstufen erfolgt beispielsweise in Loew/Clausen: Leitlinien und Standards der Berichterstattung, S. 88.
[7] Vgl. Crone/Hoch: Nachhaltigkeit und Nachhaltigkeitsreporting, S. 47 f.
[8] Handelt es sich jedoch um Originalzitate, wird diese Substitution nicht vorgenommen.

3.2 Nachhaltigkeitsberichterstattung nach den Leitlinien der Global Reporting Initiative

der das Thema der Corporate Responsibility im Vordergrund der Debatten stand.[9] Dieser offene Dialog wurde später als sog. Multi-Stakeholder Engagement Process zu einem Kernelement der Vorgehensweise der GRI und kann als Basis ihres Erfolgs gesehen werden. Insgesamt beschreibt die GRI hiermit einen langfristig ausgelegten, internationalen Prozess zur Entwicklung ihrer Leitlinien unter Einbeziehung der Interessen der verschiedenen Stakeholder-Gruppen.

Die GRI zeigt, dass sie die Einbeziehung aller Interessengruppen erwünscht, die sich bei der Verbreitung und Verbesserung der GRI-Leitlinien einbringen möchten, und ihre Vorschläge nach einer Prüfung ggf. in die Leitlinien übernimmt. Laut GRI basieren die Leitlinien zur Erstellung eines Nachhaltigkeitsberichts auf einem Dialogprozess zwischen den verschiedenen Stakeholdern von Unternehmen. Dazu zählen Vertreter der Wirtschaft, der Anleger, der Arbeitgeber- und Arbeitnehmervertretungen, der Zivilgesellschaft, des Rechnungswesens, der Wissenschaft und anderer Bereiche.[10] Die GRI stellt für diese Stakeholder eine Plattform dar und bezieht zudem die Leitlinien anderer Organisationen und Initiativen, die ebenfalls ein Interesse an der Umsetzung des Nachhaltigkeitsprinzips in den Unternehmen haben, in die Ausgestaltung der eigenen Leitlinien mit ein. Exemplarisch lassen sich die Prinzipien des Global Compact der UN, die Guidelines for Multinational Enterprises der Organisation for Economic Co-operation and Development (OECD), die Arbeitsnormen der International Labour Organization (ILO), der ISO 14001 der International Organization for Standardization und der SA8000 der Social Accountability International anführen.

Ein Blick auf die Historie und Organisationsstruktur der GRI hilft, die Akzeptanz und die weite Verbreitung dieser Leitlinien besser nachzuvollziehen. Gegründet wurde die GRI 1997 von der in den USA ansässigen, gemeinnützigen Coalition for Environmentally Responsible Economies (CERES) in Zusammenarbeit mit dem Tellus Institute, welches ebenfalls im Gebiet der Ökologie und Entwicklung forschte. Danach schloss sich mit dem United Nations Environment Programme (UNEP) der wohl bedeutendste, international agierende Partner der GRI an.[11]

An der Spitze der Organisationsstruktur der GRI steht der aus 16 Mitgliedern bestehende Vorstand (Board of Directors), welcher die Strategie der GRI festlegt und in letzter Instanz über die Entwicklung des Framework entscheidet.[12] Beraten wird der Vorstand von den aktuell 50 Mitgliedern des Stakeholder-Rats (Stakeholder Council), die aus verschiedenen Interessengruppen und Nationen kommen. Sie beraten den Vorstand sowohl in politischen als auch in strategischen Fragen und entscheiden über die Besetzung des Vorstands.[13]

Des Weiteren berät das zwölf Mitglieder starke Technical Advisory Committee den Vorstand z.B. in Fragen zum Aufbau des Framework oder zur Entscheidung über Exposure Drafts. Die

---

[9] Vgl. United Nations: Rio Declaration on Environment and Development.
[10] Vgl. Global Reporting Initiative: Sustainability Reporting Guidelines, S. 3.
[11] Vgl. Woods: The Global Reporting Initiative, S. 60.
[12] Vgl. Global Reporting Initiative: GRI Portal – Board of Directors.
[13] Vgl. dies.: GRI Portal – Stakeholder Council.

Mitglieder des Technical Advisory Committee fungieren gleichzeitig als Vorsitzende der technischen Arbeitsgruppen (Technical Working Groups).[14] Hierbei handelt es sich um Arbeitsgruppen, die wie die Steering Committees des IASB fallweise über einen begrenzten Zeitraum eingesetzt werden, um die Leitlinien weiterzuentwickeln. Die technischen Arbeitsgruppen bestehen aus ausgewählten Experten, die zu bestimmten Fragestellungen Vorschläge für den Vorstand erarbeiten.

Zusätzlich existiert die wachsende Anzahl vieler hundert Organisationen und Individuen, welche die Basis in der Organisationsstruktur der GRI bilden, indem sie dabei helfen, die Integrität der Leitlinien zu bewahren. Alle Organisationen, die sich mit den Zielen der GRI identifizieren, können sich registrieren lassen und als sog. Organisational Stakeholder Teil der GRI werden. Sie bestimmen zu 60 % die Mitglieder des Stakeholder-Rats. Mit der Registrierung geht für die Organisational Stakeholder die Pflicht einher, einen auf den Vorgaben der GRI basierenden Nachhaltigkeitsbericht zu erstellen und sich mindestens einmal innerhalb von drei Jahren in einer GRI-Arbeitsgruppe zu engagieren.[15] Schließlich gehört zur Organisationsstruktur der GRI noch das Sekretariat[16] in Amsterdam mit aktuell 36 Mitarbeitern. Die Aufgabe des Sekretariats besteht in der Umsetzung der Vorgaben des Vorstands sowie in der Unterstützung der Arbeit der verschiedenen Gremien. Neben der Koordination ist das Sekretariat für die externe und interne Kommunikation, für die Pflege der Beziehungen zu den Stakeholdern sowie für die Verwaltung der Finanzmittel verantwortlich.

Finanziert wir die GRI durch die Mitgliedsbeiträge der Organisational Stakeholder sowie durch Spenden von Unternehmen, die einen Nachhaltigkeitsbericht nach den Leitlinien der GRI aufstellen.[17] Die GRI stellt ihre Leitlinien kostenlos in mehreren Sprachen online zur Verfügung.

Anliegen zur Weiterentwicklung der GRI-Leitlinien werden an das Sekretariat gerichtet. Dieses bildet Arbeitsgruppen, die zu bestimmten Aspekten der Nachhaltigkeitsberichterstattung Vorschläge unter der ständigen Einbeziehung verschiedener Stakeholder-Gruppen erarbeiten. Zwecks Begutachtung, Kommentierung und Überarbeitung werden diese überarbeiteten GRI-Leitlinien dem Sekretariat vorgelegt, welches sie an den Vorstand weiterleitet. Nachdem die Kommentare des Vorstands vom Sekretariat eingearbeitet worden sind, wird die erneut überarbeitete Version dem Stakeholder-Rat sowie dem Technical Advisory Council zur Begutachtung und Einbringung von Änderungsvorschlägen präsentiert. Mindestens 60 Tage muss der endgültige Entwurf der Öffentlichkeit zur Kommentierung zugänglich gemacht werden, bevor der Vorstand als letzte Instanz über seine Herausgabe und damit über seine Anerkennung entschei-

---

[14] Vgl. Global Reporting Initiative: GRI Portal – Technical Advisory Committee.
[15] Deutschland ist u.a. mit den Unternehmen BASF AG, Bayer AG, Deutsche Bank AG, RWE AG und SAP AG vertreten.
[16] Vgl. Global Reporting Initiative: GRI Portal – Secretariat.
[17] Vgl. dies.: GRI Portal – Funding.

3.2 Nachhaltigkeitsberichterstattung nach den Leitlinien der Global Reporting Initiative

den darf. Auch in diesem finalen Schritt werden ggf. von den Gremien geprüfte Kommentare noch eingearbeitet.

Im Vergleich zum Due Process des IASB stellen Haller und Ernstberger fest, dass sich das Verfahren insgesamt als deutlich kompakter und effizienter erweist als der Due Process des IASB.[18] Begründen lässt sich diese Aussage mit dem unmittelbaren Einbeziehen der Stakeholder, die sich während des gesamten Entwicklungsprozesses über das Internet und über ihre Mitarbeit in den Gremien direkt einbringen können. Zudem wird dem Sekretariat mit dem Vorantreiben des Entwicklungsprozesses eine zentrale Rolle zuteil.

Die ersten von der GRI veröffentlichten, vollständigen Leitlinien zur Nachhaltigkeitsberichterstattung stammen aus dem Jahre 2000.[19] Motiviert durch den eigenen Anspruch, die Leitlinien kontinuierlich zu verbessern, ging aus dieser ursprünglichen Fassung im Jahre 2002 die zweite Generation der Leitlinien hervor, die sog. G2. Zuletzt erfolgte im Jahre 2006 die Veröffentlichung der G3 als dritte Evolutionsstufe der GRI-Leitlinien. Somit besitzen die G3 für diese Arbeit den höchsten Grad an Aktualität. Die inhaltliche Betrachtung der Leitlinien bezieht sich in dieser Arbeit auf die neueste Generation.

Mit der Herausgabe der jüngsten Leitlinien der GRI wurde die Kompatibilität eines Nachhaltigkeitsberichts nach den GRI-Leitlinien zu einer jährlichen Fortschrittsmitteilung (Communication on Progress) über das gesellschaftliche Engagement des Unternehmens erreicht, die sich an den Prizipien des UN Global Compact orientiert. Statt jeweils gesonderte Berichte nach GRI- und Global Compact-Vorgaben zu erstellen, reicht es für ein Unternehmen nun aus, einen Nachhaltigkeitsbericht nach den GRI-Leitlinien zu veröffentlichen.[20]

Die GRI hat es sich zur Aufgabe gemacht – ähnlich wie das IASB für die Finanzberichterstattung – international anwendbare, akzeptierte Regeln zu schaffen.[21] Dabei soll ein Nachhaltigkeitsbericht hinsichtlich der Vergleichbarkeit, Verlässlichkeit, Überprüfbarkeit sowie der Aktualität der Finanzberichterstattung entsprechen und auf diese Weise die Finanzberichterstattung ergänzen, jedoch diese keinesfalls ersetzen. Ihre Vision artikuliert die GRI wie folgt:

„[...] Reporting on economic, environmental, and social performance by all organizations should become as routine and comparable as financial reporting [...]."[22]

Im Vergleich zur Finanzberichterstattung soll ein Nachhaltigkeitsbericht über die Leistung des Unternehmens berichten und über einen wesentlich breiteren Kontext informieren. Hierfür wer-

---

[18] Vgl. Haller/Ernstberger: Global Reporting Initiative – Internationale Leitlinien zur Erstellung von Nachhaltigkeitsberichten, S. 2520.
[19] Der Entwurf dieser Leitlinien wurde bereits im Jahre 1999 veröffentlicht.
[20] Vgl. United Nations Global Compact: Communication on Progress and GRI.
[21] Die Anwendbarkeit der Leitlinien bezieht sich auf große wie kleine Unternehmen sowie auf Regierungen/Behörden und Nicht-Regierungsorganisationen (NGOs).
[22] Global Reporting Initiative: GRI Portal – What We Do.

den auch makroökonomische und gesellschaftliche Auswirkungen der Unternehmenstätigkeit betrachtet.[23] Grundlegend definiert die GRI den Nachhaltigkeitsbericht wie folgt:

„Sustainability reporting is the practice of measuring, disclosing, and being accountable to internal and external stakeholders for organizational performance towards the goal of sustainable development. 'Sustainability reporting' is a broad term considered synonymous with others used to describe reporting on economic, environmental, and social impacts (e.g., triple bottom line, corporate responsibility reporting, etc.)."[24]

Dementsprechend soll der Nachhaltigkeitsbericht die Leistung des Unternehmens im ökonomischen, im ökologischen sowie im gesellschaftlichen / sozialen Bereich messen und veröffentlichen. Darüber hinaus soll das Unternehmen von der Gesamtheit der Stakeholder, an die der Bericht adressiert ist, auch hinsichtlich der Inhalte des Berichts zur Verantwortung gezogen werden können.

Für einen nach den GRI-Leitlinien erstellten Bericht und die darin vermittelten Informationen sind diverse Anwendungsmöglichkeiten denkbar. So sind sowohl eine Einordnung des berichtenden Unternehmens, ein sog. Benchmarking, als auch eine Bewertung der Nachhaltigkeitsleistung möglich, z.B. in Bezug auf Gesetze, Standards, Verhaltensregeln, Leistungsstandards oder freiwillige Initiativen. Das Unternehmen kann somit auch unternehmensintern analysieren, ob es seinen eigenen Ansprüchen im Bereich der Nachhaltigkeit gerecht wird.[25] Des Weiteren sind sowohl Vergleiche der Leistung des eigenen Unternehmens im Zeitverlauf als auch Vergleiche mit anderen Unternehmen möglich.

Den zentralen Teil der GRI G3 stellen die Leitlinien zur Nachhaltigkeitsberichterstattung dar, welche von der GRI als Sustainability Reporting Guidelines bezeichnet werden. Diese Leitlinien enthalten die zentralen Prinzipien der Nachhaltigkeitsberichterstattung. Zudem werden auch elementare Informationsinhalte genannt, die jeder Nachhaltigkeitsbericht enthalten sollte. Die GRI beschreibt das Ziel der Prinzipien für die Berichterstattung folgendermaßen:

„Together, the Principles are intended to help achieve transparency – a value and a goal that underlies all aspects of sustainability reporting. Transparency can be defined as the complete disclosure of information on the topics and Indicators required to reflect impacts and enable stakeholders to make decisions, and the processes, procedures, and assumptions used to prepare those disclosures."[26]

Mit dieser Argumentation zeigt die GRI, dass das erklärte Ziel eines Nachhaltigkeitsberichts in der Schaffung von Transparenz liegt. Erreicht werden soll dieses Ziel durch eine Informati-

---

[23] Vgl. Haller/Ernstberger: Global Reporting Initiative – Internationale Leitlinien zur Erstellung von Nachhaltigkeitsberichten, S. 2518.
[24] Global Reporting Initiative: Sustainability Reporting Guidelines, S. 3.
[25] Vgl. ebd., S. 3.
[26] Ebd., S. 6.

3.2 Nachhaltigkeitsberichterstattung nach den Leitlinien der Global Reporting Initiative 45

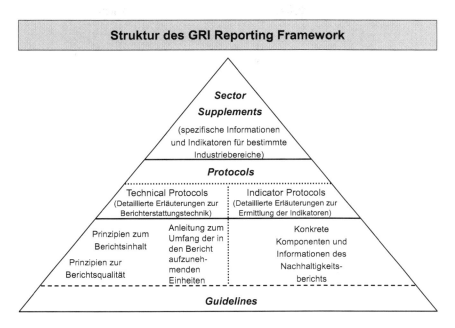

Abbildung 3.1: Struktur der GRI-Leitlinien,
Quelle: Haller/Ernstberger: Global Reporting Initiative – Internationale Leitlinien zur Erstellung von Nachhaltigkeitsberichten, S. 2521.

onsvermittlung, bei der die weltweit auftretenden Informationsbedürfnisse der Stakeholder zu befriedigen sind.[27] Die vermittelten Informationen sollen dem Stakeholder eine Entscheidungs- und Orientierungshilfe sein.[28]

Während das Reporting Framework des IASB eine Deduktionsbasis für die IFRS darstellt, ist unter dem Begriff des GRI-Framework die Gesamtheit der GRI-Normen zu verstehen. Das GRI-Framework enthält einen allgemeingültigen Teil, der größen-, branchen- und standortunabhängig anwendbar ist[29]. Andere Inhalte des Framework sind dagegen nur branchenspezifisch anzuwenden. Sie ergänzen die allgemeingültigen Leitlinien durch sog. Protocols und Sector Supplements. Abbildung 3.1 stellt die Struktur der von der GRI entwickelten Normen dar. Hierbei lassen sich die drei Normentypen des Framework erkennen: Guidelines, Protocols und Sector Supplements.

---

[27] Vgl. ebd., S. 3.
[28] Bereits hier ist eine Analogie zu den Vorschriften der IFRS zu erkennen, deren erklärtes Ziel die Vermittlung entscheidungsnützlicher Informationen ist. Diese Argumentation wird in Abschnitt 4.6.2 vertieft.
[29] Vgl. Gordon: The Global Reporting Initiative. Meeting Reporters' Needs, S. 12.

Abbildung 3.2: Aufbau des ersten Teils der GRI-Leitlinien nach der aktuellen Version 3.0 (G3), Quelle: Eigene Darstellung

Zur Beurteilung der aktuellen GRI-Nachhaltigkeitsberichterstattung ist es erforderlich, auf die Bestandteile des Framework detailliert einzugehen. Dies geschieht in den folgenden Abschnitten. Da die GRI den Aufbau ihrer Leitlinien in zwei Teile gliedert, orientiert sich auch die nachfolgende Darstellung der GRI-Leitlinien an dieser Struktur.

3.3 Teil 1 der GRI-Leitlinien – Bestimmung des Inhaltes, der Qualität und der Berichtsgrenzen

Im ersten Teil der GRI-Leitlinien werden die allgemeinen Prinzipien zur Abgrenzung der Inhalte eines Berichts sowie die Prinzipien zur Qualitätssicherung definiert.[30] Insgesamt weisen auch die qualitativen Anforderungen an die Berichterstattung Parallelen zur IFRS-Berichterstattung auf. Ebenso beinhaltet der erste Teil der Leitlinien eine Anleitung zur Festlegung der Berichtsgrenzen. Einen Überblick über den ersten Teil der GRI-Leitlinien gibt Abbildung 3.2.

---

[30] Zur Festlegung des Berichtsinhalts und zur Sicherung der Qualität der Berichte umfassen die Leitlinien Prüfangaben, die als Hilfestellungen zur Erstellung eines Nachhaltigkeitsberichts angesehen werden können.

3.3.1 Prinzipien zur Bestimmung des Inhalts

Steht ein Unternehmen vor der Aufgabe, einen Nachhaltigkeitsbericht zu erstellen, liegt der erste Schritt in der Bestimmung des Berichtsinhalts. Dazu hat die GRI das Prinzip der Wesentlichkeit, das Prinzip der Einbeziehung von Stakeholdern, das Prinzip des Nachhaltigkeitskontexts und das Prinzip der Vollständigkeit festgelegt.

3.3.1.1 Das Prinzip der Wesentlichkeit

Nach Definition der GRI sollen die Angaben in einem Bericht Themen und Indikatoren offenlegen, die bedeutende ökonomische, ökologische und gesellschaftliche / soziale Einflüsse des berichterstattenden Unternehmens auf seine Stakeholder aufzeigen. Zudem sind dann Angaben zu machen, wenn die Informationen einen maßgeblichen Einfluss auf die Beurteilungen und Entscheidungen der Stakeholder ausüben können. Alle Themen, die diesen Anforderungen gerecht werden, sind in den Augen der GRI als relevant anzusehen. Die GRI-Leitlinien definieren keinen eigenen Grundsatz der Relevanz. Vielmehr subsumieren sie die Relevanz unter dem Prinzip der Wesentlichkeit. Wesentlichkeit liegt nach Einschätzung der GRI dann vor, wenn eine Aufmerksamkeitsschwelle erreicht ist, ab der ein Thema oder ein Indikator von so hoher Relevanz ist, die ausreicht, um in den Bericht aufgenommen zu werden.

Hier lässt sich eine Parallele zur informationsvermittelnden IFRS-Rechnungslegung ziehen. Dazu zeigt Tabelle 3.1 die Grundsätze der IFRS.[31]

Die IFRS stellen u.a. die qualitative Anforderung, dass die Abschlussinformationen relevant sein müssen. In diesem Punkt unterscheiden sich die IFRS und die GRI-Leitlinien nur in der Gliederung der formulierten Anforderungen: In den IFRS wird die Wesentlichkeit zur Erläuterung des Grundsatzes der Relevanz verwendet, die GRI-Leitlinien verwenden umgekehrt die Relevanz, um den Grundsatz der Wesentlichkeit zu erläutern. Relevant sind gemäß IFRS-Framework solche Informationen, welche die wirtschaftlichen Entscheidungen der Adressaten beeinflussen.[32] Bestimmt wird dort die Relevanz einer Information durch ihre Art und / oder ihre Wesentlichkeit.[33] Nach der IFRS-Definition ist eine Information genau dann wesentlich, wenn ihr Weglassen oder ihre fehlerhafte Darstellung einen Einfluss auf die Entscheidungen der Kapitalgeber haben kann.[34]

---

[31] An die Stelle des Grundsatzes der Verlässlichkeit bzw. der Reliability tritt das einstige Unterkriterium der glaubwürdigen Darstellung bzw. der Faithful Representation. Vgl. Exposure Draft, An improved Conceptual Framework for Financial Reporting sowie zur weiteren Erläuterung Lorson/Gattung: Die Forderung nach einer „Faithful Representation".

[32] Vgl. IASB Framework Abs. 26.

[33] Vgl. IASB Framework Abs. 29.

[34] Vgl. IASB Framework Abs. 30.

Basisannahmen	• Fortführung der Unternehmenstätigkeit • Grundsatz der periodengerechten Erfolgsabgrenzung

Qualitative Anforderungen an Abschlussinformationen	• Verständlichkeit
	• Relevanz
	  - Wesentlichkeit
	• Zuverlässigkeit
	  - Glaubwürdige Darstellung
	  - Wirtschaftliche Betrachtungsweise
	  - Neutralität
	  - Vorsicht
	  - Vollständigkeit
	• Vergleichbarkeit

Nebenbedingungen	• Zeitnahe Berichterstattung • Kosten-Nutzen-Abwägung • Ausgewogenheit der qualitativen Merkmale der Abschlussinformationen
Zweck	Bereitstellung entscheidungsrelevanter Informationen über Vermögens-, Finanz- und Ertragslage sowie Veränderungen der Vermögens- und Finanzlage

Tabelle 3.1: Das System der Rechnungslegungsgrundsätze des IASB als Ergebnis des Informationszwecks eines Abschlusses,
Quelle: Eigene Darstellung in Anlehnung an Baetge et al.: Bilanzen, S. 153.

Oftmals sind mit den wesentlichen Informationen zu einem Unternehmen gravierende finanzielle Konsequenzen verbunden. Während der Wesentlichkeitsbetrachtung nach IFRS eher quantitative Maßstäbe zugrunde liegen, wird im Rahmen der Nachhaltigkeitsberichterstattung eine qualitative Dimension der Wesentlichkeit betrachtet.[35]

Informationen werden gemäß GRI auf Basis interner und externer Faktoren bezüglich ihrer Wesentlichkeit beurteilt. Zu den zu berücksichtigenden internen Faktoren gehören die Wettbewerbsstrategien, das Leitbild des Unternehmens sowie der Einfluss des Unternehmens auf vor- und nachgelagerte Geschäftspartner. Die externen Faktoren enthalten z.B. Themen und Indikatoren des Nachhaltigkeitskontexts, die von den Stakeholdern explizit angesprochen werden, oder allgemeine gesellschaftliche Erwartungen, aber auch die Themen, die innerhalb einer Branche von Bedeutung sind und zu denen die Konkurrenten Stellung nehmen. Insbesondere sind Vergleiche zu Unternehmen aufzustellen, die sich innerhalb des Nachhaltigkeitsbereichs

---

[35] Vgl. Haller/Ernstberger: Global Reporting Initiative – Internationale Leitlinien zur Erstellung von Nachhaltigkeitsberichten, S. 2521.

3.3 Teil 1 der GRI-Leitlinien – Inhalt, Qualität und Berichtsgrenzen

durch Best Practices und damit durch eine vorbildliche Anwendung der GRI-Leitlinien oder eine vorbildliche Erstellung des Nachhaltigkeitsberichts auszeichnen. Darüber hinaus ist auf gesetzliche Regelungen sowie auf freiwillige Vereinbarungen einzugehen, die strategische Auswirkungen auf das Unternehmen und damit auch auf die Stakeholder haben. Sollten verlässliche Untersuchungen zu dem Ergebnis kommen, dass Nachhaltigkeitswirkungen, -risiken oder -chancen abschätzbar sind,[36] ist das Kriterium der Wesentlichkeit einer Information oftmals erfüllt. Dies ist insbesondere dann der Fall, wenn Sachverständige beauftragt wurden und diese die Auswirkungen als wesentlich einstufen. Generell gilt das Kriterium der Wesentlichkeit als erfüllt, wenn die Auswirkungen ein aktives Management erfordern oder für das Unternehmen in einer Verpflichtung resultieren können.[37]

3.3.1.2 Das Prinzip der Einbeziehung von Stakeholdern

Die Einbeziehung von Stakeholdern setzt voraus, dass das Unternehmen in der Lage ist, seine Stakeholder zu benennen. Ein Nachhaltigkeitsbericht hat sich fortlaufend an den Interessen und nachvollziehbaren Erwartungen seiner Zielgruppe zu orientieren. Mit Hilfe des Stakeholder-Dialogs soll das berichtende Unternehmen die wichtigsten Informationsbedürfnisse aus dem Bereich der Nachhaltigkeit sondieren, um eine Informationsflut oder gar eine Informationsüberlastung zu vermeiden.[38] Falls es möglich ist, zu eruieren, welche Teilmenge der Stakeholder eines Unternehmens den Bericht tatsächlich zu Informationszwecken nutzt, sollte der Bericht auf diese Stakeholder und ihre Informationsbedürfnisse besonders eingehen.[39] Es gilt jedoch weiterhin, dass der Nachhaltigkeitsbericht sich im Gegensatz zur IFRS-Rechnungslegung nicht nur auf die Interessen einer Gruppe von Stakeholdern beschränken darf.

In der Realität kann es jedoch zu Situationen kommen, in denen die verschiedenen Stakeholder unterschiedliche Erwartungen oder gar gegensätzliche Ansichten haben. In diesem Fall hat das Unternehmen darauf einzugehen, inwieweit eine Gewichtung der konfligierenden Stakeholder-Interessen stattgefunden hat.[40] Die systematische Einbeziehung von Stakeholdern, die jedes Unternehmen im Rahmen eines kontinuierlichen Dialogs realisieren soll, kann sowohl die Nützlichkeit eines Berichts erhöhen als auch das Vertrauen zwischen dem Unternehmen und seinen Stakeholdern bestärken. Gelingt es dem Unternehmen, Vertrauen zu schaffen, kann auf diese Weise die Glaubwürdigkeit eines Nachhaltigkeitsberichts erhöht werden. Zudem soll das Un-

---

[36] Ist es dem Unternehmen z.B. möglich, eine verlässliche Schätzung seiner CO_2-Emission abzugeben, sollte es diese Information den Stakeholdern vermitteln.
[37] Vgl. Global Reporting Initiative: Sustainability Reporting Guidelines, S. 8.
[38] Vgl. Gordon: The Global Reporting Initiative. Meeting Reporters' Needs, S. 14.
[39] Nicht jeder Stakeholder eines Unternehmens ist an den zusätzlichen Informationen eines Nachhaltigkeitsberichts, die über die klassische Finanzberichterstattung hinausgehen, so sehr interessiert, dass er sie in seine Entscheidungsbildung miteinfließen lässt.
[40] Vgl. Global Reporting Initiative: Sustainability Reporting Guidelines, S. 10.

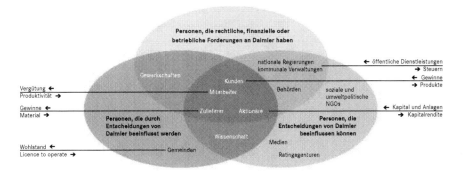

Abbildung 3.3: Stakeholder der Daimler AG,
Quelle: Daimler AG: 360 GRAD – Fakten zur Nachhaltigkeit 2009, S. 21.

ternehmen angeben, inwieweit es auf die nachvollziehbaren Erwartungen und Interessen der Stakeholder eingegangen ist.[41]

Die GRI definiert die Zielgruppe eines Nachhaltigkeitsberichts wie folgt:

„Stakeholders are defined as entities or individuals that can reasonably be expected to be significantly affected by the organization's activities, products, and / or services; and whose actions can reasonably be expected to affect the ability of the organization to successfully implement its strategies and achieve its objectives. This includes entities or individuals whose rights under law or international conventions provide them with legitimate claims vis-à-vis the organization. Stakeholders can include those who are invested in the organization (e.g., employees, shareholders, suppliers) as well as those who are external to the organization (e.g., communities)."[42]

Als Beispiel für die Einbeziehung der Stakeholder wird das Ergebnis der Stakeholder-Identifizierung der Daimler AG in Abbildung 3.3 gezeigt. Hierbei handelt es sich um eine Darstellung aus ihrem Nachhaltigkeitsbericht. Das Unternehmen identifizierte die Kunden, die Mitarbeiter, die Zulieferer und die Aktionäre als seine wichtigsten Stakeholder. Demnach sollte der Nachhaltigkeitsbericht dieses Unternehmens mindestens die Informationsbedürfnisse dieser Gruppen befriedigen.

3.3.1.3 Das Prinzip des Nachhaltigkeitskontexts

Das berichterstattende Unternehmen muss im Rahmen eines Nachhaltigkeitsberichts seine in der Berichtsperiode erbrachte Leistung bezüglich einer nachhaltigen Entwicklung darstellen.

---

[41] Die Erwartungen und Interessen der Stakeholder deuten oftmals auf die Grenzen und den Umfang eines Berichts hin.
[42] Global Reporting Initiative: Sustainability Reporting Guidelines, S. 10.

3.3 Teil 1 der GRI-Leitlinien – Inhalt, Qualität und Berichtsgrenzen

Zu erörtern ist der aktuelle und der geplante zukünftige Beitrag des Unternehmens zur Verbesserung bzw. zur Verschlechterung von ökonomischen, ökologischen und gesellschaftlichen / sozialen Bedingungen, sowie Entwicklungen oder Tendenzen auf lokaler, regionaler oder globaler Ebene. Diesbezüglich sind vom Unternehmen die Strategien und operativen Maßnahmen darzustellen, die es entwickelt hat, um seine Auswirkungen auf die Stakeholder möglichst positiv oder wenig belastend zu gestalten. Im Umweltbereich beispielsweise kann der Grad der Umweltverschmutzung und der Ressourceneinsatz weltweit beschränkt werden. Muss dem Umgang mit knappen Ressourcen auf einer Branchenebene oder auf einer lokalen, regionalen oder globalen Ebene besondere Aufmerksamkeit geschenkt werden, hat das Unternehmen hierzu Stellung zu nehmen.[43]

Darüber hinaus muss das Unternehmen verdeutlichen, in welchem Verhältnis die Nachhaltigkeits- und die Geschäftsstrategie zueinander stehen. Insbesondere kann an dieser Stelle auf die Risikostrategie bzw. das Risikomanagement[44] eines Unternehmens eingegangen werden und darauf, welche Möglichkeiten hier bestehen, die wirtschaftlichen und nachhaltigen Ziele zu vereinen.[45]

3.3.1.4 Das Prinzip der Vollständigkeit

Ein Nachhaltigkeitsbericht soll den jeweiligen Nutzer befähigen, die Leistung des Unternehmens im Nachhaltigkeitsbereich zu beurteilen. Eine notwendige Voraussetzung dafür ist, dass die Gesamtheit der wesentlichen Themen und Indikatoren sowie die Berichtsgrenzen hinreichend abgedeckt werden und auf diese Weise die erheblichen ökonomischen, ökologischen und gesellschaftlichen / sozialen Auswirkungen vollständig dargestellt werden. Es dürfen somit dem Stakeholder grundsätzlich keine Informationen vorenthalten werden, die möglicherweise seine Beurteilungen oder Entscheidungen beeinflussen würden.

Das Prinzip der Vollständigkeit eines Berichts bezieht sich sowohl auf die Menge der einbezogenen Informationen, das Abdecken der Bereiche Ökonomie, Ökologie, Gesellschaftliches / Soziales als auch auf den Zeitraum, über den berichtet wird. Es ist nicht nur über positive und negative Auswirkungen der Unternehmenstätigkeit innerhalb der aktuellen Berichtsperiode zu informieren, sondern auch über wesentliche zukünftige Effekte, die ihren Ursprung in der aktuellen Berichtsperiode haben.

Zudem bezieht sich das Prinzip der Vollständigkeit auf den Umfang der Unternehmenseinheiten, die in den Nachhaltigkeitsbericht aufzunehmen sind. Die Auswahl, welche Einheiten in den

---

[43] Vgl. ebd., S. 11.
[44] Vgl. dazu vertiefend Dobler: Risikoberichterstattung. Eine ökonomische Analyse.
[45] Vgl. Global Reporting Initiative: Sustainability Reporting Guidelines, S. 12.

Abschluss einzubeziehen sind, erfolgt ähnlich wie die Abgrenzung im Rahmen eines Konzernabschlusses.[46] Zu berücksichtigen sind alle Unternehmen, über die das berichtende Unternehmen Kontrolle ausübt. Hierzu zählen beispielsweise alle Tochterunternehmen. Auf diese Weise wird die Unternehmensgrenze gezogen. Des Weiteren werden alle Unternehmen berücksichtigt, auf die das berichtende Unternehmen einen maßgeblichen Einfluss hat, wie es bei assoziierten Unternehmen der Fall ist.[47] Aufgrund dieser weiteren Einbeziehung wird die Grenze der Geschäftstätigkeit definiert. Passend zum Prinzip des Stakeholderbezugs muss ebenfalls der Einfluss des berichtenden Unternehmens auf die dem Unternehmen vor- und nachgelagerten Stufen erweitert werden.[48] Sowohl die Vorgehensweise bei der Datenerfassung als auch die angemessene und schlüssige Darstellung sind Aspekte, welche die Qualität des Berichts beeinflussen und die aus diesem Grund im Rahmen der Prinzipien der Berichterstattung zur Qualitätssicherung weiter aufgegriffen werden.[49]

Innerhalb der Berichtsperiode hat eine vollständige Darstellung der Aktivitäten, Vorfälle, Ergebnisse und Auswirkungen zu erfolgen. Die veröffentlichten Informationen bezüglich zukünftiger Auswirkungen müssen auf begründeten Schätzungen basieren.[50]

Im Gegensatz zur IFRS-Berichterstattung, die das Kriterium der Vollständigkeit unter dem Grundsatz der Zuverlässigkeit subsumiert, ist es gemäß GRI gestattet, die Offenlegung von wesentlichen Informationen zu unterlassen. Hierbei muss es sich jedoch um begründete Fälle handeln, wie zu hohe Kosten bei der Datengewinnung, rechtliche Bedenken oder den Schutz der Privatsphäre. Das Unternehmen hat jedoch auf diese Fälle hinzuweisen.

3.3.2 Prinzipien zur Bestimmung der Berichtsqualität

Neben den Prinzipien zur Bestimmung der Themen und Indikatoren für die Berichterstattung gibt es eine weitere Gruppe von Prinzipien. Diese enthält Prinzipien, die der Qualitätssicherung und der angemessenen Darstellung der zu veröffentlichenden Angaben dienen. Zu den Prinzipien der Berichterstattung zur Qualitätssicherung gehören die Ausgewogenheit, Vergleichbarkeit, Genauigkeit, Aktualität, Klarheit und Zuverlässigkeit.[51] Diese Prinzipien sind grundlegend für

---

[46] Zur näheren Erläuterung des Konsolidierungskreises eines Konzerns, vgl. beispielsweise Küting/Weber: Der Konzernabschluss – Praxis der Konzernrechnungslegung nach HGB und IFRS, S. 131–157.
[47] Zwar kann der Kreis der einzubeziehenden Unternehmen, über die zu berichten ist, in Analogie zu der Eingrenzung aus der Bilanzierung erfolgen. Im Gegensatz zum Konzernabschluss ist eine volle bzw. quotale Einbeziehung der Einheiten im Rahmen einer Konsolidierung aufgrund der Thematik selten möglich. Somit muss das berichterstattende Unternehmen zur Nachhaltigkeitsleistung aller Einheiten Stellung nehmen, die es kontrolliert oder auf die es maßgeblichen Einfluss ausübt.
[48] Zu den vor- und nachgelagerten Stufen zählen beispielsweise die Zulieferer und Händler. Im Bericht ist darzustellen, welchen Einfluss das Unternehmen auf diese Stufen hat.
[49] Vgl. Global Reporting Initiative: Sustainability Reporting Guidelines, S. 12.
[50] Vgl. ebd., S. 13.
[51] Im englischen Originaltext lauten die Prinzipien Balance, Comparability, Accuracy, Timeliness, Clarity und Reliability.

3.3 Teil 1 der GRI-Leitlinien – Inhalt, Qualität und Berichtsgrenzen 53

das Erreichen des obersten Ziels der GRI-Leitlinien, die Transparenz der Unternehmenstätigkeit durch Informationsvermittlung zu erhöhen. Die Qualität der Informationen ist somit Voraussetzung dafür, dass die Stakeholder die Leistung angemessen und fair beurteilen sowie geeignete Maßnahmen ergreifen können.[52]

3.3.2.1 Das Prinzip der Ausgewogenheit

Das Kriterium der Ausgewogenheit eines Berichts wird nur dann erfüllt, wenn der Bericht sowohl positive als auch negative Aspekte der Nachhaltigkeitsleistung des Unternehmens enthält. Nur dann ist es dem Adressaten möglich, diese Leistung zu beurteilen. Das Gesamtbild des Unternehmens darf durch Weglassen bestimmter Informationen bzw. durch das gezielte Auswählen nicht verzerrt werden.[53] Das Prinzip der Ausgewogenheit ist somit eng mit dem Prinzip der Vollständigkeit eines Berichts verknüpft. Die Gewichtung der Themen innerhalb einer ausgewogenen Berichterstattung richtet sich nach der jeweils beigemessenen Wesentlichkeit.[54] Mit der Aufstellung des Ausgewogenheitsprinzips versucht die GRI, einem Missbrauch des Nachhaltigkeitsberichts als PR-Instrument zu begegnen.

Verglichen werden kann das Prinzip der Ausgewogenheit mit dem Kriterium der Neutralität des IFRS-Framework, welches zum Grundsatz der Zuverlässigkeit zählt. Auch dieses Prinzip verlangt, dass ein möglichst neutrales Bild des Unternehmens gezeichnet wird, indem positive wie negative Aspekte gleichermaßen berücksichtigt werden.[55]

3.3.2.2 Das Prinzip der Vergleichbarkeit

Die Informationen in einem Nachhaltigkeitsbericht sollen es den Stakeholdern ermöglichen, Veränderungen der Nachhaltigkeitsleistung eines Unternehmens im zeitlichen Verlauf zu erkennen. Dazu müssen sowohl die Präsentations- als auch die Ermittlungsmethoden im Zeitablauf stetig angewandt werden. Nur dann kann die Nachhaltigkeitsleistung beurteilt werden. Damit ist das GRI-Prinzip der Vergleichbarkeit identisch zum gleichlautenden Grundsatz der IFRS. Neben dem intertemporären Vergleich der Daten innerhalb des Unternehmens, sollen auch sog. Benchmark-Vergleiche ermöglicht werden, welche die Leistungen des Unternehmens z.B. mit

---

[52] Vgl. Global Reporting Initiative: Sustainability Reporting Guidelines, S. 13.
[53] Hier sei verwiesen auf den Abschnitt 2.5.1, welcher die Publizität von Unternehmen genauer analysiert. Es wird deutlich, dass der Adressat um die negativen Informationen weiß und vom Unternehmen erwartet, dass er diese negativen, relevanten Informationen erhält.
[54] Vgl. Global Reporting Initiative: Sustainability Reporting Guidelines, S. 13.
[55] Vgl. Haller/Ernstberger: Global Reporting Initiative – Internationale Leitlinien zur Erstellung von Nachhaltigkeitsberichten, S. 2522.

denen des jeweiligen Branchenprimus im Nachhaltigkeitsbereich vergleichbar machen.[56] Des Weiteren sollen auch die Leistungen von Unternehmen verschiedener Branchen miteinander verglichen werden können. So soll eine Standardisierung in der Messung der Nachhaltigkeitsleistung erreicht werden, die dem Stakeholder die Beurteilung eines bestimmten Unternehmens und die Entscheidungsfindung durch erhöhte Transparenz erleichtert.

Eine Vergleichbarkeit von Daten im Zeitablauf kann nur gewährleistet werden, wenn Kontinuität innerhalb der Methoden zur Datenerfassung besteht. Des Weiteren muss Kontinuität in der Berichtsstruktur sowie in der Erläuterung der angewandten Methoden und der getroffenen Annahmen bei der Aufbereitung der Daten bestehen. Die Berichterstattung über einen längeren Zeitraum schließt zwar eine Weiterentwicklung des Inhalts an die sich ändernde Bedeutung der Themen für die verschiedenen Stakeholder ein, jedoch sollte die Berichterstattung Beständigkeit aufweisen, insbesondere unter Berücksichtigung des Prinzips der Wesentlichkeit. Ändert das berichterstattende Unternehmen die Berichtsgrenzen, den Umfang, die Periode oder den Inhalt, sind sowohl aktuelle als auch historische Daten gegenüberzustellen, um einen aussagekräftigen Vergleich zu ermöglichen.[57]

3.3.2.3 Das Prinzip der Genauigkeit

Insgesamt müssen die Informationen eines Nachhaltigkeitsberichts das Maß an Korrektheit und Detailliertheit aufweisen, das einen Stakeholder befähigt, die Nachhaltigkeitsleistung des Unternehmens anhand dieser Informationen zu beurteilen. Die Leistungsangaben zu ökonomischen, zu ökologischen sowie zu gesellschaftlichen / sozialen Themen und Indikatoren basieren entweder auf qualitativen oder auf quantitativen Ergebnissen.[58] Eine qualitative, genaue Information muss klar ausgedrückt, detailliert und ausgewogen sein. Die Genauigkeit einer quantitativen Information hängt oftmals von den gewählten Methoden der Datenerfassung und -analyse ab. Stellen die Daten Ergebnisse von Schätzverfahren dar, ist hierauf hinzuweisen. Dabei sind die angewandten Methoden und zugrunde liegenden Annahmen zu erläutern.

Insgesamt muss festgehalten werden, dass die Genauigkeit der Information von ihrer Verwendung abhängt und davon, welcher Genauigkeitsgrad für das Treffen einer Entscheidung notwendig ist. Die geforderte Genauigkeit hängt daher von dem Wesen der Information und dem Nutzer derselben ab.[59]

---

[56] Mit dem Begriff Branchenprimus ist hier ein Best Practice-Unternehmen gemeint, das im Nachhaltigkeitsbereich eine Vorreiterrolle einnimmt. Das Auffinden eines solchen Best Practice-Unternehmens wird z.B. durch die Auszeichnung eines Berichts erleichtert. Beispielhaft seien hier die Econ Awards erwähnt, die vom Econ Verlag und dem Handelsblatt verliehen werden.
[57] Vgl. Global Reporting Initiative: Sustainability Reporting Guidelines, S. 14.
[58] Vgl. ebd., S. 39.
[59] Vgl. ebd., S. 15.

3.3.2.4 Das Prinzip der Aktualität

Ein grundlegender Aspekt einer entscheidungsnützlichen Information ist ihre rechtzeitige, zeitnahe Veröffentlichung. Nur dann kann ein Entscheider diese Information in seinen Entscheidungsfindungsprozess einfließen lassen. Die Berichterstattung sollte regelmäßig und zu einem festen Zeitpunkt stattfinden. Darüber hinaus sind die Berichtshäufigkeit und die Berichtsperiode beständig beizubehalten, so dass die Vergleichbarkeit der veröffentlichten Informationen im Zeitverlauf ermöglicht wird. Da die Stetigkeit der Berichtsperioden eingehalten werden soll, schlägt die GRI vor, eine Berichtsperiode zu wählen, welche parallel zur Finanzberichterstattung liegt. Auf diese Weise kann zudem ein besserer Zusammenhang zwischen der finanziellen Leistung und der Nachhaltigkeitsleistung hergestellt werden.[60] Das Prinzip der Aktualität entspricht der gleichnamigen Nebenbedingung der IFRS.

3.3.2.5 Das Prinzip der Klarheit

Die veröffentlichten Informationen zur Nachhaltigkeitsleistung des Unternehmens müssen für alle Stakeholder bzw. Adressaten der Berichte verständlich und zu einem gewissen Grad nachvollziehbar sein. Hierzu ist ein adäquates Niveau der Disaggregation der Daten zu wählen. Eine Präsentationsform in Tabellen und Grafiken kann dazu hilfreich sein. Ebenso muss ein barrierefreies Auffinden der Informationen ermöglicht werden. Der Inhalt des Berichts ist so zu formulieren, dass er für die Stakeholder verständlich ist, die mit den Unternehmensaktivitäten hinreichend vertraut sind. Hierbei ist abzuwägen, welche Informationstiefe von den Stakeholdern verlangt wird. Gleichzeitig muss sichergestellt werden, dass auf den Ausweis überflüssiger Details verzichtet wird, da dies zu Lasten der Klarheit eines Berichts geht.[61]

3.3.2.6 Das Prinzip der Zuverlässigkeit

Alle dargestellten Informationen müssen sowohl überprüfbar als auch belegbar sein. Dazu lautet die Vorgabe der GRI:

„Stakeholders should have confidence that a report could be checked to establish the veracity of its contents and the extent to which it has appropriately applied Reporting Principles."[62]

Diese Forderung der GRI führt dazu, dass nicht belegbare Angaben zur Nachhaltigkeitsleistung keinen Eingang in den Bericht finden dürfen. Eine Ausnahme stellen wesentliche Informationen dar, die in den Bericht aufgenommen werden dürfen, wenn die bestehende Unsicherheit erwähnt wird. Insgesamt müssen alle Entscheidungen, z.B. zur Bestimmung des Berichtsinhalts, der Berichtsgrenzen oder auch des Grades der Einbeziehung von Stakeholdern, überprüfbar sein.

---

[60] Vgl. ebd., S. 16.
[61] Vgl. ebd., S. 16.
[62] Ebd., S. 17.

Die Daten sollten durch interne Kontrollen und durch eine entsprechende Dokumentation jederzeit nachvollziehbar und abgesichert sein.[63] Die Dokumentation der Originaldaten oder der ursprünglichen Informationsquelle muss verfügbar sein, so dass die Validität innerhalb einer definierten Fehlergrenze bescheinigt werden kann. Nutzt ein Unternehmen ein Informationssystem, ist bereits bei der Entwicklung des Informationssystems die Möglichkeit eines externen Prüfungsverfahrens für dieses System einzubeziehen.

Im Bericht sind der Rahmen und der Umfang[64] einer externen Prüfung anzugeben. Es ist insgesamt sicherzustellen, dass die Informationen, die für einen Nachhaltigkeitsbericht gewonnen, verarbeitet und in selbigem dargestellt werden, die Eigenschaften der Qualität und der Wesentlichkeit aufweisen. Sie müssen einer externen Überprüfung standhalten, die gleichzeitig die Verlässlichkeit und Relevanz der ausgewiesenen Informationen bestätigt.[65] Auch die Informationen, die im Rahmen eines IFRS-Abschlusses vermittelt werden, müssen den Kriterien der Relevanz und Verlässlichkeit genügen.[66]

3.3.3 Bestimmung der Berichtsgrenzen

In einigen Prinzipien, insbesondere in dem Prinzip der Vollständigkeit, wurde die notwendige Bestimmung der Grenzen für die Aufstellung eines Nachhaltigkeitsberichts bereits aufgegriffen. Die GRI hat für die Bestimmung der Grenzen eine Anleitung erstellt, die in Abbildung 3.4 zum Ausdruck kommt.

Die Gesamtheit der Einheiten des berichterstattenden Unternehmens, die tatsächlich oder potentiell einen maßgeblichen Beitrag zur Nachhaltigkeit leisten, sollen im Bericht erfasst werden. Hierzu gehören beispielsweise vor- oder nachgelagerte Einheiten in der Wertschöpfungskette des Unternehmens. Ebenfalls soll der Bericht alle Einheiten abdecken, über die das berichterstattende Unternehmen Kontrolle oder maßgeblichen Einfluss im Hinblick auf die Finanz- und Geschäftspolitik ausübt. Hierunter fallen z.B. alle Joint Ventures, Tochterunternehmen und assoziierte Unternehmen. Damit ist der Berichtskreis für einen GRI-Nachhaltigkeitsbericht weiter gefasst als der Berichtskreis für die Aufstellung eines Konzernabschlusses im Rahmen der konsolidierten Finanzberichterstattung.[67]

---

[63] Im ökologischen Bereich kann das Unternehmen z.B. das EMAS, welches auch EU-Öko-Audit genannt wird, anwenden. Hierbei handelt es sich um ein von der EU entwickeltes System, welches zum einen den Unternehmen das Umweltmanagement erleichtern soll und zum anderen eine Umweltbetriebsprüfung ermöglichen soll. Dazu werden z.B. die Aufgaben und Verantwortlichkeiten im Unternehmen definiert, die Umweltpolitik festgelegt und ein Umweltprogramm mit konkreten Zielen zur Verbesserung der betrieblichen Umweltsituation aufgestellt. Zur Vertiefung, vgl. Baumann et al.: Betriebliche Umweltmanagementsysteme.
[64] Eine nähere Erläuterung zur Prüfung von GRI-Berichten erfolgt in Kapitel 3.4.4.
[65] Vgl. Global Reporting Initiative: Sustainability Reporting Guidelines, S. 17.
[66] Eine ausführliche Darstellung dieser IFRS-Grundsätze erfolgt in Abschnitt 4.6.2. Das hierbei auftretende Spannungsfeld wird in Abschnitt 4.6.2.3 diskutiert.
[67] Vgl. Haller/Ernstberger: Global Reporting Initiative – Internationale Leitlinien zur Erstellung von Nachhaltigkeitsberichten, S. 2522.

3.3 Teil 1 der GRI-Leitlinien – Inhalt, Qualität und Berichtsgrenzen

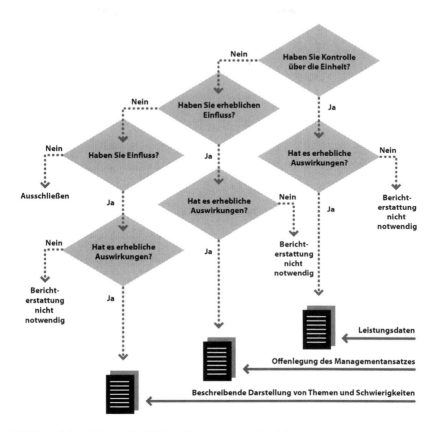

Abbildung 3.4: Anleitung der GRI zur Bestimmung der Berichtsgrenzen,
Quelle: Global Reporting Initiative: Sustainability Reporting Guidelines, S. 18

Mit dem Maße des Abhängigkeitsverhältnisses zwischen diesen Einheiten und dem berichterstattenden Unternehmen wird die Möglichkeit zur Beschaffung von Informationen zur nachhaltigen Leistung im Wesentlichen bestimmt. Dementsprechend nimmt die GRI eine Abstufung bei den zu veröffentlichenden Informationen vor. Während die vom berichtenden Unternehmen kontrollierten Einheiten ihre Leistung im Nachhaltigkeitsbereich detailliert anhand operativer Indikatoren offenlegen sollen, sind die Einheiten, auf die ein maßgeblicher Einfluss ausgeübt wird, nur bei der allgemeinen Beschreibung zu den Zielen und Maßnahmen des Unternehmens im Rahmen des Managementansatzes zu berücksichtigen.[68]

---

[68] Der Managementansatz gehört zu den Standardangaben und wird in Teil 2 der Leitlinien erläutert. Vgl. Abschnitt 3.4.

Die Unternehmen, die das berichtende Unternehmen weder kontrolliert noch maßgeblich beeinflusst, sollen nur dann in den Nachhaltigkeitsbericht einbezogen werden, wenn sie von wesentlicher Relevanz für die Nachhaltigkeitsleistung sind. Dabei handelt es sich um Unternehmen, die entweder einen wichtigen Beitrag zur Nachhaltigkeit aufweisen oder die mit wichtigen Herausforderungen im Nachhaltigkeitsbereich für das berichterstattende Unternehmen verbunden sind. Zu diesen Unternehmen sollen die Angaben lediglich in narrativer Form in den ersten Teil des Nachhaltigkeitsberichts aufgenommen werden.

Die GRI erlaubt einem berichtenden Unternehmen, unter der Beachtung von Kosten- / Nutzenerwägungen über bestimmte Einheiten nicht zu berichten, sofern das Endergebnis der Angaben oder eines Leistungsindikators nicht wesentlich verändert wird.[69]

Zur Bestimmung der Berichtsgrenzen und zur Klärung dabei aufkommender Fragestellungen hat die GRI eine Anleitung herausgegeben. Es handelt sich hierbei um ein sog. Technical Protocol.[70]

3.4 Teil 2 der GRI-Leitlinien – Standardangaben

Die Unterteilung der GRI-Leitlinien in zwei Teile stellt keine Abstufung der Wichtigkeit dar. Die GRI misst allen Bestandteilen den gleichen Stellenwert und damit eine gleich hohe Bedeutung bei.[71] Während der erste Teil die Prinzipien der Berichterstattung zur Definition des Inhalts und zur Sicherung der Qualität sowie die Anleitung zur Definition der Berichtsgrenzen umfasst, beinhaltet der zweite Teil die Standardangaben eines Nachhaltigkeitsberichts. Hierbei handelt es sich um die wesentlichen Elemente in Form von Mindestanforderungen, die jeder Nachhaltigkeitsbericht unter Berücksichtigung des in Teil 1 bestimmten Berichtsinhalts enthalten sollte.[72]

Zur Berichterstattung legt die GRI drei Kategorien von Standardangaben fest: Abbildung 3.5 zeigt die übergeordneten Kategorien, zu denen Angaben zu erfolgen haben: das Profil des Unternehmens, den Managementansatz sowie die ökonomischen, ökologischen und gesellschaftlichen / sozialen Leistungsindikatoren.

Diesen Leistungsindikatoren sind wiederum mehrere (Indikator-)Aspekte zugeordnet. Hierbei handelt es sich um spezifische Informationen, die sich auf eine Indikatorkategorie beziehen – wie der Energieverbrauch als ein Aspekt der ökologischen Leistungsindikatoren. Die Leistungsindikatoren definiert die GRI als qualitative oder quantitative Informationen über die Aktivitäten des Unternehmens und ihre Auswirkungen, die vergleichbar sind und sich im Laufe der Zeit

---

[69] Vgl. Global Reporting Initiative: Sustainability Reporting Guidelines, S. 17 f.
[70] Abbildung 3.1 zeigt, dass ein solches Protokoll ebenfalls zum GRI-Framework gehört. Vgl. dies.: GRI Boundary Protocol.
[71] Vgl. dies.: Sustainability Reporting Guidelines, S. 4.
[72] Vgl. ebd., S. 40.

3.4 Teil 2 der GRI-Leitlinien – Standardangaben

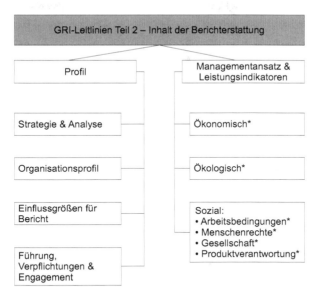

* Die Leistungsindikatoren enthalten wiederum Angaben zum Managementansatz.

Abbildung 3.5: Aufbau der GRI G3 Teil 2 – Die Standardangaben,
Quelle: Eigene Darstellung in Anlehnung an BSD GmbH/Waibel: G3: neue Richtlinien der Global Reporting Initiative (GRI) für Nachhaltigkeitsberichterstattung – eine Übersicht, S. 5.

verändern.[73] Zu jedem Themenbereich sollen im Nachhaltigkeitsbericht jeweils der Managementansatz und die zugehörigen Leistungsindikatoren integriert dargestellt werden.

Die Standardangaben, die diesen Kategorien zugeordnet werden, betrachtet die GRI als wesentlich und relevant für jedes Unternehmen. Zusätzlich sind diese Standardangaben für eine Vielzahl an Stakeholdern von Interesse. Die erste Kategorie umfasst Standardangaben zum Bereich Strategie und Profil. Dieser Bereich wird wiederum untergliedert in Angaben zu Strategie und Analyse, zum Unternehmensprofil, zu Berichtsparametern sowie zu Führung (Governance), Verpflichtungen und Engagement des Unternehmens. Diese Angaben sollen helfen, die Leistung des Unternehmens in einem größeren Zusammenhang zu verstehen.

Die Berichterstattung über den Managementansatz fällt in die zweite Kategorie der Standardangaben. Hierbei handelt es sich um Angaben zur Herangehensweise des Unternehmens an bestimmte Themen. Es sollte erkennbar sein, auf welchen Konzepten die Leistung des Unternehmens im Bereich der Nachhaltigkeit beruht.

---

[73] Vgl. ebd., S. 39.

Alle Leistungsindikatoren, über die das Unternehmen im Rahmen der Standardangaben berichtet, gehören der dritten Kategorie an. Diese Indikatoren dienen primär dem Zweck, vergleichbare Informationen über die ökonomische, ökologische und gesellschaftliche / soziale Leistung des Unternehmens zu vermitteln.[74]

Innerhalb der Indikatoren wird dementsprechend in den GRI-Leitlinien eine Aufteilung in die Kategorien Ökonomie, Ökologie und Gesellschaftliches / Soziales vorgenommen. Diese Aufteilung wird auch für die Nachhaltigkeitsberichte empfohlen. Jede dieser Indikatorkategorien enthält Angaben zum Managementansatz und einen Katalog mit den entsprechenden Kern- und Zusatzindikatoren.[75]

3.4.1 Die Kategorie „Profil"

In die Kategorie „Profil" fallen sämtliche Angaben zur Übersicht über das Unternehmen, seine Aufbau- und seine Ablauf-Organisationsstruktur sowie über die Reichweite des Nachhaltigkeitsberichts. Darüber hinaus gehören zu dieser Kategorie ebenfalls die Angaben zur Governance, zu Verpflichtungen gegenüber externen Initiativen sowie zur Einbeziehung von Stakeholdern.

3.4.1.1 Strategie & Analyse

Ein nach den GRI-Leitlinien verfasster Nachhaltigkeitsbericht beginnt damit, dass das Unternehmen sein Profil darstellt. Hierbei ist explizit auf die Strategie des Unternehmens und ihre Auswirkungen auf die Nachhaltigkeit einzugehen. Dazu ist einleitend vom höchsten Entscheidungsträger des Unternehmens eine Erklärung abzugeben, welchen Stellenwert die Nachhaltigkeit innerhalb der Unternehmensstrategie hat. Unter anderem sollte hierbei – unter Bezugnahme auf die zeitliche Ausrichtung der Visionen bzw. Strategien – Stellung zu den wichtigsten Herausforderungen des Nachhaltigkeitsbereichs genommen werden. Die hieraus resultierenden strategischen Prioritäten und Kernthemen mit ihrer kurz- und mittelfristigen Bedeutung für die Nachhaltigkeit sollen erläutert werden. Zudem ist auf die Einhaltung international vereinbarter Standards und auf ihren Zusammenhang mit den langfristigen Strategien des Unternehmens sowie den dabei erzielten Erfolg einzugehen.

Des Weiteren sollten übergreifende Entwicklungstrends erörtert werden, zu denen beispielsweise makroökonomische oder politische Trends zählen. Es sollte erläutert werden, wie sich die Entwicklungstrends auf die Prioritätenfolge bezüglich einer nachhaltigen Entwicklung auswirken. Ebenso sollte die Erklärung eine Abschätzung der ökonomischen, ökologischen und gesellschaftlichen / sozialen Leistung hinsichtlich der vom Unternehmen gesetzten Ziele sowie

---

[74] Vgl. Global Reporting Initiative: Sustainability Reporting Guidelines, S. 19.
[75] Vgl. ebd., S. 24.

3.4 Teil 2 der GRI-Leitlinien – Standardangaben

einen Ausblick auf die Herausforderungen und Ziele der nächsten Jahre beinhalten. Das Unternehmen sollte sowohl auf Schlüsselereignisse, auf Erfolge als auch auf Misserfolge eingehen und bezogen auf die gesetzten Ziele Einschätzungen der eigenen Leistung vornehmen.[76]

Die GRI strebt an, dass die Unternehmen in der Einleitung ihres Berichts nicht nur den Inhalt desselben zusammengefasst wiedergeben, sondern auch ihre Strategie hinsichtlich nachhaltiger Ziele analysieren.[77] Um dieser Forderung gerecht zu werden, sollen die Unternehmen die wichtigsten Auswirkungen auf die Nachhaltigkeit sowie die damit verbundenen Chancen und Risiken in zwei Abschnitten prägnant beschreiben.

Dabei soll sich der erste Abschnitt u.a. auf die wesentlichen Auswirkungen der Nachhaltigkeitsleistungen des Unternehmens und die Folgen für die Stakeholder beziehen. Im gleichen Zuge ist ebenfalls der Einfluss auf die Rechte der Stakeholder, die durch nationale Gesetze festgelegt sind, zu beschreiben. Zu erläutern ist zudem der vom Unternehmen zur Priorisierung der Chancen und Herausforderungen gewählte Ansatz. Darüber hinaus sollen die wichtigsten Schlussfolgerungen zu den Erfolgen des Unternehmens im Nachhaltigkeitsbereich gezogen werden. Gleichzeitig ist jedoch auch zu begründen, ob das Unternehmen die Erwartungen der Stakeholder erfüllt, nicht erfüllt oder gar übererfüllt hat. Abschließend soll ein Ausblick auf die wichtigsten eingeleiteten Programme bzw. Maßnahmen erfolgen, welche die Leistung entweder verbessern können oder relevante Veränderungen bewirken sollen.[78]

Der zweite Abschnitt soll sich auf die Auswirkungen von Nachhaltigkeitstrends, -risiken und -chancen auf die langfristige Entwicklung sowie auf die finanzielle Leistung des Unternehmens konzentrieren. Mit diesem Abschnitt sollen primär diejenigen Stakeholder informiert werden, die ein finanzielles Interesse am berichtenden Unternehmen haben.[79] Dementsprechend soll eine Beschreibung der bedeutendsten Chancen und Risiken erfolgen, die sich für das Unternehmen aus den Nachhaltigkeitstrends ergeben. Auch hier sollte das Unternehmen wieder eine Priorisierung zentraler Nachhaltigkeitsthemen nach Chancen und Risiken vornehmen, die jeweils für die langfristige Strategie des Unternehmens, für die Wettbewerbssituation und für die qualitative oder quantitative finanzielle Wertsteigerungsfaktoren relevant sind. In Tabellenform sind die Ziele, der entsprechende Erreichungsgrad und die Erfahrungen der laufenden Berichtsperiode zusammenzufassen. Ebenso sollen die Ziele für die folgende Periode sowie die mittelfristigen Ziele hinsichtlich ihrer Hauptrisiken und -chancen zusammengefasst werden. Wie

---

[76] Vgl. ebd., S. 20.
[77] Die GRI betrachtet die Nachhaltigkeitsberichterstattung nicht als reine Veröffentlichung von Informationen zu ökonomischen, ökologischen und gesellschaftlichen / sozialen Sachverhalten, sondern als einen laufenden Prozess und ein Instrument, das dem Unternehmen dazu dient, seine Strategie festzulegen, Aktionspläne umzusetzen und Ergebnisse zu bewerten. Vgl. ebd., S. 6.
[78] Vgl. ebd., S. 20.
[79] In diesem Abschnitt steht somit die den Jahresabschluss ergänzende Funktion für den Kapitalgeber im Mittelpunkt, da hier Informationen finanzieller Auswirkungen vermittelt werden sollen, die durch den Jahresabschluss nicht abgedeckt werden, die jedoch die Entscheidungen der Kapitalgeber beeinflussen können.

diese Risiken und Chancen im Unternehmen gehandhabt werden bzw. wie ein aktives Management derselben erfolgt, ist ebenfalls anzugeben.[80]

3.4.1.2 Unternehmensprofil

Auf die Erklärung des höchsten Entscheidungsträgers im Unternehmen folgen die Angaben zum Profil des Unternehmens. Unter diesen Aspekt fällt zunächst die Nennung des Namens des Unternehmens sowie seiner wichtigsten Marken, Produkte oder Dienstleistungen. Darüber hinaus soll die Angabe erfolgen, ob das Unternehmen im Rahmen der Geschäftstätigkeit Outsourcing nutzt.

Als nächstes ist die Struktur des Unternehmens mit seinem Hauptsitz, den Abteilungen, Betriebsstätten, Tochterunternehmen und Joint Ventures darzustellen. Die Länder, in denen das Unternehmen tätig ist, sollen aufgelistet werden. Zudem sind die Länder zu nennen, in denen das Unternehmen eine Hauptbetriebsstätte besitzt. Alternativ können die Länder genannt werden, die für den Nachhaltigkeitsbericht von Relevanz sind. Insbesondere divergierende Kulturkreise bzw. unterschiedlich industriell entwickelte Länder sollten auf verschiedene Weise Berücksichtigung im Nachhaltigkeitsbericht finden. Zudem können sie andere Kernthemen in der Berichterstattung haben.

Des Weiteren ist die Eigentümerstruktur des Unternehmens sowie die Rechtsform zu erörtern. Die Beschaffenheit des vom Unternehmen bedienten Marktes und seine Rolle innerhalb dieses Marktes ist ebenso anzugeben. Für einen Überblick über die Größe des Unternehmens sollten folgende Angaben gemacht werden: die Anzahl der Arbeitnehmer, der Nettoumsatz bzw. der Nettoerlös, die Gesamtkapitalisierung und die Anzahl der Produkte. Darüber hinaus sind wesentliche Änderungen bezüglich der Größe, Struktur oder Eigentumsverhältnisse in der Berichtsperiode aufzuzeigen. Als einen letzten Punkt zum Organisationsprofil sind vom Unternehmen die erhaltenen Auszeichnungen für Leistungen im Bereich der Nachhaltigkeit zu nennen.[81]

3.4.1.3 Berichtsparameter

Als nächstes sind im Nachhaltigkeitsbericht Angaben zu den Berichtsparametern zu machen. Zu den Berichtsparametern gehören das Berichtsprofil, der Berichtsumfang und die -grenzen, der GRI Content Index und die Bestätigung.

Auskunft über das Berichtsprofil ist zu erteilen, indem die Berichtsperiode, ggf. das Datum der Veröffentlichung des letzten Nachhaltigkeitsberichts, der Berichtszyklus und die Ansprechpartner für Fragen zum Bericht und zu seinem Inhalt genannt werden.

---

[80] Vgl. Global Reporting Initiative: Sustainability Reporting Guidelines, S. 21.
[81] Vgl. ebd., S. 21.

3.4 Teil 2 der GRI-Leitlinien – Standardangaben

Zur Vorgehensweise der Bestimmung des Berichtsumfangs und der -grenzen verweist die GRI auf den ersten Teil ihrer Leitlinien. Dabei sind zur Bestimmung des Berichtsinhalts die entsprechenden GRI-Prinzipien anzuwenden.[82] Unter Anwendung dieser Prinzipien ist die Wesentlichkeit des Themas für den Bericht zu bestimmen. Ebenfalls unter Anwendung dieser Prinzipien sind die Prioritäten der einzelnen Themen im Bericht festzulegen, und es sind die Stakeholder zu ermitteln, von denen das Unternehmen annimmt, dass sie den Bericht nutzen werden. Die Berichtsgrenze stellen z.B. die Länder, die Abteilungen, die geleasten Fabriken, die Tochterunternehmen, die Joint Ventures oder die Zulieferer dar. Zur Definition der Berichtsgrenze verweist die GRI hier auf ihre entsprechende Anleitung.[83] Zusätzlich soll das Unternehmen besondere Beschränkungen des Berichtsumfangs angeben sowie auf das Nichteinhalten der Berichtsgrenzen eingehen:

„If boundary and scope do not address the full range of material economic, environmental, and social impacts of the organization, state the strategy and projected timeline for providing complete coverage."[84]

Des Weiteren soll das Unternehmen angeben, ob es im Vergleich zum letzten Bericht Änderungen der Unternehmenseinheiten gab, die in den Bericht einbezogen wurden. Solche Änderungen können die Vergleichbarkeit zweier Berichte beeinträchtigen. Für die Gesamtheit der Daten und Schätzwerte, die entweder für Indikatoren oder andere Informationen im Bericht verwendet werden, sind die Erhebungsmethoden und Berechnungsgrundlagen darzulegen. Wesentliche Änderungen der Messmethoden, des Berichtsumfangs oder der -grenzen im Vergleich zum Vorjahr sind zu erläutern.

Entscheidet sich das Unternehmen, bestimmte GRI-Grundsätze oder -Protokolle im Rahmen der Berichterstellung nicht anzuwenden oder erheblich davon abzuweichen, sind diese Entscheidungen zu begründen.

Als GRI Content Index wird ein tabellarisches Verzeichnis bezeichnet, das die Standardangaben nach den entsprechenden Kategorien sortiert auflistet. Diese Tabelle soll zu jeder Standardangabe einen Verweis auf die entsprechende Stelle im Bericht enthalten, an der die Standardangabe zu finden ist. Ein Beispiel für einen GRI Content Index ist im Anhang in Abbildung A.1 dargestellt.

Hervorzuheben ist der letzte Punkt der Berichtsparameter: die Bestätigung. Hier spricht sich die GRI deutlich für eine externe Prüfung des Nachhaltigkeitsberichts aus. Es ist offenzulegen, inwieweit sich das Unternehmen an den aktuellen Leitlinien der GRI orientiert. Zu unterscheiden ist z.B., ob das Unternehmen die Leitlinien nur in bestimmten Bereichen anwendet, oder

---

[82] Vgl. Abschnitt 3.3.1.
[83] Vgl. Abschnitt 3.3.3.
[84] Global Reporting Initiative: Sustainability Reporting Guidelines, S. 22.

ob es seinen Nachhaltigkeitsbericht insgesamt in vollständiger Übereinstimmung mit den GRI-Leitlinien erstellt hat. Die GRI äußert sich zur Bestätigung des Berichts wie folgt:

„If not included in the assurance report accompanying the sustainability report, explain the scope and basis of any external assurance provided. Also explain the relationship between the reporting organization and the assurance provider(s)."[85]

Demnach soll das Unternehmen auch die Beziehung darlegen, die es zu dem externen Prüfer hat, der die Angaben bestätigt. Der Nutzer eines Nachhaltigkeitsberichts kann anhand dieser Informationen Schlüsse zu einer möglichen Befangenheit des Prüfers ziehen.[86]

3.4.1.4 Governance, Verpflichtungen und Engagement

Auf die Erläuterung der Berichtsparameter folgen die Beschreibungen der Corporate Governance, der Verpflichtungen gegenüber externen Initiativen und der Einbeziehung von Stakeholdern.

Die GRI versteht unter dem Begriff der Corporate Governance die Führungsstruktur des Unternehmens. Hierzu werden auch die wichtigsten Ausschüsse[87] unter dem Vorstand[88] gezählt, die für bestimmte Aufgaben wie die Erarbeitung von Strategien oder die Aufsicht über das Unternehmen zuständig sind. Die Zusammensetzung solcher Ausschüsse ist zu erörtern. Dabei soll auch die Anzahl der unabhängigen Mitglieder bzw. der Mitglieder angegeben werden, die nicht Mitglieder der Geschäftsführung sind. Zusätzlich ist Auskunft darüber zu erteilen, ob der Ausschuss in irgendeiner Weise direkt für die ökonomische, ökologische oder gesellschaftliche / soziale Leistung verantwortlich ist.[89]

Vom Unternehmen ist Auskunft darüber zu erteilen, welche Mechanismen implementiert sind, die es Aktionären – auch den Minderheitsaktionären – und Mitarbeitern ermöglichen, Empfehlungen oder Anweisungen an den Vorstand zu adressieren und mit Hilfe welcher Mechanismen die Geschäftsführung die Mitarbeiter konsultiert.

Des Weiteren sind die Nachhaltigkeitsthemen zu nennen, die mit Hilfe dieser Mechanismen angesprochen wurden. Das Unternehmen sollte ebenfalls auf die Höhe der Vergütung des Ma-

---

[85] Global Reporting Initiative: Sustainability Reporting Guidelines, S. 22.
[86] Zur weitergehenden Erläuterung der Befangenheit des Prüfers im Rahmen der Abschlussprüfung sei exemplarisch verwiesen auf Herkendell: Regulierung der Abschlussprüfung und auf Ewert: Unabhängigkeit und Befangenheit.
[87] Dazu zählt beispielsweise der Aufsichtsrat in einer Kapitalgesellschaft.
[88] In der Originalversion der Leitlinien spricht die GRI vom höchsten Leitungsorgan. Bei den Kapitalgesellschaften, die im Rahmen dieser Arbeit betrachtet werden, entspricht dieses höchste Leitungsorgan dem Vorstand.
[89] Vgl. Global Reporting Initiative: Sustainability Reporting Guidelines, S. 22.

3.4 Teil 2 der GRI-Leitlinien – Standardangaben

nagements eingehen und den Zusammenhang zur Leistung des Unternehmens[90] einschließlich des gesellschaftlichen / sozialen Bereichs aufzeigen. Mechanismen, die dem Vorstand dazu dienen, Interessenkonflikte zu vermeiden, sollten genannt werden. Dargestellt werden soll, wie das Unternehmen die Qualifikation und Erfahrung der Mitglieder in der höchsten Führungsebene bestimmt, welche die Strategie des Unternehmens in den Bereichen Wirtschaft, Umwelt und Soziales lenken sollen.

Bestehen intern entwickelte Leitbilder, Verhaltenskodizes oder Prinzipien, die für die ökonomische, ökologische oder gesellschaftliche / soziale Leistung von Bedeutung sind, müssen diese inklusive der Vorgehensweise in ihrer Umsetzung dargelegt werden. Darüber hinaus soll das Unternehmen zeigen, in welchem Umfang die oben genannten internen Vorgaben in den diversen Regionen und Einheiten eingehalten werden und wie sich diese internen Vorgaben auf international anerkannte Standards beziehen. Das Management sollte die Verfahren offenlegen, mit denen es das Unternehmen und dessen ökonomische, ökologische und gesellschaftliche / soziale Leistung bewertet und steuert. Von der obersten Führungsebene sollen ebenso die Verfahren zur Ermittlung und Steuerung der maßgeblichen Risiken und Chancen erörtert werden. Das Management ist angehalten, Angaben zur Häufigkeit der Bewertung der Nachhaltigkeitsleistung zu machen. Als letzter Punkt in der Berichterstattung zur Governance sollen die Verfahren zur Bewertung der Leistung des Vorstands selbst bezüglich der ökonomischen, ökologischen und gesellschaftlichen / sozialen Leistung offengelegt werden.[91]

Neben der Berichterstattung über die Governance soll das Unternehmen über seine Verpflichtungen gegenüber externen Initiativen berichten. Die Berichterstattung in diesem Abschnitt beginnt mit einer Erklärung darüber, ob und inwieweit das sog. Vorsorgeprinzip erfüllt ist.

Dieses Prinzip entstammt der Agenda 21 (Rio Declaration on Environment and Development), die bereits vor der Festlegung der GRI-Leitlinien zustande kam. Die Rio-Deklaration ist ein Ergebnis der Konferenz der UN über Umwelt und Entwicklung im Jahre 1992.[92] Ein internationales Umweltrecht konnte im Rahmen dieser Konferenz zwar nicht durchgesetzt werden, jedoch wurde ein Konsens u.a. in Form von 27 nicht bindenden Prinzipien[93] zwischen 179 Ländern erreicht. Der Verweis auf das Vorsorgeprinzip kann darauf zurückgeführt werden, dass die UN an der Erstellung der GRI-Leitlinien wie auch an der Erstellung dieser 27 Prinzipien aktiv beteiligt war. Die UN definiert das Vorsorgeprinzip wie folgt:

---

[90] Problematisch kann die Entlohnung des Managements anhand wirtschaftlicher Ziele sein, wenn die Referenzgrößen – wie die Aktienkurs – Schwankungen unterliegen, die einzig auf gesamtwirtschaftlichen Entwicklungen beruhen. In diesen Fällen wird der Vergleich zwischen der Leistung des Managements bzw. der wirtschaftlichen Leistung des Unternehmens und seiner Vergütung verzerrt, da diese Schwankungen nicht leistungsinduziert sind. Vgl. hierzu kritisch Wenger/Knoll: Aktienkursgebundene Management-Anreize: Erkenntnisse der Theorie und Defizite der Praxis.
[91] Vgl. Global Reporting Initiative: Sustainability Reporting Guidelines, S. 23.
[92] Vgl. United Nations: Rio Declaration on Environment and Development. Wie diese Deklaration in Bezug zur GRI einzuordnen ist, wird im Rahmen der Historie der GRI in Abschnitt 3.2 skizziert.
[93] Vgl. Reinisch: Nachhaltige Entwicklung seit der Rio-Konferenz 1992, S. 137–148.

„In order to protect the environment, the precautionary approach shall be widely applied by States according to their capabilities. Where there are threats of serious or irreversible damage, lack of full scientific certainty shall not be used as a reason for postponing cost-effective measures to prevent environmental degradation."[94]

Möglichkeiten zur Anwendung des Vorsorgeprinzips bieten sich für das Unternehmen z.B. im Bereich des Risikomanagements, im Rahmen der betrieblichen Planung oder bei der Entwicklung bzw. Einführung neuer Produkte.

Beteiligt sich das Unternehmen an weiteren externen ökonomischen, ökologischen oder gesellschaftlichen / sozialen Initiativen, ist zwischen bindenden und freiwilligen Initiativen zu unterscheiden. Aufzuzeigen sind das Datum des Beitritts bzw. der Unterzeichnung, die Länder oder Standorte, in denen die Grundsätze angewandt werden, und die verschiedenen Stakeholder, die an der Entwicklung und Leitung der betreffenden Initiativen beteiligt sind.[95]

Des Weiteren soll das Unternehmen angeben, in welchen Verbänden – beispielsweise einem Branchenverband – es Mitglied ist sowie welchen nationalen und internationalen Interessenvertretungen es angehört,[96] sofern das Unternehmen ein leitendes Amt bekleidet, an Projekten oder Ausschüssen teilnimmt, erhebliche finanzielle Mitgliedsbeiträge in ungewöhnlicher Höhe leistet oder die Mitgliedschaft von strategischer Bedeutung ist.[97]

Die Berichterstattung zum Bereich Governance, Verpflichtungen und Engagement des Unternehmens wird mit den Angaben zur Einbeziehung von Stakeholdern abgeschlossen. Die Berichterstattung wird jedoch nicht auf die Einbeziehung der Stakeholder im Rahmen der Erstellung des Nachhaltigkeitsberichts beschränkt. Sie bezieht sich auf die allgemeine Einbeziehung der Stakeholder in der Berichtsperiode. Welche Stakeholdergruppen vom Unternehmen einbezogen wurden, ist in einer Liste aufzuführen. Zudem ist die Grundlage darzustellen, anhand derer die Auswahl der Gruppen erfolgte. Es ist dabei sowohl auf die Bestimmung der Stakeholdergruppen einzugehen als auch auf die Festlegung, welche Gruppen einbezogen werden sollten und welche nicht. Darüber hinaus soll das Unternehmen das Vorgehen bei der Einbeziehung von Stakeholdern und die Häufigkeit der Einbeziehung erörtern.[98] Dabei ist in der Darstellung nach der Art der Einbeziehung und der Stakeholder-Gruppe zu unterscheiden.

---

[94] United Nations: Rio Declaration on Environment and Development.
[95] Vgl. Global Reporting Initiative: Sustainability Reporting Guidelines, S. 23.
[96] An dieser Stelle liegt der Fokus der Berichterstattung auf der Ebene des Unternehmens und nicht auf der Ebene einzelner Personen der Geschäftsführung.
[97] Vgl. Global Reporting Initiative: Sustainability Reporting Guidelines, S. 24.
[98] Nach Meinung der GRI kommen hierzu in Frage: „This could include surveys, focus groups, community panels, corporate advisory panels, written communication, management/union structures, and other vehicles. The organization should indicate whether any of the engagement was undertaken specifically as part of the report preparation process." Ebd., S. 24.

3.4 Teil 2 der GRI-Leitlinien – Standardangaben

Äußern die Stakeholder im Rahmen der Einbeziehung Fragen und Bedenken, sind diese Äußerungen in den Bericht aufzunehmen und es ist vom Unternehmen anzugeben, inwiefern es auf diese Fragen und Bedenken einging.

3.4.2 Die Kategorie „Managementansatz und Leistungsindikatoren"

Da ein Unternehmen im Rahmen eines Nachhaltigkeitsberichts zu seinen Leistungen im ökologischen, ökonomischen und gesellschaftlichen / sozialen Bereich Stellung beziehen soll, folgt auf die Darstellung der Kategorie „Profil" die Darstellung des Managementansatzes und der Leistungsindikatoren gegliedert nach diesen drei Bereichen. Die gesellschaftlichen / sozialen Indikatoren werden nochmals in Arbeitspraktiken, Menschenrechte, Gesellschaft und Produktverantwortung unterteilt. In den GRI-Leitlinien beinhaltet jede Kategorie der Leistungsindikatoren Anforderungen an die Angaben zum Managementansatz sowie einen Katalog mit den zugehörigen Kern- und Zusatzindikatoren.[99]

Die Kernindikatoren sind allgemein, d.h. branchenübergreifend anwendbare Indikatoren, bei denen die widerlegbare Vermutung besteht, dass sie für jedes Unternehmen wesentlich sind.[100] Stellt sich auf Basis der GRI-Prinzipien z.B. heraus, dass die Kernindikatoren als nicht wesentlich für das berichterstattende Unternehmen angesehen werden, braucht das Unternehmen die Leistung, die anhand dieser Indikatoren ermittelt werden kann, nicht darzustellen. Mit Hilfe von Zusatzindikatoren kann ein Unternehmen auf neue Praktiken bzw. Themen eingehen, die nicht für alle Unternehmen relevant sind. Insgesamt hat die GRI 79 Indikatoren in ihren Leitlinien definiert, die sich aus 49 Kern- und 30 Zusatzindikatoren zusammensetzen.

Welche Aspekte den drei Kategorien der Leistungsindikatoren angehören, zeigt Tabelle 3.2. Bei den Leistungsindikatoren der jeweiligen Aspekte handelt es sich entweder um Kern- oder Zusatzindikatoren. Tabelle 3.2 listet zu jedem Aspekt in der dritten und vierten Spalte die Anzahl der definierten Kern- bzw. Zusatzindikatoren auf. Jedem einzelnen Indikator ordnet die GRI außerdem eine Bezeichnung zu. Anhand dieser Bezeichnung lässt sich die Leistung eines Unternehmens in einem spezifischen Bereich in jedem Nachhaltigkeitsbericht auffinden, der nach den G3 aufgestellt wurde.

Zudem ergänzen Sector Supplements die Leitlinien um Empfehlungen zur Erstellung von Nachhaltigkeitsberichten in bestimmten Branchen. Die Sector Supplements beinhalten branchenspezifische Leistungsindikatoren. Die branchenspezifischen Leistungsindikatoren sind mit dersel-

---

[99] Der Begriff des Kern- bzw. Zusatzindikators wurde bereits im Rahmen des Prinzips der Wesentlichkeit eingeführt. Vgl. Abschnitt 3.3.1.1.
[100] Die GRI hat diese Kernindikatoren mit Hilfe des Stakeholderdialogs definiert. Vgl. hierzu Abschnitt 3.2. Somit handelt es sich um Indikatoren, die von der Gruppe der Adressaten eines Nachhaltigkeitsberichts als wesentlich eingestuft werden. Die hier vorgenommene Klassifikation lässt jedoch nicht den Rückschluss zu, dass Zusatzindikatoren nicht von einigen Unternehmen bzw. ihren Stakeholdern als wesentlich eingestuft werden können. Vgl. Global Reporting Initiative: Sustainability Reporting Guidelines, S. 24.

Kategorie		Aspekt	Kernindikatoren	Zusatzindikatoren	GRI-Bezeichnung
ökonomisch (Economic)		Wirtschaftliche Leistung	4	0	EC1–4
		Marktpräsenz	2	1	EC5–7
		Mittelbare wirtschaftliche Auswirkungen	1	1	EC8–9
ökologisch (Environment)		Materialien	2	0	EN1–2
		Energie	2	3	EN3–7
		Wasser	1	2	EN8–10
		Biodiversität	2	3	EN11–15
		Emissionen, Abwasser und Abfall	7	3	EN16–25
		Produkte und Dienstleistungen	2	0	EN26–27
		Einhaltung von Rechtsvorschriften	1	0	EN28
		Transport	0	1	EN29
		Insgesamt	0	1	EN30
gesellschaftlich / sozial	Arbeitspraktiken (Labor Practices & Decent Work)	Beschäftigung	2	1	LA1–3
		Arbeitnehmer- Arbeitgeberverhältnis	2	0	LA4–5
		Arbeitsschutz	2	2	LA6–9
		Aus- und Weiterbildung	1	2	LA10–12
		Vielfalt und Chancengleichheit	2	0	LA13–14
	Menschenrechte (Human Rights)	Investitions- und Beschaffungspraktiken	2	1	HR1–3
		Gleichbehandlung	1	0	HR4
		Vereinigungsfreiheit und Recht auf Kollektivverhandlungen	1	0	HR5
		Kinderarbeit	1	0	HR6
		Zwangs- und Pflichtarbeit	1	0	HR7
		Sicherheitspraktiken	0	1	HR8
		Rechte von Ureinwohnern	0	1	HR9
	Gesellschaft (Society)	Gemeinwesen	1	0	SO1
		Korruption	3	0	SO2–4
		Politik	1	1	SO5–6
		Wettbewerbswidriges Verhalten	0	1	SO7
		Einhaltung der Gesetze	1	0	SO8
	Produktverantwortung (Product Responsibility)	Kundengesundheit und -sicherheit	1	0	PR1–2
		Kennzeichnung von Produkten und Dienstleistungen	1	2	PR3–5
		Werbung	1	0	PR6–7
		Schutz der Kundendaten	0	1	PR8
		Einhaltung von Gesetzesvorschriften	1	0	PR9

Tabelle 3.2: Kern- und Zusatzindikatoren in den GRI-Leitlinien, Quelle: Eigene Darstellung

3.4 Teil 2 der GRI-Leitlinien – Standardangaben

ben Verbindlichkeit anzugeben wie die Kernindikatoren, sofern ein Unternehmen einer der derzeit dreizehn Brachen angehört, für welche die GRI solche Branchenergänzungen bereits in ihrer Endversion erarbeitet hat.[101] Hierbei handelt es sich um die Branchen: Airports, Apparel & Footwear, Automotive, Construction & Real Estate, Electric Utilities, Financial Services, Food Processing, Logistics & Transportation, Mining & Metals, NGOs, Public Agency, Telecommunications sowie Tour Operators.[102]

Zu jedem Bereich, dem Indikatoren zugeordnet sind, ist das Management im Rahmen des sog. Management Approach aufgefordert, die jeweiligen Zielsetzungen des Bereichs zu benennen, die wesentlichen Chancen und Risiken zu beschreiben sowie die getroffenen Maßnahmen zu erörtern, die entweder dazu dienen, die Ziele zu erreichen oder den Herausforderungen zu begegnen.[103] Über die diesbezüglichen Erfolge und Misserfolge ist zu berichten.[104] Die Angaben zum Managementansatz, die innerhalb jeder Kategorie gemacht werden sollen, beschreibt die GRI folgendermaßen:

„The Disclosure(s) on Management Approach should provide a brief overview of the organization's management approach to the Aspects defined under each Indicator Category in order to set the context for performance information."[105]

Dementsprechend sollen die Angaben einen kurzen Überblick über den Managementansatz des Unternehmens für die Aspekte enthalten, die in den jeweiligen Kategorien der Leistungsindikatoren definiert werden, um zu erklären, vor welchem Hintergrund die Informationen zur Leistung zu betrachten sind.

Das Unternehmen kann seine Angaben zum Managementansatz so strukturieren, dass jeweils zu einer Kategorie die Managementansätze dargestellt werden. Genauso ist es auch möglich, die Managementansätze anders zu gliedern, solange die Managementansätze zu allen Kategorien genannt werden.

Für die Berichterstattung über Leistungsindikatoren gilt, dass die Informationen für die aktuelle Berichtsperiode und für mindestens zwei vorausgehende Berichtsperioden darzustellen sind. Außerdem sollte eine Darstellung der kurz- und mittelfristigen Ziele erfolgen. Des Weiteren sind die Protokolle zu beachten, die den Leistungsindikatoren beigefügt sind. Die Protokolle bieten dem Unternehmen Hilfestellungen für die Ermittlung der Indikatoren. Auf diese Weise strebt die GRI an, eine möglichst einheitliche Ermittlung der Ausprägungen der Indikatoren

---

[101] Vgl. Global Reporting Initiative: Sustainability Reporting Guidelines, S. 7.
[102] Vgl. dies.: GRI Portal – Sector Supplements.
[103] Im Rahmen der Kategorie Strategie & Analyse sollte bereits ein kurzer Überblick über die Risiken und Chancen gegeben werden, die das Unternehmen als Ganzes betreffen. Innerhalb des Managementansatzes soll der Ansatz des Unternehmens für das Management von Nachhaltigkeitsthemen, die mit Chancen und Risiken verbunden sind, dargestellt werden.
[104] Vgl. Haller/Ernstberger: Global Reporting Initiative – Internationale Leitlinien zur Erstellung von Nachhaltigkeitsberichten, S. 2523.
[105] Global Reporting Initiative: Sustainability Reporting Guidelines, S. 24.

und folglich eine bessere Vergleichbarkeit zu erreichen. Unter Beachtung der GRI-Prinzipien bleibt es dem Unternehmen überlassen, einen geeigneten Aggregationsgrad der Informationen zu bestimmen.[106]

3.4.2.1 Ökonomische Leistungsindikatoren

Dem Ziel der Darstellung der ökonomischen Dimension von Nachhaltigkeit dienen die von der GRI definierten ökonomischen Leistungsindikatoren. Im Rahmen der ökonomischen Dimension soll das Unternehmen auf die von ihm ausgehenden Auswirkungen auf die wirtschaftliche Lage der Stakeholder eingehen. Zudem ist über die Auswirkungen auf das lokale, nationale und internationale Wirtschaftssystem unter Zuhilfenahme ökonomischer Indikatoren zu berichten. Die ökonomischen Indikatoren verdeutlichen den Kapitalfluss zwischen dem Unternehmen und den verschiedenen Stakeholdern sowie die wesentlichen wirtschaftlichen Auswirkungen der Unternehmenstätigkeit auf alle Ebenen der Gesellschaft.

Die Betrachtung der finanziellen Leistung hilft den Nutzern des Nachhaltigkeitsberichts, die Vorgänge im Unternehmen nachzuvollziehen und seine Leistung im Nachhaltigkeitsbereich zu bewerten. Informationen zur finanziellen Leistung eines Unternehmens sind im Jahresabschluss enthalten, jedoch sind dort meist keine Informationen über den Beitrag des Unternehmens zur Nachhaltigkeit eines größeren Wirtschaftssystems zu finden. Informationen dieser Art werden jedoch von den Nutzern der Nachhaltigkeitsberichte nachgefragt. Daher sollen die Nutzer diese Informationen im Rahmen der ökonomischen Indikatoren erhalten.

Die Anforderungen an die Darstellung des Managementansatzes unterscheiden sich zwischen den verschiedenen Dimensionen der Nachhaltigkeit nur in Details. Die nachfolgend für die ökonomische Dimension ausführlich dargestellten Anforderungen gelten zu großen Teilen auch für die anderen Dimensionen. Auf die Spezifika wird jeweils im Rahmen der Darstellung der einzelnen Dimensionen hingewiesen.

Die Angaben zum Managementansatz umfassen die ökonomischen Aspekte der wirtschaftlichen Leistung, der Marktpräsenz und der mittelbaren wirtschaftlichen Auswirkungen.[107] In Bezug zu diesen wirtschaftlichen Aspekten sollen die Ziele und die Leistung offengelegt werden. Dazu kann das Unternehmen neben den GRI-Leistungsindikatoren ggf. auch unternehmensspezifische Indikatoren verwenden, um seine Leistung gemessen an seinen Zielen zu belegen.

Zusätzlich zu den Zielen und der Leistung soll im Rahmen des Managementansatzes die Definition einer oder mehrerer unternehmensweiter Richtlinien erfolgen. Hierbei ist darauf einzugehen, inwieweit sich das Unternehmen den wirtschaftlichen Aspekten verpflichtet hat. Existieren

---

[106] Vgl. Global Reporting Initiative: Sustainability Reporting Guidelines, S. 25.
[107] Vgl. hierzu Tabelle 3.2.

3.4 Teil 2 der GRI-Leitlinien – Standardangaben

diese Angaben bereits, kann das Unternehmen alternativ den Ort angeben, an dem diese Informationen öffentlich verfügbar sind.[108]

Des Weiteren ist innerhalb des Managementansatzes auf zusätzliche Informationen einzugehen, die notwendig sind, um die Leistung des Unternehmens zu verstehen. Das Unternehmen kann diesbezüglich auf Haupterfolge oder -versäumnisse, auf zentrale Risiken und Chancen, auf wesentliche Änderungen von Systemen oder Strukturen während der Berichtsperiode zur Verbesserung der Leistung sowie auf die wichtigsten Strategien zur Umsetzung von Unternehmensrichtlinien und zum Erreichen der geplanten Leistung eingehen.

Analog zu den drei Aspekten des Managementansatzes werden auch die ökonomischen Indikatoren untergliedert in die wirtschaftliche Leistung, die Marktpräsenz und die mittelbaren wirtschaftlichen Auswirkungen. Beispielhaft werden hier einige Indikatoren zur ökonomischen Dimension der Nachhaltigkeit genannt, welche die GRI ausgewählt hat.

Der Indikator EC2 zur wirtschaftlichen Leistung soll z.B. „finanzielle Folgen des Klimawandels für die Aktivitäten der Organisation und andere mit dem Klimawandel verbundene Risiken und Chancen" aufzeigen. EC3 und EC4 besagen, dass der „Umfang der betrieblichen sozialen Zuwendungen" anzugeben ist sowie „bedeutende finanzielle Zuwendungen der öffentlichen Hand (z.B. Subventionen)".

Ein Indikator, der auf den ökonomischen Aspekt der Marktpräsenz eingeht, ist der Indikator EC7, der die „Verfahren für die Einstellung von lokalem Personal und [den] Anteil von lokalem Personal an den Posten für leitende Angestellte an wesentlichen Geschäftsstandorten" beschreibt.

Die mittelbaren wirtschaftlichen Auswirkungen werden u.a. anhand des Indikators EC8 beschrieben, der die Dokumentation von „Entwicklung und Auswirkungen von Investitionen in die Infrastruktur und Dienstleistungen, die vorrangig im öffentlichen Interesse erfolgen, sei es in Form von kommerziellem Engagement, durch Sachleistungen oder durch pro bono-Arbeit"[109] fordert.

Da es sich bei allen genannten Indikatoren um Kernindikatoren handelt, muss jedes Unternehmen diese Informationen angeben, wenn es die GRI-Leitlinien in vollem Umfang erfüllen möchte.[110]

---

[108] Vgl. Global Reporting Initiative: Sustainability Reporting Guidelines, S. 25.
[109] Vgl. ebd., S. 26.
[110] Wie genau bei der Messung der jeweiligen Leistung vorzugehen ist, wird durch die noch folgende Darstellung der Indikatorprotollsätze in Abschnitt 3.4.3 beschrieben.

3.4.2.2 Ökologische Leistungsindikatoren

Im Rahmen der ökologischen Dimension von Nachhaltigkeit sollen Unternehmen die Auswirkungen ihrer Tätigkeiten auf lebende und nicht lebende Natursysteme quantifizieren und offenlegen. Diese Natursysteme umfassen die Ökosysteme am Boden, in der Luft sowie im Wasser. Die Aufgabe der ökologischen Indikatoren besteht darin, die Leistung sowohl im Input-Bereich – dazu gehören Material-, Energie- und Wasserverbrauch – als auch die Leistung im Output-Bereich – wie die Menge der Emissionen, des Abwassers und des Abfalls – darzustellen. Des Weiteren sollen die ökologischen Indikatoren die vom Unternehmen erbrachte Leistung im Bereich der Biodiversität (biologische Vielfalt) und bei der Einhaltung umweltrechtlicher Vorschriften abbilden. In die Berichterstattung sollten auch Informationen über die Auswirkungen der eigenen Produkte und Dienstleistungen sowie über die Ausgaben für den Umweltschutz einfließen.

Die Managementangaben sollen sich dementsprechend auf die neun ökologischen Aspekte beziehen, die in Tabelle 3.2 genannt wurden: auf die Materialien, auf die Energie, auf das Wasser, auf die Biodiversität, auf Emissionen, auf Abwasser und Abfall, auf die Produkte und Dienstleistungen, auf die Einhaltung von Rechtsvorschriften, auf den Transport und auf ökologische Aspekte insgesamt.

Die Anforderungen an die Angaben zum Managementansatz zur ökologischen Dimension formuliert die GRI bezüglich der Ziele und der Leistung, der Richtlinien sowie der zusätzlichen Hintergrundinformationen analog zu den Anforderungen für die ökonomische Dimension.

Innerhalb des Managementansatzes sollen zudem Angaben zur Verantwortung des Unternehmens erfolgen. Dazu soll die höchste Führungsebene im Unternehmen genannt werden, die für die ökologischen Aspekte verantwortlich ist. Hierbei soll zudem auf die Verteilung dieser Verantwortung innerhalb der Führungsebene eingegangen werden. Die Angaben zum Managementansatz zur ökologischen Dimension umfassen darüber hinaus, ob bewusstseinsbildende Maßnahmen oder Schulungen der Mitarbeiter im Bezug auf ökologische Aspekte im Unternehmen erfolgten.

Zudem soll im Rahmen des Managementansatzes Stellung zum Monitoring und zur Nachverfolgung genommen werden. Dazu sollen die Vorgehensweisen beim Monitoring und die korrigierenden oder präventiven Maßnahmen bezogen auf die Lieferkette offengelegt werden. Außerdem sollen Zertifizierungen für umweltbezogene Leistungen, die entweder dem Unternehmen oder den Unternehmen innerhalb der Lieferkette ausgestellt wurden, oder Zertifizierungssysteme bzw. andere Ansätze für Überprüfungen (Audits) in den Bericht aufgenommen werden.[111]

---

[111] Vgl. Global Reporting Initiative: Sustainability Reporting Guidelines, S. 27.

3.4 Teil 2 der GRI-Leitlinien – Standardangaben

Die ökologischen Leistungsindikatoren, die wiederum in Kern- und Zusatzindikatoren untergliedert sind, beziehen sich auf die neun verschiedenen Aspekte aus Tabelle 3.2. Zu den Indikatoren, die im Bericht offengelegt werden sollen, gehört der Indikator EN2 im Rahmen des Aspekts „Material". Er gibt Auskunft über den Anteil von Recyclingmaterial am Gesamtmaterialeinsatz. Mit dem Zusatzindikator EN5 kann ein Unternehmen angeben, auf welche Art und in welchem Maße es Energie durch einen umweltbewussten Einsatz und durch Effizienzsteigerungen eingespart hat.

Die Biodiversität wird u.a. anhand eines Indikators dargestellt, der Stellung zu den wesentlichen Auswirkungen von Aktivitäten, Produkten und Dienstleistungen auf die Biodiversität in Schutzgebieten und in Gebieten mit hohem Biodiversitätswert außerhalb von Schutzgebieten nimmt. Zudem sollen quantifizierbare Indikatoren zu den Emissionen, zum Abwasser und zum Abfall aufgeführt werden.

So beschreibt die RWE AG in ihrem Nachhaltigkeitsbericht aus dem Jahr 2007 ihr Abfallaufkommen und -management wie folgt:

„Das Abfallaufkommen des RWE-Konzerns wird durch die beim Betrieb von Kohlekraftwerken anfallenden Aschen dominiert. Wir haben gemäß den gesetzlichen Anforderungen detaillierte Beseitigungs- und Verwertungspläne aufgestellt. Die Rückstände aus der Braunkohlenstromerzeugung werden in speziellen Deponien eingebaut und so für die Restlochverfüllung der Tagebaue genutzt. Die Aschen der Steinkohlekraftwerke werden, soweit es die Vermarktungsmöglichkeiten zulassen, der Verwertung zugeführt. Insgesamt konnten wir 92 Prozent der Aschen verwerten. Die verbleibenden Mengen wurden ordnungsgemäß deponiert. Im Kraftwerk Didcot A (Großbritannien) konnte im Berichtszeitraum jedoch ein Drittel der anfallenden Asche nicht verwertet und sollte deshalb in einer ehemaligen Kiesgrube deponiert werden (Thrupp Lake). Hierfür lagen uns auch die erforderlichen Genehmigungen vor. Zusätzliche Verwertungsmöglichkeiten für die Aschen sowie eine aufgrund wärmerer Sommer und Winter verringerte Stromerzeugung haben dazu geführt, dass wir Thrupp Lake zunächst nicht als Deponie in Anspruch nehmen müssen. Die radioaktiven Abfälle aus den Kernkraftwerken unterliegen einer strengen staatlichen Aufsicht. Abgebrannte Kernelemente werden, wie mit der Bundesregierung vereinbart, in entsprechenden Behältern an den Standorten zwischengelagert."[112]

Zu den Indikatoren bezüglich dieses Aspekts gehört die Treibhausgasemission, die mit dem Indikator EN16 differenziert nach direkten und indirekten Emissionen offengelegt werden soll.[113]

---

[112] RWE AG: Wann, wenn nicht jetzt. Zukunftsorientiertes Handeln – daran werden wir gemessen. Unsere Verantwortung. Bericht 2007, S. 35.
[113] Vgl. Global Reporting Initiative: Sustainability Reporting Guidelines, S. 28.

Für die Produkte und Dienstleistungen wird u.a. der Indikator EN27 ermittelt, der Auskunft über den relativen Anteil der verkauften Produkte gibt, bei denen das zugehörige Verpackungsmaterial zurückgenommen wurde. Dabei erfolgt eine Aufteilung nach den jeweiligen Kategorien der Produkte. Unter den Indikator EN30 fallen die gesamten Umweltschutzausgaben und -investitionen, welche nach der Art der Ausgaben und Investitionen aufzuschlüsseln sind.[114]

3.4.2.3 Gesellschaftliche / soziale Leistungsindikatoren

Die Berichterstattung über die Leistung des Unternehmens im gesellschaftlichen / sozialen[115] Bereich umfasst die Auswirkungen eines Unternehmens auf das Gesellschaftssystem, in dem es tätig ist. Die diesbezüglichen Leistungsindikatoren beleuchten die Aspekte der Arbeitspraktiken, der Menschenrechte, der Gesellschaft und der Produktverantwortung.[116]

Die GRI hat die Aspekte der Kategorie Arbeitspraktiken nicht selbst entwickelt. Sie basieren auf allgemein gültigen sowie international anerkannten Standards. Hierzu gehören die allgemeine Erklärung der Menschenrechte der UN und die entsprechenden Protokolle, die Übereinkommen der UN „Internationaler Pakt über bürgerliche und politische Rechte" und „Internationale Nebenvereinbarung der Vereinten Nationen über wirtschaftliche, soziale und kulturelle Rechte", die Erklärung der ILO[117] über die grundlegenden Prinzipien und Rechte bei der Arbeit aus dem Jahre 1998 sowie die Wiener Erklärung und das zugehörige Aktionsprogramm. Zudem stützen sich die Indikatoren zu den Arbeitspraktiken auf die dreigliedrige Grundsatzerklärung über multinationale Unternehmen und Sozialpolitik sowie auf die OECD-Leitlinien. Diesen zwei Dokumenten ist gemein, dass sie sich unmittelbar mit der sozialen Verantwortung von Unternehmen beschäftigen.

Im Rahmen der Arbeitspraktiken beziehen sich die Angaben zum Managementansatz auf die folgenden Aspekte: Beschäftigung, Arbeitnehmer-Arbeitgeber-Verhältnis, Arbeitsschutz, Aus- und Weiterbildung sowie Vielfalt und Chancengleichheit. Bei der Dokumentation der Arbeitspraktiken im Nachhaltigkeitsbericht sollen sich die Unternehmen an der dreigliedrigen Grundsatzerklärung über multinationale Unternehmen und Sozialpolitik der ILO sowie an den OECD-Leitsätzen für multinationale Unternehmen orientieren.

Die Angaben zum Managementansatz sind bezüglich der Richtlinien, der Verantwortung des Unternehmens, der Schulungen und bewusstseinsbildenden Maßnahmen, des Monitoring und der Nachverfolgung sowie der zusätzlichen Hintergrundinformationen analog zu den Angaben

---

[114] Vgl. Global Reporting Initiative: Sustainability Reporting Guidelines, S. 29.
[115] In der englischen Originalversion der GRI-Leitlinien werden diese Leistungsindikatoren als Social Indicators bezeichnet. Die offizielle deutsche Version der GRI-Leitlinien weist diese Indikatoren als „gesellschaftliche / soziale Leistungsindikatoren" aus.
[116] Vgl. Tabelle 3.2.
[117] Die International Labour Organization ist seit 1946 eine Sonderorganisation der UN und hat 181 Mitgliedsstaaten. Vgl. hierzu auch International Labour Organization: International Labour Organization – Home.

3.4 Teil 2 der GRI-Leitlinien – Standardangaben

zum Managementansatz der ökologischen Dimension aufzubauen. Daher beschränkt sich die Beschreibung dieses Managementansatzes hier auf die Abweichungen.

Zu den Zielen und zur Leistung sollen die unternehmensweiten Ziele dargestellt werden, welche die Leistung unter Beschäftigungsaspekten betrachten. Die Ziele und die Leistung sind ins Verhältnis zu international anerkannten und allgemein gültigen Standards zu setzen. Sollten die GRI-Indikatoren die Leistung unter Bezugnahme auf die Ziele des Unternehmens nicht belegen können, darf das Unternehmen zusätzlich unternehmensspezifische Indikatoren verwenden.[118]

Exemplarisch werden nachfolgend einige Leistungsindikatoren aufgelistet, welche über Beschäftigungsaspekte berichten. Der Indikator LA1 dient der Berichterstattung bezüglich des Aspekts der Beschäftigung. Dieser Kernindikator gibt Auskunft über die Gesamtbelegschaft und nimmt eine Unterteilung nach der jeweiligen Beschäftigungsart, nach dem Arbeitsvertrag und nach der Region vor. Unter dem Indikator LA4 nennt das Unternehmen den Prozentsatz der Mitarbeiter, die unter Kollektivvereinbarungen fallen, welche das Unternehmen betreffen. Dieser Kernindikator soll Auskunft über das Arbeitnehmer-Arbeitgeberverhältnis geben. Die Leistung unter dem Aspekt des Arbeitsschutzes wird u.a. mit dem Kernindikator LA7 verdeutlicht. Hier werden Verletzungen, Berufskrankheiten, Ausfalltage und Abwesenheit sowie die kumulativen arbeitsbedingten Todesfälle sortiert nach der entsprechenden Region genannt. Angaben zur Aus- und Weiterbildung macht beispielsweise der Kernindikator LA10. Er zeigt die durchschnittliche jährliche Stundenzahl pro Mitarbeiter und Mitarbeiterkategorie, in der die Mitarbeiter aus- oder weitergebildet wurden. Die Berichterstattung zum Aspekt der Vielfalt und Chancengleichheit erfolgt u.a. anhand des Kernindikators LA13. Er umfasst Angaben über die Zusammensetzung der leitenden Organe und über die Aufteilung der Mitarbeiter gemäß der Kategorien Geschlecht, Altersgruppe, Zugehörigkeit zu einer Minderheit oder auch andere Indikatoren mit Aussagen zur Vielfalt.

Einen weiteren Aspekt der gesellschaftlichen / sozialen Leistungsindikatoren, zu dem die Leistung des Unternehmens darzustellen ist, stellen die Menschenrechte dar. Zu berichten ist darüber, inwieweit das Unternehmen bei seinen Investitionen und den Verfahren zur Auswahl von Zulieferern oder Auftragnehmern die Menschenrechtsaspekte berücksichtigt. Des Weiteren sollen die Indikatoren Auskunft über die Schulungen von Mitarbeitern und Sicherheitskräften, über die Gleichbehandlung, über die Vereinigungsfreiheit, über die Kinderarbeit, über die Rechte von Ureinwohnern sowie über die Zwangs- und Pflichtarbeit geben. Die GRI beruft sich hierbei auf allgemein anerkannte Menschenrechte. Die Aspekte basieren auf denselben internationalen Erklärungen und Übereinkommen wie die bereits erläuterten Beschäftigungsaspekte.

Die Angaben zum Managementansatz beziehen sich auf folgende Menschenrechtsaspekte: Investitions- und Beschaffungspraktiken, Gleichbehandlung, Vereinigungsfreiheit und Recht

---
[118] Vgl. Global Reporting Initiative: Sustainability Reporting Guidelines, S. 30.

auf Kollektivverhandlungen, Abschaffung von Kinderarbeit, Abschaffung von Zwangs- und Pflichtarbeit, Beschwerdeverfahren, Sicherheitspraktiken sowie Rechte von Ureinwohnern.[119] Die Anforderungen an die Angaben zum Managementansatz sind auch unter dem Aspekt der Menschenrechte bezüglich der Verantwortung des Unternehmens, der Schulungen und bewusstseinsbildenden Maßnahmen, des Monitoring und der Nachverfolgung sowie der zusätzlichen Hintergrundinformationen analog zu denen der ökologischen Dimension aufgebaut.[120] Abweichungen bestehen lediglich bezüglich der Ziele und der Leistung sowie bezüglich der Richtlinien.

Unternehmensweite Ziele, welche die Leistung unter Menschenrechtsaspekten und ihr Verhältnis zu den zuvor genannten international anerkannten Erklärungen und Standards betreffen, sind offenzulegen. Bei Bedarf dürfen auch unter dem Aspekt der Menschenrechte zusätzlich zu den GRI-Leistungsindikatoren unternehmensspezifische Indikatoren angegeben werden, um die erzielte Leistung gemessen an den Zielen zu belegen.

Auch für die Menschenrechtsaspekte ist eine unternehmensweite Richtlinie zu definieren, die zeigt, bis zu welchem Grad sich das Unternehmen diesen Aspekten gegenüber verpflichtet hat. Hierzu zählen auch solche Richtlinien, die die Entscheidungen von Arbeitnehmern, in eine Gewerkschaft einzutreten oder sich an Kollektivverhandlungen zu beteiligen, potentiell beeinflussen. Alternativ kann wie auch bei den vorherigen Aspekten angeben werden, wo die entsprechenden Informationen sonst öffentlich verfügbar sind. Verknüpfungen der Unternehmensrichtlinie mit den internationalen Erklärungen und Übereinkommen sind aufzuzeigen.

Zu den Leistungsindikatoren im Bereich Menschenrechte gehört der Kernindikator HR1. Er zeigt die Leistung im Bereich Investitions- und Beschaffungspraktiken anhand des Prozentsatzes und der Gesamtzahl der wesentlichen Investitionsvereinbarungen, die Menschenrechtsklauseln enthalten oder die unter Menschenrechtsaspekten geprüft wurden. Die Leistung bezüglich des Aspekts der Gleichbehandlung wird anhand der Gesamtzahl der Vorfälle von Diskriminierung und entsprechend ergriffener Maßnahmen mit dem Indikator HR4 gemessen. Ein weiterer Indikator, der die Leistung im Bereich der Menschenrechte aufzeigt, ist der Indikator HR6, der den Aspekt der Kinderarbeit betrachtet. Vom Unternehmen sind die Geschäftätigkeiten zu ermitteln, bei denen ein erhebliches Risiko auf Kinderarbeit besteht und welche Maßnahmen ergriffen worden sind, die der Abschaffung von Kinderarbeit dienen.

> Im Nachhaltigkeitsbericht der Bayer AG aus dem Jahr 2007 wird dieser Indikator wie folgt ausgewiesen:

---

[119] Vgl. Global Reporting Initiative: Sustainability Reporting Guidelines, S. 31.
[120] Vgl. ebd., S. 32.

3.4 Teil 2 der GRI-Leitlinien – Standardangaben

„Auch in Bezug auf Kinderrechte ist unsere Position eindeutig: Wir dulden keine Kinderarbeit und gehen konsequent gegen Verstöße vor. In manchen Ländern, z. B. in Indien, ist Kinderarbeit leider immer noch verbreitet. Seit Bayer mit dem Erwerb von Aventis CropScience auch das zugehörige Saatgutgeschäft übernommen hat, sind wir mit der Herausforderung konfrontiert, Kinderarbeit in der Saatgutproduktion in Indien zu bekämpfen. Kurz nach der Übernahme haben wir deshalb gemeinsam mit verschiedenen Partnern zunächst in der Baumwollsaatgutproduktion begonnen, Maßnahmen gegen Kinderarbeit einzuleiten. Im Jahr 2007 haben wir hier ein mehrstufiges Aktionsprogramm gestartet: Neben einer umfassenden Überwachung der gesamten Baumwollsaatgutproduktion investieren wir in die Aufklärung der Eltern, Kinder und Dorfgemeinschaften und fordern ein klares Bekenntnis unserer Produzenten ein: Jeder Bauer muss sich vertraglich verpflichten, keine Kinder als Arbeitskräfte einzusetzen. Verstöße werden konsequent geahndet; die Maßnahmen reichen von einer mündlichen Verwarnung bis hin zur Vertragskündigung. Gleichzeitig wird Produktion ohne Kinderarbeit von uns öffentlich honoriert: Wir zahlen nach jeder Pflanzsaison einen Bonus, der die Einhaltung der Verträge honoriert. Zudem unterstützen wir die Bauern durch Ausbildungsmaßnahmen und Mikrokredite dabei, ihre Produktivität und Profitabilität zu steigern. Ein wichtiges Element in diesem Gesamtansatz ist die Ausbildung: Damit benachteiligte Kinder eine Perspektive durch Bildung erhalten, pflegen wir seit 2005 eine enge Partnerschaft mit der indischen Naandi Foundation. Bis Juni 2007 konnten wir gemeinsam rund 1.000 Kindern durch eigens dafür eingerichtete „Creative Learning Centers" den Weg in die Regelschulen eröffnen. Zusätzlich hat Bayer CropScience mit einem lokalen Partner ein Berufsbildungszentrum in Hyderabad, Indien, gegründet, an dem Jugendliche aus sozial schwachen Familien eine qualifizierte Ausbildung in landwirtschaftlichen Berufen absolvieren können.

Das mehrstufige Aktionsprogramm zeigt Erfolg. Unsere Audits und die externen Monitorings von Ernst & Young, Indien, belegen: In unserer Zulieferkette von Baumwollsaatgut in Indien kommt heute keine systematische Kinderarbeit mehr vor. Inzwischen haben wir unser Programm als Managementsystem weiter ausgebaut. Auf Basis unserer Erfahrungen im Bereich Baumwolle wollen wir das Monitoring auf den Bereich der Gemüsesaatgutproduktion übertragen, in der wir im Rahmen einer Untersuchung im Jahr 2007 Fälle von Kinderarbeit festgestellt haben. Unser Ziel ist es, ein systematisches und transparentes Monitoring unserer gesamten Saatgut-Supply-Chain in Indien aufzubauen und erfolgreich umzusetzen."[121]

---

[121] Bayer AG: Bayer: Science For A Better Life – Bayer-Nachhaltigkeitsbericht 2007, S. 71.

Analog zum Indikator der Kinderarbeit ist der Kernindikator HR7 aufgebaut, der den Aspekt der Zwangs- und Pflichtarbeit betrachtet.[122]

Auf die Beschreibung der Menschenrechtsaspekte folgt in den GRI-Leitlinien die Beschreibung der gesellschaftlichen Leistungsindikatoren. Nach der Definition der GRI beschreiben die gesellschaftlichen Leistungsindikatoren die Auswirkungen eines Unternehmens auf die Gemeinden, in denen es tätig ist, und die Risiken, welche sich aus dem Zusammenwirken des Unternehmens mit anderen gesellschaftlichen und sozialen Einrichtungen ergeben könnten. Hierbei soll der Schwerpunkt insbesondere auf Informationen zu den Risiken liegen, die mit Bestechung und Korruption, mit unzulässiger Einflussnahme auf die politische Willensbildung sowie mit monopolbildenden Praktiken verbunden sind.[123] Dieser Aussage entsprechend soll das Unternehmen Angaben zum Managementansatz veröffentlichen, die auf die Gesellschaftsaspekte Gemeinwesen, Korruption, Politik, wettbewerbswidriges Verhalten und Einhaltung der Gesetze eingehen.

In Analogie zu den Leistungsindikatoren der ökologischen Dimension erfolgen im Rahmen der gesellschaftlichen Leistungsindikatoren ebenfalls Angaben zum Managementansatz bezüglich der Ziele und der Leistung, der Richtlinien, der Verantwortung des Unternehmens, der Schulungen und bewusstseinsbildenden Maßnahmen, des Monitoring und der Nachverfolgung sowie zusätzliche Hintergrundinformationen.

Zu den Kernindikatoren der gesellschaftlichen Leistungsindikatoren gehört der Indikator SO1 zum Aspekt Gemeinwesen. Er umfasst die Art, den Umfang und die Wirksamkeit aller Programme und Verfahrensweisen zur Bewertung und Regelung der Auswirkungen von Geschäftstätigkeiten auf das Gemeinwesen. Dazu gehört auch die Angabe, in welchen Gemeinden oder Regionen Geschäftstätigkeiten begonnen, durchgeführt oder beendet wurden. Die Kernindikatoren SO2 und SO3 des Aspekts der Korruption messen den Prozentsatz und die Anzahl der Geschäftseinheiten, die auf Korruptionsrisiken hin untersucht wurden sowie den Prozentsatz der Angestellten, die in der Antikorruptionspolitik und in den Antikorruptionsverfahren des Unternehmens geschult wurden. SO4 gibt Auskunft über ergriffene Maßnahmen, die als Reaktion auf Korruptionsvorfälle erfolgten. Dem Aspekt Politik wird durch den Kernindikator SO5 Rechnung getragen, der politische Positionen und die Teilnahme an der politischen Willensbildung und am Lobbying darstellt.

Bezüglich der Parteispenden, welche im Unternehmen als „Unterstützung demokratischer Prozesse" deklariert werden, schreibt die Daimler AG in ihrem Nachhaltigkeitsbericht 2008:

---

[122] Vgl. Global Reporting Initiative: Sustainability Reporting Guidelines, S. 33.
[123] Vgl. ebd., S. 34.

3.4 Teil 2 der GRI-Leitlinien – Standardangaben

> „Bei Zuwendungen an politische Parteien hält sich Daimler strikt an die Gesetze sowie an die 2006 eingeführte unternehmensinterne Leitlinie. Nach Vorstandsbeschluss haben wir am Standort Deutschland 2007 Zuwendungen von insgesamt 400.000 Euro an die Parteien der CDU, CSU, SPD, FDP und BÜNDNIS 90 / DIE GRÜNEN geleistet. In den USA sind finanzielle Zuwendungen von Firmengeldern an Politiker oder Parteien verboten. Über ein sogenanntes Political Action Committee (PAC) sind freiwillige Beiträge von Mitarbeitern des Managements erlaubt und bei Firmen mit starker US-Präsenz weit verbreitet. Dabei wird sichergestellt, dass Mitarbeiter – egal ob sie sich dafür entscheiden, in einem PAC aktiv zu sein oder nicht – weder davon profitieren noch benachteiligt werden. Im Jahr 2007 unterstützte das ‚DaimlerChrysler PAC' bis zum Verkauf der Mehrheit an der Chrysler Group Parteien und Kandidaten für politische Ämter mit 402.275 US-Dollar. Als heutiges ‚Chrysler PAC' steht dieses PAC Daimler-Mitarbeitern nicht mehr offen. Pläne für eine Daimler-Nachfolgeorganisation für ein PAC werden derzeit geprüft."[124]

Dem Aspekt der Einhaltung der Gesetze im Unternehmen nähert sich die GRI, indem der Geldwert wesentlicher Bußgelder und die Anzahl nicht monetärer Strafen wegen Verstoßes gegen die Rechtsvorschriften im Rahmen des Indikators SO8 einbezogen werden.[125]

Abschließend zur Berichterstattung über die gesellschaftliche / soziale Dimension formuliert die GRI ihre Anforderungen an die Ermittlung der Indikatoren zur Produktverantwortung. Diese Indikatoren beziehen sich auf die Aspekte der Produkte und Dienstleistungen des Unternehmens, welche die Kunden sowie ihre Gesundheit und Sicherheit betreffen, auf die Produktinformationen und -kennzeichnung, auf die Werbung sowie auf den Schutz der Privatsphäre. Das Unternehmen soll zu diesen Aspekten Angaben zu den internen Verfahren machen, welche die Produktverantwortung betreffen, und erläutern, welche Folgen daraus entstanden sind, wenn diese Verfahren nicht eingehalten wurden. Dabei beziehen sich die Angaben zum Managementansatz hauptsächlich auf die folgenden Aspekte der Produktverantwortung: die Kundengesundheit und -sicherheit, die Kennzeichnung von Produkten und Dienstleistungen, die Werbung, den Schutz der Kundendaten und die Einhaltung von Gesetzesvorschriften.

Unter Bezugnahme auf die Aspekte der Produktverantwortung der gesellschaftlichen / sozialen Dimension sind analog zur ökologischen Dimension die Ziele und die Leistung, die Richtlinien, die Verantwortung des Unternehmens, die Schulungen und bewusstseinsbildenden Maßnahmen, das Monitoring und die Nachverfolgung sowie zusätzliche Hintergrundinformationen zu nennen.

---

[124] Daimler AG: 360 GRAD – Fakten zur Nachhaltigkeit 2009, S. 68.
[125] Vgl. Global Reporting Initiative: Sustainability Reporting Guidelines, S. 35.

Nachfolgend werden sämtliche Leistungsindikatoren zur Produktverantwortung genannt. Der Indikator PR1 behandelt den Aspekt der Kundengesundheit und -sicherheit und misst die Etappen während der Lebensdauer eines Produkts oder der Dauer einer Dienstleistung, in denen untersucht wird, ob die Auswirkungen von Produkten und Dienstleistungen auf die Gesundheit und Sicherheit der Kunden verbessert werden können. Zudem soll der Prozentsatz der Produkt- und Dienstleistungskategorien berechnet werden, welche entsprechend untersucht werden. Unter den Aspekt der Kennzeichnung von Produkten und Dienstleistungen, der mit dem Indikator PR3 ausgewiesen wird, fällt die Art der gesetzlich vorgeschriebenen Informationen über Produkte und Dienstleistungen sowie der Prozentsatz jener Produkte und Dienstleistungen, die diesen Informationspflichten unterliegen. Die nachhaltige Leistung, die unter den Aspekt der Werbung fällt, wird u.a. durch den Kernindikator PR6 ermittelt. Hierunter fallen Programme zur Befolgung von Gesetzen, von Standards und von freiwilligen Verhaltensregeln in Bezug auf Werbung, die ebenfalls Anzeigen, Verkaufsförderung und Sponsoring einschließt. Der Kernindikator PR9, der zum Aspekt der Einhaltung von Gesetzesvorschriften gehört, ermittelt die Höhe wesentlicher Bußgelder, die aus Verstößen gegen Gesetzesvorschriften in Bezug auf die Zurverfügungstellung und Verwendung der Produkte und Dienstleistungen des Unternehmens resultieren.[126]

3.4.3 Indikatorprotokollsatz

Neben den Guidelines und den Sector Supplements umfasst das GRI-Framework wie in Abbildung 3.1 gezeigt die Protokolle. Diese Protokolle[127] unterteilt die GRI in technische Protokolle und Indikatorprotokolle.

Die technischen Protokolle umfassen Anweisungen zur Berichterstattung. Auch aufkommende Fragen – z.B. zur Festlegung der Berichtsgrenzen – sollen mit Hilfe dieser Protokolle geklärt werden. Es handelt sich hierbei um Anleitungen zu Fragestellungen, die bei vielen Unternehmen im Zuge der Berichterstellung aufkommen.[128] Die GRI empfiehlt eine Anwendung in Verbindung mit den Leitlinien und den Sector Supplements.

Ein Indikatorprotokoll existiert zu jedem Leistungsindikator, der in den GRI-Leitlinien enthalten ist. Die Indikatorprotokolle umfassen Definitionen, Hinweise für die Erstellung des Berichts und zusätzliche Informationen zur Berichterstattung, die gewährleisten sollen, dass die Leistungsindikatoren einheitlich ausgelegt werden.[129]

---

[126] Vgl. Global Reporting Initiative: Sustainability Reporting Guidelines, S. 36.
[127] In der offiziellen deutschen Version der GRI-Leitlinien wurden die Protocols mit dem deutschen Wort „Protokolle" übersetzt. Gemeint ist kein Protokoll im Sinne einer Niederschrift, sondern eine Anleitung zu einem Verfahren mit einer bestimmten Abfolge.
[128] Vgl. Global Reporting Initiative: GRI Boundary Protocol.
[129] Vgl. dies.: Sustainability Reporting Guidelines, S. 4.

3.4 Teil 2 der GRI-Leitlinien – Standardangaben

Zu den neun ökonomischen, 30 ökologischen und 40 gesellschaftlichen / sozialen Leistungsindikatoren wird nachfolgend zu jeder Dimension der Nachhaltigkeit stellvertretend für die insgesamt 79 Indikatorprotokolle jeweils ein Indikator dargestellt. Die Betrachtung dieser drei Indikatorprotokolle soll zeigen, wie die GRI en detail die Unternehmen hin zu einem konformen Nachhaltigkeitsbericht leitet.[130]

Der Aufbau eines solchen Protokolls ist für jeden Indikator identisch. Zunächst verdeutlicht die GRI die Relevanz des Indikators anhand des ihm zugrunde liegenden Sachverhalts. Es folgt die Anleitung zur Datensammlung und ggf. eine Definition bestimmter Begriffe aus dieser Anleitung. Unter dem Punkt „Dokumentation" erfolgt seitens der GRI eine Angabe darüber, wo im Unternehmen die nachgefragten Informationen verfügbar sein könnten, z.B. in der Finanzabteilung oder als Ergebnis interner Messverfahren. Abgeschlossen wird die Anleitung durch den Verweis auf die Quellen, die dem Indikator zugrunde liegen, beispielsweise IFRS-Rechnungslegungsvorschriften, die den Sachverhalt des Indikators im Rahmen der Finanzberichterstattung regeln, Vorgaben aus dem Kyoto-Protokoll und bestimmte OECD-Leitsätze.

Die ergänzende Funktion des Nachhaltigkeitsberichts[131] wird mit den expliziten Verweisen der GRI auf die IFRS-Vorschriften verdeutlicht, z.B. durch den ökonomischen Leistungsindikator EC3, der den Umfang der betrieblichen sozialen Zuwendungen misst. Im Rahmen der Ermittlung dieses Leistungsindikators basiert die Berichterstattung auf den Daten, die mit der Anwendung des IAS 19 ermittelt werden. Dieses explizite Einbeziehen der IFRS in die Erstellung eines Nachhaltigkeitsberichts wird im Rahmen der Veranschaulichung dieses Indikatorprotokolls aufgezeigt.

Die Relevanz dieses Indikators begründet sich nach Ansicht der GRI darin, dass der betrieblichen Altersvorsorge aus Arbeitnehmersicht Bedeutung in Bezug auf die langfristige finanzielle Sicherheit beigemessen wird. Die GRI weist sowohl ausdrücklich auf die (finanziellen) Pflichten des Arbeitgebers als auch auf die Effekte im Unternehmen hin, die durch die gewählten Leistungen auftreten können. Demnach kann eine ordnungsgemäße Finanzierung der betrieblichen Altersvorsorge der Anwerbung von Mitarbeitern, der Schaffung von Stabilität innerhalb der Belegschaft sowie der langfristigen finanziellen und strategischen Planung des Arbeitgebers dienen.[132]

---

[130] Auch das IASB hat eigens zur Auslegung von Rechnungslegungsregeln das International Financial Reporting Interpretations Committee (IFRIC) gegründet, welches zu den einzelnen Standards Interpretationen herausgibt, sofern einige Standards unterschiedlich oder falsch interpretiert werden können oder neue Sachverhalte in den bestehenden Standards nicht ausreichend behandelt werden. Vgl. hierzu International Accounting Standards Committee Foundation: About the International Financial Reporting Interpretations Committee. Zusätzlich kann im gleichen Kontext auf nationaler Ebene das Rechnungslegungs Interpretations Committee (RIC) genannt werden, welches sich als Bindeglied zwischen den deutschen Anwendern der IFRS und dem IFRIC sieht. Vgl. hierzu Schreiber: RIC – Bindeglied zwischen deutschen IFRS-Anwendern und IFRIC.

[131] Vgl. Woods: The Global Reporting Initiative, S. 65.

[132] Vgl. Global Reporting Initiative: Indicator Protocols Set: Economic, S. 7.

Die Anleitung zur Datensammlung beginnt damit, dass vom berichterstattenden Unternehmen eine Beschreibung zu erfolgen hat, worauf die angebotene betriebliche Altersvorsorge für die Mitarbeiter beruht. Hierbei ist zwischen Leistungsplänen und anderen Arten von Zuwendungen zu unterscheiden. Gibt das Unternehmen an, Leistungspläne als Zuwendungsart gewählt zu haben, ist zu spezifizieren, ob die Zahlungsverpflichtungen aus allgemeinen Mitteln des Unternehmens beglichen werden oder ob diese Zahlungen aus einem von Unternehmensmitteln separaten Fonds erfolgen. Im Falle der Erfüllung der Zahlungsverpflichtungen aus allgemeinen Mitteln des Unternehmens ist die Höhe dieser Verpflichtungen abzuschätzen.[133]

Existiert für die betriebliche Altersvorsorge ein separater Fonds, muss das Unternehmen angeben, inwieweit die Verpflichtungen voraussichtlich aus dem dafür zurückgelegten Vermögen gedeckt werden, worauf diese Schätzungen basieren und wann der Betrag geschätzt wurde. Liegt keine volle Deckung des Fonds vor,[134] ist vom Unternehmen die Strategie anzugeben, wie eine volle Deckung erreicht werden soll und welcher Zeitrahmen hierfür vorgesehen ist. Des Weiteren ist der Prozentsatz des Gehalts zu nennen, den Arbeitnehmer und -geber zahlen, sowie der Grad der Inanspruchnahme der Maßnahmen zur betrieblichen Altersvorsorge, welcher z.B. anhand der Beteiligung an Pflichtprogrammen oder an freiwilligen Programmen gemessen werden kann. Ist das Unternehmen in mehreren Ländern mit abweichenden Rechtsordnungen tätig, können damit auch abweichende Berechnungen bezüglich der Deckung eines Plans einhergehen. Die jeweiligen Bestimmungen und Methoden der jeweiligen Rechtsordnung bezüglich der Deckung sind zugrunde zu legen. Bei der Berechnung der Summen sind dieselben Konsolidierungstechniken anzuwenden wie bei der Erstellung des Konzernabschlusses. Zur Verknüpfung zwischen dem IAS 19 und der Ermittlung dieses GRI-Indikators schreibt die GRI:

„Note that benefit pension plans are part of the International Accounting Standard (IAS) 19, however, IAS 19 covers more issues."[135]

Die GRI geht davon aus, dass die oben genannten Informationen, die für diesen Indikator benötigt werden, in der Finanzabteilung oder Buchhaltung des Unternehmens verfügbar sein sollten. Hervorzuheben ist hier, dass die GRI als Quelle und damit auch als Grundlage dieses ökonomischen Leistungsindikators, auf dem die verlangten Informationen im Rahmen des Indikators aufbauen, den IAS 19 („Employee Benefits") angibt.

Um alle Stellen der GRI-Indikatorprotokolle aufzuzeigen, die ebenfalls explizit auf die IFRS verweisen, wird hier auch auf die Indikatorprotokolle EC1 und EC4 hingewiesen. Zur Ermitt-

---

[133] IAS 19 unterscheidet im Rahmen der Versorgungsverpflichtungen ebenfalls zwischen sog. Defined Benefit Plans und Defined Contribution Plans. Vertiefend zur Bilanzierung von Pensionszusagen sei beispielsweise auf Pellens et al.: Internationale Rechnungslegung, S. 445–469 oder auf Neuhaus: Auslagerung betrieblicher Pensionszusagen – Eine ökonomische Analyse der Motive und Durchführungsformen verwiesen.

[134] In der Definition zu diesem Indikatorprotokoll steht, dass unter der sog. vollen Deckung ein Vermögen der betrieblichen Altersvorsorge zu verstehen ist, welches die Zahlungsverpflichtungen des Unternehmens für die Leistungen der Altersvorsorge entweder erfüllt oder übersteigt.

[135] Global Reporting Initiative: Indicator Protocols Set: Economic, S. 7.

3.4 Teil 2 der GRI-Leitlinien – Standardangaben

lung des Leistungsindikators EC1 stellt die GRI sogar eine Verknüpfung mit mehreren IAS her. Dieser Leistungsindikator bezieht sich auf den unmittelbar erzeugten und ausgeschütteten monetären Wert, einschließlich der Einnahmen, der Betriebskosten, der Mitarbeitergehälter, der Spenden und anderer Investitionen in die Gemeinde, des Gewinnvortrags sowie der Zahlungen an Kapitalgeber und Behörden. Hier schreibt die GRI:

„ International Accounting Standard (IAS) 12 on Income Taxes, IAS 14 on Segment Reporting, IAS 18 on Revenues, and IAS 19 on Employee Benefits should be consulted."[136]

Der Indikator EC4 berichtet über bedeutende finanzielle Zuwendungen der öffentlichen Hand und bezieht sich explizit auf den IAS 20 („Accounting for Government Grants and Disclosure of Government Assistance") und die aus seiner Anwendung resultierenden Daten. Als Grundlage zur Aufstellung dieses Leistungsindikators werden Positionen verwendet, die unter der Anwendung des IAS 20 in nicht konsolidierter Form zu ermitteln sind. Für den Leistungsindikator EC4 werden sie in konsolidierter Form aufgenommen.[137] Auf diese Weise werden im Nachhaltigkeitsbericht Information vermittelt, die den Jahresabschluss erweitern.

Stellvertretend für die ökologischen Indikatoren wird nachfolgend die Anleitung für die Berechnung des Indikators EN2 dargestellt. Der Indikator EN2 beschreibt den Anteil von Recyclingmaterial[138] am Gesamtmaterialeinsatz, der gemäß Formel 3.1 berechnet wird.

$$EN2 = \frac{\text{verwendetes Recyclingeinsatzmaterial insgesamt}}{\text{verwendetes Einsatzmaterial}} \cdot 100\,\% \qquad (3.1)$$

Die Relevanz dieses Indikators begründet die GRI damit, dass er etwas über die Fähigkeit des Unternehmens ausdrücken soll, Recyclingmaterial einzusetzen. Ist diese Fähigkeit vorhanden, reduziert sie die Nachfrage nach Primärrohstoffen[139] und trägt so zu ihrer Erhaltung bei. Ein weiterer relevanter Aspekt dieses Indikators ist das Potential zur Kostensenkung durch den Einsatz von Recyclingmaterial. Auf diese Weise vermag dieser Indikator sowohl Informationen aus dem Bereich der Ökologie als auch aus dem Bereich der Ökonomie zu vermitteln. Gleichzeitig veranschaulicht er die Interdependenz der Nachhaltigkeitsdimensionen. Die GRI gibt ebenfalls genaue Anweisungen zur Ermittlung der Daten, die für diesen Indikator benötigt werden.

---

[136] Ebd., S. 5. Inzwischen hat der IFRS 8 Operating Segments den IAS 14 Segment Reporting ersetzt. Der IFRS 8 ist verbindlich für alle Geschäftsjahre anzuwenden, die am oder nach dem 1. Januar 2009 beginnen.

[137] Vgl. ebd., S. 8.

[138] Das Recyclingeinsatzmaterial wird von der GRI im Rahmen der Anleitung zur Erstellung des Indikators EN2 explizit definiert. Hierbei handelt es sich um Material, das substitutiv für Neumaterial aus internen oder externen Quellen verwendet, erhalten oder bezogen wird. Der Begriff wird durch die Forderung eingeschränkt, dass es sich nicht um Nebenprodukte oder andere Substanzen handeln darf, die aus den Produktionsvorgängen des berichtenden Unternehmens stammen.

[139] Zur Erläuterung der Primärrohstoffe innerhalb des Produktkreislaufs vgl. Sterr: Industrielle Stoffkreislaufwirtschaft im regionalen Kontext – Betriebswirtschaftlich-ökologische und geographische Betrachtungen in Theorie und Praxis, S. 106. In den GRI-Leitlinien wird anstelle von Primärrohstoffen der Begriff Neumaterial verwendet.

Sowohl das Gesamtgewicht oder -volumen des verwendeten Materials[140] als auch das des eingesetzten Recyclingmaterials sind zu ermitteln. Sollte das Unternehmen hierfür Schätzwerte ansetzen, so sind die angewandten Methoden anzugeben.

Als Quelle für diesen Indikator gibt die GRI die OECD-Arbeitsgruppe für Abfallvermeidung und Recycling (Working Group on Waste Prevention and Recycling) an.[141]

Abgeschlossen wird hier die Skizzierung der Erstellung von Leistungsindikatoren mit einem Indikator aus der gesellschaftlichen / sozialen Dimension der Nachhaltigkeit. Exemplarisch für die Gesamtheit der Indikatoren aus dieser Dimension wird der Indikator SO5 dargestellt, der Informationen zu politischen Positionen, zur Teilnahme an der politischen Meinungsbildung[142] und zum Lobbying vermitteln soll. Kerngedanke dieses Indikators ist es, einen Vergleich zwischen den politischen Positionen des Unternehmens und ihren formalen Richtlinien und Zielen der Nachhaltigkeit ziehen zu können. Hierbei wird betrachtet, inwiefern die vom Unternehmen geäußerten Positionen zum Thema Nachhaltigkeit und die Handlungen des Unternehmens stimmig sind. Mit den sichtbar werdenden Prioritäten und mit den Standpunkten zu bestimmten politischen Fragestellungen kann das Unternehmen die strategische Bedeutung von Nachhaltigkeitsfragen verdeutlichen. Diese Informationen können bei den Nutzern des Nachhaltigkeitsberichts zu mehr Transparenz in Bezug auf die Lobbying-Aktivitäten und deren Auswirkungen auf die Stakeholder beitragen.

Bedingt durch die Tatsache, dass es sich bei den gesellschaftlichen / sozialen Daten um qualitative Daten handelt, lassen sich diese Sachverhalte nur indirekt messen. Daher versucht die GRI, zusammenhängende Sachverhalte oder Themengebiete in die Anleitung einzubeziehen, um sich auf diese Weise der Ermittlung der benötigten Daten zu nähern. Im Fall dieses Indikators wird im Rahmen der Datensammlung zunächst eruiert, ob sich das Unternehmen an der politischen Meinungsbildung beteiligt hat, indem es entweder eine formale Position bezogen hat oder an Aktivitäten teilgenommen hat, bei denen die Beteiligung formal anerkannt wurde. Gemeint sind hierbei z.B. Aktivitäten in Wirtschaftsverbänden, Diskussionsrunden, Arbeitsgruppen oder weitere Aktivitäten, die sich auf öffentliche Entscheidungsträger beziehen, welche als Lobbyismus zu betrachten sind. Hierbei ist der Fokus auf die Positionen des Unternehmens zu richten und nicht auf die Gremien oder Einrichtungen, an denen es sich beteiligt. Des Weiteren sind die wesentlichen Themen der politischen Meinungsbildung und Lobbyarbeit[143] zu nennen, an denen sich das Unternehmen hauptsächlich beteiligt. Abschließend beinhaltet die Anleitung zur

---

[140] Hierbei wird auf die Werte zurückgegriffen, die für den Indikator EN1 berechnet wurden.
[141] Vgl. Global Reporting Initiative: Indicator Protocols Set: Environment, S. 6.
[142] Die GRI definiert die Teilnahme an der politischen Meinungsbildung als organisierte und koordinierte Aktivitäten mit dem Ziel, die Politik einer Regierung zu beeinflussen.
[143] Unter Lobbyarbeit versteht die GRI die Bemühungen, Personen, die ein politisches Amt innehaben oder dafür kandidieren, zu überzeugen bzw. zu beeinflussen, sich für bestimmte politische Ansichten oder für politische Entscheidungen einzusetzen. Diese Definition umfasst zum einen das Lobbying bei diversen Regierungsebenen und zum anderen das Lobbying bei internationalen Institutionen.

3.4 Teil 2 der GRI-Leitlinien – Standardangaben

Datensammlung eine Aufforderung zur Darstellung der Differenzen zwischen den Positionen, die das Unternehmen im Rahmen seiner Lobbyarbeit vertritt, und den erklärten Grundsätzen, Nachhaltigkeitszielen oder weiteren öffentlich vertretenen Positionen.

Entnehmen kann das Unternehmen die hier verlangten Daten aus Informationsquellen wie den Grundsatzerklärungen des berichtenden Unternehmens zu politischen Themen, aus internen Protokollen von Ausschüssen oder jenen Abteilungen, die zuständig sind für die Zusammenarbeit mit öffentlichen Stellen, sowie aus vom Unternehmen verabschiedeten Positionspapieren in bedeutsamen Wirtschaftsverbänden und aus Dokumentationen von Kontakten zu politischen Entscheidern. Als Quelle für diesen Indikator verweist die GRI auf die OECD-Leitsätze für multinationale Unternehmen in der Ausgabe aus dem Jahr 2000 und auf die OECD-Prinzipien für Corporate Governance aus dem Jahr 2004.[144]

3.4.4 Anwendungsebenen für GRI-Nachhaltigkeitsberichte

In den vorhergehenden Abschnitten wurde erläutert, welche Bestandteile ein Nachhaltigkeitsbericht nach den GRI-Leitlinien enthalten kann. Anders als bei der Erstellung des Jahresabschlusses muss nicht jeder Nachhaltigkeitsbericht alle Anforderungen der GRI-Leitlinien erfüllen. Zu welchem Grad in einem Nachhaltigkeitsbericht die Anforderungen der GRI-Leitlinien berücksichtigt wurden, wird durch die sog. Anwendungsebenen ausgedrückt. Die GRI möchte auf diese Weise den Bedürfnissen von Anfängern, Fortgeschrittenen und erfahrenen Berichterstellern gerecht werden. Aus diesem Grund gibt es ein System mit den drei Anwendungsebenen A, B und C, das in Tabelle 3.3 dargestellt ist. Die Kriterien zur Einstufung in eine dieser Ebenen spiegeln jeweils wider, in welchem Umfang der GRI-Berichtsrahmen angewandt bzw. abgedeckt wird: Ein Nachhaltigkeitsbericht der Anwendungsebene A erfüllt die GRI-Leitlinien vollständig, während die Anwendungsebenen B und C Abstufungen für Nachhaltigkeitsberichte mit reduziertem Umfang darstellen.[145]

Das von der GRI erklärte Ziel der Anwendungsebenen ist zum einen, den Nutzern von Nachhaltigkeitsberichten ein Maß dafür zu geben, bis zu welchem Grad die Leitlinien Anwendung fanden, und zum anderen, die Erstellerseite dafür zu sensibilisieren, wie die Anwendung der Leitlinien stufenweise ausgebaut werden kann.[146] Hierbei hilft der Stufenansatz insbesondere den Erstberichterstellern beim Einstieg in die Nachhaltigkeitsberichterstattung. Gleichzeitig ermöglichen die Anwendungsebenen den Nutzern von Nachhaltigkeitsberichten, erfahrene Berichterstellern mit einem auf dem GRI-Framework aufbauenden komplexen Berichtssystem zu identifizieren. Die mögliche Anerkennung als erfahrener Berichtersteller durch die Nutzer von

---

[144] Vgl. Global Reporting Initiative: Indicator Protocols Set: Society, S. 7.
[145] Vgl. dies.: GRI Application Levels, S. 1.
[146] Vgl. ebd., S. 1 f.

erforderliche Kriterien \ Anwendungsebene	C	C+	B	B+	A	A+
Unternehmensprofil	teilweise anzugeben		vollständig anzugeben		vollständig anzugeben	
Managementansatz	nicht zu jedem / zu keinem Indikator offenzulegen	Bericht wurde extern bestätigt	zu jedem Indikator offenzulegen	Bericht wurde extern bestätigt	zu jedem Indikator offenzulegen	Bericht wurde extern bestätigt
Leistungsindikatoren	Angaben zu mindestens 10 Kernindikatoren, davon sollte aus dem ökonomischen, ökologischen und gesellschaftlichen / sozialen Bereich jeweils ein Indikator enthalten sein		wie bei Anwendungsebene C, allerdings sind mindestens 20 Kernindikatoren anzugeben		Angaben zu jedem Kernindikator und jedem Sector Supplement-Indikator, dabei sollte unter Berücksichtigung des Wesentlichkeitsprinzips entweder der jeweilige Indikator dargestellt werden oder erläutert werden, aus welchen Gründen keine Angaben gemacht werden können	
Logo Bericht GRI-geprüft	C GRI REPORT GRI CHECKED	C GRI REPORT GRI CHECKED	B GRI REPORT GRI CHECKED	B GRI REPORT GRI CHECKED	A GRI REPORT GRI CHECKED	A GRI REPORT GRI CHECKED

Tabelle 3.3: GRI-Anwendungsebenen für Nachhaltigkeitsberichte,
Quelle: Eigene Darstellung

Nachhaltigkeitsberichten gibt den Unternehmen die Gelegenheit, sich durch hochwertige Nachhaltigkeitsberichterstattung zu profilieren.

Die Unterscheidung zwischen den Anwendungsebenen erfolgt anhand des Umfangs der im Nachhaltigkeitsbericht enthaltenen Standardangaben. In Abschnitt 3.4 wurde erläutert, dass die Standardangaben das Profil des Unternehmens, den Managementansatz und die Leistungsindikatoren umfassen. Eine Voraussetzung für die Einstufung eines Nachhaltigkeitsberichts in die Anwendungsebene C besteht darin, dass zumindest teilweise Angaben zum Profil des Unternehmens erfolgen. Während Erläuterungen zum Managementansatz zu den Indikatorkategorien für die Anwendungsebene C nicht erforderlich sind, muss das Unternehmen mindestens zehn Kernindikatoren in den Bericht aufnehmen. Davon muss jeweils mindestens ein Indikator aus der ökonomischen und aus der ökologischen Dimension sowie aus jeder Indikatorkategorie der gesellschaftlichen / sozialen Dimension stammen.

Die Anforderungen an einen Nachhaltigkeitsbericht der Anwendungsebene B enthalten zusätzlich zu denen der Anwendungsebene C die Forderung nach einer vollständigen Darstellung des Unternehmensprofils. Der Managementansatz ist zu jeder Indikatorkategorie offenzulegen. Insgesamt muss das Unternehmen mindestens 20 Kernindikatoren aufnehmen, wobei wiederum mindestens ein Indikator aus jeder Indikatorkategorie enthalten sein muss.

Ein Nachhaltigkeitsbericht der Anwendungsebene A unterscheidet sich von einem Nachhaltigkeitsbericht der Anwendungsebene B dadurch, dass Angaben zu jedem Kernindikator und zu jedem Sector Supplement-Indikator erfolgen, falls eine endgültige Version dieser Branchenzusätze vorliegt. Unter Berücksichtigung des Wesentlichkeitsprinzips soll das Unternehmen diese

3.4 Teil 2 der GRI-Leitlinien – Standardangaben

Indikatoren entweder darstellen oder erläutern, aus welchem Grund zum Indikator keine Angaben erfolgen.[147]

Neben der Einordnung in die Anwendungsebenen A, B und C unterscheidet die GRI, ob die Inhalte eines Nachhaltigkeitsberichts extern geprüft wurden. Die Einordnung eines Nachhaltigkeitsberichts in eine Anwendungsebene wird um ein „+" ergänzt, sofern die Angaben des Berichts durch eine externe Prüfung bestätigt werden. Daraus ergeben sich – wie in Tabelle 3.3 zu erkennen – die Anwendungsebenen A+, B+ und C+.

Mit Hilfe einer externen Überprüfung der Inhalte eines Nachhaltigkeitsberichts kann die Glaubwürdigkeit dieser Berichte erhöht werden.[148] Insgesamt spricht sich die GRI für eine externe Prüfung des Nachhaltigkeitsberichts aus.[149] Diese sog. Assurance muss gemäß GRI folgende Kriterien erfüllen:[150]

- Die beauftragten externen Prüfer sind in der Thematik und den Prüfungspraktiken kompetent und gehören nicht dem Unternehmen an.
- Zur Überprüfung wurden definierte Verfahren angewandt, welche erläutert werden können und dokumentiert wurden.
- Im Rahmen der Prüfung wurde untersucht, ob die Leistung im Bericht angemessen und ausgewogen dargestellt wird, inklusive der enthaltenen Daten und der allgemeinen Auswahl des Berichtsinhalts.
- Für die Leser des Berichts sind die Stellungnahme oder die verschiedenen Schlussfolgerungen verfügbar, die aus der Prüfung resultieren.

Zur Prüfung von Nachhaltigkeitsberichten kann der internationale Prüfungsstandard ISAE 3000 („Assurance Engagements Other Than Audits or Reviews of Historical Financial Information") der International Federation of Accountants angewandt werden. Hierbei handelt es sich um einen weiter gefassten Standard, der allgemeine Grundlagen für Prüfungen umfasst, welche nicht die Jahresabschlussprüfung betreffen.

In Deutschland findet der IDW PS 821 („Grundsätze ordnungsmäßiger Prüfung oder prüferischer Durchsicht von Berichten im Bereich der Nachhaltigkeit.") bei der Prüfung von Nachhal-

---

[147] Vgl. Global Reporting Initiative: GRI Application Levels, S. 2.
[148] In ihrer Studie, die sich mit der Frage der erhöhten Glaubwürdigkeit durch Testate beschäftigt, sehen Clausen und Loew die Testierung eines Nachhaltigkeitsberichts als eine Option, um die Glaubwürdigkeit zu erhöhen. Die Testierung ist nach ihrer Meinung im Kontext anderer interner und externer Prüfungen zu sehen. Vgl. Clausen/Loew: Mehr Glaubwürdigkeit durch Testate? Internationale Analyse des Nutzens von Testaten in der Umwelt- und Nachhaltigkeitsberichterstattung, S. 77.
[149] Vgl. Global Reporting Initiative: Sustainability Reporting Guidelines, S. 38.
[150] Vgl. dies.: GRI Application Levels, S. 4.

tigkeitsberichten Anwendung.[151] Mittlerweile beschäftigen die großen Wirtschaftsprüfungsgesellschaften eigens auf die Prüfung von Nachhaltigkeitsberichten spezialisierte Teams.[152] Die potentiellen Vorteile der Veröffentlichung eines Nachhaltigkeitsberichts, wie die reduzierten Risiken für Kapitalgeber, geringere Kapitalkosten, größere Attraktivität des Unternehmens für Konsumenten und Mitarbeiter, die Möglichkeit, Stakeholder aktiv einzubeziehen und neue Geschäftsfelder zu erschließen, können im Zuge einer externen Prüfung und Testierung mit erhöhter Glaubwürdigkeit nach außen kommuniziert werden.

Die Einstufung in eine Anwendungsebene wird vom Unternehmen selbst vorgenommen. Ob die Einstufung in die Anwendungsebene zutreffend ist, kann vor der Veröffentlichung sowohl durch einen externen Prüfer als auch durch die GRI überprüft werden, falls dies seitens des Berichterstellers beantragt wird.[153] Die alleinige Überprüfung der Anwendungsebene stellt keine Assurance dar, da sie lediglich eine Prüfung des Umfangs des Nachhaltigkeitsberichts umfasst.[154] Von der GRI wird keine Erklärung über den Wert, die Qualität oder den Inhalt der mit dem Bericht vermittelten Informationen abgegeben. Eine solche Überprüfung resultiert dementsprechend nicht in einer Kennzeichnung der Anwendungsebene des Berichts mit einem „+". Nach der Prüfung vergibt die GRI für die entsprechende Anwendungsebene des überprüften Berichts das in Tabelle 3.3 dargestellte Logo, das bei der Veröffentlichung[155] des Berichts verwendet werden darf.[156]

Die Abbildungen 3.6 und 3.7 zeigen, wie häufig die einzelnen GRI-Anwendungsebenen in Nachhaltigkeitsberichten der HDAX-Unternehmen verwendet wurden. Von den 21 Unternehmen aus dem DAX, die im Jahr 2006 einen Nachhaltigkeitsbericht in Anlehnung an die GRI-Leitlinien veröffentlichten, gaben 10 Unternehmen die erreichte Anwendungsebene an. Im MDAX waren es 3 der 8 berichtenden Unternehmen. Das einzige berichtende Unternehmen aus dem TecDAX gab die erreichte Anwendungsebene nicht bekannt.

Der Anteil der Unternehmen, welche die Anwendungsebene angaben, stieg im Jahr 2007 deutlich an. Nun gaben im DAX 16 von 20, im MDAX 3 von 7 und im TecDAX 1 von 2 berichtenden Unternehmen an, welche Anwendungsebene sie erreichten.

Ebenso lässt sich feststellen, dass der Grad der Erfüllung der Anforderungen der GRI-Leitlinien an einen Nachhaltigkeitsbericht zunimmt. Einen leichten Anstieg gab es auch bei den Berichten, die einer externen Prüfung des Umfangs des Nachhaltigkeitsberichts unterzogen wurden.

---

[151] Dargestellt werden die Inhalte des IDW PS 821 in Institut der Wirtschaftsprüfer: Grundsätze ordnungsmäßiger Prüfung oder prüferischer Durchsicht von Berichten im Bereich der Nachhaltigkeit (IDW PS 821) in Verbindung mit dass.: Aufhebung des IDW Prüfungsstandards: Grundsätze ordnungsmäßiger Durchführung von Umweltberichtsprüfungen.
[152] Vgl. Woods: The Global Reporting Initiative, S. 64.
[153] Diese Überprüfung der Anwendungsebene stellt eine der Einnahmequellen der GRI dar.
[154] Vgl. Gordon: The Global Reporting Initiative. Meeting Reporters' Needs, S. 12.
[155] Die Veröffentlichung bezieht sich sowohl auf die Online- als auch auf die Printberichte.
[156] Vgl. Global Reporting Initiative: GRI Application Levels, S. 3.

3.4 Teil 2 der GRI-Leitlinien – Standardangaben

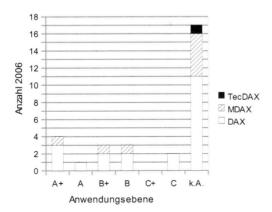

Abbildung 3.6: Häufigkeit der GRI-Anwendungsebenen in Nachhaltigkeitsberichten der HDAX-Unternehmen (2006),
Quelle: Eigene Darstellung

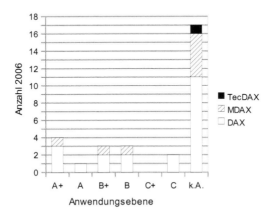

Abbildung 3.7: Häufigkeit der GRI-Anwendungsebenen in Nachhaltigkeitsberichten der HDAX-Unternehmen (2007),
Quelle: Eigene Darstellung

4 Zwecke der Normierung der Nachhaltigkeitsberichterstattung

Unabdingbar für die Analyse der empirischen Ergebnisse dieser Arbeit zur Nachhaltigkeitsberichterstattung im fünften, sechsten und siebten Kapitel ist die Aufstellung eines geeigneten Beurteilungmaßstabs im Vorfeld. Die Herleitung dieses Beurteilungsmaßstabs ist Gegenstand dieses Kapitels.

Zunächst soll dazu erörtert werden, warum gesetzlich normierte Rechnungslegungsvorschriften und Normen für die Erstellung zusätzlicher Berichte – wie Nachhaltigkeitsberichte – existieren und welche Zwecke mit diesen Normen verfolgt werden.

Weist ein Unternehmen seinen Nachhaltigkeitsbericht als einen Bericht aus, der nach den GRI-Leitlinien erstellt wurde, muss das Unternehmen die Leitlinien zumindest zu einem gewissen Umfang anwenden. Da in den letzten Jahren die Anzahl der nach den GRI-Leitlinien berichtenden Unternehmen signifikant angestiegen ist, wie die empirischen Ergebnisse des Kapitels 5 zeigen werden, haben die GRI-Leitlinien für viele Unternehmen mittlerweile den verbindlichen Charakter von Normen.

Ob es sinnvoll ist, die GRI-Nachhaltigkeitsberichterstattung für börsennotierte Unternehmen gesetzlich vorzuschreiben, soll mit Hilfe der empirischen Fragestellungen untersucht werden. Da die gesetzlich vorgeschriebene Rechnungslegung nach IFRS ebenfalls dem Ziel der Informationsvermittlung dient und da die GRI-Leitlinien mit den IFRS verknüpft sind,[1] dient die Rechnungslegung nach IFRS bei der Aufstellung des Maßstabs zur Beurteilung der GRI-Nachhaltigkeitsberichterstattung als Referenz.

Zudem wird in diesem Kapitel überprüft, ob sich die Zwecke der freiwilligen Nachhaltigkeitsberichterstattung im Grundsatz von denen der gesetzlich normierten Rechnungslegung unterscheiden.

Wie auch die Rechnungslegung stellt die Nachhaltigkeitsberichterstattung an sich keinen Selbstzweck dar. Vielmehr besitzt sie einen instrumentalen Charakter. Sowohl bei der Rechnungslegung als auch bei der Nachhaltigkeitsberichterstattung handelt es sich jeweils um ein Instrument, mit dem ein Zweck oder mehrere Zwecke erfüllt werden sollen.[2]

Die Überlegungen zum Zweck von Normen im Allgemeinen führen zu dem Schluss, dass ein Beitrag zur Erhöhung der gesamtwirtschaftlichen Wohlfahrt und / oder zur Verbesserung des gerechteren Zusammenlebens geleistet werden soll.[3] Daher wird dargestellt, inwieweit und unter welchen Rahmenbedingungen die Normen zur Berichterstattung einen Beitrag zu den Zwecken

---
[1] Vgl. Abschnitt 3.4.3.
[2] Zum instrumentalen Charakter der Rechnungslegung vgl. Streim et al.: Anmerkungen zur theoretischen Fundierung der Rechnungslegung nach International Accounting Standards, S. 179.
[3] Vgl. Streim: Die Vermittlung von entscheidungsnützlichen Informationen durch Bilanz und GuV – Ein nicht einlösbares Versprechen der internationalen Standardsetter, S. 112.

der Effizienz und der Gerechtigkeit zu leisten vermögen. Zudem zeigen die folgenden Abschnitte, warum die GRI-Leitlinien letztendlich auch diesen beiden Zwecken dienen müssen.

Im Anschluss an die Untersuchung der Zwecke eines Nachhaltigkeitsberichts werden die Anforderungen an die Nachhaltigkeitsberichterstattung vor dem Hintergrund der definierten Zwecke erörtert.

4.1 Zwecke der GRI-Leitlinien zur Nachhaltigkeitsberichterstattung

Sowohl die GRI und als auch das IASB benennen die Informationsvermittlung als zentrales Ziel der von ihnen geprägten Berichte.[4] So schreibt das IASB in seinem Framework zur Erstellung eines IFRS-Abschlusses:

„The objective of financial statements is to provide information about the financial position, performance and change in financial position of an enterprise that is useful to a wide range of users making economic decisions."[5]

Die GRI betrachtet in ihrem Vorwort zur Nachhaltigkeitsberichterstattung die Schaffung von Transparenz durch Informationsvermittlung als oberstes Ziel:

„The urgency and magnitude of the risks and threats to our collective sustainability, alongside increasing choice and opportunities, will make transparency about economic, environmental, and social impacts a fundamental component in effective stakeholder relations, investment decisions, and other market relations. To support this expectation, and to communicate clearly and openly about sustainability, a globally shared framework of concepts, consistent language, and metrics is required."[6]

Nach Meinung des IASB zählen zu den Adressaten eines IFRS-Abschlusses diverse interne und externe Stakeholder. Konkret werden im Framework gegenwärtige und potentielle Eigenkapitalgeber, Arbeitnehmer, Gläubiger, Lieferanten, Kunden, staatliche Behörden sowie die Öffentlichkeit genannt. Dabei geht das IASB davon aus, dass mit der Befriedigung der Informationsbedürfnisse der Kapitalgeber[7] auch gleichzeitig die Bedürfnisse aller anderen Stakeholder-Gruppen befriedigt werden. Dabei wird nicht näher darauf eingegangen, wie das IASB zu dieser Aussage kommt.[8]

---

[4] Vgl. hierzu Global Reporting Initiative: Sustainability Reporting Guidelines, S. 2 und IASB Framework Abs. 12.
[5] IASB Framework Abs. 12.
[6] Global Reporting Initiative: Sustainability Reporting Guidelines, S. 2.
[7] Zu den Kapitalgebern zählen sowohl die Eigenkapitalgeber als auch die Fremdkapitalgeber eines Unternehmens.
[8] Vgl. Streim: Die Vermittlung von entscheidungsnützlichen Informationen durch Bilanz und GuV – Ein nicht einlösbares Versprechen der internationalen Standardsetter, S. 113.

4.1 Zwecke der GRI-Leitlinien zur Nachhaltigkeitsberichterstattung

Die GRI nennt explizit die folgenden Stakeholder, die ein Interesse an der Schaffung von Transparenz haben, und die mit einem Nachhaltigkeitsbericht die zur Schaffung von Transparenz notwendigen Informationen erhalten sollen:

„Transparency about the sustainability of organizational activities is of interest to a diverse range of stakeholders, including business, labor, non-governmental organizations, investors, accountancy, and others."[9]

Die GRI zielt im Gegensatz zum IASB explizit darauf ab, mit einem Nachhaltigkeitsbericht möglichst alle Stakeholder eines Unternehmens zu informieren. Zumindest jedoch fordert die GRI, dass der Nachhaltigkeitsbericht auf die Bedürfnisse der Stakeholder eingeht, die das Unternehmen als wichtig identifiziert hat. In Abschnitt 2.2 wurde bereits gezeigt, dass ein Unternehmen unter Einbeziehung des Machtkriteriums zu der Erkenntnis kommt, dass die Kapitalgeber in Kapitalgesellschaften zu den wichtigsten Stakeholdern zählen. Ebenfalls zu den wichtigen Stakeholdern einer Kapitalgesellschaft gehören z.B. die Mitarbeiter, die Kunden und die Lieferanten, aber auch Analysten und weitere Intermediäre am Kapitalmarkt.[10]

Eine Analyse der Befriedigung der Informationsbedürfnisse aller Stakeholder eines Unternehmens wäre notwendig, um die Wohlfahrtswirkungen, die mit der Veröffentlichung nachhaltiger Informationen zusammenhängen, vollständig darzustellen. In dieser Arbeit besteht das Ziel darin, zu untersuchen, ob Nachhaltigkeitsberichte Informationen enthalten, die für die Aktionäre entscheidungsnützlich sind. Um zu untersuchen, ob den Aktionären im Rahmen eines Nachhaltigkeitsberichts entscheidungsnützliche Informationen vermittelt werden, wird die Reaktion des Kapitalmarkts auf die Veröffentlichung von Nachhaltigkeitsberichten empirisch analysiert.

Während ein IFRS-Abschluss Informationen über die Vermögens-, Finanz- und Ertragslage vermittelt, informiert der Nachhaltigkeitsbericht über die Leistung des Unternehmens in der ökonomischen, der ökologischen und der sozialen Dimension. Die GRI stellt Anforderungen an die Nachhaltigkeitsberichterstattung, die sich von den Anforderungen der IFRS an die Finanzberichterstattung unterscheiden. Daher finden sich in einem Nachhaltigkeitsbericht zusätzliche Informationen, die nicht Gegenstand der IFRS sind, die jedoch ebenfalls entscheidungsnützlich für den Kapitalgeber sein können.[11] Auf diese Weise vermag es ein Nachhaltigkeitsbericht, die Informationen eines IFRS-Abschlusses zu ergänzen und zu erweitern.

Die Relevanz von Informationen aus einem Nachhaltigkeitsbericht für Kapitalgeber beschreibt die GRI wie folgt:

„Section Two (of the organisation's profile in a sustainability report) should focus on the impact of sustainability trends, risks, and opportunities on the long-term prospects and financial

---

[9] Global Reporting Initiative: Sustainability Reporting Guidelines, S. 2.
[10] Vgl. hierzu Abbildung 3.3, welche eine Übersicht über die Stakeholder der Daimler AG gibt.
[11] Inwieweit diesen Informationen tatsächlich eine Entscheidungsnützlichkeit für den Kapitalgeber nachgewiesen werden kann, wird im empirischen Teil dieser Arbeit untersucht.

performance of the organization. This should concentrate specifically on information relevant to financial stakeholders or that could become so in the future."[12]

Wie in Abschnitt 3.4.3 dargestellt wurde, basieren einige Informationen in einem Nachhaltigkeitsbericht nach den GRI-Leitlinien unmittelbar auf Daten, die aus dem IFRS-Abschluss des Unternehmens entnommen werden können. Die Zielsetzung der IFRS, entscheidungsnützliche Informationen an die Kapitalgeber zu vermitteln, entspricht genau der Fragestellung, die in dieser Arbeit bezogen auf die GRI-Leitlinien untersucht wird. Daher müssen an die GRI-Leitlinien bezüglich der Vermittlung entscheidungsnützlicher Informationen an die Kapitalgeber dieselben Anforderungen gestellt werden wie an die IFRS-Rechnungslegungsvorschriften insgesamt.

Wie auch bei der Aufstellung des Maßstabs zur Analyse, ob mit einem IFRS-Abschluss entscheidungsnützliche Informationen an die Kapitalgeber vermittelt werden, wird nachfolgend der Maßstab für die Analyse aufgestellt, die klären soll, ob auch mit einem Nachhaltigkeitsbericht nach den GRI-Leitlinien entscheidungsnützliche Informationen an die Kapitalgeber vermittelt werden.[13]

Aus dem Ziel der Informationsvermittlung der IFRS lässt sich der primäre Zweck der IFRS ableiten: der Kapitalgeberschutz (Investor Protection).[14] Der Schutz des Kapitalgebers ist auf unvollkommenen Märkten notwendig. Auf diesen Märkten führen Informationsasymmetrien zwischen den Marktteilnehmern zu suboptimaler Allokation. Um diesem Missstand zu begegnen, wurden Rechnungslegungsregeln konzipiert, deren potentiell effizienzsteigernde Wirkung einen Beitrag zum Schutz des Kapitalgebers leisten kann. Das IASB äußert sich dazu zwar wenig ausführlich, jedoch spricht es auch diese potentiell effizienzsteigernde Wirkung an:

„Other financial reporting comprises information provided outside financial statements that assists in the interpretation of a complete set of financial statements or improves users' ability to make efficient economic decisions."[15]

Im Entwurf zur Verbesserung des IFRS-Framework erwähnt das IASB sogar explizit, dass mit der Rechnungslegung die Effizienz der Ressourcenallokation erhöht werden soll:

---

[12] Global Reporting Initiative: Sustainability Reporting Guidelines, S. 20.
[13] Vgl. hierzu beispielsweise Streim et al.: Anmerkungen zur theoretischen Fundierung der Rechnungslegung nach International Accounting Standards, S. 179–195, Schmidt: Bilanzierung von Aktienoptionen nach IFRS 2, S. 7–50, Bieker: Ökonomische Analyse des Fair Value Accounting, S. 25–95, Hackenberger: Professionelle Fußballspieler in der internationalen Rechnungslegung. Eine ökonomische Analyse, S. 47–80 und Lenz: Die Bilanzierung von Immobilien nach IFRS – Eine ökonomische Analyse vor dem Hintergrund des REIT-Gesetzes, S. 103–141.
[14] Aus dem IFRS-Framework, welches die konzeptionelle Grundlage der IFRS bildet, geht jedoch nur implizit hervor, dass der primäre Zweck der IFRS-Rechnungslegung im Kapitalgeberschutz liegt. Vgl. Streim: Die Vermittlung von entscheidungsnützlichen Informationen durch Bilanz und GuV – Ein nicht einlösbares Versprechen der internationalen Standardsetter, S. 113.
[15] IASB Preface Abs. 7.

„The Boards' mandate is to assist in the efficient functioning of economies and the efficient allocation of resources in capital markets by developing high quality financial reporting standards. The objective pertains to financial reporting, which includes but is not limited to financial statements, and thereby provides a more complete basis on which to achieve these outcomes."[16]

Der potentiellen Effizienzsteigerung, mit der die Aufstellung von Normen u.a. begründet wird, widmen sich die folgenden Abschnitte.

4.2 Berichterstattung aus Effizienzgründen

Um ein möglichst hohes Maß an Bedürfnisbefriedigung der Individuen einer Gesellschaft zu erreichen, gilt es, knappe Ressourcen effizient einzusetzen. Eine Möglichkeit zur Beurteilung der ökonomischen Effizienz ist das Kriterium der Pareto-Effizienz. Eine Situation ist dann pareto-effizient, wenn es nicht möglich ist, ein Individuum besser zu stellen, ohne mindestens ein anderes in seiner Nutzenposition schlechter zu stellen.[17] Das paretianische Wohlfahrtskriterium vermag es jedoch nicht, eine von zwei Situationen als effizienter einzustufen, wenn beide Situationen pareto-effizient sind, sich die Situationen jedoch in der jeweiligen Summe aller Nutzenniveaus unterscheiden.

Zu diesem Zweck bedient sich die Wohlfahrtsökonomik des Kaldor-Hicks-Kriteriums,[18] welches eine Maßnahme immer dann als wohlfahrtssteigernd einstuft, wenn der resultierende Vorteilsgewinn der Begünstigten den Nutzenentgang der Benachteiligten durch eine Entschädigung kompensieren kann. Hierbei genügt die theoretische Möglichkeit der Kompensation. Wird diese jedoch auch tatsächlich vorgenommen, handelt es sich wiederum um eine Verbesserung nach dem Pareto-Kriterium.[19]

Charakteristisch für die Kapitalgeber, die im Kontext dieser Arbeit die zu betrachtenden Individuen darstellen, ist ihr primär finanzielles Interesse am Unternehmen. Da die Interessen der Kapitalgeber vorrangig finanzieller Art sind, bestehen im Zusammenhang mit ihren Investitionen finanzielle Ziele.

Ein Kapitalgeber strebt letztlich einen (Netto-)Zahlungstrom aus seiner Kapitaleinlage an, der seinen Nutzen bezogen auf sein individuelles Konsumverhalten optimiert. Hierbei stiftet jedoch nicht der Zahlungsstrom an sich den Nutzen, sondern das generierte finanzielle Vermögen, welches dem Kapitalgeber zu Konsumzwecken zur Verfügung steht.[20] Im Endeffekt strebt

---

[16] Vgl. Exposure Draft, An improved Conceptual Framework for Financial Reporting, OB3.
[17] Vgl. Fritsch et al.: Marktversagen und Wirtschaftspolitik, Mikroökonomische Grundlagen staatlichen Handelns, S. 24–43.
[18] Vgl. hierzu vertiefend Sohmen: Allokationstheorie und Wirtschaftspolitik, S. 308 ff.
[19] Vgl. Varian: Intermediate Microeconomics: A Modern Approach, S. 15–17.
[20] Vgl. Schmidt/Terberger-Stoy: Grundzüge der Investitions- und Finanzierungstheorie, S. 47 ff.

der Kapitalgeber somit einen Konsumstrom an, der ihm einen möglichst hohen Nutzen ermöglicht.[21] Dieser Konsumstrom ist als Resultat seiner Investitionstätigkeiten in drei Dimensionen zu betrachten: in seiner Höhe, in seiner zeitlichen Struktur sowie in seiner Unsicherheit. Diese Betrachtungsweise spiegelt wider, dass die Zahlungen, die diesen Strom ergeben, dem Kapitalgeber zu einem bestimmten Zeitpunkt mit einer bestimmten Wahrscheinlichkeit zufließen.[22]

4.3 Effizienz aus wohlfahrtsökonomischer Sicht

Im Rahmen der neoklassischen Mikroökonomik werden pareto-effiziente Zustände unter der Prämisse vollkommener Märkte selbständig über die marktliche Koordination erreicht. Zu den wesentlichen Merkmalen, die von der paretianischen Wohlfahrtsökonomik als gegeben angenommen werden, gehören die vollkommene Konkurrenz, die atomistische Marktstruktur, die Homogenität der Güter und die vollständige Markttransparenz.[23] Unter diesen Prämissen führt der Preismechanismus zu einer effizienten Verteilung der Ressourcen und damit zu einem pareto-optimalen Zustand. Erreicht wird dieser Zustand durch das eigennutzorientierte Handeln der Individuen, die nur unter der Voraussetzung der Erhöhung ihrer Nutzenniveaus einen Vertrag eingehen.[24] Auf diese Weise führt der Markt zu einer Maximierung des jeweiligen, individuellen Nutzenniveaus aller Teilnehmer und somit zu einer pareto-optimalen gesamtgesellschaftlichen Wohlfahrt. Insgesamt kann hier von einem perfekten Funktionieren des Marktes und damit von einem perfekten Funktionieren des hier betrachteten Kapitalmarktmechanismus gesprochen werden. Effizienz der Kapitalmärkte kann folglich ohne Institutionen wie die Rechnungslegung oder die Nachhaltigkeitsberichterstattung nach den GRI-Leitlinien erreicht werden.

Aus der Annahme der Marktvollkommenheit folgt für den Kapitalmarkt,[25] dass die Kapitalgeber die gleichen Erwartungen bezüglich der Renditen und Risiken von Finanzinvestitionen

---

[21] Vgl. Streim: Der Informationsgehalt des Human Resource Accounting. Zur Problematik der Erfassung und des Ausweises menschlicher Ressourcen im betriebswirtschaftlichen Rechnungswesen, S. 34.

[22] Vgl. Schmidt/Terberger-Stoy: Grundzüge der Investitions- und Finanzierungstheorie, S. 50 sowie Streim: Internationalisierung von Gewinnermittlungsregeln zum Zwecke der Informationsvermittlung – Zur Konzeptionslosigkeit der Fortentwicklung der Rechnungslegung, S. 338 und Kahle: Informationsversorgung des Kapitalmarkts über internationale Rechnungslegungsstandards, S. 96.

[23] Erläuternd kann hinzugefügt werden, dass eine atomistische Marktstruktur einen Markt beschreibt, der eine hohe Anzahl an Anbietern sowie Nachfragern hat und auf dem alle Anbieter jeweils nur kleine Marktanteile besitzen. Die Homogenität der Güter beschreibt qualitativ gleichwertige Güter, bei denen auf der Nachfragerseite keine räumlichen, sachlichen oder persönlichen Präferenzen existieren. Eine vollständige Markttransparenz ist dann gegeben, wenn allen Marktteilnehmern vollständige und kostenlose Informationen über die Qualität und über die Preise der Güter vorliegen. Vgl. hierzu auch Mankiw/Taylor: Grundzüge der Volkswirtschaftslehre, S. 322, Fritsch et al.: Marktversagen und Wirtschaftspolitik, Mikroökonomische Grundlagen staatlichen Handelns, S. 27–29 sowie Cezanne: Allgemeine Volkswirtschaftslehre, S. 156.

[24] Vgl. Fritsch et al.: Marktversagen und Wirtschaftspolitik, Mikroökonomische Grundlagen staatlichen Handelns, S. 25–43.

[25] Der Handel am Kapitalmarkt ist in Analogie zu einem Gütermarkt zu betrachten. Der Unterschied liegt lediglich darin, dass am Kapitalmarkt zukünftige Zahlungsströme für Geld der Gegenwart gehandelt werden.

4.4 Die Agency-Theorie im Kontext der Nachhaltigkeitsberichterstattung

bilden, dass die Inanspruchnahme des Kapitalmarktes weder mit Steuern noch mit Transaktionskosten verbunden ist, sowie, dass die relevanten Informationen den Marktteilnehmern kostenlos zur Verfügung stehen. Unter diesen Prämissen wird der Kapitalmarkt als vollkommen betrachtet. Die marktliche Koordination führt auch auf diesem Markt zu einem pareto-effizienten Zustand, sowohl bezogen auf den individuellen Nutzen als auch bezogen auf die gesamtgesellschaftliche Wohlfahrt.[26]

Innerhalb dieses restriktiven, theoretischen Modellrahmens der Neoklassik ist eine Institution wie die Rechnungslegung oder die Beachtung der GRI-Leitlinien nicht von Nöten. Es ist jedoch unter realen Bedingungen festzustellen, dass die Kapitalmärkte nicht den Prämissen der neoklassischen Finanztheorie entsprechen. Vielmehr sind die Kapitalmärkte geprägt durch die Existenz von Transaktionskosten und das Vorliegen unvollständiger Informationen. Aufgrund dieser offensichtlichen Marktunvollkommenheiten und des beobachtbaren Marktversagens vermag es der Marktmechanismus allein nicht, eine effiziente oder eine gerechte Allokation der Ressourcen herbeizuführen.[27] An diesem Punkt setzen die neoinstitutionalistischen Theorien an,[28] die Gegenstand des nächsten Abschnitts sind.

4.4 Die Agency-Theorie im Kontext der Nachhaltigkeitsberichterstattung

In den verschiedenen Ansätzen der Familie der neoinstitutionalistischen Theorien finden realitätsnähere Annahmen Berücksichtigung als in den Theorien der Neoklassik. Die neoinstitutionalistischen Theorien sind daher in der Lage, die real existierenden, unvollkommenen Märkte besser zu erklären.

Die Theorie der Verfügungsrechte,[29] die Transaktionskostentheorie[30] und die Agency-Theorie zählen zu den Ansätzen der neuen Institutionenökonomik. Entsprechend des jeweiligen neoinstitutionalistischen Ansatzes werden im Wesentlichen die Prämissen der Neoklassik variiert.[31] Zu diesen Prämissen zählt, dass zur Nutzenmaximierung nur unvollständige Informationen zur Verfügung stehen. Auf diese Weise soll eine Untersuchung von Wohlfahrtseffekten unter den realen Bedingungen eines unvollkommenen Markts ermöglicht werden.

---

[26] Vgl. Schmidt/Terberger-Stoy: Grundzüge der Investitions- und Finanzierungstheorie, S. 62.
[27] Vgl. ebd., S. 65.
[28] Vgl. Martiensen: Institutionenökonomik – Die Analyse der Bedeutung von Regeln und Organisationen für die Effizienz ökonomischer Tauschbeziehungen, S. 18 f. oder ähnlich Elschen: Agency-Theorie, S. 250.
[29] Diese Theorie der neuen Institutionenökonomik ist im Englischen unter dem Begriff Property Rights Theory bekannt. Vgl. hierzu vertiefend Coase: The Nature of the Firm.
[30] Vgl. Schmidt/Terberger-Stoy: Grundzüge der Investitions- und Finanzierungstheorie, S. 398.
[31] Vgl. Arrow: The Economics of Agency, S. 1184.

Institutionen können sowohl Ordnungen und damit Regelsysteme, als auch Organisationen und damit Handlungssysteme umfassen.[32] Die Institutionen sollen einen positiven Beitrag zur Gesamtwohlfahrt in jenen Märkten leisten, in denen Tauschbeziehungen nicht ohne Reibungsverluste möglich sind,[33] d.h. die Institutionen sollen zu einer Verringerung oder gar zu einer Vermeidung dieser Reibungsverluste führen.[34] Auf unvollkommenen Märkten können auf diese Weise positive Wohlfahrtseffekte erreicht werden.[35]

Die neue Institutionenökonmik sieht eine maßgebliche Ursache der Funktionsschwäche des Kapitalmarktmechanismus in der asymmetrischen Informationsverteilung zwischen den handelnden Parteien am Kapitalmarkt. Liegt am Kapitalmarkt der Zustand asymmetrischer Informationsverteilung vor, entstehen Wohlfahrtsverluste, denen mit Hilfe einer Institution wie der Rechnungslegung oder der GRI-Leitlinien begegnet werden soll. Das Ziel der Rechnungslegung ist daher, einen Beitrag zur Steigerung der Effizienz der Kapitalmärkte zu leisten. Dasselbe Ziel soll auch mit Hilfe der GRI-Leitlinien realisiert werden. Werden die Institutionen der Rechnungslegung bzw. der GRI-Leitlinien und die durch sie induzierten Wohlfahrtseffekte betrachtet, erweist sich in diesem Kontext insbesondere die Agency-Theorie als geeigneter Ansatz.[36]

4.4.1 Das Problem des Auftraghandelns

Die Agency-Theorie bzw. Prinzipal-Agent-Theorie, deren Gegenstand die Analyse des Auftraghandelns ist, kann als theoretischer Bezugsrahmen zur Analyse der GRI-Leitlinien und dem damit einhergehenden Ziel eines funktionierenden Kapitalmarktes herangezogen werden. Diese Theorie beschäftigt sich sowohl mit den Wohlfahrtsverlusten, die aus einem solchen Auftragsverhältnis resultieren können, als auch mit der Frage, welche Institutionen diesen Verlusten entgegenwirken.

Sie beschreibt die Situation, in der mindestens eine Person (der Prinzipal) Entscheidungsbefugnisse delegiert, indem sie mindestens eine weitere Person (den Agenten) vertraglich beauftragt,

---

[32] Vgl. Schneider: Betriebswirtschaftslehre. Band 3: Theorie der Unternehmung, S. 47, wie auch grundlegend Martiensen: Institutionenökonomik – Die Analyse der Bedeutung von Regeln und Organisationen für die Effizienz ökonomischer Tauschbeziehungen, S. 11.
[33] Vgl. Terberger: Neo-institutionalistische Ansätze: Entstehung und Wandel, Anspruch und Wirklichkeit, S. 22.
[34] Hierbei fungiert das Optimum aus neoklassischer Sicht z.T. als eine Referenzlösung für eine zweitbeste Lösung, welche auf den neoinstitutionalistischen Ansätzen basiert, vgl. Schmidt/Terberger-Stoy: Grundzüge der Investitions- und Finanzierungstheorie, S. 404.
[35] Vgl. Akerlof: The Market for 'Lemons': Quality Uncertainty and the Market Mechanism, S. 488.
[36] Vgl. Ewert: The Financial Theory of Agency as a Tool for an Analysis of Problems in External Accounting, Pellens/Fülbier: Differenzierung der Rechnungslegungsregulierung nach Börsenzulassung, S. 577 f., Franken: Gläubigerschutz durch Rechnungslegung nach US-GAAP – Eine ökonomische Analyse, S. 17 ff. sowie Wagenhofer: Voluntary Disclosure with a Strategic Opponent, S. 55–67.

4.4 Die Agency-Theorie im Kontext der Nachhaltigkeitsberichterstattung

eine bestimmte Leistung zu erbringen.[37] Bei dem Agenten handelt es sich hierbei um die ausführende Instanz, der Prinzipal stellt die übergeordnete Instanz dar. Zu den Aufgaben, die der Prinzipal dem Agenten überträgt, gehört hier im Wesentlichen die Ausübung von Unternehmerfunktionen, im Rahmen derer sich der Agent zwischen diversen Handlungsmöglichkeiten entscheidet.

Agency-Beziehungen können in verschiedenen Vertragsbeziehungen identifiziert werden. Hier wird das Kapitalüberlassungsverhältnis zwischen Kapitalgebern und Managern betrachtet. Zwischen einem Kapitalgeber eines Unternehmens als Prinzipal und dem Manager als Agent besteht eine Auftragsbeziehung. Der Agent führt im Auftrag des Prinzipals das Unternehmen und trifft somit die Entscheidungen über die Tätigkeiten des Unternehmens. Ein bedeutsamer Aspekt von Auftragsverhältnissen, die ein Prinzipal-Agenten-Verhältnis aufweisen, ist, dass die Handlungen des Agenten nicht nur sein eigenes Wohlfahrtsniveau, sondern auch das des Prinzipals beeinflussen.[38]

Charakteristisch für eine Auftragsbeziehung im Prinzipal-Agenten-Verhältnis ist die asymmetrische Verteilung des Wissens.[39] Der Agent verfügt während der Auftragsbeziehung stets über ein höheres Wissen als der Prinzipal. Solange zwischen dem Agenten und dem Prinzipal Interessengleichheit herrscht, stellt die ungleiche Verteilung des Wissens kein Problem dar, weil die Handlungen des Agenten zur Maximierung des Eigennutzes auch dem Prinzipal zum Vorteil gereichen.[40] Konfliktpotential besteht jedoch dann, wenn eine Interessendivergenz zwischen den beiden Vertragsparteien besteht. In diesen Situationen besteht für den Agenten ein Anreiz, seinen Wissensvorsprung mit dem Ziel der individuellen Nutzenmaximierung zu Ungunsten des Prinzipals auszunutzen. Insbesondere durch die nachfolgenden Situationen ergeben sich Anreize für den Agenten, sich nach dem Vertragsabschluss opportunistisch zu verhalten:

- Der Prinzipal kann die Handlungen des Agenten nicht bzw. nicht kostenlos beobachten (sog. Hidden Action).[41] Auch aus dem vom Agenten erzielten Ergebnis lassen sich keine eindeutigen Rückschlüsse auf seinen Arbeitseinsatz ziehen, da das Ergebnis von exogenen Faktoren aus der Umwelt des Unternehmens, wie beispielsweise von konjunkturellen Schwankungen, überlagert wird.[42]

---

[37] Jensen und Meckling definieren eine Auftragsbeziehung wie folgt: „A contract under which one or more persons (the principal(s)) engage another person (the agent) to perform some service on their behalf which involves delegating some decision making authority to the agent." Jensen/Meckling: Theory of the firm: Managerial Behavior, Agency Costs and Ownership Structure, S. 308. Vgl. ebenso Kessler/Sauter: Handbuch Stock Options – Rechtliche, steuerliche und bilanzielle Darstellung von Stock-Option Plänen, S. 6.
[38] Vgl. Arrow: The Economics of Agency, S. 38.
[39] Vgl. Schmidt/Terberger-Stoy: Grundzüge der Investitions- und Finanzierungstheorie, S. 391.
[40] Vgl. Streim: Grundzüge der handels- und steuerrechtlichen Bilanzierung, S. 11.
[41] Vgl. Arrow: The Economics of Agency, S. 38–42.
[42] Vgl. Jost: Die Prinzipal-Agenten Theorie im Unternehmenskontext, S. 26.

- Der Prinzipal kann die Handlungen des Agenten zwar beobachten, jedoch mangelt es ihm an Informationen (sog. Hidden Information), die es ihm ermöglichen, den Arbeitseinsatz des Agenten unter dem Einfluss exogener Faktoren angemessen zu beurteilen.[43]

Diese Risiken, die nach dem Vertragsabschluss für den Prinzipal bestehen können, werden unter dem Begriff des moralischen Risikos bzw. Moral Hazard subsumiert.[44] Eine asymmetrische Informationsverteilung kann jedoch auch bereits vor dem Vertragsabschluss vorliegen. Ist der Agent in der Lage, transaktionsrelevante Eigenschaften vor dem Prinzipal zu verbergen, wird von sog. Hidden Characteristics gesprochen.[45] Aus diesem Sachverhalt resultiert im Rahmen asymmetrischer Informationsverteilung für den Prinzipal die Gefahr, dass er solche Agenten wählt, die den Vertrag für den Prinzipal nicht erfolgreich erfüllen. Eine solche Fehlentscheidung wird als adverse Selektion bezeichnet.[46]

4.4.2 Auftragsverhältnisse im Rahmen der Nachhaltigkeitsberichterstattung und potentielle Wohlfahrtseinbußen

Zwischen den Kapitalgebern und dem Management bestehen zwar meist Verträge, die ein solches Kapitalüberlassungsverhältnis absichern, jedoch ist das Bestehen eines expliziten Vertrages keine notwendige Voraussetzung für die Existenz einer Auftragsbeziehung. Im Kontext der Nachhaltigkeitsberichterstattung lassen sich die Auftragsbeziehungen nicht ausschließlich auf die oben geschilderten Kapitalüberlassungsverhältnisse reduzieren.

Wird zur Definition einer Auftragsbeziehung lediglich die Annahme zugrunde gelegt,[47] dass der Nutzen eines Individuums von den Handlungen eines anderen abhängig ist, können im Rahmen der Nachhaltigkeitsberichterstattung eine Vielzahl von Auftragsbeziehungen identifiziert werden. Neben dem Auftragsverhältnis zwischen dem Management des Unternehmens und dem Kapitalgeber bestehen ebenso Verhältnisse zwischen dem Management und z.B. den Kunden, den Lieferanten, den Mitarbeitern, der Gemeinde, dem Staat oder den Nicht-Regierungsorganisationen, kurzum zwischen dem Management und den anderen Stakeholdern des Unternehmens.

---

[43] Vgl. Arrow: The Economics of Agency, 39 f. und Elschen: Principal-Agent, S. 557–559.
[44] Vgl. Barnea et al.: Agency Problems and Financial Contracting, S. 3.
[45] Vgl. Jost: Die Prinzipal-Agenten Theorie im Unternehmenskontext, S. 28.
[46] Vgl. Arrow: Agency and the Market, S. 1184 f. Grundlegend wird die Situation der adversen Selektion anhand des Gebrauchtwagenmarkts in Akerlof: The Market for 'Lemons': Quality Uncertainty and the Market Mechanism beschrieben.
[47] Pratt und Zeckhauser definieren eine Auftragsbeziehung wie folgt: „[...] whenever one individual depends on the action of another, an agency relationship arises. The individual taking the action is called the agent. The affected party is the principal." Pratt/Zeckhauser: Principals and Agents: An Overview, S. 2.

4.4 Die Agency-Theorie im Kontext der Nachhaltigkeitsberichterstattung

Dieser Sachverhalt ist wenig überraschend, weisen doch die Definition einer Auftragsbeziehung und die eines Stakeholders Parallelen auf: Bei den Stakeholdern handelt es sich um Gruppen, die entweder vom Unternehmen beeinflusst werden oder das Unternehmen beeinflussen.[48] Auftragsbeziehungen bestehen nach der zuvor genannten Definition zwischen dem Management und allen Gruppen, deren Nutzen von den Tätigkeiten des Unternehmens abhängig ist, also zwischen dem Management und allen weiteren Stakeholdern des Unternehmens.

Wie auch schon in den vorherigen Abschnitten zu den Zwecken der GRI-Leitlinien liegt weiterhin der Fokus auf dem Kapitalgeber[49] und daher auf dem Auftragsverhältnis zwischen dem Kapitalgeber und dem Kapitalnehmer. Die nächsten Abschnitte führen aus diesem Grund die Risiken weiter aus, die mit der Kapitalüberlassung für die Kapitalgeber in Agency-Beziehungen einhergehen.

4.4.3 Agency-induzierte Kapitalgeberrisiken

Inwieweit sich die im Rahmen einer Agency-Beziehung auftretenden Risiken und die damit verbundenen potentiellen Schädigungen auf den Kapitalgeber auswirken, hängt von der Art des Kapitalüberlassungsverhältnisses ab. Dabei sind die kapitalbereitstellenden Gruppen nach Eigen- und Fremdkapitalgebern zu unterscheiden.

Die Eigenkapitalgeber nehmen bei Kapitalgesellschaften eine Eigentümer- bzw. Gesellschafterposition ein. Sie erhalten als Gegenleistung für das überlassene Kapital Beteiligungstitel des jeweiligen Unternehmens. Mit dem Erwerb dieser Titel gehen die Eigenkapitalgeber ein Kapitalüberlassungsverhältnis ein,[50] das ihnen zugleich bestimmte Rechte einräumt: Die Eigenkapitalgeber erhalten Entscheidungs- und Informationsrechte[51] sowie Ansprüche auf ergebnisabhängige Zahlungen. Hierbei handelt es sich um einen Residualanspruch,[52] der erst dann bedient wird, wenn das Unternehmen seinen Verpflichtungen z.B. gegenüber den Fremdkapitalgebern, den Arbeitnehmern, den Lieferanten oder dem Fiskus nachgekommen ist.[53] Bei den betrachteten Kapitalgesellschaften ist das Haftungs-Risiko für den Eigenkapitalgeber durch die Höhe der Kapitaleinlage beschränkt.

---

[48] Vgl. Abschnitt 2.2.
[49] Vgl. Abschnitt 4.1.
[50] Vgl. Streim: Grundzüge der handels- und steuerrechtlichen Bilanzierung, S. 10 f.
[51] Vgl. Pellens: Aktionärsschutz im Konzern – Empirische und theoretische Analyse der Reformvorschläge der Konzernverfassung, S. 46–51.
[52] Vgl. Schmidt: Grundformen der Finanzierung. Eine Anwendung des neo-institutionalistischen Ansatzes der Finanzierungstheorie, S. 193.
[53] Auf Grund der nachrangigen Bedienung der Eigenkapitalgeber und des damit einhergehenden höheren Risikos an Kapitalverlusten, welches daher vornehmlich von den Eigenkapitalgebern getragen wird, haben diese in der Regel höhere Renditeerwartungen. Vgl. Drukarczyk: Theorie und Politik der Finanzierung, S. 123 f. sowie S. 148.

Im Gegensatz zu den Eigenkapitalgebern erwerben die Fremdkapitalgeber mit ihrer Kapitalüberlassung einen Forderungstitel. In diesem Fall beziehen sich die Ansprüche in der Regel auf Leistungen, die ergebnisunabhängig sind und meist vertraglich nach Art, Höhe und Zeit genau festgelegt sind. Üblicherweise handelt es sich bei diesen Leistungen um Zins- und Tilgungszahlungen. Daher nehmen die Fremdkapitalgeber eine Gläubigerposition ein.[54]

Während die Eigenkapitalgeber an einer Maximierung der Summe der Dividenden und der zukünftigen Kurssteigerungen aus ihrer Beteiligung am Unternehmen interessiert sind,[55] ist das Interesse der Fremdkapitalgeber auf ihren Festbetragsanspruch, der sich aus Zinsen und Tilgung zusammensetzt, und auf das Kreditausfallrisiko gerichtet.

Gemein ist diesen beiden Kapitalgebergruppen, dass sie primär ein finanzielles Interesse am Unternehmen haben. Realisiert werden soll hierbei eine Maximierung ihres Nutzenniveaus, welches sich durch die an die Kapitalgeber fließenden Zahlungsströme aus ihrer Investition bemisst und welches wiederum zu Konsumzwecken genutzt werden kann. Dieser Zahlungsstrom zu Konsumzwecken weist mit der Höhe, der zeitlichen Struktur und Unsicherheit drei Dimensionen auf.[56]

Somit bestehen die mit dem erwarteten Zahlungsstrom korrespondierenden Risiken einer Abweichung darin, dass der tatsächliche Zahlungsstrom niedriger ausfällt, später ausgezahlt wird bzw. dessen Auszahlung mit höheren Unsicherheiten verbunden ist. Die Ursachen für diese Abweichungen von den erwarteten Größen werden im Folgenden präzisiert.

Eine Ursache für das Abweichen von dem Erwartungswert einer Zielgröße kann eine negative Entwicklung der Umwelt sein und damit eine für die Kapitalgeber ungünstige Konstellation zahlungsstromrelevanter Parameter, die vom Management nicht beeinflusst werden können.[57] Ein mögliches Szenario ist die stark abfallende Nachfrage nach Waren, in deren Produktion zuvor hohe Investitionssummen flossen. Verluste, die eine Konsequenz aus der ungünstigen Umweltsituation sind, können dem Management nicht angelastet werden, da dieses es nicht vermag, die Umwelt zu beeinflussen. Hat eine Abweichung ihre Ursache in der Umweltsituation, liegt ein Risiko zugrunde, welches als allgemeines Unternehmensrisiko (Business Risk) bezeichnet wird.[58]

Neben dem Unternehmensrisiko existieren zudem Risiken, die in einem beabsichtigten oder unbeabsichtigten Fehlverhalten des Managements begründet sind und zwischen denen zu differenzieren ist. Abweichungen vom erwarteten Zahlungsstrom, die darauf zurückzuführen sind,

---

[54] Vgl. Streim: Grundzüge der handels- und steuerrechtlichen Bilanzierung, S. 11.
[55] Vgl. Rappaport: Creating Shareholder Value: A Guide for Managers and Investors, S. 56 f.
[56] Vgl. Moxter: Die Grundsätze ordnungsmäßiger Bilanzierung und der Stand der Bilanztheorie, S. 38 sowie Schmidt/Terberger-Stoy: Grundzüge der Investitions- und Finanzierungstheorie, S. 50.
[57] Vgl. Barnea et al.: Agency Problems and Financial Contracting, S. 26 f.
[58] Vgl. Streim: Grundzüge der handels- und steuerrechtlichen Bilanzierung, S. 11.

4.4 Die Agency-Theorie im Kontext der Nachhaltigkeitsberichterstattung 103

dass das Management aufgrund seiner Unfähigkeit eine für die Kapitalgeber schlechtere Handlungsalternative gewählt hat, können als Risiko des unbeabsichtigten Fehlverhaltens bezeichnet werden. Ein unbeabsichtigtes Fehlverhalten liegt beispielsweise vor, wenn das Management bei Planungen nicht die dafür vorhandenen Instrumente einsetzt oder die Ergebnisse aus vergangenen Entscheidungen nicht kontrolliert.[59]

Die Agency-Theorie eignet sich zur Erklärung der Risiken, die aus einem absichtlichen Fehlverhalten (Moral Hazard)[60] des Managements entstehen, und zur Beurteilung der Instrumente und der Institutionen, die zu einer Reduzierung dieser Risiken beitragen können. Die Betrachtung der Kapitalgeberrisiken, die aus einem absichtlichen Fehlverhalten resultieren, ist Gegenstand des folgenden Abschnitts und wird zur besseren Übersicht in Abbildung 4.1 zusammengefasst.

4.4.4 Nachhaltigkeitsberichterstattung zur Reduzierung von Agency-theoretischen Kapitalgeberrisiken

Innerhalb des Risikos des absichtlichen Fehlverhaltens auf der Managerseite wird zwischen investitionsbedingten, ausschüttungsbedingten sowie informationsbedingten Risiken differenziert.

Investitionsbedingte Risiken für die Eigenkapitalgeber bestehen darin, dass das Management Investitonen tätigen kann, die den eigenen Nutzen maximieren, die jedoch das Nutzenniveau der Eigenkapitalgeber nicht optimieren. Verwendet der Manager das von den Eigenkapitalgebern investierte Kapital für persönliche Konsumzwecke, verschafft er sich auf diese Weise zu Lasten des an die Eigenkapitalgeber fließenden Zahlungsstroms einen Vorteil. In diesem Fall kann das vom Manager zum eigenen Vorteil verwendete Unternehmensvermögen nicht mehr zur Steigerung des Unternehmenswerts beitragen. Namentlich ist dieses Risiko als Consumption on the Job bekannt. Reduziert der Manager seinen Arbeitseinsatz, der zur Steigerung des Unternehmenswerts notwendig wäre (Shirking), kann er seinen Nutzen damit zu Lasten der Eigenkapitalgeber steigern.[61]

Ein weiteres investitionsbedingtes Risiko ist das der Überinvestition. Regelmäßig müssen die Manager über die Verwendung des erwirtschafteten Gewinns entscheiden. Entscheidet sich der Manager für eine interne Reinvestition und somit gegen eine Ausschüttung an die Eigenkapitalgeber, obwohl eine externe Anlage der zur Disposition stehenden finanziellen Mittel höhere Renditen erwirtschaften würde, verkürzt der Manager auf diese Weise die Ausschüttungskom-

---

[59] Vgl. ebd., S. 14.
[60] Vgl. Barnea et al.: Agency Problems and Financial Contracting, S. 3 sowie Beaver: Financial Reporting: An Accounting Revolution, S. 39 f.
[61] Vgl. Ewert: Rechnungslegung, Gläubigerschutz und Agency-Probleme, S. 10 f.

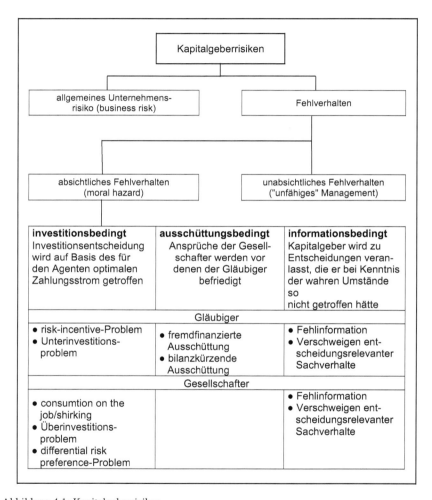

Abbildung 4.1: Kapitalgeberrisiken,
Quelle: Leippe: Die Bilanzierung von Leasinggeschäften nach deutschem Handelsrecht und US-GAAP, S. 51.

4.4 Die Agency-Theorie im Kontext der Nachhaltigkeitsberichterstattung

petenz des Unternehmens.[62] Für den Manager besteht der Anreiz zu dieser Verhaltensweise darin, dass aus der Wiederanlage finanzieller Mittel im Unternehmen ein Unternehmenswachstum resultiert. Häufig korrespondiert ein solches Wachstum mit einer finanziellen oder nichtfinanziellen Erhöhung der Manager-Vergütung oder einer gesteigerten Reputation.

Die unterschiedlichen Risikopräferenzen des Managements und der Eigenkapitalgeber können ebenfalls zu einem investitionsbedingten Risiko führen (Differential Risk Preference-Problem). Risikoreichere Investitionen werden vom Manager tendenziell nicht durchgeführt, da er seinen Haupteinkommensstrom aus dem Unternehmen bezieht, in dem er beschäftigt ist.[63] Eine risikoreichere Investition stellt ein größeres Gefahrenpotential für den Bestand des Unternehmens dar. Während der Manager aufgrund seiner Humankapitalinvestition in das Unternehmen keine Möglichkeiten der Risikodiversifikation hat, sind die Eigenkapitalgeber in der Lage, das unternehmensspezifische Risiko im Zuge einer Diversifikation ihrer Finanzinvestitionen zu reduzieren. Somit hätte eine Insolvenz eines Unternehmens aus dem Portfolio eines Eigenkapitalgebers geringe Auswirkungen auf den Zahlungsstrom, der aus den Investitionen resultiert. Aus diesem Grund kann vom Eigenkapitalgeber eine risikoreichere Investition bevorzugt werden, als sie vom Manager getätigt wird.

Charakteristisch für die Fremdkapitalgeber eines Unternehmens ist ihr Festbetragsanspruch in Form einer Verzinsung und der Rückzahlung des zur Verfügung gestellten Kapitals. Dementsprechend ist der Zahlungsanspruch eines Fremdkapitalgebers gänzlich unabhängig von dem aus der Investition erzielten Zahlungsstrom. Liegt dieser Zahlungsstrom oberhalb des Anspruchs des Fremdkapitalgebers, profitiert er hiervon nicht.[64] Falls der Zahlungsstrom jedoch unterhalb des Fremdkapitalgeberanspruchs liegt, müssen weder die Manager noch die Eigenkapitalgeber die Differenz mit ihrem Privatvermögen ausgleichen, da eine Haftungsbeschränkung vorliegt. Im Fall einer Liquidation werden die Ansprüche der Fremdkapitalgeber gegenüber denen der Eigenkapitalgeber mit Vorrang befriedigt. Aus dieser Konstellation können Risiken für den Fremdkapitalgeber entstehen. Im Rahmen dieser Betrachtung wird die Annahme getroffen, dass die Manager im Sinne der Eigenkapitalgeber handeln.

Wie bereits dargestellt werden konnte, ist es für die Eigenkapitalgeber gelegentlich von Nutzen, eine risikoreiche Investition zu tätigen, die möglicherweise einen negativen Erwartungswert des Kapitalwerts aufweist. Die Eigenkapitalgeber gehen eine risikoreiche Investition in der Hoffnung auf eine für sie günstige Umweltsituation und auf die hieraus resultierenden höheren Zahlungsströme ein. Aufgrund ihres Festbetragsanspruchs profitieren die Fremdkapitalgeber dagegen nicht vom positiven Ausgang einer risikoreichen Investition. Tritt jedoch eine ungünstige Umweltsituation ein, müssen sie jedoch genau wie die Eigenkapitalgeber mit dem

---

[62] Vgl. Decker: Eine Prinzipal-Agenten-theoretische Betrachtung von Eigner-Manager-Konflikten in der Kommanditgesellschaft auf Aktien und in der Aktiengesellschaft, S. 69.
[63] Vgl. ebd., S. 77.
[64] Vgl. Schmidt/Terberger-Stoy: Grundzüge der Investitions- und Finanzierungstheorie, S. 412 f.

eingesetzten Kapital für die negativen Konsequenzen haften. Namentlich ist dieses investitionsbedingte Risiko als Risk Incentive-Problem bekannt.[65]

Die Eigenkapitalgeber machen ihre Investitionsentscheidung nicht am Gesamtzahlungsstrom des Unternehmens fest, sondern nur am Zahlungsstrom, der an sie fließt. Bei einer Investition, die zwar einen positiven Kapitalwert hat, bei der die Einzahlungsüberschüsse aber fast ausschließlich zur Erfüllung der Ansprüche der Fremdkapitalgeber verwendet werden, besteht daher aufgrund des geringen verbleibenden Überschusses aus Sicht des Managements und der Eigenkapitalgeber kaum ein Anreiz zur Durchführung der Investition. Bei Situationen dieser Art liegt ein Unterinvestitionsproblem (Underinvestment Risk) vor.[66]

Ausschüttungsbedingte Risiken bestehen für die Fremdkapitalgeber dann, wenn die vertraglich vereinbarte Aufteilung des Zahlungsstroms zwischen den Kapitalgebern und -nehmern nicht eingehalten wird. Obgleich in diesem Fall die Kapitalwert maximierende Investition realisiert wird, besteht hierbei das Risiko, dass die Manager und die Eigenkapitalgeber die Befriedigung ihrer Ansprüche vor die Befriedigung der Ansprüche der Fremdkapitalgeber setzen. Beispielhaft dargestellt werden kann dieser Sachverhalt anhand des ausschüttungsbedingten Risikos der fremdfinanzierten Ausschüttung. Hierbei wird zusätzliches Fremdkapital aufgenommen, welches unmittelbar an die Eigenkapitalgeber ausgeschüttet wird. Auf diese Weise werden Mittel aus dem Unternehmensvermögen in das Vermögen der Eigenkapitalgeber verlagert, mit der Konsequenz, dass im Insolvenzfall diese Mittel nicht zur Deckung der Alt-Fremdkapitalgeber zur Verfügung stehen.[67]

Ebenso stellen bilanzkürzende Ausschüttungen ein Risiko für die Fremdkapitalgeber dar. Wird Unternehmensvermögen partiell liquidiert und der Erlös an die Eigenkapitalgeber ausgeschüttet, entsteht dadurch für die Fremdkapitalgeber das Risiko eines geminderten Schuldendeckungspotentials.[68]

Informationsbedingte Risiken bestehen sowohl für die Eigenkapitalgeber als auch für die Fremdkapitalgeber dann, wenn das Management vor oder nach dem Abschluss des Vertrags über das Kapitalüberlassungsverhältnis Fehlinformationen verkündet oder wichtige Informationen verschweigt. Beispielsweise kann das Management die tatsächliche Lage des Unternehmens falsch darstellen und auf diese Weise die Kapitalgeber täuschen. Ebenso können den Kapitalgebern relevante Informationen über das Unternehmen und seine Lage vorenthalten werden. Folglich schädigt dieses Verhalten die Kapitalgeber, da sie in den Entscheidungsprozess die ihnen vermittelten (falschen) Informationen einbeziehen und Entscheidungen treffen, die sie bei

---

[65] Vgl. Drukarczyk: Theorie und Politik der Finanzierung, S. 311.
[66] Vgl. Ewert: Rechnungslegung, Gläubigerschutz und Agency-Probleme, S. 19.
[67] Vgl. ebd., S. 17.
[68] Vgl. ebd., S. 14 f.

4.4 Die Agency-Theorie im Kontext der Nachhaltigkeitsberichterstattung

Kenntnis der wahren Unternehmenslage möglicherweise nicht oder nur zu anderen Konditionen getroffen hätten.[69]

4.4.5 Implikationen der Agency-Theorie für die Nachhaltigkeitsberichterstattung

Die zuvor exemplarisch dargestellten Risiken zeigen, dass ein Informationsvorsprung in Kombination mit divergierenden Interessen zwischen Agent und Prinzipal Nutzeneinbußen auf der Kapitalgeberseite verursachen kann. Auf diese Weise entstandene individuelle Nutzeneinbußen werden als Agency Costs bezeichnet.

Bestehen für die Kapitalgeber investitionsbedingte, ausschüttungsbedingte oder informationsbedingte Risiken, führt dies zu Änderungen in ihrem Investitionsverhalten. Antizipieren die Kapitalgeber beispielsweise, dass mit dem vertraglichen Eingehen einer Agency-Beziehung Reichtumsverlagerungen zu ihren Lasten drohen, werden sie versuchen, die möglichen Einbußen entweder durch eine Risikoprämie zu kompensieren oder durch eine Rationierung der Investition zu begrenzen. Ein potentieller Kapitalgeber, der einen Anreiz für den Manager zur Steigerung des eigenen Nutzens zu Lasten des Kapitalgebers befürchtet, wird womöglich ein solches Kapitalüberlassungsverhältnis nicht eingehen.[70]

Verlangen die Kapitalgeber eine Risikoprämie für den Einsatz ihres Kapitals, werden hierdurch die Kapitalkosten des Unternehmens erhöht. Rationieren die Kapitalgeber ihre Investitionen in das Unternehmen oder verzichten die Kapitalgeber aufgrund der bestehenden Risiken gänzlich auf eine Investition, steht dem Unternehmen weniger Kapital zur Verfügung.

Hierbei bleiben Investitionen aus, die sowohl den Nutzen des Unternehmens als auch den Nutzen der Kapitalgeber erhöhen könnten. Es kann sich bei dieser Situation nicht um eine paretoeffiziente Situation handeln, da durch die ausgebliebenen Investitionen mehrere Individuen schlechter gestellt werden, ohne dass ein Individuum besser gestellt würde. Aus den Risiken für den Kapitalgeber sind damit in der geschilderten Situation Effizienzverluste auf gesamtwirtschaftlicher Ebene entstanden.[71] Daher ist ein Markt, auf dem Prinzipal-Agenten-Beziehungen bestehen, von sich aus nicht in der Lage, die Ressourcen effizient zu verteilen.

Um die gesamtwirtschaftliche Effizienz zu steigern, müssen die Risiken für die Kapitalgeber reduziert werden. Ein Lösungsweg zur Reduzierung der Risiken der Kapitalgeber liegt in der Reduzierung der Informationsasymmetrien im Rahmen der Prinzipal-Agenten-Beziehung durch

---

[69] Vgl. Streim: Grundzüge der handels- und steuerrechtlichen Bilanzierung, S. 12–15.
[70] Vgl. Schmidt/Terberger-Stoy: Grundzüge der Investitions- und Finanzierungstheorie, S. 422 f.
[71] Vgl. Jensen/Meckling: Theory of the firm: Managerial Behavior, Agency Costs and Ownership Structure, S. 308 f.

die Aufstellung von Vorschriften bzw. Normen zur externen Berichterstattung.[72] Die Rechnungslegung stellt damit eine Institution dar, welche im Zuge der Aufstellung bestimmter Vorschriften die Transparenz erhöht. Damit tragen die Rechnungslegungsvorschriften zum Schutz der Eigenkapitalgeber und der Fremdkapitalgeber bei (Individualschutz). Der Rechnungslegung obliegt es folglich, einen Beitrag zur Erhöhung der Allokationseffizienz am Kapitalmarkt (Funktionenschutz) sowie zur gesamtgesellschaftlichen Wohlfahrt zu leisten.

Gleiches gilt für die Nachhaltigkeitsberichterstattung nach den GRI-Leitlinien, die ebenfalls zur Verringerung von Informationsasymmetrien beiträgt. Beinhalten Nachhaltigkeitsberichte Informationen, die für die Kapitalgeber entscheidungsnützlich sind, resultiert auch aus der Nachhaltigkeitsberichterstattung ein Beitrag zur Erhöhung der Allokationseffizienz am Kapitalmarkt und damit zur Erhöhung der gesamtgesellschaftlichen Wohlfahrt.

Neben der Institution der traditionellen Rechnungslegung und der vergleichsweise neuartigen Institution der Nachhaltigkeitsberichterstattung existieren noch weitere Institutionen, die einen Beitrag zur Reduzierung der Kapitalgeberrisiken leisten.[73] Zu diesen Institutionen gehören u.a. der Anreizmechanismus des Signaling,[74] bei dem ein Unternehmen durch die freiwillige Veröffentlichung von Informationen den Kapitalgebern signalisieren möchte, dass sie ohne erhöhte Risiken in das Unternehmen investieren können, und die Disziplinierung der Manager durch Marktmechanismen,[75] die dann greifen, wenn ein Unternehmen Informationen freiwillig veröffentlicht und damit andere Unternehmen zum Nachziehen genötigt werden. Insbesondere diese beiden Institutionen haben dazu beigetragen, dass die freiwillige Nachhaltigkeitsberichterstattung sich branchenübergreifend etabliert hat. Hieraus entsteht die Notwendigkeit, auf diese zwei Institutionen im Kontext der Nachhaltigkeitsberichterstattung näher einzugehen. Dies erfolgt im Rahmen der empirischen Untersuchungen in dieser Arbeit im fünften Kapitel.[76]

4.5 Nachhaltigkeitsberichterstattung aus Gerechtigkeitsgründen

In den vorherigen Abschnitten wurde die Existenz der Rechnungslegung und der GRI-Leitlinien damit begründet, dass die Kapitalgeber vor Vermögensverlusten zu schützen sind. So soll das übergeordnete Ziel erreicht werden, die gesamtwirtschaftliche Wohlfahrt durch eine Steigerung der Effizienz der Märkte zu erhöhen. Mit Hilfe des Pareto-Kriteriums wurden dabei die gesamtwirtschaftlichen Wohlfahrtsziele formuliert und das Erreichen dieser Ziele überprüft. Das

---

[72] Vgl. Elschen: Principal-Agent, S. 559.
[73] Vgl. Leippe: Die Bilanzierung von Leasinggeschäften nach deutschem Handelsrecht und US-GAAP, S. 53.
[74] Vgl. exemplarisch Schmidt: Grundformen der Finanzierung. Eine Anwendung des neo-institutionalistischen Ansatzes der Finanzierungstheorie, S. 146 f.
[75] Vgl. exemplarisch Decker: Eine Prinzipal-Agenten-theoretische Betrachtung von Eigner-Manager-Konflikten in der Kommanditgesellschaft auf Aktien und in der Aktiengesellschaft, S. 99 ff.
[76] Vgl. Abschnitt 5.2.

4.5 Nachhaltigkeitsberichterstattung aus Gerechtigkeitsgründen

Kriterium der Pareto-Effizenz vermag es jedoch nicht, Aussagen bezüglich einer gerechten oder als gerecht empfundenen Verteilung von Ressourcen bzw. von Vermögen zu treffen.[77]

Daher kann zudem die Aufgabe der Rechnungslegung und der Nachhaltigkeitsberichterstattung darin gesehen werden, schutzbedürftigen, potentiellen und aktuellen Kapitalgebern eines Unternehmens einen Mindestschutz gegen den Informations- und Machtvorsprung des Managements zu bieten.[78]

Die Kapitalgeber eines Unternehmens unterscheiden sich hinsichtlich ihrer Verhandlungsmacht. Eine Ursache hierfür kann die Höhe des Kapitaleinsatzes sein. So ist beispielsweise nicht jeder Fremdkapitalgeber in der Position, mit dem Unternehmen über Kreditsicherheiten in irgendeiner Form zu verhandeln. Daher kommt es nicht nur zu einer ungleichen Wissensverteilung zwischen dem Manager und dem Kapitalgeber, sondern auch zwischen den Kapitalgebern. Hieraus entsteht die Notwendigkeit, auch verhandlungsschwachen Kapitalgebern einen Mindestschutz zu bieten[79] und damit mehr Chancengleichheit – d.h. mehr Gerechtigkeit – zu gewährleisten. Dies kann mit Hilfe der traditionellen Rechnungslegung wie auch mit Hilfe der Nachhaltigkeitsberichterstattung erreicht werden.

Wertungen bezüglich der Gerechtigkeit können jedoch letztlich nur auf Basis juristischer oder philosophischer Aspekte vorgenommen werden und sind mit Hilfe einer rein ökonomischen Betrachtung nicht möglich.[80] Aus diesem Grund liegt der Fokus bei der Betrachtung der Zwecke in der vorliegenden Arbeit hauptsächlich auf dem Kriterium der Allokationseffizienz. Die folgenden Ausführungen stellen daher insbesondere den Beitrag der Nachhaltigkeitsberichterstattung zum Funktionenschutz dar.

Auch eine Betrachtung der Gewährleistung eines Mindestschutzes unter dem Aspekt der Effizienz bestärkt obiges Ergebnis. Gäbe es keine Schutzinstrumente für die Kapitalgeber, wären diese nicht bereit, ihr Kapital dem Unternehmen zur Verfügung zu stellen, da sie das Fehlverhalten des Managements und die daraus drohenden Verluste antizipieren könnten.[81] Daher dient eine Stärkung des Individualschutzes im Sinne eines Mindestschutzes der Kapitalgeber der Funktionsfähigkeit des Kapitalmarktes und damit dem Funktionenschutz.[82] Aus der Interdependenz des Individualschutzes und des Funktionenschutzes lässt sich ableiten, dass die gesetzlich vorgeschriebene Rechnungslegung und die nicht gesetzlich vorgeschriebene Nachhal-

---
[77] Vgl. Rawls: Eine Theorie der Gerechtigkeit, S. 19 ff.
[78] Vgl. Koch/Schmidt: Ziele und Instrumente des Anlegerschutzes, S. 235.
[79] Vgl. Pellens/Gassen: Die Bereitstellung von Rechnungslegungssystemen – Eine Aufgabe des Staates oder des Marktes?, S. 637.
[80] Vgl. Franken: Gläubigerschutz durch Rechnungslegung nach US-GAAP – Eine ökonomische Analyse, S. 31 ff.
[81] Vgl. ebd., S. 39.
[82] Vgl. Siegel et al.: Stille Reserven und aktienrechtliche Informationspflichten, S. 2078, Baetge/Thiele: Gesellschafterschutz versus Gläubigerschutz – Rechenschaft versus Kapitalerhaltung. Zu den Zwecken des deutschen Einzelabschlusses vor dem Hintergrund der internationalen Harmonisierung, S. 12, Kahle: Informationsversorgung des Kapitalmarkts über internationale Rechnungslegungsstandards, S. 96 sowie Koch/Schmidt: Ziele und Instrumente des Anlegerschutzes, S. 235 ff.

tigkeitsberichterstattung der Funktionsfähigkeit des Kapitalmarktes und folglich der Steigerung der gesamtgesellschaftlichen Wohlfahrt dienen.

4.6 Anforderungen an die GRI-Leitlinien zur Reduzierung informationsbedingter Kapitalgeberrisiken

Die Rechnungslegung kann einen Beitrag zum Schutz der Kapitalgeber leisten, indem Gewinnermittlungsregeln aufgestellt werden. Diese Regeln können das Risiko für die Kapitalgeber reduzieren, dass das Management Zahlungen kürzt, die den Kapitalgebern zustehen. Dazu müssen die Regeln so konzipiert sein, dass das Management möglichst keine Transaktionen durchführen kann, welche die Zahlungen an die Kapitalgeber zu Gunsten des Managements oder zu Gunsten einer Kapitalgebergruppe und zu Lasten der übrigen Kapitalgeber manipulieren. Die Rechnungslegung kann ebenfalls einen Beitrag zum Schutz der Kapitalgeber leisten, indem Informationsregeln aufgestellt werden, welche im Rahmen der asymmetrischen Informationsverteilung die Möglichkeiten des Managements reduzieren, die Kapitalgeber durch Fehlinformationen oder Verschweigen zu täuschen.

Die IFRS möchten über die Vermittlung von Informationen die Kapitalgeber schützen. Hierzu vermitteln die IFRS quantitative, finanzielle Informationen über eine vergangene Berichtsperiode. Wesentlicher Informationsträger ist eine informative Gewinngröße, die prognosegeeignet ist und die zur Performancemessung verwendet werden kann. Auch die GRI-Leitlinien sind so konzipiert, dass ein Nachhaltigkeitsbericht, der anhand dieser Leitlinien aufgestellt wurde, Informationen vermittelt. Die GRI-Leitlinien sind darauf ausgelegt, eine ganzheitliche, langfristige Betrachtung des Unternehmens vorzunehmen, wozu auch ökonomische Größen mit langfristiger Ausrichtung gehören. Der Adressatenkreis der Nachhaltigkeitsberichterstattung beschränkt sich nicht nur auf die Kapitalgeber eines Unternehmens. Vielmehr sollen mit einem Nachhaltigkeitsbericht alle Stakeholder des Unternehmens informiert werden. Da der GRI-Nachhaltigkeitsbericht bezüglich eines IFRS-Abschlusses eine erweiternde und ergänzende Funktion besitzt, sollen nicht noch einmal dieselben Informationen vermittelt werden, die mit dem IFRS-Abschluss vermittelt werden, so dass ein GRI-Nachhaltigkeitsbericht u.a. keine Gewinngröße ermittelt. Auch die GRI-Leitlinien sollen also einen Beitrag zum Schutz der Kapitalgeber leisten, indem sie entscheidungsnützliche Informationen vermitteln.[83]

Damit die GRI-Leitlinien einen Beitrag zum Schutz der Kapitalgeber leisten können, müssen die Informationsregeln bestimmte Anforderungen erfüllen. Die letzten Abschnitte konnten zeigen, dass der Schutz der Kapitalgeber vor dem Fehlverhalten des Managements auch zu den Zielen der Nachhaltigkeitsberichterstattung gehört. Gerechtfertigt wird der Kapitalgeberschutz

---

[83] Dies ist nur eine Aufgabe der GRI-Leitlinien. Zu den weiteren Aufgaben vgl. Abschnitt 3.2.

4.6 Reduzierung informationsbedingter Kapitalgeberrisiken

sowohl mit dem Zweck der Erhöhung der Effizienz als auch mit dem Zweck der Erhöhung der Gerechtigkeit.

Um zu untersuchen, ob die Zwecke der Erhöhung von Effizienz und Gerechtigkeit erreicht werden, wird der Subzweck betrachtet, inwieweit die Kapitalgeber durch die Vermittlung entscheidungsnützlicher Informationen vor informationsbedingtem Fehlverhalten geschützt werden können. Die Vermittlung entscheidungsnützlicher Informationen reduziert für die Kapitalgeber das Risiko, falsche Entscheidungen bezüglich ihrer Kapitalüberlassung zu treffen. Die Effizienz des Kapitalmarktes wird erhöht, wenn die Kapitalgeber seltener falsche Investitionsentscheidungen treffen. Werden entscheidungsnützliche Informationen allen Kapitalmarktteilnehmern zur Verfügung gestellt, erfolgt ein Beitrag zur Gleichstellung von schutzbedürftigen und mächtigen Kapitalgebern, die auch ohne die Rechnungslegung und ohne die Nachhaltigkeitsberichterstattung die Möglichkeit hätten, entscheidungsnützliche Informationen zu beschaffen. Mit diesem Beitrag zur Gleichstellung der Kapitalmarktteilnehmer erhöhen die entscheidungsnützlichen Informationen auch die Gerechtigkeit am Kapitalmarkt.

Erweisen sich die Informationen, die mit einem GRI-Nachhaltigkeitsbericht vermittelt werden, als entscheidungsnützlich, ist der Nachhaltigkeitsbericht ein Instrument, welches für die Kapitalgeber das Risiko reduzieren kann, durch informationsbedingtes Fehlverhalten geschädigt zu werden. Wie zuvor gezeigt werden konnte, ergibt sich aus der Gesamtzielsetzung der GRI, alle Stakeholder zu informieren, für die Kapitalgeber, dass ihnen entscheidungsnützliche Informationen vermittelt werden sollen. Wie auch die Rechnungslegungsvorschriften der IFRS[84] basieren die GRI-Leitlinien auf Prinzipien, die zu einer Entscheidungsnützlichkeit der Informationen führen sollen.[85] Der Inhalt eines Nachhaltigkeitsberichts soll es gegenwärtigen und potentiellen Kapitalgebern ermöglichen, anhand entscheidungsnützlicher Informationen die Chancen und Risiken einzuschätzen, welche in Zusammenhang mit ihrer Kapitaleinlage stehen.[86]

Ob und inwieweit ein Nachhaltigkeitsbericht, der anhand der GRI-Leitlinien erstellt wurde, entscheidungsnützliche Informationen vermittelt, soll mit Hilfe der empirischen Fragestellungen beantwortet werden. Dieses Vorhaben kann jedoch nur dann umgesetzt werden, wenn zuvor der Informationsbedarf der Kapitalgeber ermittelt wird. Zu eruieren ist, welche Informationen Kapitalgeber zur Einschätzung der Fehlverhaltensrisiken benötigen und wie diese Risiken reduziert werden können.

---

[84] „The objective of financial statements is to provide information about the financial position, performance and changes in financial position of an enterprise that is useful to a wide range of users in making economic decisions." IASB Framework Abs. 12.
[85] Zur Darstellung dieser Prinzipien vgl. Abschnitt 3.3.1 und Abschnitt 3.3.2.
[86] Vgl. Crone/Hoch: Nachhaltigkeit und Nachhaltigkeitsreporting, S. 43.

4.6.1 Informationsbedarf der Kapitalgeber

Der Informationsbedarf der Kapitalgeber richtet sich nach ihren Interessen, die mit der Investition verbunden sind. Da die Eigen- und Fremdkapitalgeber primär ein finanzielles Interesse am Unternehmen haben, benötigen sie Informationen, die ihnen z.b. bei Entscheidungen über die Bereitstellung von Kapital, über den Kauf bzw. Verkauf von Unternehmensanteilen, über die Prolongation oder Kündigung von Krediten sowie über die Bereitstellung oder Abberufung des Managements nützlich sind. Für diese Entscheidungsfindungen bedarf es zusammengefasst Informationen über die zukünftige Entwicklung des Unternehmens (Informationen mit Prognoseeignung). Zusätzlich erfordert die Entscheidung über die Bestellung oder Abberufung des Managements Informationen zur Beurteilung der erbrachten Leistung (Performancemessung).

Aktuelle und potentielle Eigenkapitalgeber sind an Informationen interessiert, die etwas über die Höhe, die zeitliche Struktur und die Unsicherheit[87] der zukünftigen Ausschüttungen sowie über die zukünftige Kursentwicklung bzw. die Entwicklung möglicher Unternehmenspreise auszusagen vermögen. Dagegen richtet sich das Interesse der Fremdkapitalgeber vor allem darauf, inwieweit das Unternehmen in der Lage ist, zukünftig die vertraglich festgelegten Zins- und Tilgungszahlungen fristgerecht zu leisten. Somit eint sowohl die Eigenkapitalgeber als auch die Fremdkapitalgeber das Interesse an der Fähigkeit des Unternehmens, zukünftig einen Zahlungsstrom in Form von Ausschüttungen bzw. in Form von Zinsen und Tilgungen generieren zu können.[88]

Die Kapitalgeber können die Performance des Managements der vergangenen Periode nur dann beurteilen, wenn ihnen Informationen vermittelt werden, die Aussagen darüber enthalten, ob die Geschäftsleitung den Unternehmenswert im abgelaufenen Geschäftsjahr erhöht, gemindert oder erhalten hat. Zusätzlich benötigen die Kapitalgeber Informationen, anhand derer sie diejenigen Wirkungen auf den künftigen Einkommensstrom identifizieren können, welche in der vergangenen Periode auf die Entscheidungen und Handlungen des Managements zurückzuführen sind.

4.6.2 Kriterien entscheidungsnützlicher Informationen

Eine Information führt dann zu einem Nutzen für die Kapitalgeber, wenn sie entscheidungsnützlich ist. Ihre Ermittlung und Vermittlung führt jedoch stets zu Kosten. Zur Beurteilung der Nützlichkeit einer Information sollte möglichst der (Netto-)Informationswert ermittelt werden, der sich als Differenz des Nutzens für die Kapitalgeber und der anfallenden Kosten zur Ermittlung

---

[87] Vgl. Schmidt/Terberger-Stoy: Grundzüge der Investitions- und Finanzierungstheorie, S. 50.
[88] Vgl. Streim: Internationalisierung von Gewinnermittlungsregeln zum Zwecke der Informationsvermittlung – Zur Konzeptionslosigkeit der Fortentwicklung der Rechnungslegung, S. 338 sowie Streim et al.: Anmerkungen zur theoretischen Fundierung der Rechnungslegung nach International Accounting Standards, S. 181.

4.6 Reduzierung informationsbedingter Kapitalgeberrisiken 113

der Information ergibt. Während sich die Kosten der Informationsermittlung und -vermittlung zumindest teilweise berechnen lassen,[89] ist es kaum möglich, den Nutzen einer Information monetär zu messen.[90]. Daher erfolgt eine deduktive Aufstellung eines Beurteilungsmaßstabs unter der Zuhilfenahme von Ersatzkriterien.[91]

Die Grundsätze der IFRS und der Leitlinien der GRI nennen jeweils Eigenschaften, die von den in den jeweiligen Berichten vermittelten Informationen zu erfüllen sind.

Die IFRS streben an, mit ihren Abschlüssen aktuelle und potentielle Kapitalgeber über die Vermögens-, Finanz- und Ertragslage sowie über deren Veränderung im Zeitablauf zu informieren. Zu den qualitativen Anforderungen an einen IFRS-Abschluss, welche entscheidend zur Entscheidungsnützlichkeit der Informationen beitragen, gehören die Primärgrundsätze:

- Vergleichbarkeit[92]
- Verständlichkeit[93]
- Relevanz[94]
- Verlässlichkeit[95]

Das Framework der IFRS konkretisiert den primären Grundsatz der Relevanz durch die beiden sekundären Grundsätze der Art und der Wesentlichkeit.[96] Die IFRS definieren eine wesentliche

---

[89] Vgl. Streim: Der Informationsgehalt des Human Resource Accounting. Zur Problematik der Erfassung und des Ausweises menschlicher Ressourcen im betriebswirtschaftlichen Rechnungswesen, S. 23–28.
[90] Vgl. Bieker: Ökonomische Analyse des Fair Value Accounting, S. 70.
[91] Vgl. Streim: Der Informationsgehalt des Human Resource Accounting. Zur Problematik der Erfassung und des Ausweises menschlicher Ressourcen im betriebswirtschaftlichen Rechnungswesen, S. 29.
[92] Da es sich um einen Grundsatz handelt, abgeleitet aus der allgemeinen Informationstheorie, wird hier die ebenfalls abgeleitete Definition aus dem IFRS-Framework genannt: Der Grundsatz der Vergleichbarkeit fordert sowohl die zeitliche Vergleichbarkeit der Abschlüsse eines Unternehmens, als auch die zwischenbetriebliche Vergleichbarkeit der Abschlüsse mehrerer Unternehmen. Vgl. Framework Abs. 39. Daher haben Bewertung und Ausweis vergleichbarer Sachverhalte innerhalb des ganzen Unternehmens und über die Zeit hinweg stetig zu erfolgen. Der Nutzer der Rechnungslegung ist über die angewandten Bewertungsgrundsätze, etwaige Änderungen und deren materielle Auswirkungen zu informieren. Vgl. Framework Abs. 40. Zum erleichterten Vergleich sind ebenfalls die entsprechenden Informationen vorangegangener Perioden auszuweisen. Vgl. Framework Abs. 42.
[93] Im IFRS-Framework wird der Grundsatz der Verständlichkeit wie folgt erläutert: Der Grundsatz der Verständlichkeit fordert, dass die Informationen des Jahresabschlusses für einen fachkundigen und interessierten Nutzer der Rechnungslegung leicht verständlich sind. Komplexe Sachverhalte dürfen jedoch nicht ausgeschlossen werden, nur weil sie unter Umständen für bestimmte Nutzer zu schwer verständlich sein könnten. Vgl. Framework Abs. 25.
[94] Der Grundsatz der Relevanz wird in Abschnitt 4.6.2.1 erörtert.
[95] Gemäß Exposure Draft, An improved Conceptual Framework for Financial Reporting tritt an die Stelle des Grundsatzes der Verlässlichkeit die glaubwürdige Darstellung bzw. die Faithful Representation, welche zuvor zu den Unterkriterien des Grundsatzes der Verlässlichkeit bzw. der Reliability gehörte. Hinter diesem Begriff verbirgt sich weiterhin das Ziel einer gleichsam wahren und objektiven Darstellung der Informationen. Auf diese Weise soll der Relevanz, die im Spannungsfeld zur Verlässlichkeit steht, offiziell mehr Gewicht zuteil werden. Vgl. hierzu vertiefend Lorson/Gattung: Die Forderung nach einer „Faithful Representation". Da sich aus Sicht der Kapitalgeber die allgemeine Anforderung an eine Information, hinreichend verlässlich zu sein, nicht geändert hat, erläutert Abschnitt 4.6.2.2, was eine verlässliche Information ausmacht.
[96] Vgl. IASB Framework Abs. 29.

Information so, dass ihr Weglassen oder ihre fehlerhafte Darstellung im Abschluss einen Einfluss auf die wirtschaftlichen Entscheidungen der Adressaten haben kann.[97] Der primäre Grundsatz der Verlässlichkeit wird durch die sekundären Grundsätze der glaubwürdigen Darstellung, der wirtschaftlichen Betrachtungsweise, der Neutralität, der Vorsicht sowie der Vollständigkeit konkretisiert.

Da es sich bei den oben genannten Grundsätzen um Anforderungen an Informationen handelt, die nicht eigens für die IFRS-Rechnungslegung aufgestellt wurden, sondern bereits in der Informationstheorie anerkannt waren, überrascht es nicht, dass sich ähnliche Grundsätze in den Anforderungen an die Nachhaltigkeitsberichterstattung wiederfinden.

Für die Festlegung des Inhalts eines Nachhaltigkeitsbericht gelten der Grundsatz der Wesentlichkeit,[98] der Grundsatz der Einbeziehung von Stakeholdern, der Grundsatz des Nachhaltigkeitskontexts und der Grundsatz der Vollständigkeit.[99] Die Gewährleistung der Berichtsqualität und damit die Entscheidungsnützlichkeit der Informationen eines GRI-Nachhaltigkeitsberichts erfolgt durch zusätzliche Anforderungen an die Informationen. Konkret handelt es sich hierbei um die Prinzipien der Ausgewogenheit, der Vergleichbarkeit, der Genauigkeit, der Aktualität, der Klarheit sowie der Zuverlässigkeit.[100]

Somit stellen die Relevanz und die Verlässlichkeit Anforderungen an die Informationen sowohl nach den Vorschriften der IFRS als auch nach den Leitlinien der GRI dar. Einzig in der Gliederung der Grundsätze der Relevanz und Verlässlichkeit unterscheiden sich die IFRS von den GRI-Leitlinien.

Im Hinblick auf die Informationsbedürfnisse der Kapitalgeber stellen die Kriterien der Relevanz und der Verlässlichkeit die wichtigsten Anforderungen an eine Information dar.[101] Sowohl die IFRS als auch die GRI-Leitlinien stellen diese Anforderungen an die Informationen, die in den jeweiligen Berichten vermittelt werden sollen.

Die Anforderungen der Relevanz und der Verlässlichkeit sollen daher als Ersatzkriterien zur Beurteilung dienen, ob eine Information als entscheidungsnützlich eingestuft werden könnte. Im Rahmen der Betrachtung der Relevanz und der Verlässlichkeit einer Information, werden keine

---

[97] Vgl. IAS 1 Abs. 31 sowie IASB Framework Abs. 30.
[98] Auch die GRI stellt zur Erläuterung des Grundsatzes der Wesentlichkeit die Anforderung, dass eine Information relevant sein muss: „Relevant topics and Indicators are those that may reasonably be considered important for reflecting the organization's economic, environmental, and social impacts, or influencing the decisions of stakeholders, and, therefore, potentially merit inclusion in the report. Materiality is the threshold at which an issue or Indicator becomes sufficiently important that it should be reported." Global Reporting Initiative: Sustainability Reporting Guidelines, S. 8.
[99] Die Grundsätze der GRI-Leitlinien werden in Abschnitt 3.3 dargestellt.
[100] Vgl. Global Reporting Initiative: Sustainability Reporting Guidelines, S. 13–17.
[101] Vgl. hierzu exemplarisch Leippe: Die Bilanzierung von Leasinggeschäften nach deutschem Handelsrecht und US-GAAP, S. 76–79 sowie Bieker: Ökonomische Analyse des Fair Value Accounting, S. 68–70.

4.6 Reduzierung informationsbedingter Kapitalgeberrisiken

Aussagen über die Kosten, die mit einer Veröffentlichung zusammenhängen, getroffen und somit letztlich auch nicht über den (Netto-)Informationswert. Vielmehr handelt es sich bei einer Nicht-Erfüllung dieser Kriterien um eine Negativabgrenzung, im Rahmen derer Informationen, die diese Kriterien nicht erfüllen, nicht entscheidungsnützlich sind.[102]

Dementsprechend sind die GRI-Leitlinien so zu konzipieren, dass sie aus dem Blickwinkel der Kapitalgeber relevante und verlässliche Informationen für den Entscheidungsprozess vermitteln.

4.6.2.1 Das Kriterium der Relevanz

Generell legt das Kriterium der Relevanz fest, welche Inhalte in einem Nachhaltigkeitsbericht Darstellung finden müssen. Relevant sind Informationen immer dann, wenn sie die wirtschaftlichen Entscheidungen des Adressaten beeinflussen. Deswegen soll ein Nachhaltigkeitsbericht gemäß GRI insbesondere mit dem Fokus auf aktuelle und potentielle Kapitalgeber folgende Auskünfte geben:

- „A description of the most important risks and opportunities for the organization arising from sustainability trends;
- Prioritization of key sustainability topics as risks and opportunities according to their relevance for long-term organizational strategy, competitive position, qualitative, and (if possible) quantitative financial value drivers."[103]

Für den Kapitalgeber sind gerade diejenigen Informationen relevant, die zu Planungs- und Kontrollzwecken genutzt werden können.[104] Die Information muss einen Beitrag zur Entscheidungsfindung leisten und damit für den Kapitalgeber das Kriterium der Relevanz erfüllen.[105] Vor dem Hintergrund des primär finanziellen Interesses eines Kapitalgebers sind die Informationen vor allem dann entscheidungsrelevant, wenn sie eine Prognoseeignung aufweisen und auf diese Weise ggf. eine Änderung der Erwartung ermöglichen. Zusätzlich zum Kriterium der Prognoseeignung von Informationen besitzt der Zeitpunkt Wichtigkeit, ab dem die Informationen dem Kapitalgeber zugänglich sind. Somit müssen die Informationen rechtzeitig im Rahmen des Entscheidungsprozesses vorliegen, um in diesem noch Verwendung zu finden. Eine relevante Information zeichnet sich jedoch nicht ausschließlich durch einen prospektiven Inhalt aus, denn für den Kapitalgeber ist auch ein retrospektiver Informationsinhalt relevant, um die

---

[102] Vgl. ebd., S. 70.
[103] Global Reporting Initiative: Sustainability Reporting Guidelines, S. 20.
[104] Vgl. Streim: Der Informationsgehalt des Human Resource Accounting. Zur Problematik der Erfassung und des Ausweises menschlicher Ressourcen im betriebswirtschaftlichen Rechnungswesen, S. 31.
[105] Im IFRS-Framework Abs. 26 wird das qualitative Charakteristikum der Relevanz bezüglich entscheidungsnützlicher Informationen wie folgt beschrieben: „To be useful, information must be relevant to the decision-making needs of users. Information has the quality of relevance when it influences the economic decisions of users by helping them evaluate the past, present or future events or confirming, or correcting their past evaluations."

in der Vergangenheit getroffenen Investitionsentscheidungen ex post auf Basis der Information zu kontrollieren bzw. zu überprüfen.[106]

4.6.2.2 Das Kriterium der Verlässlichkeit

Neben der Relevanz müssen die Informationen ebenfalls hinreichend zuverlässig sein. Einzig unter der Prämisse, dass der Kapitalmarktteilnehmer den ihm vermittelten Informationen vertrauen kann, ist er beispielsweise fähig, Erwartungsänderungen vorzunehmen, die sich ex post als richtig erweisen.[107]

Charakteristisch für eine verlässliche Information ist die Objektivität einerseits, welche sicherstellt, dass keine Ermessensspielräume offen gelassen werden, und die Genauigkeit andererseits.[108] Konkretisieren lässt sich das Kriterium der Genauigkeit durch die beiden Subkriterien der Mess- und Treffgenauigkeit. Im Falle einer Erfüllung des Genauigkeitskriteriums weist die Information weder Zufallsfehler noch systematische Verzerrungen auf. Auch die GRI definiert Verlässlichkeit auf eine ähnliche Weise:

„Information and processes used in the preparation of a report should be gathered, recorded, compiled, analyzed, and disclosed in a way that could be subject to examination and that establishes the quality and materiality of the information."[109]

Zusammenfassend sollen verlässliche Informationen tatsächlich über das informieren, worüber sie vorgeben zu informieren.[110]

4.6.2.3 Das Spannungsverhältnis zwischen Relevanz und Verlässlichkeit

Für die Kapitalgeber ist es von Bedeutung, dass die ihnen vermittelten Informationen sowohl relevant als auch verlässlich sind. Insbesondere bei der Vermittlung prognosegeeigneter und damit zukunftsbezogener Informationen wird deutlich, dass zwischen diesen beiden Kriterien ein Spannungsverhältnis bestehen kann.[111] Für die aktuellen und für die potentiellen Kapitalgeber sind gerade die zukunftsorientierten Informationen für ihre Entscheidungen von Relevanz, um die künftige Unternehmensentwicklung einzuschätzen. Hierzu gehört auch eine Analyse der Investitionsentscheidungen des Managements in der vergangenen Periode und die daraus resultierenden zukünftigen Cash Flows. Es ist aus Kapitalgebersicht wichtig, zu analysieren, ob das Management die richtigen Entscheidungen für die zukünftige Entwicklung getroffen hat.

---

[106] Hierzu gehört auch die Bewertung der vom Management erbrachten Leistung.
[107] Vgl. Wagenhofer: Voluntary Disclosure with a Strategic Opponent, S. 120.
[108] Vgl. Streim: Der Informationsgehalt des Human Resource Accounting. Zur Problematik der Erfassung und des Ausweises menschlicher Ressourcen im betriebswirtschaftlichen Rechnungswesen, S. 40.
[109] Global Reporting Initiative: Sustainability Reporting Guidelines, S. 17.
[110] Vgl. Streim et al.: Anmerkungen zur theoretischen Fundierung der Rechnungslegung nach International Accounting Standards, S. 184.
[111] Vgl. Pellens et al.: Internationale Rechnungslegung, S. 118.

4.6 Reduzierung informationsbedingter Kapitalgeberrisiken

Insbesondere die Informationen aus einem Nachhaltigkeitsbericht können zur Beurteilung der Managementleistung einen Beitrag leisten. Als Beispiel lässt sich hier eine Großinvestition in energiesparende Produktionsanlagen anführen. Der Nachhaltigkeitsbericht bietet ein Medium, mit dem sowohl der hohe Mittelabfluss als auch die zukünftigen Cash Flows ausführlich mit den zugrunde gelegten Daten und den sich daraus berechneten Auswirkungen auf den Unternehmenswert erläutert werden können.

Charakteristisch für alle zukunftsbezogenen Informationen ist, dass sie mit Unsicherheit behaftet sind. In diesem Sinne repräsentieren die Informationen Erwartungswerte, die sich wiederum kalkuliert mit bestimmten zugrunde gelegten Wahrscheinlichkeiten des Eintretens einer Umweltsituation errechnen. Insbesondere die Vermittlung dieser prognosegeeigneten Informationen durch das Management eines Unternehmens kann zu Schätzproblemen und zu großen Ermessensspielräumen zu Lasten der Verlässlichkeit führen.[112] Verlässliche und damit nachprüfbare Informationen werden überwiegend retrospektiv aus vergangenen Transaktionen abgeleitet, deren Relevanz jedoch eher gering ist.

Die obigen Ausführungen zeigen, dass ein Spannungsfeld zwischen Relevanz und Verlässlichkeit besteht.[113] Nur in den seltensten Fällen wird eine entscheidungsnützliche Information gleichermaßen relevant wie verlässlich sein.

Grundsätzlich haben sich die IFRS für eine Gleichgewichtung der beiden Grundsätze der Relevanz und der Verlässlichkeit entschieden.[114] Zu entnehmen ist diese Aussage der prinzipiellen Gleichwertigkeit aus dem Framework. Hier heißt es:

„[...] in achieving balance between relevance and reliability, the overriding consideration is how best to satisfy the economic decision-making needs of users."[115]

Diese Aussage zeigt jedoch auch, dass in der Finanzberichterstattung nach IFRS den Kapitalgebern relevante Informationen dann nicht vermittelt werden sollen, wenn der Mangel an Verlässlichkeit als zu gravierend empfunden wird. Aus der Kapitalgebersicht könnte es jedoch mitunter nützlich sein, wenn die nicht vermittelten relevanten Informationen gepaart mit weiteren zusätzlichen plausibilisierenden Informationen in anderen Berichten vermittelt würden. Ein solches Vorgehen würde die Kapitalgeber befähigen, selbständig zu entscheiden, ob die relevante, jedoch ggf. wenig verlässliche Information in ihre Entscheidungsfindung einzubeziehen ist. Befähigt durch diese zusätzlichen Informationen, die in der Finanzberichterstattung mangels Verlässlichkeit nicht vermittelt werden, ist es den Kapitalgebern möglich, eigene Schätzungen

---

[112] Vgl. Streim: Grundzüge der handels- und steuerrechtlichen Bilanzierung, S. 184.
[113] Vgl. Snavely: Accounting Information Criteria, S. 232. Vgl. in diesem Zusammenhang auch Kuhlewind: Grundlagen einer Bilanzrechtstheorie in den USA, S. 101–103.
[114] Mit dem Exposure Draft, An improved Conceptual Framework for Financial Reporting wird der Grundsatz der Verlässlichkeit durch den Grundsatz der glaubwürdigen Darstellung ersetzt. Damit misst das IASB im Exposure Darft dem Grundsatz der Relevanz mehr Gewicht bei.
[115] IASB Framework Abs. 43.

bzw. Erwartungswerte zu den aus ihrer Investition resultierenden Zahlungsströmen zu ermitteln. Somit sind die Kapitalgeber unabhängiger von den Annahmen, die durch das Management getroffen werden. Im Endeffekt erhöhen diese Angaben den Wissensstand der Kapitalgeber über das mit der Investition verbundene Risiko und tragen so zu mehr Risikotransparenz bei, indem eigene Prognosen erstellt werden können.[116] Aus der Sicht der Kapitalgeber ist genau diese Erhöhung des Wissensstands zum Risiko ihrer Investition die Aufgabe, die ein Nachhaltigkeitsbericht erfüllen soll. Der Nachhaltigkeitsbericht ergänzt und erweitert die traditionellen Berichtsinstrumente, die quantitative Informationen vermitteln, um weitere quantitative sowie um qualitative, teils plausibilisierende Informationen.

Im Idealfall werden aus Sicht der Kapitalgeber diejenigen qualitativen Informationen vermittelt, welche für sie entscheidungsnützlich im Hinblick auf ihr finanzielles Interesse sind. Als problematisch erweist sich jedoch die Ermittlung qualitativer Informationen im Unternehmen, da diese Informationen aufgrund ihrer qualitativen Eigenschaft meist nur mit großen Ermessensspielräumen und damit unpräzise ermittelt werden können. Hier wird deutlich, dass eine Ermittlung relevanter qualitativer Informationen mindestens zu Einbußen in der Mess- und Treffgenauigkeit führt. Im Rahmen der Informationsorientierung und insbesondere durch die Einbeziehung qualitativer Informationen, ist ein gewisses Maß an Entobjektivierung unumgänglich.[117]

Diesem Ungleichgewicht, der Schmälerung der Verlässlichkeit zu Gunsten der Vermittlung relevanter Informationen, ist sich die GRI im Hinblick auf die erweiternde und ergänzende Funktion eines Nachhaltigkeitsberichts bewusst und kommuniziert dies wie folgt:

„Disclosures about performance that are not substantiated by evidence should not appear in a sustainability report unless they represent material information, and the report provides unambiguous explanations of any uncertainties associated with the information."[118]

Demnach bevorzugt die GRI, dass den Kapitalgebern relevante Informationen vermittelt werden, die im Kontext der Nachhaltigkeit qualitative und meist zukunftsbezogene Charakteristika aufweisen. Für Abhilfe soll die Kommunikation zusätzlicher Angaben sorgen. Dies umfasst beispielsweise die Methodik bei der Erhebung zugrunde liegender Daten oder die Verfahren zur Berechnung der letztlich vermittelten Information. Zusätzliche Angaben sollen somit relevante Informationen plausibilisieren und damit der mangelnden Verlässlichkeit entgegenwirken.

Zudem weist die GRI im obigen Zitat darauf hin, dass die Schmälerung der Verlässlichkeit zu Gunsten des Kriteriums der Relevanz auch durch eine externe Überprüfung der Information abgemildert wird, da diese ein gewisses Maß an Verlässlichkeit gewährleistet. Wenn zu einem relevanten Thema keine vollkommen verlässlichen Informationen vorliegen, ist es aus Kapitalgebersicht besser, relevante Informationen zu vermitteln, die mit Unsicherheit behaftet sind,

---
[116] Vgl. Leippe: Die Bilanzierung von Leasinggeschäften nach deutschem Handelsrecht und US-GAAP, S. 91.
[117] Vgl. Bieker: Ökonomische Analyse des Fair Value Accounting, S. 71.
[118] Global Reporting Initiative: Sustainability Reporting Guidelines, S. 17.

und auf die Unsicherheit hinzuweisen, während den Kapitalgebern die Vermittlung irrelevanter Informationen, bei denen die Verlässlichkeit sichergestellt werden kann, kaum einen Nutzen bringt. Eine Fokussierung auf solche Informationen, die für die Kapitalgeber relevant sind, wird vor dem Hintergrund der ausschließlichen Aufgabe der Informationsvermittlung von der GRI bevorzugt, da ansonsten die unbedingte Informationsorientierung wenig glaubhaft und nicht durchführbar ist. Fraglich ist jedoch, ob Informationen, die von der GRI als relevant eingestuft werden, auch von den Kapitalgebern für tatsächlich relevant befunden werden, und ob den Kapitalgebern die gebotene Verlässlichkeit zur Investitionsentscheidung ausreicht. Dies soll mit Hilfe der empirischen Untersuchungen analysiert werden.[119]

4.7 Kapitalgeberschutz durch sonstige Informationsvermittlung

Im Kontext der Rechnungslegung können alle Normen, die sich nicht auf die Ermittlung einer Gewinngröße beziehen, sondern Regeln zu weiteren Angaben in qualitativer oder quantitativer Form enthalten, zu den Regeln zur sonstigen Informationsvermittlung gezählt werden. Die Regeln zur sonstigen Informationsvermittlung legen fest, welche Berichte neben den Kernbestandteilen der Bilanz und der GuV den Jahresabschluss komplettieren. Zudem bestimmen die sonstigen Informationsregeln, welche äußere Form die Berichte aufweisen müssen und welche Positionen gesondert auszuweisen sind. Darüber hinaus wird durch die sonstigen Informationsregeln bestimmt, welche zusätzlichen Berichte den Jahresabschluss ergänzen und in welcher Art die Berichtsinstrumente des Jahresabschlusses offenzulegen sind.[120]

Die Nachhaltigkeitsberichterstattung nach den GRI-Leitlinien ist zur sonstigen Informationsvermittlung zu zählen, da sie keinen Gewinn ermittelt und damit die zuvor genannte Definition von Regeln zur sonstigen Informationsvermittlung erfüllt. Vielmehr wird im Rahmen eines Nachhaltigkeitsberichts auf Basis selektierter, normierter Indikatoren die Leistung des betrachteten Unternehmens im Nachhaltigkeitsbereich angezeigt.

Aus Kapitalgebersicht liegt die Hauptaufgabe eines Nachhaltigkeitsberichts darin, Informationen aus der Rechnungslegung über informative Gewinngrößen und informative Bilanzpositionen um zusätzliche qualitative und quantitative Informationen zu ergänzen. Neben diesen quantitativen Informationen können für die Kapitalgeber auch sonstige qualitative Informationen entscheidungsnützlich sein, sofern sie relevant sowie hinreichend verlässlich sind und dementsprechend Rückschlüsse auf das Cash Flow-Potential des Unternehmens ermöglichen.[121] Informationsregeln – in diesem Fall die GRI-Leitlinien – eröffnen mit ihren Anforderungen an die

---

[119] Vgl. dazu Kapitel 5–7.
[120] Vgl. Streim: Grundzüge der handels- und steuerrechtlichen Bilanzierung, S. 115 sowie Leippe: Die Bilanzierung von Leasinggeschäften nach deutschem Handelsrecht und US-GAAP, S. 89–91.
[121] Vgl. ebd., S. 89 f.

Erstellung eines Nachhaltigkeitsberichts für Unternehmen die Möglichkeit, zusätzliche glaubwürdige Informationen über das Erfolgspotential zu vermitteln. Eine Offenlegung der Rahmenbedingungen für die prognostizierten Gewinne im Nachhaltigkeitsbericht kann die Kapitalgeber befähigen, sowohl die Prognosen besser nachvollziehen zu können, als auch eigene Prognosen erstellen zu können. Aus Kapitalgebersicht sind in einem Nachhaltigkeitsbericht letztlich Indikatoren für zukünftige Cash Flows auszuweisen.[122]

Insgesamt erlangt die sonstige Informationsvermittlung im Allgemeinen und damit die Nachhaltigkeitsberichterstattung im Speziellen zunehmend Bedeutung, wenn die Kernbestandteile des Jahresabschlusses es nicht zu leisten vermögen, die von den Kapitalgebern benötigten entscheidungsnützlichen Informationen zu vermitteln.[123]

---

[122] Vgl. Leippe: Die Bilanzierung von Leasinggeschäften nach deutschem Handelsrecht und US-GAAP, S. 91.
[123] Vgl. Lenz: Die Bilanzierung von Immobilien nach IFRS – Eine ökonomische Analyse vor dem Hintergrund des REIT-Gesetzes, S. 141 f.

5 Nachhaltigkeitsberichterstattung nach GRI im HDAX

Nach der theoretischen Darstellung der Nachhaltigkeitsberichterstattung wird im Rahmen dieses Kapitels betrachtet, inwiefern sich diese Art der Berichterstattung tatsächlich in der Praxis etabliert hat und welche Relevanz Nachhaltigkeitsberichte für die Unternehmen und den Kapitalmarkt haben. Diese Arbeit analysiert das Berichtsverhalten von Unternehmen im Bereich der Nachhaltigkeit primär am deutschen Kapitalmarkt. Neben einer Überprüfung, welche Bedeutung die Unternehmen der Nachhaltigkeitsberichterstattung basierend auf den Leitlinien der GRI beimessen, wird auch die Entwicklung dieser Berichterstattung in den letzten Jahren untersucht. Dabei wird nachgewiesen, dass die Anzahl der Unternehmen, die einen Nachhaltigkeitsbericht in Anlehnung an die GRI-Leitlinien erstellten, deutlich anstieg. Zudem kann nachgewiesen werden, dass nur große Unternehmen mehrheitlich einen Nachhaltigkeitsbericht erstellen.

Die Beantwortung der Frage nach der Entscheidungsnützlichkeit von Informationen zur nachhaltigen Leistung eines Unternehmens für die Kapitalgeber erfolgt anhand weiterer empirischer Untersuchungen zur Reaktion des Kapitalmarkts auf Informationen zur Nachhaltigkeit in Kapitel 6 und in Kapitel 7. Vor diesem Hintergrund werden sowohl die kurzfristigen als auch die langfristigen Auswirkungen betrachtet, die von einer nachhaltigen Ausrichtung des Unternehmens ausgehen und am Kapitalmarkt zu beobachten sind.

5.1 Entwicklung der Bedeutung der GRI-Leitlinien für die Unternehmen des HDAX

Als Einstieg in die empirischen Untersuchungen zur Nachhaltigkeitsberichterstattung nach den Leitlinien der GRI soll zunächst die Bedeutung der GRI-Leitlinien auf dem deutschen Aktienmarkt analysiert werden. Die gestiegene gesellschaftliche Bedeutung der Nachhaltigkeit und die vermehrt am Kapitalmarkt angebotenen nachhaltigen Investitionsmöglichkeiten führen zu der Vermutung, dass im zeitlichen Verlauf der Anteil der Unternehmen anstieg, die einen Nachhaltigkeitsbericht in Anlehnung an die GRI-Leitlinien veröffentlichen. Zur Überprüfung dieser Vermutung wird getestet, ob zwischen 2004 und 2006 der Anteil der Unternehmen signifikant anstieg, die Informationen zur Nachhaltigkeit in Anlehnung an die GRI-Leitlinien veröffentlichen.

Einige Unternehmen veröffentlichen ihre Nachhaltigkeitsberichte in einem Zyklus von zwei Jahren. Da die Nachhaltigkeitsberichte erst einige Monate nach Abschluss des Geschäftsjahres veröffentlicht werden, liegen zum Zeitpunkt der Erstellung dieser Arbeit noch nicht alle Informationen zum Kalenderjahr 2007 und nur wenige Informationen zum Kalenderjahr 2008 vor. Das letzte Kalenderjahr, zu dem die Informationen vollständig vorliegen, ist daher das Kalenderjahr 2006. Um auch bei Unternehmen mit einem zweijährigen Berichtszyklus eine Veränderung messen zu können, muss der Zeitraum der Untersuchung größer als zwei Jahre sein. Die durchgeführte Datenerhebung zu den Jahren 2004, 2005 und 2006 erfüllt diese Anforderung. Auch die Daten aus dem Jahr 2007 wurden erhoben, auch wenn sie sich nur bedingt für eine verlässliche Untersuchung eignen, da zum Zeitpunkt der Erstellung dieser Arbeit noch nicht alle Informationen zum Kalenderjahr 2007 verfügbar sind.

Für die Unternehmen existieren verschiedene Anwendungsebenen der GRI-Leitlinien, die darüber informieren, in welchem Maße die Leitlinien angewandt wurden.[1] Im Rahmen dieser empirischen Untersuchung werden auch solche Unternehmen zu den Unternehmen, die in Anlehnung an die GRI-Leitlinien berichten, gezählt, die sich nicht einer Anwendungsebene zuordnen lassen, die sich jedoch auf die GRI-Leitlinien berufen.

Die Nullhypothese beinhaltet genau das Gegenteil der zuvor geäußerten Vermutung, da einzig das Verwerfen der Nullhypothese eine starke Aussage ermöglicht.[2] Daher lauten die Hypothesen der ersten empirischen Untersuchung:

> *Nullhypothese 1*: Der Anteil der Unternehmen im HDAX, die Informationen zur Nachhaltigkeit in Anlehnung an die GRI-Leitlinien veröffentlichen, stieg zwischen den Jahren 2004 und 2006 nicht an.
>
> *Gegenhypothese*: Der Anteil der Unternehmen im HDAX, die Informationen zur Nachhaltigkeit in Anlehnung an die GRI-Leitlinien veröffentlichen, stieg zwischen den Jahren 2004 und 2006 an.

Der HDAX umfasst 110 Werte, die sich aus den 30 Werten des DAX, den 50 Werten des MDAX und den 30 Werten des TecDAX zusammensetzen. Da die Studie einen Zeitraum von vier Jahren betrachtet, ergibt sich eine Gesamtanzahl von 440 Nachhaltigkeits- bzw. Geschäftsberichten,[3] die überprüft wurden. Der Stichtag für die Auswahl der berücksichtigten Unternehmen war der 9. September 2008. Alle Unternehmen, die an diesem Tag im HDAX gelistet waren, wurden auf die Nachhaltigkeitsberichterstattung hin überprüft. Veröffentlichte ein Unternehmen in seinen Nachhaltigkeitsberichten in Anlehnung an die GRI-Leitlinien Daten zu mehr als sechs Monaten eines Kalenderjahres, wurde dies als Veröffentlichung eines Nachhaltigkeitsberichts des Unternehmens für dieses Kalenderjahr gewertet. Ein Unternehmen aus dem DAX, elf Unternehmen aus dem MDAX und acht Unternehmen aus dem TecDAX waren am 1. Januar 2004 noch nicht börsennotiert. Von den ursprünglich 110 Unternehmen im HDAX verbleibt somit ein Stichprobenumfang von 90 Unternehmen, die vom 1. Januar 2004 bis zum 9. September 2008 durchgängig börsennotiert waren. Von den Unternehmen des Stichprobenumfangs haben im Jahr 2004

---

[1] Zur Darstellung der Anwendungsebenen vgl. Abschnitt 3.4.4.
[2] Vgl. hierzu exemplarisch Tiede/Voß: Schließen mit Statistik – Verstehen, S. 115.
[3] Die Unternehmen veröffentlichen ihre Informationen zur Nachhaltigkeit teilweise in gesonderten Nachhaltigkeitsberichten und teilweise in ihren Geschäftsberichten.

5.1 Entwicklung der Bedeutung der GRI-Leitlinien für die Unternehmen des HDAX 123

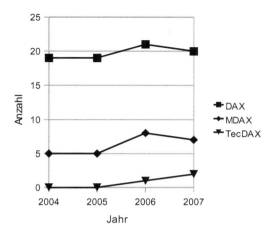

Abbildung 5.1: Anzahl der HDAX-Unternehmen, die GRI-Nachhaltigkeitsberichte veröffentlichten,
Quelle: Eigene Darstellung

22 und im Jahr 2006 28 Unternehmen Informationen zur Nachhaltigkeit in Anlehnung an die GRI-Leitlinien veröffentlicht.

Abbildung 5.1 zeigt die Entwicklung des Berichtsverhaltens der Unternehmen aus dem HDAX in den Jahren 2004 bis 2007. Hierbei wurden die Unternehmen so den Indizes zugerechnet, wie sie am Stichtag des 9. September 2008 zugeordnet waren. Ob ein Unternehmen in allen betrachteten Jahren börsennotiert und im jeweiligen Index gelistet war, wurde für die Abbildung nicht berücksichtigt. Für ein Kalenderjahr wurde ein Unternehmen dann als berichtend gezählt, wenn die Nachhaltigkeitsberichte unter Bezugnahme zu den GRI-Leitlinien veröffentlicht wurden und sich über einen längeren Zeitraum als die Hälfte des Kalenderjahres erstreckten. Zwischen den Jahren 2004 und 2005 veränderte sich das Berichtsverhalten nicht. Zwischen den Jahren 2005 und 2006 stieg die Anzahl der berichtenden Unternehmen um 25 % an. Zwar zeigt die Abbildung, dass die Anzahl zwischen den Jahren 2006 und 2007 zurückging. Jedoch ist hier zu berücksichtigen, dass für das Jahr 2007 einige Unternehmen einen Nachhaltigkeitsbericht angekündigt, aber noch nicht veröffentlicht haben.

Zur Überprüfung der ersten Nullhypothese wird ein approximativer Einstichproben-Gaußtest durchgeführt.[4] Kommt der Test zu dem Ergebnis, dass die Nullhypothese zu verwerfen ist, wird

---
[4] Vgl. Bamberg et al.: Statistik, S. 172–174.

die zuvor geäußerte Vermutung gestützt, dass im zeitlichen Verlauf der Anteil der Unternehmen anstieg, die Informationen zur Nachhaltigkeit veröffentlichen.

Methodisch lautet somit die Nullhypothese 1 und ihre Gegenhypothese:

$H_0 : p_1 \geq p_2$
$H_1 : p_1 < p_2$

Dabei steht p_1 für den Anteil der Unternehmen, die im Jahr 2004 Informationen zur Nachhaltigkeit in Anlehnung an die GRI-Leitlinien veröffentlichten. Analog steht p_2 für den Anteil der Unternehmen, die 2006 Informationen zur Nachhaltigkeit in Anlehnung an die GRI-Leitlinien veröffentlichten.

Zu den hier betrachteten Zufallsvariablen zählen:

$X_1, ..., X_n$: Veröffentlichte Unternehmen i im Jahr 2004 Informationen zur Nachhaltigkeit in Anlehnung an die GRI-Leitlinien, nimmt X_i den Wert 1 an, sonst den Wert 0.

$Y_1, ..., Y_n$: Veröffentlichte Unternehmen i im Jahr 2006 Informationen zur Nachhaltigkeit in Anlehnung an die GRI-Leitlinien, nimmt Y_i den Wert 1 an, sonst den Wert 0.

n ist der Umfang der Stichprobe, in diesem Fall also die Anzahl der Unternehmen, die im Test berücksichtigt werden. Die Zufallsvariablen besitzen folgende Verteilung:

$X_1, ..., X_n \sim B(1; p_1)$
$Y_1, ..., Y_n \sim B(1; p_2)$

Die beiden Zufallsstichproben $X_1, ..., X_n$ und $Y_1, ..., Y_n$ sind verbunden, da im Jahr 2004 und im Jahr 2006 dieselben Unternehmen betrachtet werden. Eine Zufallsvariable X_i bezieht sich daher auf dasselbe Unternehmen wie die Zufallsvariable Y_i. Außerdem können die beiden verbundenen Stichproben auch als eine einfache, eindimensionale Zufallsstichprobe $Z_1, ..., Z_n$ betrachtet werden, wobei sich jedes Z_i als $X_i - Y_i$ errechnet. Dabei nimmt Z_i den Wert 1 an, wenn ein Unternehmen 2004 Informationen veröffentlichte und 2006 nicht. Hat sich das Berichtsverhalten zwischen 2004 und 2006 nicht geändert, nimmt Z_i den Wert 0 an. Schließlich kann Z_i auch den Wert -1 annehmen, wenn ein Unternehmen 2004 noch nicht veröffentlichte, es jedoch 2006 tat.

Das Signifikanzniveau α beträgt hier wie bei allen weiteren Berechnungen 5 %.[5] Es wird also nur dann die Nullhypothese verworfen, wenn die Wahrscheinlichkeit mindestens 95 % beträgt, dass die Gegenhypothese zutrifft.

Der Verwerfungsbereich für diesen Test errechnet sich gemäß Formel 5.1:

$$B = (-\infty; -x_{1-\alpha}) \approx (-\infty; -1,6449) \qquad (5.1)$$

---

[5] Bamberg et al. bezeichnen Signifikanzniveaus von 1 %, 5 % und 10 % als üblich. Vgl. Bamberg et al.: Statistik, S. 166. Güttler bezeichnet ein Ergebnis als signifikant, wenn ein Test mit einem Signifikanzniveau von 5 % durchgeführt wird. Vgl. Güttler: Statistik. Basic Statistics für Sozialwissenschaftler, S. 90.

5.1 Entwicklung der Bedeutung der GRI-Leitlinien für die Unternehmen des HDAX

Zur Durchführung des Tests müssen folgende Voraussetzungen erfüllt sein:

(1) X_i, Y_i sind dichotom
(2) $5 \leq \Sigma x_i \leq n - 5$
(3) $5 \leq \Sigma y_i \leq n - 5$

Dabei ist x_i die in der Zufallsstichprobe beobachtete Ausprägung der Zufallsvariable X_i, y_i entsprechend die beobachtete Ausprägung von Y_i.

Zu Voraussetzung (1): Die Zufallsvariablen X_i und Y_i können die beiden Werte 0 und 1 annehmen. Der Wert 1 wird angenommen, wenn das Unternehmen einen Nachhaltigkeitsbericht in Anlehnung an die GRI-Leitlinien veröffentlicht. Sonst hat die Zufallsvariable den Wert 0. Die Zufallsvariablen X_i und Y_i sind also dichotom. Die Voraussetzung (1) ist somit für alle folgenden Varianten erfüllt.

Zu Voraussetzung (2): $5 \leq 22 \leq 85$ (wahre Aussage)
Zu Voraussetzung (3): $5 \leq 28 \leq 85$ (wahre Aussage)

Im Jahr 2004 veröffentlichten 22 Unternehmen Informationen zur Nachhaltigkeit in Anlehnung an die GRI-Leitlinien. Im Jahr 2006 waren es 28 Unternehmen. Die Voraussetzungen (2) und (3) sind erfüllt, da in den Jahren 2004 und 2006 jeweils mindestens fünf Unternehmen in Anlehnung an die GRI-Leitlinien Informationen zur Nachhaltigkeit veröffentlichten und jeweils mindestens fünf Unternehmen dies nicht taten.

Sowohl im Jahr 2004 als auch im Jahr 2006 sind die Voraussetzungen für den Test erfüllt. Nun kann anhand von Formel 5.2 der Testfunktionswert v berechnet werden.[6]

$$v = \frac{\sum_{i=1}^{n} z_i}{\sqrt{\sum_{i=1}^{n} z_i^2}} = \frac{\sum_{i=1}^{n}(x_i - y_i)}{\sqrt{\sum_{i=1}^{n}(x_i - y_i)^2}} = \frac{\sum_{i=1}^{n} x_i - \sum_{i=1}^{n} y_i}{\sqrt{\sum_{i=1}^{n}(x_i - y_i)^2}}$$
$$= \frac{22 - 28}{\sqrt{6}} \approx -2,4495 \qquad (5.2)$$

Für den Testfunktionswert v gilt: $v \in B$, d.h. v liegt im Verwerfungsbereich. Somit wird die Nullhypothese verworfen. Die Wahrscheinlichkeit dafür, dass die Verwerfung der Nullhypothese richtig ist, liegt bei 99,28 %. Daher kann mit einer Fehlerwahrscheinlichkeit von 0,72 % davon ausgegangen werden, dass der Anteil der Unternehmen, die Informationen zur Nachhaltigkeit in Anlehnung an die GRI-Leitlinien veröffentlichten, zwischen 2004 und 2006 signifikant gestiegen ist.

---

[6] Vgl. Bamberg et al.: Statistik, S. 174.

Zeitraum	n	$\sum x_i$	$\sum y_i$	$\sum (x_i - y_i)^2$	v	$v \in B$
2004 – 2005	90	22	22	6	0	nein
2004 – 2006	90	22	28	6	-2,4495	ja
2004 – 2007	90	22	27	11	-1,5076	nein
2005 – 2006	92	23	29	6	-2,4495	ja
2005 – 2007	92	23	28	9	-1,6667	ja
2006 – 2007	99	30	29	7	0,3780	nein

Tabelle 5.1: Daten und Ergebnisse der durchgeführten Tests zur Entwicklung der Nachhaltigkeitsberichterstattung, gegliedert nach den untersuchten Zeiträumen, Quelle: Eigene Darstellung

Die Ergebnisse der Tests für alle weiteren Zeiträume, die mit Hilfe der erfassten Daten betrachtet werden können, zeigt Tabelle 5.1. Der Stichprobenumfang n ist abhängig von dem früheren der beiden Jahre, die miteinander verglichen werden. Er entspricht der Anzahl der Unternehmen, die seit dem Beginn des betrachteten Zeitraums bis zum 9. September 2008 ununterbrochen börsennotiert waren. $\sum x_i$ stellt die Anzahl der Unternehmen dar, die für das erste Kalenderjahr des betrachteten Zeitraums Informationen zur Nachhaltigkeit in Anlehnung an die GRI-Leitlinien veröffentlichten. Analog stellt $\sum y_i$ die Anzahl der Unternehmen dar, die dies für das letzte Kalenderjahr des betrachteten Zeitraums taten. $\sum (x_i - y_i)^2$ entspricht der Anzahl der Unternehmen, die ihr Berichtsverhalten zwischen den betrachteten Jahren geändert haben. Da Unternehmen mit der Veröffentlichung von Informationen zur Nachhaltigkeit begannen, während andere aufhörten, kann diese Anzahl auch größer sein als die Differenz zwischen $\sum x_i$ und $\sum y_i$. Liegt der Testfunktionswert v im Verwerfungsbereich B, wird die Nullhypothese verworfen. In diesen Fällen ist somit der Anteil der Unternehmen signifikant angestiegen, die Informationen zur Nachhaltigkeit in Anlehnung an die GRI-Leitlinien veröffentlichten.

Der Vergleich der Jahre 2005 und 2006 sowie der Vergleich der Jahre 2005 und 2007 führen nach der Berechnung des Testfunktionswerts bei dem gegebenen Signifikanzniveau von 5 % zu einem Verwerfen der Nullhypothese. Folglich ist in den Jahren der Anteil der Unternehmen, die in Anlehnung an die GRI-Leitlinien Informationen zur Nachhaltigkeit veröffentlichten, signifikant angestiegen.

Die Vergleiche der Jahre 2004 und 2005, 2004 und 2007 sowie 2006 und 2007 führten dagegen nicht zu einem Verwerfen der Nullhypothese. Daher stützt der Test für diese Zeiträume nicht die Gegenhypothese, dass der Anteil der Unternehmen, die in Anlehnung an die GRI-Leitlinien Informationen zur Nachhaltigkeit veröffentlichten, gestiegen ist.

Der Vergleich der Jahre 2004 und 2007 führte nur deshalb nicht zu einem signifikanten Ergebnis, da die Unternehmen BMW, TUI, Altana und HeidelbergCement ihre Nachhaltigkeitsberichte für das Jahr 2007 noch nicht veröffentlicht haben. Für das Jahr 2006 veröffentlichte jedes

5.1 Entwicklung der Bedeutung der GRI-Leitlinien für die Unternehmen des HDAX

dieser vier Unternehmen einen Nachhaltigkeitsbericht. BMW, TUI und HeidelbergCement gaben auf Nachfrage an, im Sommer 2009 einen Nachhaltigkeitsbericht über die Kalenderjahre 2007 und 2008 zu veröffentlichen. Sollte nur eines der vier genannten Unternehmen noch einen Nachhaltigkeitsbericht für das Kalenderjahr 2007 veröffentlichen, ist auch der Anstieg zwischen 2004 und 2007 signifikant.

Das Ergebnis des Tests zu Nullhypothese 1 zeigt, dass die Bedeutung der GRI-Leitlinien für die Unternehmen des HDAX zunahm.

Mit dem steigenden Interesse der Gesellschaft an den Themen der Nachhaltigkeit stieg ebenfalls ihr Interesse, zu verfolgen, wie die Unternehmen ihre Verantwortung wahrnehmen und einen Betrag zur Nachhaltigkeit leisten.[7] Der signifikante Anstieg der Berichterstattung zwischen 2004 und 2006 kann einerseits dahingehend interpretiert werden, dass die Unternehmen tatsächlich, wie es von ihnen erwartet wird, z.B. für die Umwelt oder die Mitarbeiter Verantwortung übernehmen. Andererseits lässt sich der Anstieg der Berichterstattung auch damit erklären, dass die Unternehmen zwar das gestiegene Interesse der Gesellschaft an Themen der Nachhaltigkeit erkannt haben, jedoch nur deswegen diese Informationen veröffentlichen, um gezielt ihre Außendarstellung zu verbessern.[8]

Ebenfalls können die neuen Kapitalquellen, die sich den Unternehmen mit der Schaffung nachhaltiger Investitionsmöglichkeiten eröffnen, den Anstieg in der Berichterstattung erklären.[9] Um in die bedeutenden Nachhaltigkeitsindizes aufgenommen zu werden, müssen die Herausgeber der Indizes und die Kapitalgeber die Unternehmen vergleichen können. Zur Beurteilung der Leistung der Unternehmen im Nachhaltigkeitsbereich ist insbesondere die Einigung auf und die Einhaltung von Standards wichtig. Ein solcher Standard liegt in Form der GRI-Leitlinien vor.

Während der Anteil der Berichterstattung zwischen den Jahren 2004 und 2006 sowie zwischen den Jahren 2005 und 2006 signifikant anstieg, ist die Stagnation zwischen den Jahren 2004 und 2005 auffällig.[10] Eine mögliche Begründung könnte darin liegen, dass einige Unternehmen erst dann mit der Nachhaltigkeitsberichterstattung beginnen wollten, nachdem die Umstellung

---

[7] Vgl. Abschnitt 2.2.
[8] Auch Schwaiger und Zinnbauer stellen fest, dass CSR bzw. die Berichterstattung der Unternehmen über ihr nachhaltiges Handeln einen Einfluss auf die Reputation des Unternehmens haben kann. Vgl. hierzu Schwaiger/Zinnbauer: Unternehmensreputation: Treiber der Kundenbindung auch bei mittelständischen EVUs, S. 175–180. Ebenso beschreibt Grothe, dass die Unternehmen die Nachhaltigkeitsberichterstattung für eine verbesserte Außendarstellung nutzen. Vgl. Grothe: Zukunftsfähige Unternehmensführung – Analyse und Strategieentwicklung im Focus von Nachhaltigkeit, S. 28.
[9] Vgl. Abschnitt 2.4.
[10] Auf eine nähere Analyse des Vergleichs mit dem Jahr 2007 wird hier verzichtet. Wie zuvor erläutert sind die Daten des Jahres 2007 nicht uneingeschränkt nutzbar, da einige Unternehmen noch keine Informationen über dieses Jahr veröffentlichten.

auf IFRS abgeschlossen war und weitere regulatorische Änderungen in den Unternehmen umgesetzt wurden.[11] Insbesondere vor dem Hintergrund, dass die ökonomischen Informationen eines nach den GRI-Leitlinien erstellten Nachhaltigkeitsberichts teilweise auf den IFRS basieren, scheint dies eine mögliche Erklärung für den Nicht-Anstieg der Berichterstattung in diesem Zeitraum zu sein.

Eine genauere Betrachtung des Berichtsverhaltens zeigt, dass von den Unternehmen, die im HDAX gelistet sind, vor allem Unternehmen aus dem DAX Nachhaltigkeitsberichte in Anlehnung an die GRI-Leitlinien veröffentlichen, während im MDAX und TecDAX nur wenige Unternehmen entsprechende Informationen veröffentlichen. Da im Jahr 2006 bereits 21 der 30 DAX-Unternehmen Informationen zur Nachhaltigkeit in Anlehnung an die GRI-Leitlinien veröffentlichten, nimmt das Steigerungspotential im Vergleich zu den vorherigen Jahren ab.

Die nächste Fragestellung lautet daher, inwieweit Unterschiede im Berichtsverhalten zwischen den DAX-Unternehmen und den Unternehmen des MDAX ermittelt werden können.

5.2 Vergleich des Anteils der Berichterstattung im DAX und im MDAX

Nachdem mit der Überprüfung der ersten Nullhypothese ein signifikanter Anstieg des Anteils der Unternehmen, die in Anlehnung an die GRI-Leitlinien Informationen zur Nachhaltigkeit veröffentlichten, zwischen den Jahren 2004 und 2006 nachgewiesen werden konnte, sollen die einzelnen Indizes, aus denen sich der HDAX zusammensetzt, detaillierter betrachtet werden. Im Rahmen dieser Betrachtung soll die Vermutung überprüft werden, dass die DAX-Unternehmen aufgrund ihrer internationalen Ausrichtung und der höheren gesellschaftlichen Erwartungshaltung ihnen gegenüber im Vergleich zu den Unternehmen des MDAX oder TecDAX ein größeres Interesse an der Anwendung internationaler Leitlinien zur Nachhaltigkeitsberichterstattung haben.

Dazu soll untersucht werden, ob sich ein Unterschied zwischen dem Berichtsverhalten der Unternehmen im DAX und dem Berichtsverhalten der Unternehmen im MDAX messen lässt. Da der Anteil der berichtenden Unternehmen im TecDAX noch geringer ist als im MDAX, würde ein signifikanter Unterschied zwischen DAX und MDAX auch auf einen signifikanten Unterschied zwischen DAX und TecDAX deuten.

Für die zweite empirische Untersuchung in dieser Arbeit lauten die Hypothesen:

---

[11] Die sog. IAS-Verordnung verpflichtet kapitalmarktorientierte Gesellschaften seit dem 1. Januar 2005 zur Anwendung der internationalen Rechnungslegungsstandards IAS/IFRS für konsolidierte Abschlüsse. Vgl. Verordnung (EG) Nr. 1606/2002 des Europäischen Parlaments und des Rates vom 19. Juli 2002. Des Weiteren wurden im Jahr 2004 mit dem BilReG die Vorschriften zur Lageberichterstattung geändert. Ebenfalls wurde im gleichen Jahr mit dem Bilanzkontrollgesetz (BilKoG) das deutsche Enforcement geregelt.

5.2 Vergleich des Anteils der Berichterstattung im DAX und im MDAX

Nullhypothese 2: Der Anteil der Unternehmen, die Informationen zur Nachhaltigkeit in Anlehnung an die GRI-Leitlinien veröffentlichten, war im Jahr 2006 im DAX genauso hoch wie im MDAX oder niedriger als im MDAX.

Gegenhypothese: Der Anteil der Unternehmen, die Informationen zur Nachhaltigkeit in Anlehnung an die GRI-Leitlinien veröffentlichten, war im Jahr 2006 im DAX höher als im MDAX.

Zur Überprüfung der zweiten Nullhypothese wird ein approximativer Zweistichproben-Gaußtest durchgeführt.[12]

Methodisch lautet somit die Nullhypothese 2 und ihre Gegenhypothese:

$H_0 : p_1 \leq p_2$
$H_1 : p_1 > p_2$

Dabei steht p_1 für den Anteil der Unternehmen des DAX, die Informationen zur Nachhaltigkeit in Anlehnung an die GRI-Leitlinien veröffentlichten. Analog steht p_2 für den Anteil der Unternehmen des MDAX, die Informationen zur Nachhaltigkeit in Anlehnung an die GRI-Leitlinien veröffentlichten.

n_1 ist der Umfang der ersten Stichprobe, n_2 ist der Umfang der zweiten Stichprobe, also die Anzahl der Unternehmen aus dem DAX bzw. aus dem MDAX, die im Test berücksichtigt werden. Alle 30 Unternehmen, die am 9. September 2008 im DAX gelistet waren, waren bereits am 1. Januar 2006 börsennotiert. Von den 50 Unternehmen, die am 9. September 2008 im MDAX gelistet waren, waren am 1. Januar 2006 43 Unternehmen börsennotiert. Daraus ergeben sich folgende Stichprobenumfänge:

$n_1 = 30$
$n_2 = 43$

Zu den hier betrachteten Zufallsvariablen zählen:

$X_1, ..., X_{n_1}$: Veröffentlichte das DAX-Unternehmen i Informationen zur Nachhaltigkeit in Anlehnung an die GRI-Leitlinien, nimmt X_i den Wert 1 an, sonst den Wert 0.

$Y_1, ..., Y_{n_2}$: Veröffentlichte das MDAX-Unternehmen j Informationen zur Nachhaltigkeit in Anlehnung an die GRI-Leitlinien, nimmt Y_j den Wert 1 an, sonst den Wert 0.

Die erste Stichprobe enthält die Unternehmen aus dem DAX, die zweite Stichprobe enthält die Unternehmen aus dem MDAX. Damit werden zwei unabhängige, einfache Stichproben betrachtet. Daher bezieht sich eine Zufallsvariable X_i auf ein anderes Unternehmen als jede Zufallsvariable Y_j und die Stichproben $X_1, ..., X_{n_1}$ sowie $Y_1, ..., Y_{n_2}$ sind unabhängig.

---

[12] Vgl. Bamberg et al.: Statistik, S. 176–178.

Die Zufallsvariablen besitzen folgende Verteilung:

$X_i \sim B(1; p_1)$

$Y_j \sim B(1; p_2)$

Für das Kalenderjahr 2006 haben von den 30 Unternehmen der Stichprobe aus dem DAX 21 Unternehmen und von den 43 Unternehmen aus der Stichprobe aus dem MDAX 8 Unternehmen Informationen zur Nachhaltigkeit in Anlehnung an die GRI-Leitlinien veröffentlicht. Somit haben sowohl im DAX als auch im MDAX jeweils mindestens 5 Unternehmen im Jahr 2006 Informationen zur Nachhaltigkeit in Anlehnung an die GRI-Leitlinien veröffentlicht. Genauso haben jeweils mindestens 5 Unternehmen keine entsprechenden Informationen veröffentlicht. Die in diesem Fall geltende Voraussetzung zur Durchführung des approximativen Zwei-Stichproben-Gaußtests aus Formel 5.3 ist damit erfüllt.

$$5 \leq \sum_{i=1}^{n_1} x_i \leq n_1 - 5 \wedge 5 \leq \sum_{i=1}^{n_2} y_i \leq n_2 - 5 \qquad (5.3)$$

Anhand der Testfunktion V aus Formel 5.4 kann der Testfunktionswert v berechnet werden.[13]

$$V = \frac{\overline{X} - \overline{Y}}{\sqrt{\frac{\hat{p}(1-\hat{p})}{n_1} + \frac{\hat{p}(1-\hat{p})}{n_2}}} \qquad (5.4)$$
$$\text{mit: } \hat{p} = \frac{n_1 \overline{X} + n_2 \overline{Y}}{n_1 + n_2}$$

Hierbei stellen $\overline{X}$ und $\overline{Y}$ das Stichprobenmittel dar. Dabei handelt es sich um den Anteil der Unternehmen aus der DAX- bzw. aus der MDAX-Stichprobe, die Informationen zur Nachhaltigkeit in Anlehnung an die GRI-Leitlinien veröffentlichten.

Für diesen Test gilt wieder das Signifikanzniveau α von 5 %. Der Verwerfungsbereich für diesen Test errechnet sich gemäß Formel 5.5.

$$B = (x_{1-\alpha}; \infty) \approx (1,6449; \infty) \qquad (5.5)$$

$$\hat{p} = \frac{30 \cdot \frac{21}{30} + 43 \cdot \frac{8}{43}}{30 + 43} \approx 0,3973 \qquad (5.6)$$

---

[13] Vgl. Bamberg et al.: Statistik, S. 177.

5.2 Vergleich des Anteils der Berichterstattung im DAX und im MDAX 131

$$v = \frac{\frac{21}{30} - \frac{8}{43}}{\sqrt{\frac{0{,}3973 \cdot (1-0{,}3973)}{30} + \frac{0{,}3973 \cdot (1-0{,}3973)}{43}}} \approx 4{,}4152 \tag{5.7}$$

Für den Wert v gilt: $v \in B$, d.h. v liegt im Verwerfungsbereich. Somit wird die Nullhypothese verworfen. Die Wahrscheinlichkeit dafür, dass die Verwerfung der Nullhypothese richtig ist, liegt bei 99,9995 %. Daher kann mit einer Fehlerwahrscheinlichkeit von 0,0005 % davon ausgegangen werden, dass der Anteil der Unternehmen des DAX, die Informationen zur Nachhaltigkeit in Anlehnung an die GRI-Leitlinien veröffentlichen, signifikant höher ist als der des MDAX.

Während im MDAX 8 der 43 betrachteten Unternehmen einen Nachhaltigkeitsbericht in Anlehnung an die GRI-Leitlinien veröffentlichen, tat dies im TecDAX nur eins von 24 Unternehmen. Da bereits ein signifikanter Unterschied im Berichtsverhalten zwischen den Unternehmen des DAX und des MDAX festzustellen ist, und der Anteil der berichtenden Unternehmen im TecDAX noch deutlich niedriger ist als im MDAX, muss ebenfalls ein signifikanter Unterschied zwischen den Anteilen bei den Unternehmen des DAX und des TecDAX bestehen.

Große Unternehmen, wie die DAX-Unternehmen, sind meist in ihrer Geschäftstätigkeit breiter diversifiziert und weniger konjunkturabhängig als kleinere Unternehmen, wie die MDAX- und TecDAX-Unternehmen.[14] Die Nachhaltigkeitsberichterstattung kann als eine Investition betrachtet werden, da auch hier zunächst finanzielle Mittel in die Erstellung des Berichts fließen, sich das Unternehmen aber insgesamt positive Auswirkungen von der Nachhaltigkeitsberichterstattung erhofft.[15] Daher könnte es für ein Unternehmen, das in viele Bereiche investiert, näher liegen, auch in die Nachhaltigkeitsberichterstattung zu investieren, als für Unternehmen, deren Geschäftsmodell vollständig auf einen klar definierten Kerngeschäftsbereich konzentriert ist. Auf diese Weise könnte begründet werden, warum die kleineren Unternehmen mehrheitlich nicht in die Nachhaltigkeit investieren oder zumindest keine entsprechenden Berichte veröffentlichen.

Der Fokus auf den Kerngeschäftsbereich wird auch darin deutlich, dass von den Unternehmen im TecDAX ausschließlich Unternehmen der Solar-Branche Informationen zur Nachhaltigkeit in Anlehnung an die GRI-Leitlinien veröffentlichten.[16] Bei diesen Unternehmen bildet die Herstellung von Produkten zur umweltfreundlichen Nutzung erneuerbarer Energien den Kerngeschäftsbereich. Bei diesen Unternehmen liegt die Nachhaltigkeitsberichterstattung dem

---

[14] Vgl. Größl: Wirtschaftspolitische Antworten auf Funktionsmängel im Finanzsystem, S. 142.
[15] Vgl. Robinson et al.: The Value of a Reputation for Corporate Social Responsibility: Empirical Evidence, S. 4.
[16] Die beiden Unternehmen des TecDAX, die in ihren Geschäftsberichten in Anlehnung an die GRI-Leitlinien Informationen zur Nachhaltigkeit veröffentlichten, waren Q-Cells und SolarWorld. Bei beiden Unternehmen handelt es sich um Unternehmen der Solar-Branche.

Kerngeschäftsbereich deutlich näher als in TecDAX-Unternehmen aus den Bereichen IT oder Maschinenbau, die durchgängig nicht berichteten.

Meist haben die großen Unternehmen mehr Kapital zur Verfügung, das sie zu Investitionszwecken nutzen können. Daher fällt es großen Unternehmen leichter als kleinen Unternehmen, kontinuierlich über ihre Leistung im Bereich der Nachhaltigkeit zu berichten. Wie in Abschnitt 2.5.1 beschrieben, würde der Kapitalmarkt solche Unternehmen bestrafen, die in einem Jahr bestimmte Informationen veröffentlichen und in einem anderen Jahr auf eine Veröffentlichung verzichten. Dies könnte ein Grund dafür sein, warum kleinere Unternehmen ganz auf eine Nachhaltigkeitsberichterstattung verzichten.

Der höhere Anteil der Berichterstattung bei großen Unternehmen kann auch darauf zurückgeführt werden, dass die gesellschaftliche Erwartungshaltung gegenüber den großen Unternehmen höher ist als gegenüber den kleineren Unternehmen.[17] Zudem liegt den großen Unternehmen meist mehr an ihrer Außendarstellung, so dass sie eher bereit sind, zusätzliche Kosten in Kauf zu nehmen.[18]

Gleichzeitig nutzen sie die Berichte, um über ihre Wahrnehmung der Verantwortung zu berichten und um ihre Außendarstellung zu verbessern.[19] Die Unternehmen, die einen Nachhaltigkeitsbericht veröffentlichen, nutzen damit das Instrument des Signaling. Hinzu kommt mittlerweile für die Unternehmen aus dem DAX, von denen bereits mehr als zwei Drittel der Unternehmen regelmäßig einen Nachhaltigkeitsbericht veröffentlichen, der Druck des Marktes. Damit es im Bereich der Nachhaltigkeitsberichterstattung nicht schlechter dasteht als die Konkurrenzunternehmen, ist es für ein DAX-Unternehmen inzwischen notwendig, einen Nachhaltigkeitsbericht zu veröffentlichen.

---

[17] Zur gesellschaftlichen Erwartungshaltung, vgl. Abschnitt 2.2.
[18] Vgl. hierzu exemplarisch Spiller: Erfolgschancen mittelständischer Hersteller als Handelsmarkenspezialisten: Eine institutionenökonomische Analyse.
[19] Eine ähnliche Aussage erfolgt in Grothe: Zukunftsfähige Unternehmensführung – Analyse und Strategieentwicklung im Focus von Nachhaltigkeit, S. 28.

6 Kurzfristige Ereignisstudie

Die Ergebnisse der in Kapitel 5 beschriebenen Untersuchungen zeigen, dass die Bedeutung der Nachhaltigkeitsberichterstattung in Anlehnung an die GRI-Leitlinien für die Unternehmen des HDAX zunahm. An dieser Entwicklung lässt sich jedoch nicht ablesen, ob die vermittelten Informationen für die Kapitalgeber entscheidungsnützlich sind.[1] Daher dienen die folgenden Untersuchungen der Beantwortung der in dieser Arbeit zentralen Fragestellung, ob es die Nachhaltigkeitsberichterstattung vermag, Informationen zu vermitteln, die für die Kapitalgeber entscheidungsnützlich sind. Die Untersuchungen dieser Arbeit beschränken sich dabei auf die Sicht der Kapitalgebergruppe der Eigenkapitalgeber.

Dazu wird zunächst eine kurzfristige Ereignisstudie durchgeführt, mit der die Vermutung überprüft werden soll, dass sich die Aufnahme eines Unternehmens in den Nachhaltigkeitsindex Dow Jones STOXX Sustainability Index positiv auf den Aktienkurs des Unternehmens auswirkt, die Herausnahme dagegen negativ. Die Vermutung wird zum Teil bestätigt: Die Aufnahme in den Index beeinflusst den Aktienkurs der Unternehmen signifikant positiv. Der gemessene negative Einfluss auf den Aktienkurs bei der Herausnahme aus dem Index ist dagegen nicht signifikant.

6.1 Ergebnisse bisheriger empirischer Studien

Neben den Ergebnissen dieser Arbeit zeigen auch die Studien, welche die KPMG alle drei Jahre durchführt und veröffentlicht, dass immer mehr Unternehmen Informationen zum Bereich der Nachhaltigkeit veröffentlichen.[2] Diese Entwicklung führt dazu, dass die Nachhaltigkeitsberichterstattung zunehmend erforscht wird. Studien von Geczy et al. sowie von Bauer et al. legen dar, dass immer mehr Kapital in ethische Investmentfonds fließt.[3]

Zu weniger eindeutigen Ergebnissen kommt die Forschung bezüglich der Frage, ob sich die Anwendung nachhaltiger Strategien im Unternehmen positiv auf die Unternehmensperformance auswirkt. In einer Metastudie werteten Margolis und Walsh insgesamt 122 empirische Studien zwischen 1971 und 2001 aus.[4] Ihre Betrachtung beschäftigte sich auch mit der Fragestellung, ob

---

[1] Zur Entscheidungsnützlichkeit von Informationen vgl. Kapitel 4.6.
[2] Vgl. hierzu KPMG: KPMG International Survey of Environmental Reporting 1999, dies.: KPMG International Survey of Corporate Sustainability Reporting 2002, dies.: KPMG International Survey of Corporate Responsibility 2005 sowie dies.: KPMG International Survey of Corporate Responsibility 2008.
[3] Vgl. hierzu Geczy et al.: Investing in Socially Responsible Mutual Funds sowie Bauer et al.: International Evidence on Ethical Mutual Fund Performance and Investment Style. Ebenfalls lassen sich in diesem Kontext anführen: Hamilton et al.: Doing Well While Doing Good? The Investment Performance of Socially Responsible Mutual Funds, Sauer: The Impact of Social-Responsibility Screens on Investment Performance: Evidence from the Domini 400 Social Index and Domini Equity Mutual Fund sowie Statman: Socially Responsible Mutual Funds.
[4] Vgl. Margolis/Walsh: Misery Loves Companies: Rethinking Social Initiatives by Business. Für eine weitere Metastudie zu dieser Fragestellung, vgl. auch Orlitzky et al.: Corporate Social and Financial Performance: A Meta-Analysis.

ein Zusammenhang zwischen der Anwendung nachhaltiger Strategien im Unternehmen und der Unternehmensperformance besteht. Die Studien, die dieser Metastudie zugrunde liegen, unterscheiden sich bezüglich ihrer zeitlichen Ausrichtung und ihrer Untersuchungsmethodik. Sowohl die Studien, welche die kurzfristigen Auswirkungen auf die Unternehmensperformance untersuchten, als auch die langfristig ausgelegten Untersuchungen kommen nicht zu einheitlichen Ergebnissen.

Exemplarisch für eine kurzfristig ausgelegte Studie lässt sich die von Posnikoff durchgeführte Untersuchung anführen.[5] Sie konnte einen positiven Zusammenhang zwischen der Anwendung nachhaltiger Strategien und der Unternehmensperformance nachweisen. Wright und Ferris weisen dagegen einen negativen Zusammenhang nach.[6] Teoh et al. konnten zwischen der Nachhaltigkeit im Unternehmen und der Performance keinen Zusammenhang feststellen.[7]

Als langfristig ausgelegte Studien lassen sich z.B. die Studien von Aupperle et al. und Waddock und Graves anführen. Während Aupperle et al. keinen Zusammenhang feststellen konnten,[8] kamen Waddock und Graves zu dem Ergebnis, dass ein signifikant positiver Zusammenhang festzustellen ist.[9] Ein negativer Zusammenhang konnte in keiner Studie nachgewiesen werden, die langfristige Auswirkungen betrachtet. Zwar konnte in der Mehrheit der ausgewerteten Studien ein positiver Zusammenhang zwischen der Anwendung nachhaltiger Strategien und der Unternehmensperformance nachgewiesen werden, jedoch ist es fraglich, ob die Studien insbesondere wegen ihrer großen methodischen und theoretischen Differenzen tatsächlich vergleichbar sind.[10]

In weiteren Studien wurde untersucht, ob die Unternehmen, die sich am Konzept der Nachhaltigkeit orientieren, höhere Renditen erwirtschaften, dies veröffentlichen und in Folge dessen in Nachhaltigkeitsindizes gelistet sind. Becchetti et al. kommen in ihrer Studie zu dem Ergebnis, dass die Herausnahme eines Unternehmens aus dem Domini 400 Index, welcher ebenfalls zu den Nachhaltigkeitsindizes zählt, bei den Unternehmen zu signifikant negativen Kursreaktionen führt.[11] Dagegen konnten sie keine signifikante positive Kursreaktionen bei einer Aufnahme in den betrachteten Nachhaltigkeitsindex nachweisen.

---

[5] Posnikoff betrachtete in ihrer Untersuchung Zeiträume zwischen einem Tag und drei Tagen. Vgl. Posnikoff: Disinvestment from South Africa: They Did Well by Doing Good.
[6] Wright und Ferris wählten einen Untersuchungszeitraum von 21 Tagen. Vgl. Wright/Ferris: Agency Conflict and Corporate Strategy: The Effect of Divestment on Corporate Value.
[7] Teoh et al. wählten einen Untersuchungszeitraum von 3 Tagen. Vgl. Teoh et al.: The Effect of Socially Activist Investment Policies on the Financial Markets: Evidence from the South African Boycott.
[8] Aupperle et al. untersuchten sowohl einen Zeitraum von einem Jahr als auch einen Zeitraum von fünf Jahren. Vgl. Aupperle et al.: An Empirical Examination of the Relationship Between Corporate Social Responsibility and Profitability.
[9] Die Untersuchungen von Waddock und Graves erstreckten sich über einen Zeitraum von einem Jahr. Vgl. Waddock/Graves: The Corporate Social Performance – Financial Performance Link.
[10] Sichtbar wurden die Unterschiede vor allem an den divergierenden Methoden, die Unternehmensperformance zu messen. Während Waddock und Graves beispielsweise Maße wie den Return on Assets und den Return on Sales verwendeten, nutzten Posnikoff sowie Theo et al. Aktienkurse als Maß.
[11] Vgl. Becchetti et al.: Corporate Social Responsibility and Shareholder's Value: An Empirical Analysis.

Bezüglich der Dow Jones Sustainability Indexes (DJSI), die aktuell als die bedeutendsten Nachhaltigkeitsindizes angesehen werden können, besteht jedoch noch Forschungsbedarf.[12] Reents beschreibt, dass Nachhaltigkeitsindizes wie die DJSI regelmäßig eine höhere Rendite erwirtschaften als entsprechende Benchmarkindizes.[13] Diese Aussage deutet darauf hin, dass die Kapitalgeber, die in die Unternehmen der DJSI investieren, höhere Zahlungsrückflüsse in Form von höheren Kurssteigerungen und / oder höheren Dividenden aus ihrer Kapitaleinlage generieren können. Trifft dies zu, deutet es darauf hin, dass die Information, ob ein Unternehmen in diesen Nachhaltigkeitsindex aufgenommen wird, entscheidungsnützlich für die Aktionäre ist.[14]

6.2 Fragestellung der Ereignisstudie

Aufgrund der Fokussierung dieser Arbeit auf den deutschen Aktienmarkt wird der Dow Jones STOXX Sustainability Index (DJSI STOXX) betrachtet. Hierbei handelt es sich um einen Nachhaltigkeitsindex aus der DJSI-Familie, der den europäischen Markt betrachtet und mehr deutsche Unternehmen enthält als alle anderen DJSI. Der DJSI STOXX bildet die Performance der 20 % der Unternehmen des Dow Jones STOXX 600 Index ab, die in ihrem Industriezweig hinsichtlich nachhaltiger Kriterien führend sind.[15]

Wie in Abschnitt 6.1 beschrieben, wurden zwar zur Nachhaltigkeitsberichterstattung zahlreiche internationale Studien durchgeführt. Bisher existieren jedoch für den deutschen Markt nur wenige Studien, welche die Auswirkungen der Nachhaltigkeitsberichterstattung der Unternehmen untersuchen. Ein Grund kann darin liegen, dass die Unternehmen in Deutschland erst in den letzten Jahren in großer Anzahl damit begonnen haben, Nachhaltigkeitsberichte zu veröffentlichen. Wie die Untersuchungen des Kapitels 5 zeigen, stieg die Anzahl der Unternehmen des HDAX, die Berichte zur Nachhaltigkeit in Anlehnung an die GRI-Leitlinien veröffentlichten, in den letzten Jahren signifikant an. Mit den Studien der Kapitel 6 und 7 dieser Arbeit soll daher ein Beitrag zur Füllung dieser Forschungslücke geleistet werden.

Zur Überprüfung der Nullhypothesen 1 und 2 wurden die Nachhaltigkeitsberichte bzw. die Geschäftsberichte durchgesehen, deren Abschnitte sich auf die Nachhaltigkeitsberichterstattung in Anlehnung an die GRI-Leitlinien beziehen. Dabei fiel auf, dass viele Unternehmen unabhängig von ihrer Branche ein Listing in einem Nachhaltigkeitsindex entweder als Ziel oder als

---

[12] Vgl. exemplarisch UmweltDialog: Neue Dow Jones Sustainability Indizes 2007.
[13] Vgl. Reents: Mit gutem Gewissen Geld verdienen.
[14] Vgl. hierzu Kapitel 4.
[15] Vgl. Dow Jones Sustainability Indexes: Dow Jones STOXX Sustainability Indexes Guide, S. 6. Zur Beschreibung der Dow Jones Sustainability Index-Familie vgl. Abschnitt 2.4. Auf die Bewertung der nachhaltigen Leistung durch die indexauflegenden Unternehmen wird in Abschnitt 6.4.2 eingegangen.

Erfolg darstellten, sofern dieses Ziel bereits erreicht wurde.[16] Dies deutet darauf hin, dass die Unternehmen einem Listing in einem Nachhaltigkeitsindex Bedeutung beimessen. Ob die Aktionäre diese Ansicht teilen, soll mit Hilfe der nachfolgenden Untersuchung analysiert werden. Dazu wird betrachtet, wie der Kapitalmarkt auf die Aufnahme eines Unternehmens in den DJSI STOXX bzw. auf die Herausnahme eines Unternehmens aus dem DJSI STOXX reagiert.

Falls im Rahmen der Untersuchung nachgewiesen werden kann, dass eine Aufnahme bzw. Herausnahme eines Unternehmens seinen Aktienkurs kurzfristig beeinflusst, würde dies darauf hindeuten, dass die Information über ein Listing in einem Nachhaltigkeitsindex für die Aktionäre entscheidungsnützlich ist. Da ein Listing in einem Nachhaltigkeitsindex von den Informationen abhängt, die das Unternehmen zur Leistung im Bereich der Nachhaltigkeit veröffentlicht, wären diese Informationen zur Nachhaltigkeit folglich für die Aktionäre zumindest indirekt entscheidungsnützlich.

In dieser Untersuchung wird der Inhalt eines Nachhaltigkeitsberichts nicht direkt betrachtet. Jedoch ist die Entscheidung darüber, ob ein Unternehmen in den DJSI STOXX aufgenommen wird oder aus ihm herausgenommen wird, von der Bewertung seiner Leistung im Bereich der Nachhaltigkeit durch die indexauflegenden Unternehmen abhängig. Mit den Unternehmen SAM, Dow Jones Indexes und STOXX Ltd., die den DJSI STOXX auflegen, bewertet eine unabhängige Instanz die Leistung der Unternehmen im Bereich der Nachhaltigkeit. Daher wird davon ausgegangen, dass ein Unternehmen, welches im DJSI STOXX gelistet ist, überdurchschnittlich gute Leistungen im Bereich der Nachhaltigkeit erzielt hat und nachhaltige Strategien anwendet.

Die Auswirkungen, die eine Aufnahme bzw. eine Herausnahme auf den Aktienkurs haben, werden getrennt betrachtet. Aufgrund der Vermutung, dass die Aktionäre die Aufnahme eines Unternehmens in den DJSI STOXX als positives Signal werten, wird eine positive Reaktion des Aktienkurses erwartet. Analog wird für die Herausnahme aus dem DJSI STOXX eine negative Reaktion des Aktienkurses erwartet. Für die dritte und vierte empirische Untersuchung in dieser Arbeit lauten daher die Hypothesen:

---

[16] Daimler schreibt diesbezüglich: „Im September 2005 wurde die Daimler-Chrysler-Aktie wieder in den Dow Jones Sustainability Index (DJSI) aufgenommen. Am DJSI orientieren sich mehr als 50 Portfolio-Manager mit einem Anlagevolumen von über 3 Mrd. €. Auch im europäischen Nachhaltigkeitsindex Dow Jones STOXX Sustainability Index sind wir vertreten." DaimlerChrysler AG: DaimlerChrysler: 360 Grad – Fakten zur Nachhaltigkeit 2006, S. 28. „Der weltweit führende Nachhaltigkeitsindex (Dow Jones Sustainability World Index) listet jene zehn Prozent Unternehmen jeder Branche, deren nachhaltige Unternehmensführung vorbildlich ist. Lufthansa wurde 2006 erneut aufgenommen." Deutsche Lufthansa AG: Balance – Das Wichtigste zum Thema Nachhaltigkeit bei Lufthansa. Ausgabe 2007, S. 90. „Internationale Ratingagenturen und Nachhaltigkeitsanalysten bestätigten TUI auch im Geschäftsjahr 2006 überzeugende Ergebnisse auf dem Gebiet der Nachhaltigkeit: als einziges Touristikunternehmen weltweit im Subsektor Travel & Tourism ist die TUI AG im September 2006 in den Dow Jones Sustainability Index (DJSI) World aufgenommen worden. Bestnoten bei der Bewertung erhielt die TUI dabei unter anderem in den Kategorien Biodiversität, Ökotourismus und Klimaschutz und setzt die Benchmark ihres Subsektors im Bereich Risiko- und Krisenmanagement." TUI AG: Nachhaltig wirtschaften im TUI Konzern. Nachhaltigkeitsberichterstattung 2006/2007, S. 10.

6.3 Durchführung der Ereignisstudie

> *Nullhypothese 3*: Die Aufnahme in den DJSI STOXX führt nicht zu abnormal positiven Reaktionen des Aktienkurses des betroffenen Unternehmens.
>
> *Gegenhypothese*: Die Aufnahme in den DJSI STOXX führt zu abnormal positiven Reaktionen des Aktienkurses des betroffenen Unternehmens.

> *Nullhypothese 4*: Die Herausnahme aus dem DJSI STOXX führt nicht zu abnormal negativen Reaktionen des Aktienkurses des betroffenen Unternehmens.
>
> *Gegenhypothese*: Die Herausnahme aus dem DJSI STOXX führt zu abnormal negativen Reaktionen des Aktienkurses des betroffenen Unternehmens.

Überprüft werden die Nullhypothesen mittels einer sog. Ereignisstudie.[17] Unter Verwendung kapitalmarktorientierter Erfolgskriterien können die Wirkungen am Kapitalmarkt analysiert werden, die von neuen Informationen z.B. in Form von Ankündigungen ausgehen. Im Rahmen von Ereignisstudien wird betrachtet, welche Reaktionen auf neue Informationen am Kapitalmarkt messbar sind. Fama et al. haben die Untersuchung von Aktienkurseffekten, die aus für den Kapitalmarkt neuen, öffentlich verfügbaren Informationen resultieren, entscheidend geprägt. Seitdem sind diese Untersuchungen in Form von Ereignisstudien ein fester Bestandteil der betriebswirtschaftlichen Forschung.[18] Das Ziel einer Ereignisstudie liegt darin, zu ermitteln, welche Auswirkungen die neue Information auf den Marktwert des Unternehmens hat. Daraus kann abgeleitet werden, ob diese Information für die Aktionäre entscheidungsnützlich ist.

6.3 Durchführung der Ereignisstudie

Diese Ereignisstudie orientiert sich an der von MacKinlay beschriebenen Vorgehensweise.[19] Am Anfang jeder Ereignisstudie steht die Definition der Ereignisse, die im Rahmen der Studie untersucht werden sollen. Dabei kann es sich um ökonomische Ereignisse handeln, die den Kapitalmarktteilnehmern zu einem bestimmten Zeitpunkt oder in einem definierten Zeitraum bekannt werden. Ereignisstudien sind dabei typischerweise auf die Untersuchung kurzfristiger Auswirkungen ausgerichtet. Ereignisstudien mit kurzfristiger Ausrichtung erheben nicht den Anspruch, einen dauerhaften Einfluss von Ereignissen auf den Unternehmenswert zu messen.

---

[17] Grundlegend zur Methodik von Ereignisstudien, vgl. MacKinlay: Event Studies in Economics and Finance.
[18] Vgl. Fama et al.: Adjustment of Stock Prices to New Information. Ebenso ist im Zusammenhang mit Ereignisstudien auf die grundlegende Arbeit von Ball und Brown zu verweisen. Vgl. hierzu Ball/Brown: An Empirical Evaluation of Accounting Income Numbers.
[19] Vgl. MacKinlay: Event Studies in Economics and Finance.

In Ereignisstudien wird stets ein bestimmter Ausschnitt des Kapitalmarktes betrachtet. Es werden Ereignisse untersucht, die im Zusammenhang mit einer definierten Gruppe von Unternehmen eintreten, z.B. im Zusammenhang mit allen Unternehmen, die in einem bestimmten Index gelistet sind. Alle in die Studie einbezogenen Ereignisse liegen zudem in einem Zeitraum, der vorab definiert wird.

Neben einer eindeutigen Definition des Ereignisses liegt eine weitere wesentliche Voraussetzung zur Durchführung einer Ereignisstudie in der genauen Bestimmung des Ereigniszeitpunktes. Als Ereigniszeitpunkt wird der Tag der erstmaligen Veröffentlichung bzw. Ankündigung des Ereignisses bezeichnet, da an diesem Tag der Kapitalmarkt Kenntnis über das Ereignis erlangt. Ab dem Zeitpunkt der Ankündigung des Ereignisses muss davon ausgegangen werden, dass der Kapitalmarkt diese Information in die Kurse einfließen lässt.

Im Rahmen einer Ereignisstudie wird jedoch nicht nur der Ereignistag und die Kursreaktion in einem definierten Zeitfenster nach dem Ereignistag betrachtet, sondern auch das Verhalten des Kurses in einem definierten Zeitfenster vor dem Ereignistag. Bei einigen Ereignissen kann der Markt erahnen, dass ein Ereignis eintritt, bevor es tatsächlich eingetreten ist. Insbesondere die Zusammensetzung von Aktienindizes erfolgt in vielen Fällen auf Basis objektiver Kriterien, welche die Kapitalmarktteilnehmer beobachten können. So können Kapitalmarktteilnehmer Veränderungen der Zusammensetzung von Indizes vorausahnen, bevor die Veränderung offiziell bekannt gegeben wird. Aus diesem Grund wird in solchen Fällen nicht nur die Kursentwicklung unmittelbar nach dem Ereignis, sondern auch die Entwicklung während eines kurzen Zeitraums vor dem Ereigniszeitpunkt betrachtet.

Nach der Identifikation des Ereignisses müssen die Kriterien bestimmt werden, durch die selektiert wird, welche Unternehmen in der Ereignisstudie betrachtet werden. In vielen Ereignisstudien orientieren sich diese Kriterien an der Verfügbarkeit der Daten. Ein häufiges Kriterium für die Auswahl der untersuchten Unternehmen ist daher das Listing an einer bedeutenden Börse, z.B. an der New York Stock Exchange.[20]

Im Rahmen dieser empirischen Überprüfung liegt das Ereignis in der Aufnahme oder in der Herausnahme eines Unternehmens aus dem DJSI STOXX. Die Gewichtungen der Unternehmen des DJSI STOXX werden einmal im Quartal ermittelt. Die Neuzusammensetzung des Indexes erfolgt jährlich, jeweils im dritten Quartal. In einer Presseerklärung teilen die den Index herausgebenden Unternehmen SAM, Dow Jones Indexes und STOXX Ltd. jährlich mit, welche Unternehmen in den DJSI STOXX neu aufgenommen werden bzw. welche Unternehmen aus dem Index herausfallen. Das Veröffentlichungsdatum der Presseerklärung stellt somit den Zeitpunkt der Ankündigung der Neuzusammensetzung und damit den Ereigniszeitpunkt dar. Zu diesem Datum sind die Informationen jeweils zum ersten Mal öffentlich verfügbar. In dieser

---

[20] Vgl. MacKinlay: Event Studies in Economics and Finance, S. 15.

6.3 Durchführung der Ereignisstudie

Studie sollen die Ereignisse aus den Jahren 2007 und 2008 untersucht werden. Im Jahr 2007 ist der Ereigniszeitpunkt der 6. September und im Jahr 2008 der 4. September. Das Ziel dieser Ereignisstudie besteht darin, die Reaktion der Aktienkurse auf die Ereignisse allgemein zu untersuchen, nicht Unterschiede zwischen den Jahren 2007 und 2008 zu untersuchen. Daher werden die Hypothesen jeweils mit den Daten aus den beiden Jahren geprüft.

Im Jahr 2008 hat die Wirtschaftskrise die Aktienkurse stark negativ beeinflusst. Dies bedeutet jedoch nicht, dass zwangsläufig auch die abnormalen Renditen einzelner Unternehmen beeinflusst wurden. Im Gegenteil ist es sogar das Ziel des hier verwendeten Konzeptes von abnormalen Renditen, die auf Basis des Marktmodells berechnet werden, Einflüsse aus den untersuchten Werten herauszuhalten, die auf den gesamten Markt im gleichen Maße einwirken.[21] Für eine gemeinsame Betrachtung der Ereignisse aus den Jahren 2007 und 2008 spricht zudem, dass Schätzwerte größerer Stichproben zuverlässiger als die kleinerer Stichproben sind.[22] Durch die gemeinsame Betrachtung der Jahre 2007 und 2008 entsteht eine größere Stichprobe als jeweils für die Jahre 2007 und 2008 einzeln betrachtet.

Ereignisstudien werden unter der Prämisse durchgeführt, dass der betrachtete Kapitalmarkt öffentlich verfügbare Informationen schnell und vollständig verarbeitet.[23] Diese Prämisse baut auf der von Fama formulierten Hypothese zur Effizienz der Kapitalmärkte auf:

„The primary role of the capital market is allocation of ownership of the economy's capital stock. In general terms, the ideal is a market in which prices provide accurate signals for resource allocation: that is, a market in which firms can make production-investments decisions, and investors can choose among the securities that represent ownership of firms' activities under the assumption that security prices at any time fully reflect all available information. A market in which prices always fully reflect available information is called effcient."[24]

Die so von Fama beschriebene Effizienz bezeichnet er auch als halbstrenge Informationseffizienz. Sie liegt am Markt vor, wenn alle öffentlich verfügbaren Informationen unmittelbar und vollständig im aktuellen Marktpreis abgebildet sind. Insgesamt deuten viele Forschungsergebnisse darauf hin, dass an den bedeutenden Kapitalmärkten halbstrenge Informationseffizienz vorliegt. [25] Ereignisstudien unterstellen daher das Vorliegen der halbstrengen Informationseffi-

---

[21] Vgl. hierzu die nachfolgenden Erläuterungen zum Marktmodell.
[22] Vgl. beispielsweise Morris: Quantitative Approaches in Business Studies, S. 199.
[23] Diese Annahme entspricht der halbstrengen Form der Markteffizienz nach Fama. Vgl. Fama: Efficient Capital Markets II, S. 1576 f. Auch für den deutschen Kapitalmarkt kann von einer halbstrengen Informationseffizienz ausgegangen werden. Vgl. Wagner: Theorie und Praxis der Rechnungslegung: Lehren aus drei Jahrzehnten, S. 7 sowie Schildbach: Harmonisierung der Rechnungslegung – ein Phantom, S. 6.
[24] Fama: Efficient Capital Markets: A Review of Theory and Empirical Work, S. 383.
[25] Spremann fasst zusammen: „Von der Mehrzahl der Forscher wird heute die Sicht geteilt, dass die wichtigsten Börsen (Sekundärmärkte) für Aktien und Anleihen semi-stark informationseffizient sind [...]", Spremann: Portfoliomanagement, S. 161 f.

zienz. So kann aus der Kursreaktion bei Bekanntwerden einer Information abgelesen werden, welchen Einfluss die Information auf den Wert des Unternehmens hat.

Daneben existieren die theoretischen Modelle der schwachen und der strengen Informationseffizienz. Als schwach effizient gilt ein Kapitalmarkt, wenn alle Informationen über vergangene Marktpreise unmittelbar und vollständig im aktuellen Marktpreis abgebildet sind. Im Fall einer strengen Informationseffizienz sind alle bewertungsrelevanten Informationen, also auch Insiderwissen, unmittelbar und vollständig im aktuellen Marktpreis abgebildet.[26]

Bei der Durchführung von Ereignisstudien folgt auf die Definition des Ereignisses und die Bestimmung des Ereigniszeitpunktes die Betrachtung der tatsächlichen Renditen der Ereignisperiode. Im Fall der vorliegenden Studie werden zu jedem Handelstag die Schlusskurse der Unternehmen betrachtet, die in den DJSI STOXX aufgenommen bzw. die aus dem Index herausgenommen wurden. Es gingen die Kurse derjenigen Börsenplätze in die Berechnungen ein, an denen das größte Handelsvolumen bezogen auf das Wertpapier des betrachteten Unternehmens vorlag.[27] Die in diese Studie einfließenden Kursdaten deutscher Unternehmen wurden aus der Datenbank Thomson Datastream[28] bezogen, die Kursdaten der übrigen europäischen Unternehmen entstammen den Datenbanken Google Finance[29] und Yahoo! Finance[30].

Seit der letzten Neuzusammensetzung am 4. September 2008 beinhaltet der DJSI STOXX 162 Unternehmen aus verschiedenen europäischen Ländern. Lagen die Kurse der betrachteten Unternehmen nicht in der Währung Euro vor, wurden die entsprechenden Landeswährungen mit den tagesaktuellen Währungskursen in Euro umgerechnet. Zur Umrechnung der Aktienkurse wurden die offiziellen Referenzkurse der Europäischen Zentralbank herangezogen.[31]

Im Jahr 2008 wurden 30 Unternehmen in den DJSI STOXX aufgenommen. 21 Unternehmen sind aus dem Index herausgefallen. Im Jahr 2007 wurden 17 Unternehmen aufgenommen, während 22 Unternehmen herausfielen. Insgesamt wurden in den Jahren 2007 und 2008 somit 90 Ereignisse betrachtet.

Um die Auswirkungen eines Ereignisses einschätzen zu können, ist es notwendig, die abnormalen Renditen zu messen. Die abnormale Rendite entspricht der über die Ereignisperiode tatsächlich am Markt festgestellten Rendite eines Wertpapiers abzüglich der erwarteten Rendite des Unternehmens über die Ereignisperiode. Dabei ist die erwartete Rendite definiert als die

---

[26] Vgl. Fama: Efficient Capital Markets II, S. 1576 f.
[27] In einigen Fällen konnten die historischen Kursdaten der betroffenen Unternehmen der Börsenplätze, an denen die Aktie am meisten gehandelt wurde, nicht ermittelt werden. Es wurde dann auf die Kursdaten der Börsenplätze mit dem zweithöchsten Volumen zurückgegriffen.
[28] Vgl. Thomson Reuters Corporation: Thomson Datastream.
[29] Vgl. Google Incorporated: Google Finance.
[30] Vgl. Yahoo! Incorporated: Yahoo! Finance.
[31] Vgl. Europäische Zentralbank: Euro Foreign Exchange Reference Rates.

6.3 Durchführung der Ereignisstudie

Rendite, die anhand eines Modells erwartet wird, welches das Eintreten der untersuchten Ereignisse nicht berücksichtigt. Zur Berechnung der erwarteten Rendite wird ein Regressionsmodell verwendet. Im Rahmen von Ereignisstudien wird hierzu oft eine Regression mit dem Marktmodell nach Sharpe durchgeführt.[32]

Hierbei handelt es sich um ein statistisches Modell, das die Rendite eines betrachteten Wertpapiers mit der Rendite des Marktes in Beziehung setzt. Das Marktmodell geht von einem linearen Zusammenhang zwischen der Unternehmensrendite und der Rendite eines Marktportfolios aus. Das Marktmodell hat den in Formel 6.1 dargestellten Aufbau:

$$R_{i,t} = \alpha_i + \beta_i \cdot R_{m,t} + \epsilon_{i,t} \tag{6.1}$$

In diesem Modell entspricht $R_{i,t}$ der tatsächlichen Rendite eines Unternehmens i in der Zeitperiode t. In einer Ereignisstudie ist die Zeitperiode t typischerweise ein Handelstag. $R_{i,t}$ beschreibt in diesem Fall die Rendite des Wertpapiers des Unternehmens vom vorherigen Handelstag bis zum aktuellen. In die Rendite des Unternehmens fließt der konstante Anteil α ein. Er entspricht dem Anteil an der Rendite des Unternehmens, der durchschnittlich täglich auftritt und weder vom Markt noch von anderen tagesaktuellen Einflüssen abhängt. Der Sensivitätsfaktor β spiegelt das Maß wider, in dem die Rendite des Marktes die Rendite des Wertpapiers beeinflusst. Analog zur Unternehmensrendite $R_{i,t}$ entspricht $R_{m,t}$ der Rendite des Marktportfolios in der Zeitperiode t.

Zudem enthält das Modell eine statistische Fehlergröße $\epsilon_{i,t}$ mit einem erwarteten Mittelwert von $E(\epsilon_{i,t}) = 0$. Alle Beeinflussungen des Aktienkurses, die im Marktmodell nicht als unternehmens- oder marktinduziert erklärt werden können, werden von $\epsilon_{i,t}$ abgebildet. Solche Beeinflussungen können grundsätzlich an jedem Handelstag eintreten. Eine Ereignisstudie versucht zu klären, ob die Abweichungen vom Marktmodell im Zeitraum um die Ereignisse herum so deutlich sind, dass sie nicht durch Zufall entstanden sein können.

Im Allgemeinen ist die Anwendung des OLS-Ansatzes (Ordinary Least Squares, Kleinste-Quadrate-Schätzung) eine geeignete Methode, um die Parameter α und β des Marktmodells effizient zu schätzen.[33]

Als Schätzperiode wird im Rahmen von Ereignisstudien der Zeitraum ohne Ereignisse bezeichnet, in dem beobachtet wird, wie sich die betrachteten Wertpapiere relativ zur Entwicklung eines Marktportfolios, z.B. eines Indexes, entwickeln. Die Schätzperiode wird genutzt, um die Grundlage für die Schätzung der erwarteten Rendite eines Wertpapiers in der Ereignisperiode zu schaffen. Anhand der Daten der Schätzperiode werden α und β mit der OLS-Schätzung auf

---

[32] Vgl. Sharpe: A Simplified Model for Portfolio Analysis, S. 281.
[33] Vgl. MacKinlay: Event Studies in Economics and Finance, S. 20.

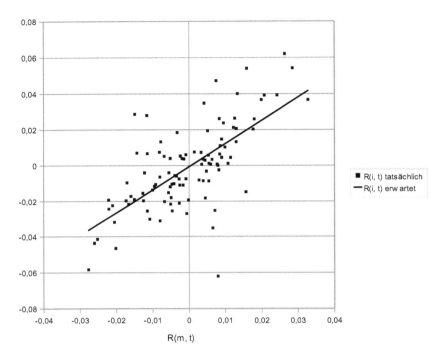

Abbildung 6.1: Regressionsgerade,
Quelle: Eigene Darstellung

Werte gesetzt, mit denen das Marktmodell die beobachteten Renditen bestmöglich erklärt. Anschaulich gesprochen wird eine Regressionsgerade durch die Punkte gelegt, die in Summe einen kleineren Abstand zu den Punkten hat als alle anderen möglichen Geraden. Abbildung 6.1 zeigt exemplarisch die Regressionsgerade für die Schätzperiode zum Unternehmen Deutsche Lufthansa, das 2008 in den DJSI STOXX aufgenommen wurde und somit in dieser Studie auch betrachtet wurde.

Im Allgemeinen kann von dem in Abbildung 6.2 dargestellten zeitlichen Aufbau einer Ereignisstudie ausgegangen werden.[34] Die Schätzperiode liegt typischerweise zeitlich vor dem jeweiligen Ereignis, zwischen T_0 und T_1. In manchen Fällen wird zusätzlich oder stattdessen eine Schätzperiode nach dem Ereignis verwendet. Diese wird durch die Zeitpunkte T_2 und T_3 begrenzt und als Post-Ereignis-Schätzperiode bezeichnet. Die Ereignisperiode erstreckt sich vom Zeitpunkt T_1 bis zum Zeitpunkt T_2. Sie enthält den Ereigniszeitpunkt $t = 0$. Die Ereignisperiode sollte sich nicht mit der Schätzperiode überschneiden. Auf diese Weise kann ausgeschlossen

---

[34] Vgl. MacKinlay: Event Studies in Economics and Finance, S. 19 f.

6.3 Durchführung der Ereignisstudie

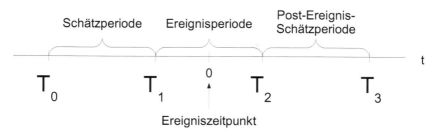

Abbildung 6.2: Zeitachse von Ereignisstudien,
Quelle: Eigene Darstellung

werden, dass das Ereignis die Schätzparameter zur Berechnung der erwarteten Rendite beeinflusst. Die Angaben für die Zeitpunkte T_0 bis T_3 erfolgen in Zeitperioden relativ zum Ereigniszeitpunkt. Beispielsweise könnte T_0 jeweils 50 Handelstage vor und T_2 jeweils einen Handelstag nach dem jeweiligen Ereigniszeitpunkt liegen.

In dieser Studie werden die Schlusskurse der betroffenen Unternehmen des DJSI STOXX 115 Handelstage vor dem Eintritt des Ereignisses bis 15 Handelstage vor dem Eintritt des Ereignisses zur Schätzung der erwarteten Rendite betrachtet. Damit umfasst die Schätzperiode 100 Handelstage.

Da jeweils ausschließlich Renditen zwischen zwei Handelstagen betrachtet werden, fließen solche Tage, an denen die betrachteten Aktien nicht gehandelt wurden, nicht in die Berechnungen ein. Daher muss keine besondere Behandlung von Wochenenden, Feiertagen und sonstigen handelsfreien Tagen erfolgen.

Mit dem Bewusstsein, dass die optimale Länge der Ereignisperiode zur Untersuchung abnormaler Kursreaktionen unbekannt ist,[35] muss eine Länge gewählt werden, die weder zu kurz noch zu lang ist.[36] Im Falle einer zu kurz gewählten Ereignisperiode besteht die Gefahr, dass der Kapitalmarkt die neue Information noch nicht vollständig verarbeitet hat und somit die Auswirkungen der Information im Rahmen der Untersuchung nicht vollständig erfasst werden.[37]

---

[35] Vgl. hierzu auch Krivin et al.: Determination of the Appropriate Event Window Length in Individual Stock Event Studies, S. 23.

[36] Junker bezeichnet eine Ereignisperiode bis zu 50 Handelstagen um den Ereigniszeitpunkt als sinnvollen Kompromiss, der in aktuellen Ereignisstudien üblicherweise eingegangen wird. Vgl. Junker: Equity Carveouts, Agency Costs and Firm Value, S. 168. DeAngelo et al. wählen eine Ereignisperiode von 40 Handelstagen vor dem Ereignis bis 40 Handelstage nach dem Ereignis. Vgl. DeAngelo et al.: Going Private: Minority Freezeouts and Stockholder Wealth. Eisele wählt einen Zeitraum von 20 Handelstagen vor dem Ereignis bis 20 Handelstage nach dem Ereignis. Vgl. Eisele: Going Private in Deutschland – Eine institutionelle und empirische Analyse des Rückzugs vom Kapitalmarkt, S. 163.

[37] Zur Vertiefung dieser Problematik sei verwiesen auf Oler et al.: The Danger of Misinterpreting Short-Window Event Study Findings in Strategic Management Research: An Empirical Illustration Using Horizontal Acquisitions.

Wie lange der Kapitalmarkt braucht, um die neue Information zu verarbeiten, ist jedoch nicht bekannt. Wird eine zu lange Ereignisperiode gewählt, können zwar mehr Daten für die Stichprobe generiert werden, jedoch besteht die Gefahr, dass zu viele andere Ereignisse innerhalb dieses Zeitraums eintreten. In diesem Fall wird das Ergebnis der Untersuchung verfälscht, da der Einfluss des betrachteten Ereignisses nun zu sehr in den Hintergrund gedrängt wird.[38]

McWilliams und Siegel haben verschiedene Ereignisstudien analysiert. Zu diesen Studien gehörten auch einige Studien, die sich mit der Thematik der Nachhaltigkeit befassten. Im Rahmen dieser Studien zur Nachhaltigkeit wurden zur Untersuchung fast ausschließlich Ereignisperioden gewählt, die symmetrisch um den Ereigniszeitpunkt lagen und sich über 3 bis 181 Handelstage erstreckten.[39] Denkbar wäre also auch in der Studie dieser Arbeit eine Ereignisperiode festzulegen, die sich über einen Zeitraum zwischen 3 und 181 Handelstagen erstreckt.

In dieser Studie existiert jedoch eine Besonderheit, da hier ein Intermediär in Form der Unternehmen, die den DJSI STOXX herausgeben und über die Zusammensetzung des Indexes entscheiden, die Informationen für den Kapitalmarkt aufbereitet. Der Kapitalmarkt sollte daher in der Lage sein, die Information über eine Aufnahme in oder Herausnahme aus dem Index deutlich schneller als in einem Zeitraum von 181 Handelstagen zu verarbeiten. Aktuellere Ereignisstudien zur Nachhaltigkeit wählen daher eine vergleichsweise kurze Ereignisperiode, die z.B. symmetrisch 14 Handelstage vor und nach dem Ereignis einbezieht und somit insgesamt 29 Handelstage umfasst.[40] Weitere Ereignisstudien von Dilling und Robinson et al. betrachten, wie sich die Aktienkurse von internationalen bzw. nordamerikanischen Unternehmen entwickelt haben, nachdem sie in den Dow Jones Sustainability World Index aufgenommen wurden oder aus dem Index herausgenommen wurden. Dilling wählte eine asymmetrische Ereignisperiode von insgesamt 6 Handelstagen, Robinson et al. eine symmetrische Ereignisperiode von 121 Handelstagen.[41]

In dieser Arbeit wurde Wert darauf gelegt, eine Ereignisperiode zu wählen, die weder zu kurz noch zu lang bemessen ist. So soll verhindert werden, dass die Ereignisperiode so kurz ist, dass die Auswirkungen des Ereignisses nicht vollständig erfasst werden, und dass die Ereignisperiode so lang ist, dass zu viele andere Einflüsse in der Ereignisperiode auftreten. Daher wurde in dieser Arbeit mit einer symmetrischen Ereignisperiode von insgesamt 31 Handelstagen ein Zeitraum gewählt, der verglichen mit anderen aktuellen Ereignisstudien zur Nachhaltigkeit weder besonders lang noch besonders kurz ist. Die Ereignisperiode setzt sich aus den 15 Handelstagen vor dem Ereignis, dem Ereignistag und den 15 Handelstagen nach dem Ereignis zusammen.

---

[38] Vgl. Krivin et al.: Determination of the Appropriate Event Window Length in Individual Stock Event Studies, S. 3.
[39] Vgl. McWilliams/Siegel: Event Studies in Management Research: Theoretical and Empirical Issues, S. 631.
[40] Vgl. hierzu Gozali et al.: The Economic Consequences of Voluntary Environmental Information Disclosure.
[41] Vgl. Dilling: The Effect of the Inclusion to the Dow Jones Sustainability World Index on Firm Value – An Empirical Event Study und Robinson et al.: The Value of a Reputation for Corporate Social Responsibility: Empirical Evidence.

6.3 Durchführung der Ereignisstudie

Für jedes Unternehmen werden die Aktienkurse in der Ereignisperiode zur Berechnung abnormaler Renditen herangezogen. Da bei allen betrachteten Unternehmen Daten für eine ausreichend lange Schätzperiode vor der Ereignisperiode verfügbar waren, ist die Verwendung einer Post-Ereignisschätzperiode nicht notwendig.

Auch in dieser Studie dient das Marktmodell der Prognose der erwarteten Unternehmensrendite. Zunächst wird dazu die tägliche Rendite berechnet, die dann in die Berechnungen unter Verwendung des Marktmodells eingeht. Hierzu werden die vorliegenden täglichen Kursdaten verwendet. In die Berechnung der Aktienkursrendite fließen die um Dividendenzahlungen und Aktiensplits korrigierten Schlusskurse der Unternehmen des DJSI STOXX ein, die im betrachteten Jahr entweder in diesen Index aufgenommen wurden oder herausfielen. Die tägliche Rendite $R_{i,t}$ errechnet sich dann gemäß Formel 6.2 als logarithmierter Quotient der Schlusskurse des Handelstages t und des Vortages $t - 1$. Der logarithmierte Quotient wird zur Verbesserung der statistischen Auswertbarkeit verwendet, da sich so die Probleme beim Testen der Schätzparameter verringern und sich die Wahrscheinlichkeit normalverteilter Renditen erhöht.[42]

$$R_{i,t} = \ln \frac{\text{Kurs}_{i,t}}{\text{Kurs}_{i,t-1}} \qquad (6.2)$$

Zur Ermittlung der Marktrendite $R_{m,t}$, die in die Kursprognose mit dem Marktmodell einfließt, werden die Schlussstände des Indexes STOXX 600 als Marktindex herangezogen.[43] Der STOXX 600 eignet sich als Vergleichsindex, da er alle Unternehmen, die in dieser Studie betrachtet werden, sowohl vor als auch nach der Neuzusammensetzung des DJSI STOXX enthält. Analog zu den Renditen der Aktien ergibt sich die Marktrendite des Marktportfolios aus den Schlusskursen des Indexes gemäß Formel 6.3.

$$R_{m,t} = \ln \frac{\text{Index}_{i,t}}{\text{Index}_{i,t-1}} \qquad (6.3)$$

α, β und σ_ϵ^2 werden mit Hilfe des OLS-Ansatzes ermittelt. Dies bedeutet, dass die Parameter des Marktmodells geschätzt werden, die den Zusammenhang zwischen der Kursrendite einer Aktie $R_{i,t}$ und der Kursrendite des Indexes $R_{m,t}$ beschreiben.

Die Schätzwerte für die Parameter des Marktmodells α und β werden für die Aktie des Unternehmens i als $\hat{\alpha}_i$ und $\hat{\beta}_i$ bezeichnet. Mit den Schätzwerten für die Parameter des Marktmodells können die erwarteten Renditen berechnet werden. Aus den erwarteten und tatsächlichen Renditen können schließlich die abnormalen Renditen berechnet werden. Aus dem Marktmodell leitet sich Formel 6.4 für die abnormale Rendite ab.

---

[42] Vgl. Chatterjee/Price: Praxis der Regressionsanalyse, S. 53 ff.
[43] Vgl. Beaver: The Behavior of Security Prices and Its Implications for Accounting Research (Methods), S. 411.

$$\widehat{AR}_{i,t} = \epsilon_{i,t} = R_{i,t} - (\hat{\alpha}_i + \hat{\beta}_i \cdot R_{m,t}) \tag{6.4}$$

Die abnormale Rendite $\widehat{AR}_{i,t}$ entspricht $\epsilon_{i,t}$ und somit dem Teil der tatsächlichen Rendite des Aktienkurses eines Unternehmens, den das Marktmodell nicht erklärt. Der übrige Teil von Formel 6.4 entspricht Formel 6.1, freigestellt nach $\epsilon_{i,t}$. Die abnormale Rendite errechnet sich damit als Differenz aus der tatsächlichen Rendite $R_{i,t}$ und der erwarteten Rendite $\hat{\alpha}_i + \hat{\beta}_i \cdot R_{m,t}$.

Hierbei wird von der Annahme ausgegangen, dass die abnormale Rendite normalverteilt ist mit der Varianz $\sigma^2 = Var(\widehat{AR}_{i,t})$.[44]

Im Rahmen des folgenden Tests werden nicht nur die abnormalen Renditen einzelner Handelstage, sondern die kumulierten abnormalen Renditen zu allen Handelstagen in der Ereignisperiode einbezogen. Die kumulierte abnormale Rendite des Unternehmens i in der Ereignisperiode $\widehat{CAR}_i(T_1, T_2)$ ergibt sich gemäß Formel 6.5 als Summe der abnormalen Renditen aller Handelstage in der Ereignisperiode.

$$\widehat{CAR}_i(T_1, T_2) = \sum_{t=T_1}^{T_2} \widehat{AR}_{i,t} \tag{6.5}$$

Nach der Kumulierung der abnormalen Renditen eines Unternehmens über die Handelstage wird jeweils das arithmetische Mittel der kumulierten abnormalen Renditen der Unternehmen gebildet, bei denen das gleiche Ereignis eingetreten ist. In dieser Studie ergeben sich so gemäß Formel 6.6 die durchschnittlichen kumulierten abnormalen Renditen $\overline{CAR}(T_1, T_2)$ der Unternehmen, die in den Index aufgenommen wurden, bzw. der Unternehmen, die aus dem Index herausgenommen wurden.

$$\overline{CAR}(T_1, T_2) = \frac{1}{N} \sum_{i=1}^{N} \widehat{CAR}_i(T_1, T_2) \tag{6.6}$$

Mit Hilfe der durchschnittlichen kumulierten abnormalen Renditen können die untersuchten Hypothesen wie folgt formuliert werden: Für die Unternehmen, die in den Index aufgenommen wurden, lautet die Nullhypothese 3:

$$\overline{CAR}(T_1, T_2) \leq 0 \tag{6.7}$$

Die Gegenhypothese lautet daher:

$$\overline{CAR}(T_1, T_2) > 0 \tag{6.8}$$

---

[44] Für eine tiefergehende Diskussion zur Annahme der Normalverteilung, vgl. Brown/Warner: Using Daily Stock Returns: The Case of Event Studies, S. 4 ff.

6.3 Durchführung der Ereignisstudie

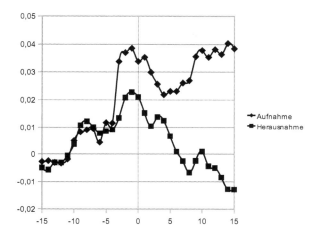

Abbildung 6.3: Durchschnittliche kumulierte abnormale Renditen bei der Aufnahme in und bei der Herausnahme aus dem DJSI STOXX in den Jahren 2007 und 2008, Quelle: Eigene Darstellung

Entsprechend lautet die Nullhypothese 4, die sich auf die Unternehmen bezieht, die aus dem Index herausfallen:

$$\overline{CAR}(T_1, T_2) \geq 0 \tag{6.9}$$

und die Gegenhypothese:

$$\overline{CAR}(T_1, T_2) < 0 \tag{6.10}$$

Abbildung 6.3 zeigt die durchschnittlichen kumulierten abnormalen Renditen in der Ereignisperiode dieser Studie auf der Y-Achse. Auf der X-Achse sind die Handelstage relativ zum Ereignis aufgetragen, wobei 0 dem Ereigniszeitpunkt entspricht. Bis 5 Handelstage vor der Bekanntgabe der neuen Zusammensetzung des DJSI STOXX verhalten sich die abnormalen Renditen der herausgenommenen und der aufgenommenen Unternehmen im Durchschnitt nahezu identisch. In den 5 Handelstagen vor dem Ereignis und in den 15 Handelstagen danach entwickeln sie sich dann deutlich auseinander: Die Aktienkurse der aufgenommenen Unternehmen entwickeln sich besser, die der herausgenommenen Unternehmen schlechter als vom Marktmodell prognostiziert.

Formel 6.11 beschreibt die Errechnung des Testwerts. Mit Hilfe des Testwerts kann die Entscheidung getroffen werden, ob die Ereignisse dazu geführt haben, dass sich die Aktienkurse der betrachteten Unternehmen anders verhalten haben als in den Zeitperioden, in denen kein Ereignis auftrat. Der Testwert ist $N(0;1)$-verteilt. Der Erwartungswert ist 0, da die durchschnittliche kumulierte abnormale Rendite aus den Summen der einzelnen abnormalen Renditen gebildet wird. Da bereits der Erwartungswert einer einzelnen abnormalen Rendite 0 ist, ergibt sich auch für die Summe vieler abnormaler Renditen ein Erwartungswert von 0. Die Division durch die Wurzel der Varianz der durchschnittlichen kumulierten abnormalen Renditen führt zu einer Standardabweichung σ von 1. Durch die Normierung kann aus dem Testwert abgelesen werden, inwieweit sich die Kursentwicklung in der Ereignisperiode von der Kursentwicklung in der Schätzperiode unterscheidet.

$$\theta_1 = \frac{\overline{CAR}(T_1, T_2)}{\sqrt{Var(\overline{CAR}(T_1, T_2))}} \sim N(0;1) \tag{6.11}$$

Ein Testwert größer 0 sagt aus, dass sich die Aktienkurse in der Ereignisperiode durchschnittlich besser entwickelt haben als dies vom Marktmodell prognostiziert wurde. Je größer der Wert ist, desto größer ist die Abweichung. Analog sagt ein Testwert kleiner 0 aus, dass sich die Aktienkurse in der Ereignisperiode durchschnittlich schlechter entwickelt haben, als dies das Marktmodell prognostiziert hat. In diesem Fall bedeutet ein kleinerer Wert eine größere Abweichung.

Mit Hilfe des Einstichproben-Gauß-Tests kann überprüft werden, ob eine beobachtete Abweichung signifikant ist, da die Voraussetzung eines $N(0;1)$-verteilten Testwerts erfüllt ist.[45] Das Signifikanzniveau α, mit dem der Test durchgeführt wird, beträgt auch in diesem Test 5 %. Die Nullhypothese 3 sagt aus, dass die Aufnahme eines Unternehmens in den DJSI STOXX nicht dazu führt, dass der Aktienkurs ansteigt. Daraus ergibt sich für den Einstichproben-Gauß-Test der Verwerfungsbereich gemäß Formel 6.12.

$$B = (x_{1-\alpha}; \infty) \approx (1,6449; \infty) \tag{6.12}$$

Der Testwert zur Nullhypothese 3 beträgt 2,2128. Da der Testwert v im Verwerfungsbereich B liegt, wird die Nullhypothese 3 verworfen. Die Kursreaktionen auf die Aufnahmen in den DJSI STOXX bekräftigen damit die Vermutung, dass sich eine Aufnahme in den Nachhaltigkeitsindex kurzfristig positiv auf den Aktienkurs des Unternehmens auswirkt. Die Wahrscheinlichkeit dafür, dass das Verwerfen dieser Nullhypothese richtig ist, liegt bei 98,6546 %. Daher

---

[45] Zur Diskussion weiterer Testverfahren sei verwiesen auf Corrado/Zivney: The Specification and Power of the Sign-Test in Event Study Hypothesis Tests Using Daily Stock Returns.

6.4 Interpretation der Ergebnisse 149

kann mit einer Fehlerwahrscheinlichkeit von 1,3454 % davon ausgegangen werden, dass die Gegenhypothese zutrifft.

Die Nullhypothese 4 sagt aus, dass die Herausnahme eines Unternehmens aus dem DJSI STOXX nicht zu negativen abnormalen Renditen führt. Daraus ergibt sich für den Einstichproben-Gauß-Test der Verwerfungsbereich gemäß Formel 6.13.

$$B = (-\infty; -x_{1-\alpha}) \approx (-\infty; -1,6449) \tag{6.13}$$

Der Testwert zur Nullhypothese 4 beträgt -0,34781. Da der Testwert v nicht im Verwerfungsbereich B liegt, wird die Nullhypothese 4 nicht verworfen. Folglich stützt der Test nicht die Vermutung, dass sich die Herausnahme eines Unternehmens aus dem DJSI STOXX kurzfristig negativ auf den Aktienkurs des Unternehmens auswirkt. Die Wahrscheinlichkeit dafür, dass die Vermutung zutrifft, liegt lediglich bei 63,60074 %, die Fehlerwahrscheinlichkeit bei 36,39926 %.

6.4 Interpretation der Ergebnisse

6.4.1 Erklärung der Ergebnisse der Ereignisstudie

Die durchgeführte Untersuchung kommt zu dem Ergebnis, dass sich die Aktienkurse von Unternehmen, die in den DJSI STOXX aufgenommen werden, im Zeitraum um die Bekanntgabe der Aufnahme signifikant besser entwickeln als in dem Zeitraum vor ihrer Aufnahme. Damit wird die ursprünglich formulierte Vermutung gestützt, dass die Aufnahme eines Unternehmens in den DJSI STOXX seinen Aktienkurs positiv beeinflusst.

Als weniger eindeutig erwies sich das Ergebnis der Untersuchung der Auswirkung einer Herausnahme aus dem DJSI STOXX. Zwar entwickelten sich die Aktienkurse der betroffenen Unternehmen im Zeitraum um die Bekanntgabe der Herausnahme schlechter als im Vergleichszeitraum. Der Unterschied zur Entwicklung ohne das Ereignis fiel jedoch in diesem Fall geringer aus und erwies sich als nicht signifikant. Dementsprechend ist keine Aussage dazu möglich, ob die abweichende Kursentwicklung bei den herausgenommenen Unternehmen zufällig zustande kam oder durch das Ereignis verursacht wurde. Die Vermutung, dass sich eine Herausnahme aus dem DJSI STOXX negativ auf den Aktienkurs auswirkt, konnte daher durch diese Ereignisstudie weder bestärkt noch geschwächt werden.

Eine mögliche Erklärung dafür, dass eine Herausnahme aus dem Index den Aktienkurs nicht oder zumindest weniger deutlich negativ beeinflusst, könnte darin liegen, dass der Kapitalmarkt hierzu bereits vor der offiziellen Verkündung der Information diesbezügliche Antizipationen in den Kursen verarbeitet hat. Zwar berücksichtigt die durchgeführte Ereignisstudie auch die Kursentwicklung 15 Tage vor der Bekanntgabe der Herausnahme. Sollte der Kapitalmarkt den Aktienkurs jedoch aufgrund der Antizipation der Herausnahme bereits 15 Tage vor der Bekanntgabe entsprechend angepasst haben, kann die Studie diese Kursreaktion nicht nachweisen.

Exemplarisch lassen sich in diesem Zusammenhang die Unternehmen BP und Société Générale nennen, die im Jahr 2007 bzw. im Jahr 2008 aus dem DJSI STOXX herausfielen. Im Falle beider Unternehmen wurden schon frühzeitig Informationen veröffentlicht, welche die Aktionäre veranlasst haben könnten, von einem zukünftigen Ausschluss aus dem DJSI STOXX auszugehen.

Im Fall von BP wurde nach einer Explosion in einer Raffinerie in Texas City im Jahre 2005 durch einen Bericht externer Gutachter im Januar 2007 bekanntgegeben, dass in den US-Raffinerien erhebliche Sicherheitsdefizite bestehen. Dieser Bericht legt offen, dass die Sicherheit durch das Festlegen kurzfristiger Unternehmensziele erheblich beeinträchtigt worden ist. Die Gutachter bemängelten die zu hohen Überstundenquoten der Mitarbeiter, die unterlassenen Inspektionen und das Fehlen eines hohen Managers im Unternehmen, der für die Sicherheit zuständig ist. Diese Mängel beeinträchtigten sowohl die Sicherheit der Mitarbeiter und der Anwohner als auch den Schutz der Umwelt. Mangels präventiver Maßnahmen zum Umweltschutz traten giftige Substanzen in die Luft und in das Grundwasser aus.[46] Die genannten Mängel sind mit dem Ziel einer guten nachhaltigen Leistung nicht vereinbar. Daher konnte der Kapitalmarkt mit Bekanntwerden des Berichts davon ausgehen, dass das Unternehmen bei der Neuzusammensetzung des DJSI STOXX im September 2007 nicht mehr zu den führenden nachhaltigen Unternehmen zählen wird und aus dem Index herausfällt. Mit der Antizipation der Herausnahme von BP aus dem Index konnten sich die Preise am Kapitalmarkt entsprechend anpassen, so dass bereits vor der offiziellen Verkündung der neuen Zusammensetzung des DJSI STOXX der Kapitalmarkt diesbezügliche Antizipationen in den Kursen verarbeiten konnte. Demnach kann mit dieser Studie eine abweichende Kursentwicklung im Zeitraum um die offizielle Bekanntgabe nicht mehr nachgewiesen werden.

Société Générale gab im Januar 2008 bekannt, dass durch einen Mitarbeiter und seine betrügerischen Geschäfte negative finanzielle Auswirkungen in Höhe von 4,9 Milliarden Euro entstanden sind.[47] Diese Meldung zeigt, dass es einzelnen Mitarbeitern in dem Unternehmen möglich war, schädigende Milliarden-Geschäfte ohne Absprache oder Kontrolle zu tätigen. Nach den Leitlinien der GRI gehört zu einer nachhaltigen Ausrichtung, Führungsstrukturen aufzubauen, die sicherstellen, dass die Unternehmensstrategie im gesamten Unternehmen verfolgt wird. Auf höchster Management-Ebene soll ein Verantwortlicher existieren, der die Organisation so aufbaut, dass es nicht zu großen Abweichungen von der Strategie kommt.[48] Auch war

---

[46] Vgl. Baker et al.: The Report of the BP U.S. Refineries Independent Safety Review Panel.
[47] Vgl. Thomson Reuters: SocGen deckt Händlerbetrug auf – 4,9 Mrd Belastung.
[48] Vgl. Global Reporting Initiative: Sustainability Reporting Guidelines, S. 22.

6.4 Interpretation der Ergebnisse

dieser Vorfall kontraproduktiv für das Grundziel nachhaltiger Ausrichtung, langfristig den Unternehmenswert zu maximieren. Die Société Générale verstieß damit gegen die Grundsätze, die in einem nachhaltigen Unternehmen herrschen müssten. Auch im Falle dieses Unternehmens konnte der Kapitalmarkt mit dem Bekanntwerden der Meldung davon ausgehen, dass das Unternehmen bei der Neuzusammensetzung des DJSI STOXX im September 2008 nicht mehr zu den führenden nachhaltigen Unternehmen zählen wird und aus dem Index herausfällt. Wie bei der Herausnahme von BP konnten sich die Preise am Kapitalmarkt vor der offiziellen Verkündung der neuen Zusammensetzung des DJSI STOXX entsprechend anpassen. Die Studie kann daher auch für dieses Unternehmen keine abweichende Kursentwicklung im Zeitraum um die offizielle Bekanntgabe nachweisen.

Die beiden Beispiele von BP und Société Générale zeigen, dass eine einzelne Nachricht dazu führen kann, dass ein Unternehmen nicht mehr als führend hinsichtlich nachhaltiger Kriterien eingestuft wird. In solchen Fällen fällt es dem Markt vergleichsweise leicht, die folgende Veränderung der Indexzusammensetzung zu prognostizieren. Der Weg in die Gruppe der führenden nachhaltigen Unternehmen ist dagegen immer mit langfristigen Anstrengungen verbunden. Welches Unternehmen in den DJSI STOXX aufgenommen wird, kann vorab nicht an einer einzelnen Nachricht abgelesen werden. Die offizielle Bekanntgabe, welche Unternehmen in den DJSI STOXX aufgenommen werden, stellt daher für den Markt eine tatsächlich neue Information dar und wirkt sich auf die Aktienkurse der betroffenen Unternehmen aus. Diese Theorie würde erklären, warum die durchgeführte Ereignisstudie den Einfluss einer Aufnahme in den DJSI STOXX auf den Aktienkurs als signifikant einstufte, die Auswirkungen der Herausnahme jedoch nicht.

6.4.2 Zusammenhang zwischen dem DJSI STOXX und den GRI-Leitlinien

Im DJSI STOXX werden die Unternehmen gelistet, die bezogen auf den STOXX 600 Index hinsichtlich ihrer nachhaltigen Leistung zu den besten 20 % gehören. Damit hängt ein Listing eines Unternehmens im DJSI STOXX davon ab, wie die Unternehmen, die diesen Index auflegen, die Leistung des Unternehmens im Bereich der Nachhaltigkeit bewerten. Um im DJSI STOXX gelistet zu werden, muss ein Unternehmen eine nachhaltige Strategie verfolgen, mit der hervorragende Leistungen im Bereich der Nachhaltigkeit erreicht werden.

Die Kriterien, welche für ein Listing im DJSI STOXX zu erfüllen sind, werden in eine ökonomische Dimensionen, eine ökologische Dimension und eine soziale Dimension unterteilt.[49] Bereits mit der Aufteilung der Kriterien in diese Dimensionen werden die Parallelen zu den Leitlinien der GRI deutlich, die den Begriff der Nachhaltigkeit in dieselben Dimensionen gliedert.

---
[49] Vgl. Dow Jones Sustainability Indexes: Criteria and Weightings: Corporate Sustainability Assessment Criteria.

Bei einer detaillierteren Betrachtung der Kriterien des DJSI STOXX werden diese Parallelen noch offensichtlicher. Zu den Kriterien der ökonomischen Dimension zählen auch hier sowohl allgemeine Angabeerfordernisse, die jedes Unternehmen zu erfüllen hat, sowie branchenspezifische Angaben. Zu den ökonomischen Kriterien, über die jedes Unternehmen berichten soll, zählen z.b. Angaben zur Corporate Governance sowie zum Risiko- und Krisenmanagement. Die allgemeinen Kriterien der ökologischen Dimension fordern wie die GRI-Leitlinien z.b. Angaben über den Ressourcenverbrauch oder vom Unternehmen definierte Ziele zur Einsparung von Ressourcen. Auch in dieser Dimension existieren branchenspezifische Angaben, z.b. über die implementierten (ökologischen) Managementsysteme oder die Auswirkungen der Tätigkeiten des Unternehmens auf die Biodiversität. Die Mehrzahl der vom DJSI STOXX geforderten Angaben gehört zur sozialen Dimension. Insgesamt hat die soziale Dimension auch die höchste Gewichtung der drei Dimensionen. Zu den sozialen Kategorien gehören z.b. die Förderung der Mitarbeiter, die Darstellung der Kommunikationswege im Unternehmen, das Lohn- und Gehaltsgefüge sowie die Berichterstattung über Diskriminierung, Gleichstellung und Angehörigkeit einer Vereinigung. Die branchenspezifischen Angaben umfassen beispielsweise die Sachverhalte der Arbeitssicherheit, der Produktinformation und der Produktqualität.

Die Informationen zur Leistung der Unternehmen in den drei Dimensionen generiert der DJSI STOXX aus vier verschiedenen Quellen. Eine Quelle stellt die Beantwortung eines Fragenkatalogs dar, der an die Unternehmen des STOXX 600 Indexes geschickt wird.[50] Auch besteht in der Berichterstattung der Unternehmen eine Informationsquelle. Als erstes wird hier die Nachhaltigkeitsberichterstattung genannt, die maßgeblich zur Beurteilung der Unternehmen und ihrer Leistung in den drei Dimensionen herangezogen wird. Medien und Stakeholder werden als dritte Quelle zur Generierung der Informationen zur Nachhaltigkeit genannt. Dazu begutachten Nachhaltigkeitsanalysten, was in den letzten zwei Jahren von den Medien über das Unternehmen berichtet wurde, welche Inhalte die Presseerklärungen haben und welche Kommentare die Stakeholder schrieben. Als weitere Quelle dient der direkte Kontakt zu den Unternehmen. Nachhaltigkeitsanalysten klären mit Hilfe des direkten Kontakts offene Punkte, die sich aus der Analyse des Fragenkatalogs, der Berichterstattung oder der Medienberichte, der Presseerklärungen und der Stakeholderkommentare ergeben.[51]

Möchten die Unternehmen in den DJSI STOXX aufgenommen werden, muss ihre Leistung im Bereich der Nachhaltigkeit, repräsentiert durch die drei Dimensionen, den Anforderungen des DJSI STOXX entsprechen. Mit der Erstellung eines Nachhaltigkeitsberichts nach den Leitlinien der GRI wird ein bedeutender Teil der Informationen zusammengestellt, die vom DJSI STOXX verlangt werden. Zudem werden Nachhaltigkeitsberichte explizit als Informationsquelle für den DJSI STOXX genannt.

---

[50] Für die genauen Fragestellungen dieses Fragenkatalogs, vgl. Dow Jones Sustainability Indexes: SAM Questionnaire.
[51] Vgl. dies.: Information Sources.

6.4 Interpretation der Ergebnisse

Daher haben sich die Unternehmen, die den Markt der nachhaltigen Anlagemöglichkeiten als Finanzierungsquelle nutzen möchten, in vielen Fällen für die Erstellung eines GRI-Nachhaltigkeitsberichts entschieden. Auf diese Weise können die Informationen, die mit einem Nachhaltigkeitsbericht nach den Leitlinien der GRI vermittelt werden, über den Verbleib in, die Aufnahme in oder die Herausnahme aus dem DJSI STOXX entscheiden. Dies wiederum ermöglicht, dass mit der Untersuchung des DJSI STOXX Rückschlüsse auf die Berichterstattung nach den Leitlinien der GRI gezogen werden können.

Tendenziell zeigt die Betrachtung der kurzfristigen Auswirkungen der Nachhaltigkeitsberichterstattung, dass der Kapitalmarkt die Information, ob ein Unternehmen in einem Nachhaltigkeitsindex gelistet ist oder nicht, als bedeutend ansieht. Aus den Ergebnissen dieser Untersuchung kann damit gefolgert werden, dass die Informationen, die im Rahmen der Nachhaltigkeitsberichterstattung nach den Leitlinien der GRI vermittelt werden, von Bedeutung und damit entscheidungsnützlich für die Aktionäre sind.

Auch wenn die Ereignisstudie zunächst nur eine Aussage darüber trifft, ob sich das Listing im DJSI STOXX kurzfristig auf den Aktienkurs eines Unternehmens auswirkt, können aus dem Ergebnis auch Schlüsse über die langfristige Bedeutung der Nachhaltigkeit gezogen werden. In einem mittelstreng effizienten Kapitalmarkt entwickelt sich der Aktienkurs proportional zum Unternehmenswert, der sich unter Einbeziehung aller vorhandenen Informationen ergibt. Aus der Änderung eines Aktienkurses als Reaktion auf ein Ereignis kann daher auch geschlossen werden, wie der Kapitalmarkt die langfristige Auswirkung des Ereignisses auf die Wertentwicklung des Unternehmens einstuft. Bezogen auf das Ergebnis der durchgeführten Ereignisstudie bedeutet dies, dass der Kapitalmarkt von Unternehmen, die erwiesenermaßen nachhaltig handeln, langfristig eine überdurchschnittliche Wertentwicklung erwartet.

Im Rahmen der statistischen Untersuchung des nächsten Kapitels wird versucht, den Unterschied in der langfristigen Wertentwicklung zwischen Unternehmen, die einen Nachhaltigkeitsbericht erstellen, und solchen, die es nicht tun, direkt zu messen.

7 Langfristige Ereignisstudie

Nach der vorherigen Studie, die den Zusammenhang zwischen der Aufnahme bzw. der Herausnahme eines Unternehmens aus einem Nachhaltigkeitsindex und seiner Aktienkursentwicklung untersucht, wird nun eine Studie zum Zusammenhang zwischen der Veröffentlichung von Nachhaltigkeitsberichten in Anlehnung an die GRI-Leitlinien und der Rendite, die ein Aktionär mit Aktien des Unternehmens erzielen kann, durchgeführt.

In diesem Kapitel soll analysiert werden, ob Aktionäre mit Aktien von Unternehmen, die GRI-Nachhaltigkeitsberichte veröffentlichen, langfristig höhere Renditen erzielen als mit den Aktien anderer Unternehmen. Dazu wird eine langfristige Ereignisstudie durchgeführt. Dabei werden verschiedene Verfahren angewandt, die verhindern sollen, dass es zu Verfälschungen des Ergebnisses kommt, die bei langfristigen Ereignisstudien häufig auftreten. Unter anderem wird das Bootstrapping-Verfahren eingesetzt, um nicht Gefahr zu laufen, von einer falschen statistischen Verteilung der untersuchten Renditen auszugehen. Die Studie kann keinen Zusammenhang zwischen der Veröffentlichung von GRI-Nachhaltigkeitsberichten und der Rendite aus Sicht der Aktionäre nachweisen.

7.1 Fragestellung der Ereignisstudie

Mit der zuvor durchgeführten kurzfristigen Ereignisstudie konnten die kurzfristigen Reaktionen des Kapitalmarkts auf neue Informationen zur nachhaltigen Leistung eines Unternehmens untersucht werden. Da es sich bei einer nachhaltigen Ausrichtung des Unternehmens um ein langfristiges Konzept zur Maximierung des Unternehmenswerts handelt, wird auch untersucht, ob sich der Marktwert von Unternehmen langfristig besser entwickelt, wenn sie Nachhaltigkeitsberichte veröffentlichen.

Da diese Arbeit primär das Berichtsverhalten der Unternehmen am deutschen Kapitalmarkt im Bereich der Nachhaltigkeit analysiert, wird in dieser langfristigen Betrachtung die Entwicklung des Marktwerts von Unternehmen des HDAX untersucht, die Nachhaltigkeitsberichte veröffentlichen. Im Rahmen dieser Untersuchung soll analysiert werden, ob die Unternehmen des HDAX, die für das Jahr 2004 einen Nachhaltigkeitsbericht in Anlehnung an die GRI veröffentlichten, in den darauf folgenden vier Jahren in der Lage waren, höhere Renditen für die Aktionäre zu generieren als solche Unternehmen, die für das Jahr 2004 noch keine Nachhaltigkeitsberichterstattung in Anlehnung an die GRI etabliert hatten.

Es besteht die Vermutung, dass Unternehmen, die freiwillig Nachhaltigkeitsberichte veröffentlichen und damit ihre nachhaltige Leistung offenlegen, langfristig eine bessere Wertentwicklung erreichen als Unternehmen, die dies nicht tun.[1] Daher wird erwartet, dass Unternehmen, die

---

[1] Diese Vermutung wird auch durch die Implikationen des Unraveling-Prinzips unterstützt. Vgl. Abschnitt 2.5.1.

Nachhaltigkeitsberichte in Anlehnung an die GRI-Leitlinien veröffentlichen, langfristig höhere Renditen generieren können. Die hier betrachtete Rendite bezieht sich auf die Wertentwicklung aus Sicht eines Aktionärs, also auf Aktienkursentwicklungen, Dividenden- und Bonuszahlungen.

Für die fünfte empirische Untersuchung in dieser Arbeit lauten die Hypothesen:

Nullhypothese 5: Aktionäre erwirtschaften mit Aktien von Unternehmen, die Nachhaltigkeitsberichte in Anlehnung an die GRI-Leitlinien veröffentlichen, langfristig gleich hohe oder geringere Renditen als mit Aktien anderer Unternehmen.

Gegenhypothese: Aktionäre erwirtschaften mit Aktien von Unternehmen, die Nachhaltigkeitsberichte in Anlehnung an die GRI-Leitlinien veröffentlichen, langfristig höhere Renditen als mit Aktien anderer Unternehmen.

7.2 Durchführung der Ereignisstudie

Zwischen langfristigen und kurzfristigen Ereignisstudien bestehen viele Gemeinsamkeiten, aber auch einige Unterschiede. In beiden Fällen wird die Reaktion des Kapitalmarkts auf ein Ereignis untersucht, also auf eine neue Information, die in einem bestimmten Zeitraum bekannt wird. Bei einer Untersuchung der kurzfristigen Auswirkungen wird dabei der Handelstag betrachtet, an dem das Ereignis eintritt.[2] Zur Überprüfung langfristiger Auswirkungen kann als Ereigniszeitraum auch ein längerer Zeitraum verwendet werden, z.B. ein Monat oder ein Jahr.

In dieser Untersuchung besteht das Ereignis darin, dass ein Unternehmen für das betrachtete Jahr 2004 einen Nachhaltigkeitsbericht veröffentlicht. Die Ereignisperiode beginnt am 1. Januar 2005, da die Unternehmen theoretisch ab diesem Tag Informationen zur Nachhaltigkeit über das Kalenderjahr 2004 veröffentlichen konnten. Die Ereignisperiode endet am 31. Dezember 2008, da dies das letzte vollständige Jahr ist, das in die Untersuchung einbezogen werden kann.

Wie bei der zuvor durchgeführten kurzfristigen Ereignisstudie wird auch bei dieser langfristigen Untersuchung auf das Grundprinzip der Berechnung abnormaler Renditen zurückgegriffen. Zur Berechnung der tatsächlichen Rendite $R_{i\tau}$ wurden die Schlusskurse der betrachteten Unternehmen verwendet, welche aus der Datenbank Thomson Datastream[3] stammen. Alle Dividenden und Bonuszahlungen, die das betrachtete Unternehmen im betrachteten Zeitraum ausschüttete, wurden jeweils ab dem Tag der Ausschüttung bis zum Ende des betrachteten Zeitraums zum Aktienkurs addiert. Damit ergeben sich Renditen, wie sie für die Aktionäre aus dem Aktienkurs und den Dividenden- und Bonuszahlungen resultieren.

---

[2] Vgl. Abschnitt 6.2.
[3] Vgl. Thomson Reuters Corporation: Thomson Datastream.

7.2 Durchführung der Ereignisstudie

Die abnormale Rendite $AR_{i\tau}$ des Wertpapiers i im betrachteten Zeitraum τ berechnet sich gemäß Formel 7.1 auf dieselbe Weise, die bereits im Rahmen der kurzfristigen Ereignisstudie dargestellt wurde:[4] als Differenz aus der tatsächlichen Rendite $R_{i\tau}$ und der erwarteten Rendite $E(R_{i\tau})$.[5]

$$AR_{i\tau} = R_{i\tau} - E(R_{i\tau}) \tag{7.1}$$

7.2.1 Ermittlung tatsächlicher Renditen

Im Rahmen langfristiger Ereignisstudien vergleichen Lyon et al. zwei Möglichkeiten zur Berechnung der tatsächlichen Renditen. Die erste Möglichkeit besteht darin, die durchschnittlichen Renditen für jeden Handelstag für das gesamte betrachtete Portfolio zu berechnen und dann aus den Tagesrenditen die Gesamtrendite für den betrachteten Zeitraum zu berechnen. Hierbei wird eine Rendite berechnet, bei der die betrachteten Aktien täglich neu gewichtet werden. Daher wird diese Rendite mit „reb" (rebalancing) gekennzeichnet. Diese Berechnung erfolgt gemäß Formel 7.2.[6]

$$R_{ps\tau}^{reb} = \prod_{t=s}^{s+\tau} \left[1 + \frac{\sum_{i=1}^{n_t} R_{it}}{n_t} \right] - 1 \tag{7.2}$$

Hierbei steht s für die Periode, in der die Berechnung der Renditen beginnt. τ entspricht der Anzahl der Handelstage im betrachteten Zeitraum. R_{it} steht für die Rendite des Wertpapiers i am Handelstag t. n_t entspricht der Anzahl der betrachteten Wertpapiere am Handelstag t.

Im Zusammenhang mit langfristigen Ereignisstudien und der Berechnung der langfristigen Renditen gemäß Formel 7.2 treten jedoch Verzerrungen in den Ergebnissen auf. Ursächlich hierfür sind im Wesentlichen drei Gründe.

Der erste Grund liegt im sog. New Listing Bias.[7] Formel 7.2 sieht vor, dass das Portfolio nicht nur einmalig zusammengestellt wird, sondern auch Unternehmen enthält, die erst nach der ursprünglichen Zusammenstellung des Portfolios neu börsennotiert wurden. Da die Aktien solcher Unternehmen in der Regel geringere Renditen erwirtschaften als die Aktien von Unternehmen, die schon länger börsennotiert sind, wird auch die Rendite des Portfolios auf unerwünschte Weise beeinflusst.[8]

Der zweite Grund für Verzerrungen liegt im sog. Rebalancing Bias.[9] Da Formel 7.2 zunächst jeweils die durchschnittliche Rendite der Unternehmen eines Portfolios an einem Handelstag

---

[4] Vgl. Abschnitt 6.3.
[5] Vgl. Lyon et al.: Improved Methods for Tests of Long-Run Abnormal Stock Returns, S. 172.
[6] Vgl. ebd., S. 168 f.
[7] Vgl. ebd., S. 165 sowie S. 169.
[8] Vgl. hierzu Ritter: The Long-Run Performance of Initial Public Offerings.
[9] Vgl. Lyon et al.: Improved Methods for Tests of Long-Run Abnormal Stock Returns, S. 165 sowie S. 169.

berechnet, entspricht die errechnete Rendite einem Portfolio, das täglich so umgestellt wird, dass alle enthaltenen Aktien gleichgewichtet sind. Eine solche Umgewichtung ist unrealistisch, und würde zu weiteren unerwünschten Einflüssen führen, wenn sie in einem Portfolio tatsächlich durchgeführt würde.[10]

Der dritte Grund für eine Verzerrung besteht in der Rechtsschiefe der Verteilung von langfristigen abnormalen Renditen, dem sog. Skewness Bias.[11] Dies kann auch zu falschen Annahmen bezüglich der Test-Statistik führen.

Insgesamt führt der New Listing Bias zu positiven Verzerrungen in der Test-Statistik, während der Rebalancing Bias und der Skewness Bias zu negativen Verzerrungen führen.[12]

Mit den hier aufgezeigten Gründen für Verzerrungen bei der Berechnung abnormaler Renditen im Rahmen langfristiger Ereignisstudien beschäftigen sich u.a. Lyon et al. Auf ihren Ausführungen zu verbesserten Methoden für Tests zur Untersuchung von langfristigen abnormalen Renditen basiert diese nachfolgende Untersuchung.[13]

Um das Auftreten des New Listing Bias und des Rebalancing Bias zu verhindern, beschreiben Lyon et al. einen zweiten Weg zur Berechnung der Renditen. Dieser besteht darin, zunächst die Renditen der einzelnen Wertpapiere, aus denen sich das Portfolio zusammensetzt, über den gesamten betrachteten Zeitraum zu berechnen, und daraus den Durchschnitt der Renditen zu errechnen. Diese Vorgehensweise entspricht Formel 7.3.[14]

$$R_{ps\tau}^{bh} = \sum_{i=1}^{n_s} \frac{[\Pi_{t=s}^{s+\tau}(1+R_{it})] - 1}{n_s} \qquad (7.3)$$

Hierbei entspricht n_s der Anzahl der Wertpapiere, die am Handelstag s gehandelt werden, an dem die Untersuchung beginnt. Die Renditen dieses Portfolios repräsentieren eine passive und damit nicht mehr veränderte gleichgewichtete Investition in die Wertpapiere, aus denen sich das Portfolio am Handelstag s zusammensetzt. Damit kann kein Rebalancing Bias auftreten.

Die Renditen der Aktien aller Unternehmen, die am Handelstag s börsennotiert waren, fließen über den gesamten betrachteten Zeitraum in die Berechnung ein, bzw. maximal solange, wie die Aktie an der Börse gehandelt wurde. Unternehmen, die erst nach dem Handelstag s erstmalig gehandelt werden, werden nicht in die Berechnung einbezogen. Auf diese Art wird verhindert, dass der New Listing Bias auftritt.

---

[10] Für eine tiefergehende Diskussion dieser unerwünschten Einflüsse, vgl. Hall: On the Removal of Skewness by Transformation, Conrad/Kaul: Long-Term Market Overreaction or Biases in Computed Returns? sowie Blume/Stambaugh: Biases in Computed Returns: An Application to the Size Effect.
[11] Vgl. Lyon et al.: Improved Methods for Tests of Long-Run Abnormal Stock Returns, S. 165 f. sowie S. 173 f.
[12] Vgl. ebd., S. 165 f.
[13] Vgl. ebd.
[14] Vgl. ebd., S. 169.

7.2 Durchführung der Ereignisstudie

Der Skewness Bias ist mit der zweiten Möglichkeit zur Berechnung der Renditen noch nicht eliminiert. Diese Verzerrung wird nachfolgend im Rahmen der Berechnung und Auswertung des Testwerts verhindert.

Die mit Formel 7.3 errechnete Rendite entspricht der Rendite eines Portfolios, das zu einem bestimmten Zeitpunkt mit der Gleichgewichtung aller enthaltenen Wertpapiere zusammengestellt und danach nicht wieder verändert wurde. Dies entspricht einer Buy-and-Hold-Strategie. Um dies zu kennzeichnen, enthält die Bezeichnung der Rendite $R_{p s \tau}^{b h}$ in Formel 7.3 das Kürzel bh.

In dieser Untersuchung enthält das Portfolio, zu dem die Rendite berechnet wird, die Aktien aller Unternehmen, die folgende Bedingungen erfüllen:

- Das Unternehmen war am 1. Januar 2005 börsennotiert.
- Das Unternehmen war am 1. Januar 2005 im HDAX gelistet.
- Das Unternehmen hat für das Jahr 2004 einen Nachhaltigkeitsbericht in Anlehnung an die GRI-Leitlinien veröffentlicht.

Diese Bedingungen wurden insgesamt von 22 Unternehmen erfüllt. Davon waren 17 Unternehmen im DAX und 5 Unternehmen im MDAX gelistet. Kein Unternehmen aus dem TecDAX veröffentlichte für das Jahr 2004 einen Nachhaltigkeitsbericht in Anlehnung an die GRI-Leitlinien.

7.2.2 Ermittlung erwarteter Renditen

Die Ermittlung erwarteter Renditen erfolgt in kurzfristigen Ereignisstudien meist durch das Marktmodell. Hierbei werden die Parameter des Marktmodells während einer Schätzperiode geschätzt. Als Schätzperiode wird dabei ein Zeitraum verwendet, der deutlich länger ist als die Ereignisperiode, und in dem das untersuchte Ereignis die Rendite nicht beeinflusst.[15]

In langfristigen Ereignisstudien werden statt des Marktmodells in der Regel Referenzportfolios gebildet. Anhand der Renditen des Referenzportfolios wird die erwartete Rendite für die beobachteten Wertpapiere prognostiziert. Dabei existiert keine Schätzperiode, in der Parameter für die Errechnung der erwarteten Renditen geschätzt werden.

Lyon et al. empfehlen, Referenz-Portfolios mit adäquaten Vergleichsunternehmen zu bilden. Sie schlagen verschiedene Charakteristika vor, anhand derer die Unternehmen für die Referenz-Portfolios ausgewählt werden können, u.a. die Größe der Unternehmen.[16]

In dieser Untersuchung basiert die Prognose der erwarteten Aktienkurse auf den Indizes, in denen sie gelistet sind: Zur Prognose der Rendite eines DAX-Unternehmens wird die Rendite aller DAX-Unternehmen berechnet, für die aus dem MDAX die Rendite aller MDAX-Unternehmen.

---

[15] Vgl. Abschnitt 6.3.
[16] Vgl. Lyon et al.: Improved Methods for Tests of Long-Run Abnormal Stock Returns, S. 169 sowie S. 172 f.

Da das untersuchte Portfolio keine Unternehmen aus dem TecDAX enthält, ist hierfür keine Prognose notwendig. Die Berechnung der Renditen der Referenz-Portfolios erfolgt analog zur Berechnung der Renditen des untersuchten Portfolios. Errechnet wird auch hier die Buy-and-Hold-Rendite zu den Unternehmen, die am 1. Januar 2005 im jeweiligen Index gelistet waren. Anders als im eigentlichen Aktienindex sind hierbei alle Unternehmen gleichgewichtet, und während des untersuchten Zeitraums erfolgt keine Anpassung. Lediglich in Fällen, in denen ein Unternehmen nicht mehr börsennotiert ist, wird es zum Datum der Einstellung der Börsennotierung aus dem Referenz-Portfolios entfernt.

Mit den so errechneten erwarteten Renditen und den tatsächlichen Renditen können die abnormalen Renditen berechnet werden, die für den Signifikanztest benötigt werden. Die abnormale Rendite $AR_{ps\tau}^{bh}$ des untersuchten Portfolios p im untersuchten Zeitraum mit den Handelstagen von s bis τ ergibt sich gemäß Formel 7.4 als Differenz der tatsächlichen und der erwarteten Rendite, in dieser Untersuchung also als Differenz der tatsächlichen Rendite des untersuchten Portfolios und der tatsächlichen Rendite des Referenzportfolios.

$$AR_{ps\tau}^{bh} = R_{ps\tau}^{bh} - E(R_{ps\tau}^{bh}) \tag{7.4}$$

7.2.3 Test auf Signifikanz

Erwirtschaften die untersuchten Unternehmen aus Aktionärssicht die gleiche Rendite wie die anderen Unternehmen desselben Indexes, ergibt sich eine abnormale Rendite $AR_{ps\tau}^{bh} = 0$. Ist die Rendite der untersuchten Unternehmen aus Aktionärssicht größer als die der anderen Unternehmen, errechnet sich eine abnormale Rendite $AR_{ps\tau}^{bh} > 0$ und analog im umgekehrten Fall von $AR_{ps\tau}^{bh} < 0$.

Mit Hilfe der abnormalen Renditen formuliert lautet somit die Nullhypothese 5:

$$AR_{ps\tau}^{bh} \leq 0 \tag{7.5}$$

und die Gegenhypothese:

$$AR_{ps\tau}^{bh} > 0 \tag{7.6}$$

Der Testwert zur Überprüfung der Hypothese errechnet sich anhand von Formel 7.7. $\sqrt{n}S$ entspricht dabei der konventionellen t-Statistik.[17] Die Formel enthält außerdem mit $\hat{\gamma}$ einen Schätzwert für den Koeffizient der Schiefe der Verteilung. Die Einbeziehung von $\hat{\gamma}$ bei der Berechnung

---

[17] Zum Einstichproben-t-Test, vgl. Bamberg et al.: Statistik, S. 172 f.

7.2 Durchführung der Ereignisstudie

des Testwerts ist eine der Maßnahmen, die zur Verhinderung des Skewness Bias beiträgt. Die um die Schiefe adjustierte t-Statistik wird gekennzeichnet mit t_{sa} (skewness adjusted).[18]

$$t_{sa} = \sqrt{n}\left(S + \frac{1}{3}\hat{\gamma}S^2 + \frac{1}{6n}\hat{\gamma}\right) \tag{7.7}$$

mit:

$$S = \frac{\overline{AR_\tau}}{\sigma(AR_\tau)}, \text{ und } \hat{\gamma} = \frac{\sum_{i=1}^{n}(AR_{i,\tau} - \overline{AR_\tau})^3}{n\sigma(AR_\tau)^3} \tag{7.8}$$

Um einen konventionellen, sog. parametrischen Signifikanztest wie den t-Test durchführen zu können, ist es notwendig, eine Annahme über die Verteilung der untersuchten Zufallsvariable zu treffen. Dabei kann es passieren, dass die Zufallsvariable tatsächlich nicht wie angenommen verteilt ist. In einem solchen Fall besteht die Gefahr, dass der Test ein falsches Ergebnis liefert. Zu den möglichen Fehlern, die auf falschen Annahmen über die Verteilung basieren, zählt der bereits genannte Skewness Bias.

Verschiedene Verfahren wurden entwickelt, um dieser Gefahr entgegenzuwirken. Diese Verfahren werden als nicht-parametrische Verfahren bezeichnet. Lyon et al. kommen zu dem Ergebnis, dass das Bootstrapping-Verfahren sich für langfristige Ereignisstudien am besten eignet. Die Grundidee des Bootstrapping-Verfahrens besteht darin, neben der eigentlich untersuchten Stichprobe eine große Anzahl von weiteren Stichproben zu erheben und zu diesen jeweils den Testwert zu berechnen, der auch zur eigentlich untersuchten Stichprobe errechnet wird. So ergibt sich eine empirische Verteilung der untersuchten Zufallsvariablen, die auf verlässlichen Daten über die Realität und nicht auf Annahmen beruht. Aus der empirischen Verteilung können auch die Konfidenzintervalle abgeleitet werden, anhand derer entschieden wird, ob der Testwert der Stichprobe signifikant ist.[19]

Entwickelt wurde dieses Verfahren erst 1979 von Efron, da die Durchführung des Bootstrapping-Verfahrens sehr rechenintensiv ist und nur mit leistungsfähigen Computern effizient durchgeführt werden kann.[20]

In dieser Untersuchung wird eine Bootstrap-Stichprobe jeweils aus der ursprünglichen Stichprobe von 110 Unternehmen erhoben. Der optimale Umfang einer Bootstrap-Stichprobe liegt bei einem Viertel des ursprünglichen Stichprobenumfangs. Jede Bootstrap-Stichprobe enthält hier daher 28 Unternehmen. Insgesamt werden – wie von Lyon et al. vorgeschlagen – 1000 Bootstrap-Stichproben verwendet.[21] Die Bootstrap-Stichproben werden jeweils zufällig aus

---

[18] Vgl. Lyon et al.: Improved Methods for Tests of Long-Run Abnormal Stock Returns, S. 174 f.
[19] Vgl. auch Mooney/Duval: Bootstrapping: A Non-Parametric Approach to Statistical Inference, S. 1.
[20] Vgl. Efron: Bootstrap Methods: Another Look at the Jackknife.
[21] Vgl. Lyon et al.: Improved Methods for Tests of Long-Run Abnormal Stock Returns, S. 174.

den 110 Unternehmen der Stichprobe zusammengestellt. Die Zusammenstellung erfolgt analog zum zufälligen Ziehen mit Zurücklegen, d.h. dasselbe Unternehmen kann in einer Bootstrap-Stichprobe mehrfach vorhanden sein.

Zu jeder Bootstrap-Stichprobe wird ein Testwert t_{sa}^b errechnet, analog zu t_{sa} aus Formel 7.7.[22] Dabei fließen in die Berechnung jeweils die abnormalen Renditen von 28 Unternehmen einer Bootstrap-Stichprobe ein, nicht die abnormalen Renditen der eigentlich untersuchten Stichprobe mit 22 Unternehmen.[23]

Die Nullhypothese, dass die durchschnittliche langfristige abnormale Rendite kleiner oder gleich 0 ist, wird verworfen, wenn die Ungleichung $t_{sa} > x_u^*$ erfüllt ist. Der kritische Wert x_u^*, der den Verwerfungsbereich für den Test bestimmt, wird aus den Testwerten der 1000 Bootstrapping-Stichproben ermittelt. Um den kritischen Wert x_u^* zu bestimmen, werden die 1000 Testwerte der Bootstrapping-Stichproben aufsteigend sortiert. x_u^* entspricht für das erneut gewählte Signifikanzniveau α von 5 % dann dem Testwert, der größer oder gleich 95 % der errechneten Testwerte, aber kleiner oder gleich der übrigen 5 % der Testwerte ist.

Ein so ermittelter kritischer Wert x_u^* erfüllt die Bedingung, die Formel 7.9 darstellt. Ein beliebiger Testwert t_{sa}^b zu einer Bootstrapping-Stichprobe ist mit einer Wahrscheinlichkeit von 5 % größer oder gleich dem kritischen Wert x_u^*.[24]

$$W(t_{sa}{}^b \geq x_u^*) = \alpha \tag{7.9}$$

In der untersuchten Stichprobe war die Entwicklung des Kurses der Volkswagen-Aktien besonders auffällig. Der Kauf der Volkswagen-Aktien durch das Unternehmen Porsche führte zu einer starken Erhöhung der Nachfrage nach Volkswagen-Aktien und trieb dementsprechend den Preis in die Höhe. Im untersuchten Zeitraum gab Porsche am 25. September 2005 bekannt, dass das Unternehmen 20 % der Volkswagen-Aktien erworben hat, und baute seinen Anteil auf 42,6 % im Oktober 2008 aus. Gleichzeitig kündigte Porsche seine Absicht an, seinen Anteil auf 75 % ausbauen und einen Beherrschungsvertrag abschließen zu wollen. Im Zusammenhang mit dieser Ankündigung stieg der Kurs der Volkswagen-Aktie am 28. Oktober 2008 auf 945,00 €. Verglichen mit dem Aktienkurs bei der ersten Ankündigung des Einstiegs von Porsche stieg der Kurs der Volkswagen-Aktie nahezu um den Faktor 20.

Diese starken Veränderungen des Aktienkurses wirken sich auch auf das Ergebnis der Untersuchung stark aus. Um das Ergebnis der Untersuchung nicht nur von einem Unternehmen abhängig zu machen und die Robustheit der Untersuchung zu erhöhen, erfolgt eine differenzierte

---

[22] Vgl. Efron/Tibshirani: An Introduction to the Bootstrap, S. 13.
[23] Sutton empfiehlt eine ähnliche Formel zur Berechnung des Testwerts. Vgl. Sutton: Computer-Intensive Methods for Tests About the Mean of an Asymmetrical Distribution, S. 803.
[24] Vgl. Lyon et al.: Improved Methods for Tests of Long-Run Abnormal Stock Returns, S. 175.

7.2 Durchführung der Ereignisstudie   163

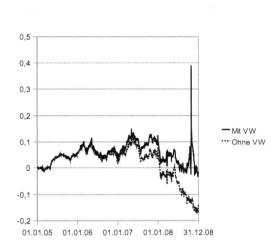

Abbildung 7.1: Durchschnittliche abnormale Renditen mit und ohne Einbeziehung von Volkswagen,
Quelle: Eigene Darstellung

Betrachtung: Die gesamte Untersuchung wurde einmal unter Einbeziehung des Unternehmens Volkswagen durchgeführt, und einmal ohne die Einbeziehung dieses Unternehmens.

Abbildung 7.1 zeigt die durchschnittliche abnormale Rendite des untersuchten Portfolios. Erkennbar ist hier, dass die abnormalen Renditen des Portfolios ohne Volkswagen in den ersten untersuchten Jahren leicht über 0 liegen. Ein Negativtrend, der die abnormalen Renditen im Durchschnitt unter den Wert 0 drückte, setzte mit dem Beginn der Finanzkrise im Jahr 2007 ein. Die Tatsache, dass die durchschnittlichen abnormalen Renditen der Unternehmen im Portfolio in dieser Zeit sanken, zeigt, dass die untersuchten Unternehmen stärker von der Finanzkrise betroffen waren als die übrigen Unternehmen aus dem Referenzportfolio.

Die Rendite des Portfolios mit Volkswagen verhält sich zunächst ähnlich. Mit dem Fortschreiten des Übernahmeversuchs durch Porsche entwickelt sich das Portfolio mit Volkswagen ab dem Jahr 2007 deutlich besser als das Portfolio ohne Volkswagen. Besonders auffällig ist dabei der große kurzzeitige Ausschlag der Kurve nach oben, als der Kurs der Volkswagen-Aktie am 28. Oktober 2008 seinen Höhepunkt erreichte.

Die Abbildungen 7.2 und 7.3 zeigen die durch das Bootstrapping geschätzte Verteilung der untersuchten Stichprobe. Zwischen der durch Bootstrapping ermittelten empirischen Verteilung der untersuchten Stichprobe und der Normalverteilung mit einem entsprechenden Erwartungswert und einer entsprechenden Standardabweichung sind dabei in dem untersuchten Szenario kaum Unterschiede zu erkennen. Die Durchführung eines konventionellen t-Tests unter der Annahme einer Normalverteilung hätte somit höchstwahrscheinlich zu einem ähnlichen Ergebnis geführt. Durch das Bootstrapping wurde jedoch eine mögliche Fehlerquelle ausgeschlossen. Selbst wenn die untersuchten Testwerte nicht annähernd normalverteilt gewesen wären, hätte der Test mit der Verwendung von Bootstrapping ein verlässliches Ergebnis ergeben.

Für das untersuchte Portfolio, welches das Unternehmen Volkswagen einbezieht, ergibt sich aus dem Bootstrapping ein Verwerfungsbereich von $B = (1,40; \infty)$. Es errechnet sich ein Testwert von 0,0747. Da der Testwert nicht im Verwerfungsbereich liegt, wird die Nullhypothese nicht verworfen. Wird das Unternehmen Volkswagen in das untersuchte Portfolio einbezogen, liegt die Wahrscheinlichkeit dafür, dass das Verwerfen dieser Nullhypothese richtig ist, bei 58,0 %. Für die ursprünglich formulierte Annahme liegt damit die Fehlerwahrscheinlichkeit bei 42,0 %.

Ohne die Einbeziehung von Volkswagen ergibt sich für das untersuchte Portfolio ein Verwerfungsbereich von $B = (1,43; \infty)$. Es errechnet sich ein Testwert in Höhe von -1,3536. Die Wahrscheinlichkeit dafür, dass das Verwerfen der hier untersuchten Nullhypothese richtig ist, liegt im Falle ohne Einbeziehung von Volkswagen bei nur 13,3 %. Daher läge die Fehlerwahrscheinlichkeit bei 86,7 %, würde davon ausgegangen werden, dass die Gegenhypothese zuträfe.

Da keiner der beiden Testwerte zu den 5 % gehört, die größer oder gleich dem jeweiligen kritischen Wert sind, kann die Gegenhypothese nicht gestützt werden, dass Aktionäre mit Aktien von Unternehmen, die Nachhaltigkeitsberichte in Anlehnung an die GRI-Leitlinien veröffentlichen, langfristig höhere Renditen als mit Aktien anderer Unternehmen erwirtschaften.

7.3 Interpretation der Ergebnisse

Die langfristige Untersuchung führte zu keinem signifikanten Ergebnis. Eine klare Aussage dazu, dass sich die Veröffentlichung von Nachhaltigkeitsberichten als Indikator für die Anwendung nachhaltiger Strategien positiv auf die Rendite aus Sicht des Aktionärs auswirkt, ist daher nur auf Grundlage dieser Untersuchung nicht möglich. Der Test spricht jedoch auch nicht dafür, dass die Veröffentlichung von Nachhaltigkeitsberichten in Anlehnung an die GRI-Leitlinien zu einer signifikanten Verschlechterung der Entwicklung des Aktienkurses führt.

Eine Erklärung dafür, dass langfristig keine messbar höheren Renditen aus Aktionärssicht mit Aktien von Unternehmen, die Informationen zur Nachhaltigkeit veröffentlichen, erzielt werden, könnte darin liegen, dass zu Beginn des untersuchten Ereigniszeitraums die Information, dass ein Unternehmen Nachhaltigkeitsberichte veröffentlicht, bereits vom Kapitalmarkt verarbeitet wurde. Sobald ein Unternehmen zum ersten Mal einen Nachhaltigkeitsbericht veröffentlicht, kann der Kapitalmarkt den Wert, den er der Information beimisst, dass ein Unternehmen über seine Leistung im Bereich der Nachhaltigkeit berichtet, im aktuellen Kurs berücksichtigen. Eine

7.3 Interpretation der Ergebnisse

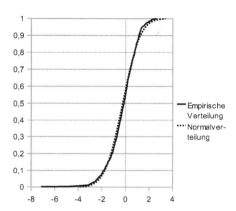

Abbildung 7.2: Verteilungsfunktion generiert durch Bootstrapping inklusive Volkswagen, Quelle: Eigene Darstellung

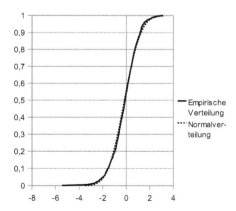

Abbildung 7.3: Verteilungsfunktion generiert durch Bootstrapping ohne Volkswagen, Quelle: Eigene Darstellung

signifikante Kurssteigerung wäre in diesem Fall nur bei der ersten Veröffentlichung eines Nachhaltigkeitsberichts durch ein Unternehmen nachweisbar. Die Mehrheit der Unternehmen, die für das Jahr 2004 einen Nachhaltigkeitsbericht veröffentlicht haben, hatten zuvor auch bereits für das Jahr 2003 einen Nachhaltigkeitsbericht veröffentlicht. Bei diesen Unternehmen stellt allein die Tatsache, dass sie für das Jahr 2004 einen Nachhaltigkeitsbericht veröffentlicht haben, keine bedeutende neue Information für den Kapitalmarkt dar.

Demnach kann die tatsächliche Reaktion des Kapitalmarktes auf die Veröffentlichung von Informationen zur Nachhaltigkeit und von Informationen dazu, welche nachhaltige Leistung erzielt wurde, besser in einer kurzfristigen Betrachtung nachgewiesen werden. Auch im Rahmen einer kurzfristigen Untersuchung kann ein tatsächlicher Nachweis nur dann erfolgen, wenn der Kapitalmarkt eine Information erhält, die den Kurs beeinflussen kann, und die dem Kapitalmarkt weder bekannt war noch von ihm antizipiert wurde. Ansonsten wäre auch in der kurzfristigen Betrachtung die Anpassung schon erfolgt, bevor die Untersuchung beginnt.

Das signifikante Ergebnis aus Abschnitt 6.3 deutet stark darauf hin, dass der Kapitalmarkt auf neue Informationen zur Nachhaltigkeit messbar reagiert. Bei der Messung einer potentiell positiven Kursreaktion auf die Aufnahme in den DJSI STOXX hat der Kapitalmarkt keine verlässliche Möglichkeit, die Aufnahme in den DJSI STOXX zu antizipieren.[25] Dieses Ergebnis ist ein Indiz dafür, dass Informationen zur Nachhaltigkeit für den Kapitalmarkt entscheidungsnützlich sind.[26]

Im Rahmen dieser langfristigen Ereignisstudie wurde lediglich betrachtet, ob die untersuchten Unternehmen einen Nachhaltigkeitsbericht in Anlehnung an die GRI-Leitlinien veröffentlichten. Eine Bewertung der nachhaltigen Leistung der Unternehmen, wie sie für die Zusammenstellung des DJSI STOXX vorgenommen wird, wurde nicht durchgeführt. Es ist daher fraglich, ob die betrachteten Unternehmen auch tatsächlich gute Leistungen im Bereich der Nachhaltigkeit erbracht haben. Bewerten die Aktionäre die im Nachhaltigkeitsbericht dargestellten Leistungen der untersuchten Unternehmen nicht als positiv, kann auch keine positive Reaktion am Kapitalmarkt erwartet werden.

Insgesamt erlangt das Ergebnis der kurzfristigen Untersuchung dieser Arbeit durch das Ergebnis der langfristigen Untersuchung auf diese Weise zusätzliche Bedeutung. Es deutet darauf hin, dass der Kapitalmarkt neue Informationen zum Bereich der Nachhaltigkeit bereits kurzfristig verarbeitet und diese im Nachhinein daher keine langfristigen signifikanten Auswirkungen auf den Kurs haben.

Deutlich sichtbar wurde bei der Durchführung der Untersuchung, dass der Kurs der Aktie des Unternehmens Volkswagen, welches bereits für das Jahr 2004 einen Nachhaltigkeitsbericht ver-

---

[25] Vgl. Abschnitt 6.4.1.
[26] Dieser Punkt wird in Kapitel 8 vertieft.

7.3 Interpretation der Ergebnisse

öffentlichte, im Rahmen des Versuchs der Übernahme durch das Unternehmen Porsche stärker anstieg als der Kurs der übrigen untersuchten Unternehmen. Dieser Anstieg war so stark, dass er sich im gemessenen Testwert und damit in der Wahrscheinlichkeit dafür, dass die Gegenhypothese zutrifft, deutlich niederschlug. Da die durchschnittliche abnormale Rendite des untersuchten Portfolios unter Einbeziehung von Volkswagen deutlich über der analog ermittelten Rendite ohne Volkswagen liegt, errechnet sich unter der Einbeziehung dieses Unternehmens eine höhere Wahrscheinlichkeit dafür, dass die Gegenhypothese zutrifft. Wird Volkswagen in das untersuchte Portfolio einbezogen, beträgt die Wahrscheinlichkeit dafür, dass die Gegenhypothese zutrifft 58,0 %. Wird Volkswagen nicht einbezogen, liegt die Wahrscheinlichkeit lediglich bei 13,3 %.

Eine mögliche Interpretation der Erhöhung der Beteiligung an Volkswagen durch Porsche könnte in der Veröffentlichung der Informationen zur Nachhaltigkeit durch Volkswagen liegen. Möglich ist, dass Porsche aufgrund dieser Informationen von einer langfristigen Wertsteigerung von Volkswagen ausgeht und deswegen Aktien zugekauft hat. In diesem Fall wäre es legitim, die Entwicklung der Volkswagen-Aktie in die Untersuchung mit einzubeziehen.

Allerdings ist diese Begründung wohl eher wenig wahrscheinlich. Bei Unternehmen, die aus derselben Branche stammen, zielen Unternehmensübernahmen oder Fusionen meist darauf ab, Synergieeffekte zu erreichen. Diese Effekte treten u.a. mit der Zusammenlegung von Unternehmensaktivitäten, durch die Verbundvorteile oder durch den Wissenstransfer auf. Auf diese Weise können z.B. Kostenvorteile gegenüber Mitbewerbern erreicht werden, die beispielsweise in der gemeinsamen Forschung und Entwicklung, in der gemeinsamen Beschaffung oder der Abstimmung der Modellpalette liegen können.[27] Im Fall der versuchten Übernahme von Volkswagen durch Porsche stand zudem der Machtkampf in der Eigentümerfamilie von Porsche im Vordergrund.[28]

Unabhängig davon, welche Ursache für den Versuch der Übernahme von Volkswagen durch Porsche zugrunde gelegt wird, und damit, ob Volkswagen in das untersuchte Portfolio einbezogen wird, ändert sich das Ergebnis nicht so stark, dass es zu einem signifikanten Ergebnis führen würde: Das Ergebnis der Untersuchung stützt weder mit noch ohne Volkswagen die Aussagen, dass sich die Veröffentlichung der Nachhaltigkeitsberichte in Anlehnung an die GRI-Leitlinien langfristig positiv oder negativ auf die Rendite aus Sicht des Aktionärs auswirkt.

---

[27] Vgl. exemplarisch Schulz: Wettbewerbspolitik – Eine Einführung aus industrieökonomischer Perspektive, S. 198 f.
[28] Vgl. exemplarisch Meck: Ringen um die Macht bei VW – Piëch hat überzogen.

8 Kritische Würdigung der Ergebnisse und Reformvorschläge

Im vierten Kapitel wurden die Zwecke der GRI-Leitlinien zur Nachhaltigkeitsberichterstattung erörtert. Dabei wurde insbesondere darauf eingegangen, wie diese Leitlinien konzipiert sein müssen, um einen Beitrag zum Schutz der Kapitalgeber leisten zu können. Aus Sicht der Aktionäre müssen die GRI-Leitlinien so ausgestaltet sein, dass sie entscheidungsnützliche Informationen vermitteln. Für den Aktionär sind die Informationen entscheidungsnützlich, wenn sie die Kriterien der Relevanz und Verlässlichkeit erfüllen. Daher wird im Rahmen dieses Kapitels analysiert, inwiefern die Informationen, die mit einem GRI-Nachhaltigkeitsbericht vermittelt werden, für die Aktionäre relevant und verlässlich sind.

Die Analyse basiert dabei auf den Ergebnissen der empirischen Untersuchungen dieser Arbeit, die darauf ausgerichtet waren, die Frage nach der Entscheidungsnützlichkeit der Informationen aus Sicht der Aktionäre zu betrachten. Da sich die Informationen, die mit einem GRI-Nachhaltigkeitsbericht vermittelt werden, nicht als hinreichend relevant und verlässlich und damit auch nicht als hinreichend entscheidungsnützlich erweisen, wird erörtert, wie eine Verbesserung der Entscheidungsnützlichkeit der Informationen aus Sicht der Aktionäre erreicht werden kann.

8.1 Entscheidungsnützlichkeit der Informationen zur Nachhaltigkeit

Auf die Ergebnisse der statistischen Untersuchungen dieser Arbeit aufbauend, soll nun noch die zentrale Frage beantwortet werden, ob diese Ergebnisse Hinweise auf die Entscheidungsnützlichkeit der Informationen zur Nachhaltigkeit aus Aktionärssicht geben.

Aus Sicht der Aktionäre sind die Informationen dann entscheidungsnützlich, wenn sie von ihnen sowohl als relevant als auch als verlässlich eingestuft werden.[1] Nur dann berücksichtigen die Aktionäre die Informationen zur Nachhaltigkeit in ihren Investitionsentscheidungen. Bei ihren Investitionsentscheidungen verfolgen die Aktionäre das Ziel, das Risiko zu reduzieren, falsche Entscheidungen bezüglich ihrer Kapitalüberlassung zu treffen. Die Aktionäre versuchen auf diese Weise, höhere Einkommensströme aus ihrer Investition zu erhalten. Erweisen sich die Informationen, die mit einem GRI-Nachhaltigkeitsbericht vermittelt werden, als entscheidungsnützlich, reduzieren sie für die Kapitalgeber auch das Risiko, durch informationsbedingtes Fehlverhalten des Managements geschädigt zu werden.[2]

In Abschnitt 2.1 wurde erörtert, dass die Anwendung nachhaltiger Strategien zu einer langfristigen Maximierung des Ertrags führen kann. Das gleiche Ziel verfolgen die Aktionäre: Sie möch-

---
[1] Vgl. zur Relevanz und Verlässlichkeit die Ausführungen in Abschnitt 4.6.2.
[2] Vgl. Abschnitt 4.6.

ten in ein Unternehmen investieren, das die Renditen aus ihrer Sicht maximiert.[3] Dementsprechend konnten Abschnitt 2.2 und Abschnitt 2.3 zeigen, dass zwischen dem Stakeholder-Ansatz und der Maximierung des Shareholder Value keine Interessendivergenzen bestehen müssen. Wendet ein Unternehmen nachhaltige Strategien an, welche die Renditen aus Sicht der Aktionäre steigern können, sind die Informationen zum Erfolg dieser Strategien relevant für den Aktionär, da diese Informationen einen Beitrag zur Entscheidungsfindung leisten.[4]

Eines der Ergebnisse des Abschnitts 5.2 besteht darin, dass die Anwendung nachhaltiger Strategien und die Berichterstattung darüber aus Aktionärssicht als eine Investition von vielen betrachtet werden kann, die ein Unternehmen tätigt. Wie die empirische Untersuchung in Abschnitt 5.2 zeigte, tätigen mehrheitlich große Unternehmen Investitionen in den Bereich der Nachhaltigkeit.

Das in Abschnitt 2.5 beschriebene Unraveling-Prinzip erörtert, warum die Unternehmen Informationen zur Nachhaltigkeit freiwillig veröffentlichen. Aus dem Unraveling-Prinzip ergab sich auch, dass die Unternehmen dann Informationen zur Nachhaltigkeit veröffentlichen, wenn bereits ihre Konkurrenten Informationen zur Nachhaltigkeit veröffentlichen. Diese Aussage wird empirisch von den Ergebnissen der Untersuchungen gestützt, die in Kapitel 5 dieser Arbeit zur Entwicklung der Bedeutung der GRI-Leitlinien für die Unternehmen des HDAX und zum Vergleich des Anteils der Berichterstattung im DAX und im MDAX durchgeführt wurden.

Eine mögliche Erklärung dafür, warum kleinere Unternehmen tendenziell keine Nachhaltigkeitsberichterstattung durchführen, kann darin liegen, dass in wirtschaftlich schlechten Zeiten die kontinuierliche Investition in nachhaltige Strategien bei einer geringen Kapitalausstattung kaum aufrecht erhalten werden kann. Da der Kapitalmarkt nach dem Unraveling-Prinzip solche Unternehmen abstraft, die sich in einigen Jahren für die Veröffentlichung von Informationen zur Nachhaltigkeit entscheiden und in einigen Jahren dagegen, könnten diese Unternehmen ganz Abstand von der freiwilligen Veröffentlichung der Informationen zur Nachhaltigkeit nehmen. Ebenfalls konnte in Abschnitt 5.2 gezeigt werden, dass die in dieser Arbeit untersuchten kleineren Unternehmen aus dem TecDAX nur in einer bestimmten Branche – hier waren es die Solar-Unternehmen – dazu neigten, Nachhaltigkeitsberichte zu veröffentlichen. Dieses Ergebnis entspricht den theoretischen Ausführungen des Abschnitts 2.5.2, die aussagen, dass Unternehmen eher über ihre Leistung im Bereich der Nachhaltigkeit berichten, wenn auch die direkten Konkurrenten diese Informationen veröffentlichen.

---

[3] Vgl. hierzu Abschnitt 4.4.4, in dem bereits festgestellt wird, dass die Eigenkapitalgeber ihre Investitionsentscheidung nicht am Gesamtzahlungsstrom des Unternehmens festmachen, sondern nur am Zahlungsstrom, der an sie fließt. Wie in Abschnitt 4.6.1 festgestellt wurde, sind die Aktionäre an Informationen interessiert, die etwas über die zukünftigen Ausschüttungen sowie über die zukünftige Kursentwicklung bzw. die Entwicklung möglicher Unternehmenspreise auszusagen vermögen.

[4] Vgl. zum Kriterium der Entscheidungsrelevanz Abschnitt 4.6.2.1.

Falls das Unternehmen mit Investitionen in den Bereich der Nachhaltigkeit die Renditen aus Sicht der Aktionäre positiv oder negativ beeinflusst, sind die Informationen über diese Handlungen für die Aktionäre relevant. Das Ergebnis der kurzfristigen Ereignisstudie in Abschnitt 6.3, im Rahmen derer die Auswirkungen am Kapitalmarkt auf die Aufnahme in den DJSI STOXX untersucht wurden, spricht deutlich für eine Entscheidungsnützlichkeit der Informationen.

Gleichwohl bringen weder die Untersuchungen zur Herausnahme aus dem DJSI STOXX noch die Untersuchungen zu den Auswirkungen auf die langfristige Rendite der Aktionäre, wenn ein Unternehmen Informationen zur Nachhaltigkeit veröffentlicht, eindeutige Ergebnisse hervor.[5]

In Abschnitt 6.4.1 konnte das Ergebnis zur Herausnahme eines Unternehmens aus dem DJSI STOXX damit erklärt werden, dass Informationen zu einer negativen Leistung eines Unternehmens im Bereich der Nachhaltigkeit eher in den Medien präsent sind und dort diskutiert werden. Mit Hilfe dieser Informationen antizipiert der Kapitalmarkt, dass Unternehmen mit eindeutig negativen Leistungen im Bereich der Nachhaltigkeit wohl kaum mehr zu den 20 % der Unternehmen gehören, die hinsichtlich ihrer Leistung im Nachhaltigkeitsbereich führend sind, und dass daher eine Herausnahme aus dem DJSI STOXX wahrscheinlich ist.

Auch die Untersuchungen, welche die langfristigen Auswirkungen einer Veröffentlichung von Informationen zur nachhaltigen Leistung eines Unternehmens analysieren, lieferten keine eindeutigen Ergebnisse.[6]

Ein signifikantes Ergebnis brachte ausschließlich die Studie hervor, in der die beiden folgenden Voraussetzungen erfüllt waren:

- Der Kapitalmarkt konnte das untersuchte Ereignis kaum antizipieren.
- Ein Intermediär agierte zwischen dem Aktionär und dem untersuchten Unternehmen. Dieser Intermediär bewertete die nachhaltige Leistung des Unternehmens.

Eine mögliche Erklärung für die Ergebnisse der kurzfristigen und langfristigen Ereignisstudie liegt im Zeitpunkt der Veröffentlichung der Informationen zur Nachhaltigkeit. Im Nachhaltigkeitsbericht sind die Informationen zwar gebündelt, jedoch gibt es für die Kapitalgeber weitere Informationsquellen, aus denen sie ähnliche Informationen erhalten. In vielen Fällen erhalten die Aktionäre die Informationen aus anderen Informationsquellen bereits vor der Veröffentlichung im Nachhaltigkeitsbericht.

Als Beispiel für andere Informationsquellen lassen sich auch hier die Medien nennen, die u.a. über Mitarbeiterentlassungen oder über Strafen bei Verstößen gegen Umweltgesetze, aber auch über fortschrittliche umweltfreundliche Produktionsanlagen zeitnah berichten. Auch die Ergebnisse von Jobumfragen und die Auszeichnungen, die ein Unternehmen als Arbeitgeber erhält,

---

[5] Vgl. hierzu Abschnitt 6.3 und Abschnitt 7.2.
[6] Vgl. hierzu Abschnitt 7.2.

können dem Aktionär als Informationsquelle über die Zufriedenheit der Mitarbeiter dienen. NGOs wie Amnesty International oder UNICEF berichten über den Einsatz von Kinderarbeit und über die Arbeitsbedingungen in Produktionsstätten in Entwicklungsländern. Zur ökonomischen Dimension und zur Fähigkeit, langfristig Gewinne zu generieren, geben die traditionellen Instrumente der Finanzberichterstattung Auskunft. Auch nichtfinanzielle Informationen mit einem direkten Bezug zur wirtschaftlichen Lage werden inzwischen mit dem Lagebericht abgedeckt. Diese vielen Informationsquellen erschweren den Nachweis der Entscheidungsnützlichkeit von Informationen zur Nachhaltigkeit aus Sicht der Aktionäre.

Aus Sicht der Aktionäre soll ein Nachhaltigkeitsbericht die Leistung des Unternehmens in den drei Bereichen Ökonomie, Ökologie und Gesellschaftliches / Soziales so quantifizieren, dass die Aktionäre diese Informationen nutzen können, um abzuschätzen, wie diese Leistungen ihre Einkommensströme beeinflussen. Falls die Aktionäre mit den Informationen eines Nachhaltigkeitsberichts in die Lage versetzt werden, die Auswirkungen der Leistung der Unternehmen im Bereich der Nachhaltigkeit zu quantifizieren, und die Auswirkungen auf ihre Einkommensströme zu bemessen, wären die Informationen eines Nachhaltigkeitsberichts für die Aktionäre entscheidungsnützlich. Es ist jedoch davon auszugehen, dass Privatanleger und insbesondere Kleinaktionäre weder ein solches Fachwissen über die Informationen zur Nachhaltigkeit besitzen, noch dass sie so viel Zeit zur Erlangung dieses Wissens oder so viel Zeit zur Analyse der Informationen investieren, um eine möglicherweise für sie vorteilhaftere Investition zu tätigen. Da die Informationen aus einem Nachhaltigkeitsbericht den Aktionären kaum direkte Rückschlüsse auf die Höhe, die zeitliche Struktur und die Unsicherheit der zukünftigen Zahlungsströme ermöglichen, ist die aktuelle Ausgestaltung der GRI-Leitlinien aus Sicht der Aktionäre als unzweckmäßig zu bewerten.[7]

Ohne Intermediäre, welche die Leistung eines Unternehmens im Bereich der Nachhaltigkeit bewerten, wie Rating-Agenturen, Analysten oder Organisationen, die einen Nachhaltigkeitsindex auflegen, kann ein Aktionär die Informationen zur Nachhaltigkeit eines Unternehmens kaum in seine Investitionsentscheidungen einfließen lassen, da er die daraus resultierenden Auswirkungen nicht abschätzen kann.

Ein Intermediär, der zwischen dem berichtenden Unternehmen und dem Aktionär steht, verfügt über Vorteile, die dem Aktionär bei der Reduzierung von Bewertungsunsicherheiten dienlich sind. Im Zusammenhang mit den auftretenden Agency-Problemen zwischen dem Aktionär und dem berichtenden Unternehmen liegt die Funktion eines Intermediärs darin, Informationsasymmetrien zwischen den Transaktionsparteien abzubauen, indem er die Informationen aufbereitet und die Zuverlässigkeit der Informationen durch seine Bewertung erhöht.[8] Da ein im Nachhaltigkeitsbereich spezialisierter Intermediär häufiger Leistungen im Bereich der Nachhaltigkeit

---

[7] Zu den Zwecken der GRI-Nachhaltigkeitsberichterstattung vgl. Kapitel 4.
[8] Vgl. Franke/Hax: Finanzwirtschaft des Unternehmens und Kapitalmarkt, S. 458.

8.1 Entscheidungsnützlichkeit der Informationen zur Nachhaltigkeit 173

beurteilt als ein gewöhnlicher Aktionär, werden dem Intermediär überlegene Kenntnisse in diesem Bereich zugesprochen.[9]

Für Privatanleger und insbesondere für Kleinaktionäre ist die Beurteilung der Informationen und das Abschätzen, welche Auswirkungen auf den eigenen Einkommensstrom entstehen könnten, noch schwieriger als für institutionelle Anleger und für Großanleger. Die Privatanleger und Kleinaktionäre haben im Vergleich zu institutionellen Anlegern und zu Großanlegern nicht die Macht, die berichtenden Unternehmen dazu zu zwingen, die Leistungen im Bereich der Nachhaltigkeit zu belegen oder näher auszuführen.[10]

Beurteilt ein Intermediär die Informationen zur Nachhaltigkeit, die ein Unternehmen veröffentlicht, kann diese Beurteilung aus Sicht der Aktionäre zu einer Erhöhung der Relevanz und der Verlässlichkeit der Informationen zur Nachhaltigkeit führen.

Wird ein Unternehmen aufgrund seiner Informationen zur nachhaltigen Leistung in einen Nachhaltigkeitsindex aufgenommen oder erhält ein Unternehmen aufgrund der Informationen zur Nachhaltigkeit ein gutes Rating in diesem Bereich, kann diese Information relevant für die Aktionäre sein. Von der Aufnahme in einen Nachhaltigkeitsindex oder von einem guten Rating erhoffen sich Unternehmen beispielsweise, neue Finanzierungsquellen auf dem Markt des nachhaltigen Investments zu erschließen.[11] Ebenfalls können aus der Veröffentlichung von Informationen zur nachhaltigen Leistung Reputationssteigerungen für das Unternehmen entstehen, indem es z.B. attraktiver für qualifiziertere Mitarbeiter wird, was sich positiv auf den Einkommenstrom der Aktionäre auswirken kann.[12]

Durch einen Intermediär kann aus Sicht der Aktionäre auch die Verlässlichkeit der Informationen zur nachhaltigen Leistung, die ein Unternehmen veröffentlicht, erhöht werden. Den Intermediären könnte beispielsweise auffallen, dass ein Unternehmen in seiner Nachhaltigkeitsberichterstattung relevante Informationen verschwiegen hat. Dies würden die Intermediäre in ihre Bewertung einfließen lassen, da sie im Gegensatz zum betroffenen Unternehmen kein Interesse an einem Verschweigen von Informationen haben. Daher kann der Aktionär bei der Beurteilung der veröffentlichten Informationen zur Nachhaltigkeit durch einen Intermediär von einer höheren Verlässlichkeit ausgehen. Einzig unter der Prämisse, dass die Aktionäre den ihnen vermittelten Informationen vertrauen können, sind sie beispielsweise fähig, Erwartungsänderungen vorzunehmen, die sich ex post als richtig erweisen.[13] In Kombination mit der Beurteilung der

---

[9] Vgl. Keuper et al.: Die moderne Finanzfunktion. Organisation, Strategie, Accounting und Controlling, S. 271.
[10] Vgl. im Zusammenhang mit verhandlungsschwachen und daher schutzbedürftigen Kapitalgebern auch Abschnitt 4.5.
[11] Vgl. Abschnitt 2.4.
[12] Vgl. Abschnitt 2.1. Vgl. auch Menz/Nelles: Corporate Social Responsibility: Wird nachhaltig-verantwortungsvolle Unternehmensführung am Fremdkapitalmarkt honoriert? – Eine kritische Note, S. 191.
[13] Vgl. Wagenhofer: Voluntary Disclosure with a Strategic Opponent, S. 120.

Informationen zur Nachhaltigkeit durch einen Intermediär scheinen die Aktionäre diesen Informationen Relevanz beizumessen und diese Informationen als verlässlicher einzuschätzen, was von dem Ergebnis der kurzfristigen Studie in Abschnitt 6.3 in dieser Arbeit gestützt wird.

Grundsätzlich kann also davon ausgegangen werden, dass die Informationen über die Anwendung nachhaltiger Strategien vom Aktionär als relevant eingestuft werden und bei hinreichender Verlässlichkeit in seine Entscheidungen einfließen. Damit tragen die Intermediäre nicht nur dazu bei, die Relevanz zu erhöhen. Aus Sicht der Aktionäre verbessern sie ebenfalls die Verlässlichkeit der Informationen zur Nachhaltigkeit.

Der Lagebericht kann im Rahmen seiner Prognose- und Risikoberichterstattung über mögliche Chancen und Risiken informieren.[14] Auch der Nachhaltigkeitsbericht kann den Aktionären Informationen zu den Chancen und Risiken vermitteln, die im Zusammenhang mit ihrer Kapitaleinlage stehen.[15] Die Aktionäre müssen dann versuchen, aus diesen Informationen die Auswirkungen auf ihre Einkommensströme einzuschätzen. Agiert jedoch ein Intermediär am Kapitalmarkt, der die Informationen zur Nachhaltigkeit eines Unternehmens beurteilt, übernimmt dieser Intermediär eine – wenn auch nicht individuelle, sondern generelle – Einschätzung für die Aktionäre. Die Einschätzung der Informationen zur Nachhaltigkeit eines Unternehmens werden den Aktionären durch einen Intermediär in den meisten Fällen zu geringeren Kosten bereitgestellt, als wenn die Aktionäre Zeit in die Erlangung des Wissens oder für die Analyse der Informationen investieren würden. Daher werden die Aktionäre die professionellen Einschätzungen nutzen, solange die Kosten für die Bereitstellung der Informationen durch den Intermediär ihren erwarteten Nutzen aus der Verwendung der Informationen nicht übersteigen.

Eine sofortige Einschätzung des Umfangs und der Detailliertheit der Informationen wird den Aktionären von den berichtenden Unternehmen verweigert, wenn im Nachhaltigkeitsbericht keine Angabe zur Anwendungsebene erfolgt.[16] In diesen Fällen ist es für die Aktionäre nicht offensichtlich, welcher Grad der Erfüllung der GRI-Leitlinien erreicht wurde. Oftmals ist die Anwendungsebene mit der Qualität eines Nachhaltigkeitsberichts verknüpft.

Aus Aktionärssicht ist eine externe Überprüfung sowohl der Anwendungsebene als auch des Inhalts nahezu unumgänglich. Ohne einen Prüfbericht büßt der Nachhaltigkeitsbericht erheblich an Glaubwürdigkeit und Verlässlichkeit der veröffentlichten Informationen ein. Daher können die Aktionäre diese Informationen in vielen Fällen mangels Verlässlichkeit nicht in ihren Entscheidungen berücksichtigen.

---

[14] Vgl. Abschnitt 2.6.
[15] Neben potentiell positiven Auswirkungen, die aus der Anwendung nachhaltiger Strategien resultieren können, kann ein Nachhaltigkeitsbericht auch zusätzliche Informationen zum Management von Risiken, insbesondere Reputationsrisiken, und ihrer Prävention vermitteln. Vgl. Schranz: Wirtschaft zwischen Profit und Moral, S. 172 f., Perrini et al.: Developing Corporate Social Responsibility – A European Perspective, S. 78 f. sowie Crone/Hoch: Nachhaltigkeit und Nachhaltigkeitsreporting, S. 43.
[16] Zur Erläuterung der Anwendungsebenen eines GRI-Nachhaltigkeitsberichts vgl. Abschnitt 3.4.4.

8.2 Reformvorschläge

Grundsätzlich messen die Aktionäre den Informationen in der Nachhaltigkeitsberichterstattung in Anlehnung an die Leitlinien der GRI einen gewissen Grad an Relevanz und Verlässlichkeit bei. Jedoch deuten die Ergebnisse der Untersuchungen in dieser Arbeit darauf hin, dass eine externe Überprüfung und Einschätzung der Informationen zur Nachhaltigkeit durch einen Intermediär bei der heutigen Ausgestaltung von Nachhaltigkeitsberichten hilfreich ist, wenn nicht gar, dass aktuell nur mit einem Intermediär Entscheidungsnützlichkeit erreicht werden kann. Anscheinend wird nur nach einer Einschätzung durch einen Intermediär der Grad der Relevanz und Verlässlichkeit von den Aktionären als hinreichend empfunden, so dass erst dann die Informationen zur Nachhaltigkeit von ihnen als entscheidungsnützlich eingestuft werden. Daher stellt sich die Frage, ob eventuell mit einer anderen Art der Ausgestaltung von Nachhaltigkeitsberichten auch Entscheidungsnützlichkeit aus Sicht der Aktionäre ohne die Beurteilung durch einen Intermediär möglich ist.

Der nachfolgende Abschnitt erörtert, welche Änderungen in den Leitlinien der GRI dazu beitragen könnten, dass die Informationen in den Nachhaltigkeitsberichten für die Aktionäre unmittelbar entscheidungsnützlich werden. Ebenso wird diskutiert, inwieweit es aus Sicht der Aktionäre sinnvoll wäre, dass Nachhaltigkeitsberichte von allen börsennotierten Unternehmen verpflichtend veröffentlicht werden müssten.

8.2 Reformvorschläge

Die GRI misst dem Dialog mit den Stakeholdern zur Konzeption ihrer Leitlinien hohe Bedeutung bei.[17] Mit einem Nachhaltigkeitsbericht, der nach den Leitlinien der GRI erstellt wurde, sollen alle Stakeholder eines Unternehmens informiert werden. Das oberste Ziel eines solchen Nachhaltigkeitsberichts liegt in der Schaffung von Transparenz für alle Stakeholder des berichtenden Unternehmens.[18] Zwar mag die Einbeziehung aller Stakeholder in der Theorie die richtige Grundidee sein, jedoch wird in der Praxis stets eine Gewichtung der Stakeholder vorgenommen, wie es in den Ausführungen des Abschnitts 2.2 dieser Arbeit beschrieben ist. Dementsprechend konzentriert sich die Nachhaltigkeitsberichterstattung tatsächlich meist auf einige mächtige Stakeholder.

Zu den Adressaten des Corporate Responsibility-Berichts des Geschäftsjahres 2008 schreibt das Unternehmen E.ON:

„Primäre Zielgruppe unserer CR-Berichterstattung sind unsere Investoren, Rating- und Rankingagenturen, Multiplikatoren im Bereich CR, wie z.B. Entscheidungsträger aus Politik, Zivilgesellschaft und Forschung, sowie unsere Mitarbeiter."[19]

---

[17] Vgl. Global Reporting Initiative: Sustainability Reporting Guidelines, S. 3.
[18] Vgl. ebd., S. 2.
[19] E.ON AG: Orientiert an den Bedürfnissen unserer Stakeholder – Über die Berichterstattung.

Das Zitat zeigt, dass die Kapitalgeber und die Intermediäre, die in den empirischen Untersuchungen dieser Arbeit als wichtige Adressaten von Nachhaltigkeitsberichten betrachtet wurden, auch von den Unternehmen, die Nachhaltigkeitsberichte erstellen, stärker berücksichtigt werden als andere Stakeholder wie Kunden oder Lieferanten. Ähnliche Hinweise auf die primäre Zielgruppe finden sich auch in vielen Nachhaltigkeitsberichten anderer Unternehmen. Daher sollten auch aus Unternehmenssicht die Leitlinien zur Erstellung des Nachhaltigkeitsberichts so konzipiert sein, dass die Berichte Informationen enthalten, die für diese beiden Adressatengruppen von Interesse sind.

Die empirischen Untersuchungen in dieser Arbeit haben jedoch auch gezeigt, dass es für die Aktionäre zu zeitaufwändig ist und zu viel Fachwissen erfordert, aus einem Nachhaltigkeitsbericht selbständig entscheidungsnützliche Informationen abzuleiten. Aus Sicht der Aktionäre sollten die Informationen in Nachhaltigkeitsberichten daher hinsichtlich ihrer Entscheidungsnützlichkeit für die Investitionsentscheidungen verbessert werden.

Leistungen im Bereich der Nachhaltigkeit sind naturgemäß schwerlich quantifizierbar. Auch wenn ein Unternehmen einen Nachhaltigkeitsbericht in Übereinstimmung mit den GRI-Leitlinien erstellt, kann ein Aktionär die Auswirkungen der vermittelten Informationen auf seinen Einkommensstrom nicht unmittelbar bemessen. Auch eine Einschätzung, wie gut die vom Unternehmen erbrachte Leistung ist, kann er kaum ohne weiteres vornehmen.

In der aktuellen Praxis der Nachhaltigkeitsberichterstattung nach den Leitlinien der GRI bestehen zudem erhebliche Unterschiede im Umfang und in der Qualität der Berichterstattung. Während einige Unternehmen Nachhaltigkeitsberichte erstellen, die noch nicht einmal der Anwendungsebene C genügen, berichten andere Unternehmen gemäß der Anwendungsebenen C, B oder sogar A.[20]

Um die Anwendungsebene C zu erreichen, muss ein Unternehmen nur über beliebige 10 der insgesamt 49 Kernindikatoren berichten. So ist es möglich, dass mehrere Unternehmen einen Nachhaltigkeitsbericht der Anwendungsebene C erstellen, ohne dass auch nur zu einem Kernindikator Informationen in mehreren Nachhaltigkeitsberichten vorkämen. Einem Aktionär ist es in diesem Fall kaum möglich, die Leistungen der Unternehmen anhand dieser Nachhaltigkeitsberichte zu vergleichen, da alle Unternehmen Informationen zu unterschiedlichen Sachverhalten veröffentlichen. Die GRI-Leitlinien garantieren für die Anwendungsebene C nicht, dass eine Schnittmenge von Informationen vorhanden ist, die jedes Unternehmen veröffentlichen muss. Für die Anwendungsebene B, bei der über 20 der 49 Kernindikatoren berichtet werden muss, ergibt sich dieselbe Problematik, wenn auch in abgeschwächter Form. Einzig die Anwendungsebene A, für die ein Unternehmen Informationen zu allen 49 Kernindikatoren veröffentlichen

---

[20] Zu den Anwendungsebenen vgl. Abschnitt 3.4.4.

8.2 Reformvorschläge

muss, garantiert die Vergleichbarkeit der Leistung von verschiedenen Unternehmen im Bereich der Nachhaltigkeit.

Die Analyse der aktuell veröffentlichten Nachhaltigkeitsberichte nach den Leitlinien der GRI hat zudem ergeben, dass die Unternehmen oftmals nicht die Anwendungsebene und damit den Grad der Erfüllung der GRI-Leitlinien angeben. Damit ist es für die Aktionäre nicht unmittelbar ersichtlich, wie detailliert ein vorliegender Nachhaltigkeitsbericht verfasst ist.

In Abschnitt 2.6 dieser Arbeit wurde auf die schlechten Erfahrungen in der Lageberichterstattung hinsichtlich ihrer Qualität hingewiesen, die aus der offen gehaltenen Regelung resultiert. Den Kapitalgebern wurden wegen der offen formulierten Regeln in vielen Fällen keine entscheidungsnützlichen Informationen vermittelt. Insgesamt waren große Qualitätsunterschiede in der Lageberichterstattung festzustellen. Erfüllt ein Unternehmen nur die Anwendungsebenen C oder B, muss es sich ebenfalls nur an vergleichsweise offen formulierte Regelungen halten, da das Unternehmen die Indikatoren, über die es berichtet, selbst auswählen kann.

Mit Bezug auf die Erfahrungen in der Lageberichterstattung ist es fraglich, ob diese offene Gestaltung der Anwendungsebenen C und B in den GRI-Leitlinien zur Vermittlung von Informationen führt, die für die Aktionäre entscheidungsnützlich sind. Konkretere Vorgaben, wie sie die Anforderungen an die Anwendungsebene A liefern, führen zu Berichten, welche die Aktionäre besser vergleichen, beurteilen und nutzen können. Diese Meinung teilt auch die GRI. Sie sieht die Anwendungsebenen C und B nicht als Vorgaben, an die sich Unternehmen dauerhaft halten sollten an, sondern als Schritte auf dem Weg zu einer umfassenden Berichterstattung gemäß der Anwendungsebene A.

Die in Abschnitt 8.1 beschriebene Notwendigkeit eines Intermediärs ist ein weiteres Indiz dafür, dass ein Aktionär die Unternehmen kaum vergleichen kann, wenn diese ihre Nachhaltigkeitsberichte nach den aktuellen GRI-Leitlinien erstellen. Insgesamt ist damit das Ziel der GRI, die Leistung im Bereich der Nachhaltigkeit der Unternehmen transparent zu machen und diese Leistung eines Unternehmens mit der eines anderen Unternehmens vergleichen zu können, aus Sicht der Aktionäre noch nicht in einem zufriedenstellenden Maße erreicht worden. Daher können die GRI-Leitlinien in ihrer aktuellen Fassung auch nicht als zweckmäßig für die Aktionäre bezeichnet werden.

Damit die Aktionäre die Informationen eines Nachhaltigkeitsberichts besser und unmittelbarer in ihre Entscheidungen einfließen lassen können, sollten die GRI-Leitlinien und die Verbindlichkeit dieser Leitlinien verändert werden. Erst wenn die Aktionäre direkt aus den Informationen eines Nachhaltigkeitsberichts die Auswirkungen auf ihre Einkommensströme abschätzen können, sind die GRI-Leitlinien für sie optimal ausgestaltet. Kommen die Aktionäre zu dem Ergebnis, dass die Verwendung der Informationen aus einem Nachhaltigkeitsbericht ihre Einkommenströme beeinflusst, messen sie folglich den Informationen Entscheidungsnützlichkeit bei.

Der Aktionär sollte in die Lage versetzt werden, sich auch ohne die Einbeziehung eines Intermediärs selbst ein Urteil über die Relevanz der Informationen bilden zu können. Nur dann kann die Aussage getroffen werden, dass ein Nachhaltigkeitsbericht, der nach den Vorgaben der GRI erstellt wurde, zu den sonstigen Berichtsinstrumenten zählt, die den (Eigen-)Kapitalgebern entscheidungsnützliche Informationen vermitteln und die Kapitalgeber auf diese Weise befähigen, sowohl die Prognosen der Finanzberichterstattung besser nachvollziehen zu können, als auch eigene Prognosen erstellen zu können.[21]

Um die Entscheidungsnützlichkeit zu erhöhen, soll mit den folgenden Vorschlägen die Relevanz und Verlässlichkeit der Informationen im Nachhaltigkeitsbericht verbessert werden.

Zur Verbesserung der Relevanz besteht insbesondere Potential in der Erhöhung der Vergleichbarkeit. Diese Erhöhung kann erreicht werden, indem sichergestellt wird, dass alle Unternehmen sich zu einer bestimmten festgelegten Menge von Sachverhalten äußern. Von den bereits vorhandenen Anwendungsebenen eignet sich nur die Anwendungsebene A, für die das Unternehmen Informationen zu allen Kernindikatoren veröffentlichen muss. Alternativ bestünde auch die Möglichkeit, eine feste Teilmenge der Kernindikatoren zu definieren, über die jedes Unternehmen berichten muss. Diese Menge könnte kleiner sein als die Menge aller Kernindikatoren. Mit einer solchen reduzierten Menge wären Nachhaltigkeitsberichte zwar leichter zu erstellen als zur Anwendungsebene A, enthielten aber auch weniger potentiell relevante Informationen.[22]

Die Vergleichbarkeit kann außerdem weiter erhöht werden, indem von den Unternehmen verlangt wird, zusätzlich zu den Vergleichswerten des eigenen Unternehmens aus vorherigen Berichtsperioden auch Vergleichswerte anderer Unternehmen zu jedem Kernindikator aufzuführen. So könnte der Aktionär die jeweilige Leistung des betrachteten Unternehmens direkt in Relation zu der Leistung anderer Unternehmen setzen.[23] Diese zusätzlichen Informationen wären für den Aktionär sehr hilfreich bei der Bewertung, wie gut die Leistung des betrachteten Unternehmens in einem Bereich ist.

Um einen möglichst aussagekräftigen Vergleich zu ermöglichen, sollten Unternehmen zum Vergleich herangezogen werden, die in derselben Branche tätig sind und eine möglichst ähnliche Größe wie das betrachtete Unternehmen aufweisen. Für die Auswahl der dargestellten Konkurrenzunternehmen sollten eindeutige Regeln formuliert werden, die verhindern, dass das berichtende Unternehmen nur die schwächsten Konkurrenten zum Vergleich heranzieht. Außerdem

---

[21] Vgl. hierzu Abschnitt 4.7.
[22] Vgl. zur Relevanz der Informationen Abschnitt 4.6.2.1.
[23] Ein solches Benchmarking bezogen auf die nachhaltige Leistung eines Unternehmens gehört auch zu den Anwendungsmöglichkeiten von Nachhaltigkeitsberichten, welche die GRI als denkbar erachtet. Vgl. hierzu Abschnitt 3.2.

8.2 Reformvorschläge

werden in der Regel von den Konkurrenzunternehmen nicht die Informationen zum aktuellen Geschäftsjahr verfügbar sein. Daher sollte auf die aktuellsten bereits veröffentlichten Informationen zurückgegriffen werden, also beispielsweise auf die Informationen aus dem Vorjahr.

Für einen solchen Vergleich besteht die Voraussetzung, dass die Konkurrenzunternehmen die entsprechenden Informationen auch tatsächlich veröffentlicht haben. Dies kann nur dadurch erreicht werden, dass die Veröffentlichung von Informationen zu bestimmten Kernindikatoren verpflichtend erfolgt.

Eine Erhöhung der Verlässlichkeit der Informationen eines Nachhaltigkeitsberichts kann aus Sicht der Aktionäre durch eine externe Überprüfung der Informationen erreicht werden, wie sie für die Finanzberichterstattung vorgeschrieben ist. Aus diesem Grund spricht sich die GRI für eine solche externe Überprüfung der Informationen aus.[24] Die höchste Signalwirkung für die Verlässlichkeit der Informationen ist zu erwarten, wenn die Überprüfung dieser Informationen in einem separaten, externen Prüfbericht eines Wirtschaftsprüfers testiert wird.[25] Hierbei gilt selbstverständlich die Prämisse, dass der Prüfer mit den GRI-Leitlinien und mit der Berichterstattung über die Leistung im Bereich der Nachhaltigkeit vertraut ist.[26]

Nachdem der Prüfer die Verlässlichkeit der Informationen testiert hat und auf mögliche Verbesserungen in der Nachhaltigkeitsberichterstattung hingewiesen hat, können die Aktionäre eher davon ausgehen, dass die Informationen hinreichend verlässlich sind. Erst dann werden sie die als relevant eingestuften Informationen als entscheidungsnützlich betrachten und in ihre Entscheidungen einfließen lassen.

Zur optimalen Nutzung der Informationen eines GRI-Nachhaltigkeitsberichts, sollen die Nachhaltigkeitsberichte nach den GRI-Leitlinien zeitlich zusammen mit dem IFRS-Abschluss veröffentlicht werden.[27] Bei einer gleichzeitigen Veröffentlichung des IFRS-Abschlusses und des GRI-Nachhaltigkeitsberichts kann der Aktionär davon profitieren, dass der Nachhaltigkeitsbericht den IFRS-Abschluss erweitert und ergänzt. An diese Vorgabe halten sich jedoch bislang nicht alle Unternehmen. Manche Unternehmen veröffentlichen ihren Nachhaltigkeitsbericht stattdessen erst einige Monate nach der Veröffentlichung des IFRS-Abschlusses. Andere Unternehmen berichten in einem Nachhaltigkeitsbericht über mehrere Geschäftsjahre. Zur besseren Information der Aktionäre, zur Erhöhung der Vergleichbarkeit sowie zur Erhöhung der Wirkung als Ergänzung der Finanzberichterstattung sollte die Veröffentlichung des Nachhaltigkeitsberichts jährlich zusammen mit dem IFRS-Abschluss verpflichtend erfolgen.

---

[24] Vgl. Global Reporting Initiative: Sustainability Reporting Guidelines, S. 38.
[25] Nach Franke und Hax gehören beispielsweise neben den Rating-Agenturen und Analysten auch die Wirtschaftsprüfer zu den Intermediären. Vgl. Franke/Hax: Finanzwirtschaft des Unternehmens und Kapitalmarkt.
[26] Bei den sog. Big 4 und auch bei einigen vergleichsweise kleineren Wirtschaftsprüfungsgesellschaften ist seit einigen Jahren davon auszugehen, da sie spezialisierte Teams für die Prüfung von Nachhaltigkeitsberichten beschäftigen. Vgl. Abschnitt 3.4.4.
[27] Vgl. Global Reporting Initiative: Sustainability Reporting Guidelines, S. 16.

Soll die Erstellung eines GRI-Nachhaltigkeitsberichts verpflichtend werden, sind verschiedene Wege denkbar, wie das Ziel der Verpflichtung erreicht werden kann. Wie auch die IFRS könnten die GRI-Leitlinien zu international anerkannten Vorschriften werden. Zu überlegen ist daher, ob eine separate Regelung der Nachhaltigkeitsberichterstattung sinnvoll ist, oder ob aus Sicht der Aktionäre die für sie entscheidungsnützlichen Informationen nicht eher im Zusammenhang mit der Informationsvermittlung nach IFRS geregelt werden sollen. Für eine integrierte Regelung spricht, dass die Nachhaltigkeitsberichterstattung aus Sicht der Aktionäre die Finanzberichterstattung nach IFRS ergänzen soll, vor allem im Rahmen der ökonomischen Nachhaltigkeitsberichterstattung. Zudem beziehen sich einige ökonomische Leistungsindikatoren explizit auf Informationen des IFRS-Abschlusses.[28] Auch die Vorgabe der GRI, den Nachhaltigkeitsbericht zusammen mit dem IFRS-Abschluss zu veröffentlichen, spricht für eine integrierte Regelung.[29]

Im Framework der IFRS ist definiert, dass mit den Vorschriften der IFRS Abschlüsse erstellt werden, die Informationen über die Vermögens-, Finanz- und Ertragslage des berichtenden Unternehmens vermitteln sollen. Wie in Abschnitt 4.1 dieser Arbeit beschrieben, lässt sich aus dem Ziel der Informationsvermittlung der IFRS der primäre Zweck der IFRS ableiten: der Kapitalgeberschutz. Ein Kapitalgeber ist an Informationen interessiert, die Auskunft über Höhe, die zeitliche Struktur und die Unsicherheit des künftigen Zahlungsstroms geben. Sind bei diesen Informationen die Kriterien der Relevanz und Verlässlichkeit erfüllt, so sind die Informationen für die Kapitalgeber entscheidungsnützlich. Wird angenommen, dass die Informationen zur nachhaltigen Leistung für die Kapitalgebergruppe der Aktionäre entscheidungsnützlich sind, müssten diese Informationen Auskunft über die Höhe, die zeitliche Struktur und die Unsicherheit des künftigen Zahlungsstroms geben. Damit müssten die Informationen aus einem Nachhaltigkeitsbericht die Aktionäre in die Lage versetzen, die zukünftigen Ausschüttungen sowie die zukünftige Kursentwicklung bzw. die Entwicklung möglicher Unternehmenspreise genauer einzuschätzen.[30] Da somit auch ein Nachhaltigkeitsbericht nach den GRI-Leitlinien einen Beitrag zum Kapitalgeberschutz leistet, könnte es sinnvoll sein, die Vorgaben zur Erstellung eines Nachhaltigkeitsberichts in die IFRS aufzunehmen.

Eine vom IASB eingesetzte Arbeitsgruppe stellte Überlegungen dazu an, ob und wenn ja in welcher Form eine Integration des Management Commentary in die IFRS sinnvoll ist. Neben den Überlegungen zur Integration in die IFRS weist das Management Commentary zudem thematische Schnittmengen zur Nachhaltigkeitsberichterstattung auf.[31]

Zur Etablierung einer verbindlichen Regelung des Management Commentary sind laut des veröffentlichten Diskussionspapiers vier Lösungswege denkbar. Nachfolgend wird dargestellt, wie diese Lösungswege übertragen auf die Nachhaltigkeitsberichterstattung aussehen könnten.

---

[28] Vgl. hierzu u.a. Abschnitt 3.4.3.
[29] Vgl. Global Reporting Initiative: Sustainability Reporting Guidelines, S. 16.
[30] Vgl. Schmidt/Terberger-Stoy: Grundzüge der Investitions- und Finanzierungstheorie, S. 50.
[31] Vgl. zur Thematik des Management Commentary Abschnitt 2.6.

8.2 Reformvorschläge

Ein Weg liegt darin, dass der Nachhaltigkeitsbericht Teil eines IFRS-Abschlusses wird. Dazu könnte der IAS 1 so geändert werden, dass er den Nachhaltigkeitsbericht als weiteren verpflichtend zu erstellenden Bericht enthält.[32] Würde ein Unternehmen keinen Nachhaltigkeitsbericht erstellen, folgte hieraus eine Nichtübereinstimmung mit den IFRS, so dass keine sog. Compliance ausgewiesen werden dürfte.

Denkbar wäre auch die Aufnahme der Regelungen zur Nachhaltigkeitsberichterstattung als eigenständiger IFRS, der nur von bestimmten Unternehmen angewandt werden muss, um eine Compliance zu erreichen. Beispielsweise könnte die Pflicht, einen Nachhaltigkeitsbericht zu erstellen, auf Unternehmen begrenzt werden, deren Aktien oder Anleihen öffentlich gehandelt werden.[33] In beiden Fällen würden den Ländern, die noch nicht auf IFRS umgestellt haben, und bei denen die Nachhaltigkeitsberichterstattung noch am Anfang ihrer Entwicklung steht, zusätzliche Schwierigkeiten bei der Umstellung auf IFRS bereitet. Das IASB spricht hier von einer sog. Adoption Hurdle, welche die Verbreitung der IFRS bremsen könnte.[34]

Eine weitere Möglichkeit, die im Gegensatz zu den zuvor genannten Möglichkeiten keine verbindliche Regelung beinhaltet, besteht ebenfalls in der Herausgabe eines eigenständigen IFRS. Hierbei besteht jedoch der Unterschied, dass die einzelnen Länder darüber entscheiden, ob dieser Standard bei ihnen verpflichtend angewandt werden soll. Ein Unternehmen kann jedoch auch dann einen Nachhaltigkeitsbericht erstellen, wenn es nicht dazu verpflichtet ist, um für den IFRS zur Nachhaltigkeitsberichterstattung die Compliance zu erreichen.[35]

Die vierte Möglichkeit besteht in einem separaten Regelungs-Set zur Nachhaltigkeitsberichterstattung außerhalb der IFRS.[36]

Der Aufnahme der Vorgaben zur Nachhaltigkeitsberichterstattung in die IFRS ist aus Sicht der Aktionäre gegenüber einer individuellen Regelung durch jedes Land Vorzug zu geben. Bei einer Aufnahme in die IFRS würde es den Aktionären ermöglicht, zumindest die Nachhaltigkeitsberichte von den Unternehmen vergleichen zu können, die in der EU am Kapitalmarkt notiert sind.

---

[32] Im analogen Zusammenhang des Management Commentary, vgl. Discussion Paper, Management Commentary Abs. 217 f.
[33] Vgl. Discussion Paper, Management Commentary Abs. 219 f.
[34] Vgl. Discussion Paper, Management Commentary Abs. 207 und Abs. 218.
[35] Vgl. Discussion Paper, Management Commentary Abs. 221 ff.
[36] Vgl. Discussion Paper, Management Commentary Abs. 227 sowie Abschnitt 4.1 dieser Arbeit. Für diese vierte Möglichkeit hat sich das IASB mit dem am 23. Juni 2009 veröffentlichten Exposure Draft zum Management Commentary entschieden. Der Exposure Draft beinhaltet ein von den Unternehmen freiwillig anzuwendendes Framework für die Erstellung des Management Commentary. Hierbei vertritt das IASB die Meinung, dass mit freiwillig anzuwendenden Leitlinien das Problem der sog. Adoption Hurdle umgangen wird, und gleichzeitig die Stetigkeit und die Vergleichbarkeit von Management Commentaries zwischen verschiedenen Rechtskreisen erhöht wird: „It is for the management of an entity to decide how best to apply this framework in the particular circumstances of its business. [...] The proposals presented in this exposure draft will not result in an IFRS. Accordingly, it would not be a requirement for an entity to comply with the framework for the preparation and presentation of management commentary as a condition for asserting compliance with IFRSs." Vgl. Exposure Draft Management Commentary, Introduction.

Wird die Nachhaltigkeitsberichterstattung nicht in die IFRS aufgenommen, bleibt es den einzelnen Ländern überlassen, ob sie eine Verpflichtung zur Erstellung des Nachhaltigkeitsberichts für sinnvoll erachten. Wie die Praxis zeigt, findet die Nachhaltigkeitsberichterstattung in der großen Mehrheit der Länder auf freiwilliger Basis statt. In der EU haben sich bisher lediglich Dänemark, Frankreich und die Niederlande für eine gesetzliche Verpflichtung zur Nachhaltigkeitsberichterstattung entschieden.[37] Damit wird deutlich, dass sich die Länder mehrheitlich nicht für eine Verpflichtung zur Nachhaltigkeitsberichterstattung aussprechen, wenn die Wahl bei ihnen liegt. Aus Sicht der Aktionäre wäre die Integration der Nachhaltigkeitsberichterstattung in die IFRS, welche mit einer garantierten Vermittlung der entscheidungsnützlichen Informationen zum Bereich der Nachhaltigkeit verbunden ist, klar zu bevorzugen.

Ob eine Aufnahme der Nachhaltigkeitsberichterstattung in den IAS 1 erfolgt oder ein eigener IFRS dazu herausgegeben wird, der nur von kapitalmarktorientierten Unternehmen angewandt werden muss, macht aus Sicht der Aktionäre keinen großen Unterschied. Müssten auch alle Unternehmen, die nicht börsennotiert sind, einen Nachhaltigkeitsbericht erstellen, um eine Compliance ausweisen zu können, hätten die Aktionäre zusätzlich die Möglichkeit, die Leistung von börsennotierten Unternehmen im Bereich der Nachhaltigkeit auch mit der Leistung von Unternehmen zu vergleichen, die nicht börsennotiert sind.

Die Umsetzung der Vorschläge, die in diesem Abschnitt beschrieben werden, sollte zwar dazu führen, dass ein Intermediär nicht mehr unbedingt dafür notwendig ist, dass die Aktionäre die Informationen zur Nachhaltigkeit bewerten können. Trotzdem könnte die Einschätzung eines Intermediärs Aktionären auch nach der Umsetzung der Vorschläge hilfreich sein, um sich einen Überblick über die Leistung eines Unternehmens im Bereich der Nachhaltigkeit zu verschaffen.

Die vorherigen Absätze konnten zeigen, dass aus Sicht der Aktionäre alle börsennotierten Unternehmen einen GRI-Nachhaltigkeitsbericht nach Umsetzung der geschilderten Verbesserungsvorschläge erstellen sollten, da vieles darauf hindeutet, dass den Aktionären in diesen Berichten entscheidungsnützliche Informationen vermittelt werden. Da die zusätzliche Berichterstattung mit zusätzlichen Kosten verbunden ist, stellt sich unmittelbar die Frage, ob kleine börsennotierte Unternehmen mit diesen Kosten zu stark belastet werden. Die empirischen Ergebnisse des Abschnitts 5.2 verdeutlichen, dass aktuell nur eine kaum erwähnenswerte Anzahl kleiner Unternehmen einen Nachhaltigkeitsbericht veröffentlicht. Für die Aktionäre könnte eine zu starke Belastung der Unternehmen bedeuten, dass der Aufwand für die Erstellung eines Nachhaltigkeitsberichts bei kleinen Unternehmen höher ist als der Nutzen für die Aktionäre.

Die Berichterstattung über den Bereich der Nachhaltigkeit erfordert Anfangsinvestitionen wie die Einstellung von Fachleuten sowie den Erwerb und die Implementierung der entsprechenden Systeme zur Nachhaltigkeitsberichterstattung. Zudem müssten kleine Unternehmen in einem

---

[37] Vgl. Loew et al.: Bedeutung der internationalen CSR-Diskussion für Nachhaltigkeit und die sich daraus ergebenden Anforderungen an Unternehmen mit Fokus Berichterstattung, S. 112.

8.2 Reformvorschläge

GRI-Bericht über dieselben Sachverhalte berichten wie auch große Unternehmen. Da jedoch der Aufwand für die Datenerhebung bei der Berichterstattung kleiner börsennotierter Unternehmen aufgrund weniger komplexer Konzernstrukturen geringer ist, würde für sie absolut betrachtet auch der Aufwand deutlich geringer sein als bei den großen Unternehmen. Insgesamt steigt der Aufwand für die Nachhaltigkeitsberichterstattung mit der Größe des Unternehmens an.[38] Relativ betrachtet werden kleine Unternehmen damit nicht grundsätzlich stärker belastet als große Unternehmen. Daher sollten auch kleinere börsennotierte Unternehmen dazu verpflichtet werden, Nachhaltigkeitsberichte zu erstellen und zu veröffentlichen.

---

[38] Die Meinung, dass solche zusätzlichen Kosten absolut betrachtet proportional zur Größe des Unternehmens ansteigen, teilt auch das Bundesfinanzministerium bezüglich der Belastung der Finanzinstitute durch die Umsetzung von Basel II. Hier geht das Ministerium davon aus, dass kleine Institute durch die Einhaltung dieser Vorschriften kaum stärker belastet werden als große Institute. Vgl. Bundesfinanzministerium: Umsetzung von Basel II in Deutschland und der Europäischen Union, S. 62.

9 Schlussbetrachtung und Ausblick

Für den Begriff der Nachhaltigkeit existieren nahezu unzählige Definitionen. Im Wesentlichen lassen sich jedoch alle Definitionen einer ethischen Ausrichtung, einer Ausrichtung auf eine langfristige Ertragsmaximierung oder einem integrierten Konzept mit beiden Ausrichtungen zuordnen. In den Untersuchungen dieser Arbeit wurde die Ausrichtung der Nachhaltigkeit betrachtet, die dem Ziel einer Maximierung der Erträge dient. Aufgrund der Wechselwirkungen zwischen der ökonomischen und der ethischen Ausrichtung der Nachhaltigkeit sind indirekt auch ökologische und gesellschaftliche / soziale Sachverhalte Gegenstand der Untersuchungen.

Aus diesem Grund sollen alle Stakeholder eines Unternehmens bei der Erarbeitung und Anwendung eines Konzeptes zur Nachhaltigkeit im Unternehmen einbezogen werden. Für börsennotierte Unternehmen konnte dargestellt werden, dass ein Konzept, welches auf einer Einbeziehung der Stakeholder basiert, nicht konträr zum populären Konzept des Shareholder Value steht. Kein Unternehmen kann die Interessen aller Stakeholder berücksichtigen, was im Wesentlichen darauf zurückzuführen ist, dass die Interessen der verschiedenen Stakeholder teilweise konträr zueinander stehen. Daher muss ein Unternehmen seine wichtigsten Stakeholder identifizieren, die es berücksichtigen und informieren möchte. Da bei börsennotierten Unternehmen der Aktionär zu den mächtigsten Stakeholdern zählt, wird in diesem Fall auch ein Konzept, welches sich an den Interessen verschiedener Stakeholder orientiert, insbesondere die Interessen der Aktionäre berücksichtigen, wie es auch nach dem Konzept des Shareholder Value der Fall ist.

Der Fokus dieser Arbeit liegt darauf, zu untersuchen, wie sich die Informationen zur Anwendung eines nachhaltigen Konzepts, die mit einem Nachhaltigkeitsbericht veröffentlicht werden, auf die Renditen der Aktionäre auswirken. Dabei wird die Vermutung überprüft, dass die Renditen aus Sicht der Aktionäre bei den Unternehmen höher sein müssten, die sich am Konzept der Nachhaltigkeit orientieren, falls dieses Konzept tatsächlich die Erträge maximiert. Dementsprechend müsste auf die Veröffentlichung solcher Informationen eine Reaktion am Kapitalmarkt festzustellen sein.

Das Ziel dieser Arbeit lag darin, zu überprüfen, ob die Informationen eines Nachhaltigkeitsberichts für die Aktionäre entscheidungsnützlich sind. Zur Beantwortung dieser Frage wurden verschiedene Fragestellungen empirisch untersucht.

Bei den GRI-Leitlinien handelt es sich um die weltweit am weitesten verbreiteten und akzeptierten Leitlinien zur Erstellung von Nachhaltigkeitsberichten. Die GRI-Leitlinien differenzieren bei den Vorgaben zur Berichterstattung über die Leistung eines Unternehmens zwischen der ökonomischen, der ökologischen und der gesellschaftlichen / sozialen Dimension der Nachhaltigkeit. Die Vorgaben zur ökonomischen Dimension sind in einigen Punkten eng mit verschiedenen IFRS verknüpft und bauen teilweise auf den Informationen eines IFRS-Berichts auf.

9 Schlussbetrachtung und Ausblick

In dieser Arbeit wurden die Auswirkungen von Nachhaltigkeitsberichten analysiert, die sich an den GRI-Leitlinien orientieren. Im Rahmen der empirischen Untersuchungen wurde zunächst die Entwicklung der Nachhaltigkeitsberichterstattung in den letzten Jahren betrachtet. Es konnte im Rahmen dieser Untersuchung nachgewiesen werden, dass die Anzahl der Unternehmen, die in Anlehnung an die GRI-Leitlinien berichten, zwischen den Jahren 2004 und 2006 signifikant anstieg. Diese Untersuchung bestätigte damit die aktuell hohe Relevanz der Thematik der Nachhaltigkeitsberichterstattung.

In einer weiteren Untersuchung wurde analysiert, ob ein Zusammenhang zwischen der Größe des Unternehmens und seinem Verhalten bezüglich der Nachhaltigkeitsberichterstattung besteht. Diese Untersuchung zeigte, dass hauptsächlich die Unternehmen des DAX über ihre Leistung im Bereich der Nachhaltigkeit berichteten, während die vergleichsweise kleineren Unternehmen des MDAX und des TecDAX auf die Nachhaltigkeitsberichterstattung weitestgehend verzichteten. Im Rahmen der Untersuchung war zudem erkennbar, dass kleine Unternehmen eher dazu neigten, über ihre Leistung im Bereich der Nachhaltigkeit zu berichten, wenn ihre Konkurrenten sich ebenfalls dafür entschieden haben.

Zur Überprüfung, ob die Informationen zur Nachhaltigkeit für die Aktionäre entscheidungsnützlich sind, wurde sowohl eine kurzfristige als auch eine langfristige Untersuchung einer Reaktion am Kapitalmarkt durchgeführt. Im Rahmen der kurzfristigen Untersuchung wurde überprüft, ob eine signifikante Kapitalmarktreaktion nachgewiesen werden konnte, wenn ein Unternehmen entweder in den Nachhaltigkeitsindex Dow Jones STOXX Sustainability Index aufgenommen wurde oder aus ihm herausfiel. Hierbei zeigte sich, dass die Aufnahme eines Unternehmens in diesen Nachhaltigkeitsindex zu signifikant höheren Aktienkursen führte. Die Herausnahme aus dem Nachhaltigkeitsindex kam nicht zu dem Ergebnis, dass die Aktienkurse signifikant niedriger waren. Erklärt werden kann dies damit, dass insbesondere die negativen Informationen bereits vor der jährlichen Bekanntgabe, wer in den Index aufgenommen wird oder wer aus ihm herausfällt, z.B. in den Medien veröffentlicht wurden. Der Kapitalmarkt kann daraufhin die Herausnahme aus dem DJSI STOXX antizipieren, da ausschließlich die 20 % der führenden Unternehmen hinsichtlich ihrer nachhaltigen Leistung aus dem STOXX 600 im DJSI STOXX gelistet sind. Die Aufnahme in den Nachhaltigkeitsindex hingegen konnte kaum antizipiert werden, da es schwieriger ist, abzuschätzen, wer neu in den Kreis dieser 20 % der besten aufgenommen wird.

Aktionäre sind primär daran interessiert, wie sich in Zukunft die Zahlungsströme entwickeln, die aus ihrer Investition in ein Unternehmen resultieren. Aus diesem Grund wurde im Rahmen der langfristigen Untersuchung die gesamte Rendite aus Sicht der Aktionäre über 4 Jahre untersucht. Hierbei wurde unterschieden zwischen den Unternehmen, die Informationen zu Nachhaltigkeit in Anlehnung an die GRI-Leitlinien veröffentlichten, und solchen, die dies nicht

9 Schlussbetrachtung und Ausblick

taten. Diese Untersuchung konnte nicht nachweisen, dass Unternehmen, die Informationen zur Nachhaltigkeit veröffentlichen, aus Sicht der Aktionäre höhere Renditen erwirtschafteten.

Hinsichtlich des Ziels dieser Arbeit offenbaren die Ergebnisse der kurzfristigen und der langfristigen Untersuchung, dass die Aktionäre die Informationen zur Nachhaltigkeit nur dann als entscheidungsnützlich einstufen, wenn ein Intermediär wie eine Organisation, die einen Nachhaltigkeitsindex auflegt, diese Informationen aufbereitet und bewertet. Besteht der Bedarf einer Einschätzung der Informationen durch einen Intermediär, kann die Ausgestaltung der Vorgaben zur Nachhaltigkeitsberichterstattung aus Sicht der Aktionäre nicht optimal sein.

Die in dieser Arbeit angeführten Reformvorschläge zielen daher darauf ab, die Entscheidungsnützlichkeit der Informationen für die Aktionäre zu erhöhen. Insgesamt sollte die Leistung im Bereich der Nachhaltigkeit zwischen den Unternehmen z.b. durch das Anführen von Daten der direkten Konkurrenzunternehmen aus Sicht der Aktionäre vergleichbarer gemacht werden. Alle Unternehmen sollten über solche Sachverhalte berichten, die jedes Unternehmen betreffen, um die Vergleichbarkeit der Informationen für die Aktionäre branchenübergreifend und damit zwischen allen Nachhaltigkeitsberichten zu verbessern. Zudem sollten die Informationen z.B. durch spezialisierte Wirtschaftsprüfer extern verifiziert werden. Auf diese Weise würde es den Aktionären ermöglicht, die relevanten und verlässlichen Informationen zur Leistung des betrachteten Unternehmens im Bereich der Nachhaltigkeit selbstständig und unmittelbar einzuschätzen und mögliche Auswirkungen auf ihren Einkommensstrom abzuschätzen.

Da sich die Aktionäre bei ihren Investitionsentscheidungen letztlich ausschließlich für entscheidungsnützliche Informationen interessieren, sind diese Änderungen insofern für die Aktionäre sinnvoll, da sie die Entscheidungsnützlichkeit der Informationen verbessern. Aus Sicht der Aktionäre wäre eine Verpflichtung zur Nachhaltigkeitsberichterstattung nach den Leitlinien der GRI mit den in dieser Arbeit angeführten Änderungen der Leitlinien wie auch eine Verpflichtung zur externen Verifikation der Informationen wünschenswert. Dann erst kann eine hinreichende Entscheidungsnützlichkeit der Informationen zum Bereich der Nachhaltigkeit und die Zweckmäßigkeit der GRI-Leitlinien zur Nachhaltigkeitsberichterstattung aus Sicht der Aktionäre erreicht werden.

In dieser Arbeit wurde die Frage nach der Entscheidungsnützlichkeit von Informationen zur Nachhaltigkeit aus Sicht der Kapitalgebergruppe der Aktionäre beantwortet. Eine Anregung für weitere Forschungsfragen stellt die in dieser Arbeit nicht geklärte Frage nach der Entscheidungsnützlichkeit der Informationen zur Nachhaltigkeit aus Sicht der Fremdkapitalgeber dar. Auch sie könnten theoretisch mit einem GRI-Nachhaltigkeitsbericht Informationen erhalten, die ihnen Rückschlüsse auf die Fähigkeit des Unternehmens, ihren Festbetragsanspruch zu bedienen, und damit auf das mit ihrer Investition verbundene Kreditausfallrisiko ermöglichen.

Soppe stellt theoretisch dar, dass durch die Einbeziehung verschiedener Stakeholder Investitionen in gesellschaftlich verantwortungsvoll handelnde Unternehmen weniger riskant sein müssten.[1] Ist das Risiko von Investitionen in diese Unternehmen tatsächlich verringert, handelt es sich aus Sicht der Fremdkapitalgeber um eine entscheidungsnützliche Information. Bisher existieren nur wenige empirische Studien, die zu klären versuchen, ob die Fremdkapitalgeber Informationen zur Nachhaltigkeit in ihre Investitionsentscheidungen einfließen lassen und deswegen andere Risikoaufschläge verlangen.[2]

In dieser Arbeit wurde nicht untersucht, wie der Kapitalmarkt kurzfristig auf die Veröffentlichung von Nachhaltigkeitsberichten reagiert. In Form von kurzfristigen Ereignisstudien könnten der Erwartungswert und die Varianz der abnormalen Renditen im Zeitraum um die Veröffentlichung der Nachhaltigkeitsberichte überprüft werden. Mit der Überprüfung des Erwartungswerts kann überprüft werden, ob sich die Veröffentlichung der Berichte positiv oder negativ auf den Aktienkurs auswirkt. Mit der Überprüfung des Erwartungswerts und der Varianz kann festgestellt werden, ob überhaupt ein Einfluss gemessen werden kann, der durch die Veröffentlichung der Berichte entsteht.[3] Problematisch ist jedoch, dass das genaue Datum der Veröffentlichung eines Nachhaltigkeitsberichts bei vielen Unternehmen nicht öffentlich verfügbar ist. Wird der Nachhaltigkeitsbericht zusammen mit dem Geschäftsbericht nach IFRS veröffentlicht, so wie es aus Sicht der Aktionäre sinnvoll ist, muss berücksichtigt werden, dass auch die Veröffentlichung des Geschäftsberichts zu Reaktionen am Kapitalmarkt führen kann. Deswegen wäre es notwendig, die abnormalen Renditen bei Unternehmen, die den Nachhaltigkeitsbericht zusammen mit dem Geschäftsbericht veröffentlichen, mit den abnormalen Renditen bei Unternehmen zu vergleichen, die zusammen mit dem Geschäftsbericht nach IFRS keinen Nachhaltigkeitsbericht veröffentlichen.

Seit dem Jahre 2001 beschäftigt die Thematik der Nachhaltigkeit in Unternehmen auch verschiedene Gremien der Europäischen Union. Für den Europäischen Rat dient dabei die Anwendung nachhaltiger Strategien dem Erreichen des Ziels, die EU zum „[...] wettbewerbsfähigsten und dynamischsten wissensbasierten Wirtschaftsraum der Welt zu machen – einem Wirtschaftsraum, der fähig ist, ein dauerhaftes Wirtschaftswachstum mit mehr und besseren Arbeitsplätzen und einem größeren sozialen Zusammenhalt zu erzielen."[4] In diesem Zusammenhang hat die

---

[1] Vgl. Soppe: Sustainable Corporate Finance, S. 217 ff. Vgl. in diesem Zusammenhang auch Perrini et al.: Developing Corporate Social Responsibility – A European Perspective, S. 78.
[2] Eine dieser Studien wurde von Menz und Nelles durchgeführt. Sie sprechen sich nach Durchführung ihrer empirischen Untersuchungen dagegen aus, dass die Fremdkapitalgeber geringere Renditen von solchen Unternehmen verlangen sollten, die gesellschaftlich verantwortungsvoll handeln. Ihr Ergebnis sagt aus, dass der Risikoaufschlag bei nachhaltigen Unternehmen wegen einer stärkeren Volatilität höher war als bei Unternehmen, die nicht nachhaltig handeln. Vgl. hierzu Menz/Nelles: Corporate Social Responsibility: Wird nachhaltig-verantwortungsvolle Unternehmensführung am Fremdkapitalmarkt honoriert? – Eine kritische Note, S. 198 f.
[3] Vgl. MacKinlay: Event Studies in Economics and Finance, S. 27.
[4] Auf dieses Ziel, das bis 2010 erreicht werden soll, einigten sich im März 2000 die Staats- und Regierungsoberhäupter der EU. Vgl. Europäischer Rat: 23. und 24. März 2000 Lissabon: Schlussfolgerungen des Vorsitzes, Ziffer 5.

9 Schlussbetrachtung und Ausblick

EU-Kommission im Juli 2001 das sog. Grünbuch „Europäische Rahmenbedingungen für die soziale Verantwortung der Unternehmen"[5] und im Juli 2002 die „Mitteilung der Kommission betreffend die soziale Verantwortung von Unternehmen: ein Unternehmensbeitrag zur nachhaltigen Entwicklung"[6] veröffentlicht, welche die Grundlage der nachhaltigen Strategien für die EU darstellen.[7] Um neue Unternehmensinitiativen zur Anwendung nachhaltiger Strategien anzuregen und bestehende Aktivitäten unter einem politischen Dach zusammenzufassen, hat die EU-Kommission im März 2006 ein Bündnis für soziale Verantwortung von Unternehmen ins Leben gerufen.[8]

Am 10. Februar 2009 hat die EU-Kommission 250 Vertreter aus Unternehmen, Gewerkschaften, Wissenschaft, gemeinnützigen Organisationen und der öffentlichen Hand nach Brüssel eingeladen, um über Fortschritte bei der Umsetzung nachhaltiger Strategien in Europa und weltweit sowie über mögliche gemeinsame Aktivitäten in der Zukunft zu diskutieren. Ebenfalls angesprochen wurde der Diskussionspunkt, ob die Kommission Schritte zu einer verpflichtenden Nachhaltigkeitsberichterstattung unternehmen soll. Vor dem Hintergrund der weltweiten Wirtschaftskrise und der festgestellten mangelnden Transparenz der Finanzinstitutionen steigt der Druck auf die EU-Kommission, regulierend tätig zu werden. Auch wegen der in einigen EU-Mitgliedsstaaten wie Frankreich und Dänemark eingeführten verpflichtenden Nachhaltigkeitsberichterstattung steigt die Wahrscheinlichkeit, dass die EU in Zukunft Schritte zu einer verbindlichen Regelung der Nachhaltigkeitsberichterstattung unternimmt.[9]

Auch in Deutschland arbeitet das Bundesministerium für Arbeit und Soziales derzeit daran, die Anwendung nachhaltiger Strategien in Unternehmen zu fördern. In diesem Zusammenhang hat das Ministerium am 20. Januar 2009 ein Forum zur gesellschaftlichen Verantwortung von Unternehmen einberufen. Die Mitglieder dieses Forums stammen aus der Wirtschaft, der Zivilgesellschaft, den Gewerkschaften, der Wissenschaft und der Politik. Dieses Forum soll dazu beitragen, die nachhaltige Unternehmensverantwortung in Deutschland zu stärken und auszuweiten. Das neu einberufene Forum wird die Bundesregierung dahingehend beraten, wie zukünftig die nachhaltige Unternehmensverantwortung und die Anwendung nachhaltiger Strate-

---

[5] Vgl. Kommission der Europäischen Gemeinschaften: Grünbuch: Europäische Rahmenbedingungen für die soziale Verantwortung der Unternehmen, KOM (2001) 366 endgültig.

[6] Vgl. dies.: Mitteilung der Kommission betreffend die soziale Verantwortung der Unternehmen: ein Unternehmensbeitrag zur nachhaltigen Entwicklung, KOM (2002) 347 endgültig.

[7] Vgl. in diesem Zusammenhang auch dies.: Mitteilung der Kommission an das Europäische Parlament, den Rat, den Wirtschafts- und Sozialausschuss und den Ausschuss der Regionen. Auf dem Weg zu einer globalen Partnerschaft für nachhaltige Entwicklung, KOM (2002) 82 endgültig. Zur Entwicklung der nachhaltigen Strategien der EU vgl. dies.: Mitteilung der Kommission an den Rat und das Europäische Parlament. Überprüfung der EU-Strategie der nachhaltigen Entwicklung 2005: Erste Bestandsaufnahme und künftige Leitlinien, KOM (2005) 37 endgültig.

[8] Vgl. dies.: Mitteilung der Kommission an das Europäische Parlament, den Rat und den Europäischen Wirtschafts- und Sozialausschuss. Umsetzung der Partnerschaft für Wachstum und Beschäftigung: Europa soll auf dem Gebiet der sozialen Verantwortung der Unternehmen führend werden, KOM (2006) 136 endgültig.

[9] Vgl. dies.: European Multi-Stakeholder Forum on CSR, 10 February 2009.

gien in Deutschland umgesetzt werden sollen. Eine mögliche Entwicklung besteht darin, dass die bisher freiwillige Nachhaltigkeitsberichterstattung zukünftig auch in Deutschland gesetzlich verankert wird.[10]

---

[10] Vgl. Bundesministerium für Arbeit und Soziales: Forum zur gesellschaftlichen Verantwortung von Unternehmen eingesetzt!

Literaturverzeichnis

Adams, Carol und Ambika Zutshi: Corporate Social Responsibility: Why Business Should Act Responsibly and Be Accountable, in: Australian Accounting Review 14 (2004), S. 31–39.

Akerlof, George A.: The Market for 'Lemons': Quality Uncertainty and the Market Mechanism, in: Quarterly Journal of Economics 84 (1970), S. 488–500.

Albach, Horst: Shareholder Value und Unternehmenswert – Theoretische Anmerkungen zu einem aktuellen Thema, in: Zeitschrift für Betriebswirtschaft 71 (2001), S. 643–674.

Anderson, Eugene W., Claes Fornell und Sanal K. Mazvancheryl: Customer Satisfaction and Shareholder Value, in: Journal of Marketing 68 (2004), S. 172–185.

Arrow, Kenneth J.: Agency and the Market, hrsg. v. Kenneth J. Arrow und Michael D. Intriligater: Handbook of Mathematical Economics, 3. Aufl., Amsterdam u.a. 1986.

Ders.: The Economics of Agency, in: Principals and Agents: The Structure of Business, hrsg. v. John W. Pratt und Richard J. Zeckhauser, Boston, MA 1985, S. 37–51.

Auger, Pat, Paul Burke, Timothy M. Devinney und Jordan J. Louviere: What Will Consumers Pay for Social Product Features?, in: Journal of Business Ethics 42 (2003), S. 281–304.

Aupperle, Kenneth E., Archie B. Carroll und John D. Hatfield: An Empirical Examination of the Relationship Between Corporate Social Responsibility and Profitability, in: Academy of Management Journal 28 (1985), S. 446–463.

Baetge, Jörg und Cord Prigge: Anforderungen an verpflichtende, empfohlene und freiwillige Angaben des Konzernlageberichts, in: Der Betrieb 8 (2006), S. 401–407.

Baetge, Jörg und Stefan Thiele: Gesellschafterschutz versus Gläubigerschutz – Rechenschaft versus Kapitalerhaltung. Zu den Zwecken des deutschen Einzelabschlusses vor dem Hintergrund der internationalen Harmonisierung, in: Handelsbilanzen und Steuerbilanzen. Festschrift für Heinrich Beisse zum 70. Geburtstag, hrsg. v. Wolfgang Dieter Budde, Adolf Moxter und Klaus Offerhaus, Düsseldorf 1997, S. 11–24.

Baetge, Jörg, Hans-Jürgen Kirsch und Stefan Thiele: Bilanzen, 9. Aufl., Düsseldorf 2007.

Baker, James A. III, Frank L. Bowman, Glenn Erwin, Slade Gorton, Dennis Hendershot, Nancy Leveson, Sharon Priest Isadore Rosenthal, Paul V. Tebo, Douglas A. Wiegmann und L. Duane Wilson: The Report of the BP U.S. Refineries Independent Safety Review Panel, 2007, URL: http://www.bp.com/liveassets/bp_internet/globalbp/globalbp_uk_english/SP/STAGING/local_assets/assets/pdfs/Baker_panel_report.pdf (besucht am 02.04.2009).

Ball, Ray und Philip Brown: An Empirical Evaluation of Accounting Income Numbers, in: Journal of Accounting Research 6 (1968), S. 159–178.

Bamberg, Günter, Franz Baur und Michael Krapp: Statistik, 15. Aufl., München 2009.

Barnea, Amir, Robert A. Haugen und Lemma W. Senbet: Agency Problems and Financial Contracting, Englewood-Cliffs, NJ 1985.

Bauer, Rob, Kees Koedijk und Roger Otten: International Evidence on Ethical Mutual Fund Performance and Investment Style, in: Journal of Banking and Finance 29 (2005), S. 1751–1767.

Baumann, Werner, Werner Kössler und Kurt Promberger: Betriebliche Umweltmanagementsysteme, 2. Aufl., Wien 2005.

Bayer AG: Bayer: Science For A Better Life – Bayer-Nachhaltigkeitsbericht 2007, URL: http://www.nachhaltigkeit2007.bayer.de/de/Gesamter-Nachhaltigkeitsbericht-2007.pdfx (besucht am 27.11.2008).

Beaver, William H.: Financial Reporting: An Accounting Revolution, 3. Aufl., Upper Saddle River, NJ 1997.

Ders.: The Behavior of Security Prices and Its Implications for Accounting Research (Methods), in: Accounting Review Supplement 47 (1972), S. 407–437.

Becchetti, Leonardo, Rocco Ciciretti und Iftekhar Hasan: Corporate Social Responsibility and Shareholder's Value: An Empirical Analysis, 2009, URL: http://www.bof.fi/NR/rdonlyres/2D39D03F-9F57-4618-B1C2-F91A221B2438/0/0901netti.pdf (besucht am 10.03.2009).

Bettscheider, Patrick R.: Indexveränderungen und ihre Auswirkungen auf Kapitalmärkte und Unternehmen, zugl.: Oestrich-Winkel, European Business School, Diss. (2002), Wiesbaden 2003.

Bieker, Marcus: Ökonomische Analyse des Fair Value Accounting, zugl.: Bochum, Univ., Diss. (2005), Frankfurt am Main u.a. 2006.

Literaturverzeichnis 193

Bieker, Marcus, Julia Lackmann und Thomas Lenz: Stand und Perspektiven der Lageberichterstattung, in: Private und öffentliche Rechnungslegung. Festschrift für Hannes Streim zum 65. Geburtstag, hrsg. v. Franz W. Wagner, Thomas Schildbach und Dieter Schneider, Wiesbaden 2008, S. 23–39.

Blanke, Moritz, Jasmin Godemann und Christian Herzig: Internetgestützte Nachhaltigkeitsberichterstattung: Eine empirische Untersuchung der Unternehmen des DAX30, Lüneburg 2007.

Blume, Marshall E. und Robert F. Stambaugh: Biases in Computed Returns: An Application to the Size Effect, in: Journal of Financial Economics 12 (1983), S. 387–404.

Böcking, Hans-Joachim und Karsten Nowak: Marktorientierte Unternehmensbewertung: Darstellung und Würdigung der marktorientierten Vergleichsverfahren vor dem Hintergrund der deutschen Kapitalmarktverhältnisse, in: Finanz Betrieb 1 (1999), S. 169–176.

Boos, Evelyn und Thomas Priermeier: Gewinnchance Klimawandel: Investitionsmöglichkeiten und Anlagestrategien, Wien 2008.

Breuer, Markus, Alexander Brink und Olaf J. Schumann: Wirtschaftsethik als kritische Sozialwissenschaft, Bern u.a. 2003.

Brown, Lester R. und Hal Kane: Full House: Reassessing the Earth's Population Carrying Capacity, New York, NY 1994.

Brown, Stephen J. und Jerold B. Warner: Using Daily Stock Returns: The Case of Event Studies, in: Journal of Financial Economics 14 (1985), S. 3–31.

BSD GmbH und Piera Waibel: G3: neue Richtlinien der Global Reporting Initiative (GRI) für Nachhaltigkeitsberichterstattung – eine Übersicht, Zürich 2006.

Bundesfinanzministerium: Umsetzung von Basel II in Deutschland und der Europäischen Union, in: 2006, URL: http://www.bundesfinanzministerium.de/nn_17844/DE/BMF__Startseite/ Aktuelles/Monatsbericht__des__BMF/2006/01/060126agmb005,templateId=raw,property= publicationFile.pdf (besucht am 27.05.2009).

Bundesministerium für Arbeit und Soziales: Forum zur gesellschaftlichen Verantwortung von Unternehmen eingesetzt!, 2009, URL: http://www.csr-in-deutschland.de/portal/generator/ 6134/090120__forum.html (besucht am 03.06.2009).

Bundesministerium für Umwelt, Naturschutz und Reaktorsicherheit: EMAS – Von der Umwelterklärung zum Nachhaltigkeitsbericht, Berlin 2007.

Dass.: IPCC bereitet 5. Sachstandsbericht vor, in: 2008, URL: http://www.bmu.de/klimaschutz/ internationale_klimapolitik/ipcc/doc/39274.php (besucht am 22.12.2008).

Carroll, Archie B.: A Three-Dimensional Conceptual Model of Corporate Social Performance, in: Academy of Management Review 4 (1979), S. 497–505.

Cezanne, Wolfgang: Allgemeine Volkswirtschaftslehre, 6. Aufl., München 2005.

Chatterjee, Samprit und Bertram Price: Praxis der Regressionsanalyse, 2. Aufl., München 1995.

Clausen, Jens und Thomas Loew: Mehr Glaubwürdigkeit durch Testate? Internationale Analyse des Nutzens von Testaten in der Umwelt- und Nachhaltigkeitsberichterstattung, Hannover u.a. 2005, URL: http://www.ranking-nachhaltigkeitsberichte.de/pdf/ TestateStudieLangfassung.pdf (besucht am 30.11.2008).

Coase, Ronald H.: The Nature of the Firm, in: Economica 4 (1937), S. 386–405.

Conrad, Jennifer und Gautum Kaul: Long-Term Market Overreaction or Biases in Computed Returns?, in: Journal of Finance 48 (1993), S. 39–64.

Corrado, Charles J. und Terry L. Zivney: The Specification and Power of the Sign-Test in Event Study Hypothesis Tests Using Daily Stock Returns, in: Journal of Financial and Quantitative Analysis 27 (1992), S. 465–478.

Crawford, Vincent P. und Joel Sobel: Strategic Information Transmission, in: Econometrica 50 (1982), S. 1431–1451.

Crone, Hans Caspar von der und Mariel Hoch: Nachhaltigkeit und Nachhaltigkeitsreporting, in: Aktuelle juristische Praxis 11 (2002), S. 40–52.

Daimler AG: 360 GRAD – Fakten zur Nachhaltigkeit 2009, URL: http://www.daimler.com/ Projects/c2c/channel/documents/1693879_daimler_sust_2009_nachhaltigkeitsbericht_ FAK_Gesamt_de.pdf (besucht am 01.06.2009).

DaimlerChrysler AG: DaimlerChrysler: 360 Grad – Fakten zur Nachhaltigkeit 2006, URL: http: //www.daimler.com/Projects/c2c/channel/documents/1688152_daimler_sust_2006_reports_ nachhaltigkeitsbericht2006fakten_de.pdf (besucht am 27.06.2009).

DeAngelo, Harry, Linda DeAngelo und Edward M. Rice: Going Private: Minority Freezeouts and Stockholder Wealth, in: Journal of Law and Economics 27 (1984), S. 367–401.

Decker, Rolf O.: Eine Prinzipal-Agenten-theoretische Betrachtung von Eigner-Manager-Konflikten in der Kommanditgesellschaft auf Aktien und in der Aktiengesellschaft, zugl.: Berlin, Freie Univ., Diss. (1994), Bergisch Gladbach u.a. 1994.

Deutsche Lufthansa AG: Balance – Das Wichtigste zum Thema Nachhaltigkeit bei Lufthansa. Ausgabe 2007, URL: http://konzern.lufthansa.com/de/downloads/presse/downloads/publikationen/lh_nachhaltigkeitsbericht_2007.pdf (besucht am 09.04.2009).

Dierkes, Meinolf: Die Sozialbilanz, Frankfurt am Main u.a. 1974.

Dietsche, Marcel und Christian Fink: Die Qualität der Lageberichterstattung in Deutschland, in: Kapitalmarktorientierte Rechnungslegung 4 (2008), S. 250–261.

Dilling, Petra F.: The Effect of the Inclusion to the Dow Jones Sustainability World Index on Firm Value – An Empirical Event Study, in: 2008 EABR & TLC Conferences Proceedings, Rothenburg 2008, URL: http://www.cluteinstitute-onlinejournals.com/Programs/Rothenburg_2008/Article296.pdf (besucht am 17.06.2009).

Dobler, Michael: Risikoberichterstattung. Eine ökonomische Analyse, zugl.: München, Univ., Diss. (2004), Frankfurt am Main u.a. 2004.

Dow Jones Sustainability Indexes: Criteria and Weightings: Corporate Sustainability Assessment Criteria, 2006, URL: http://www.sustainability-index.com/07_htmle/assessment/criteria.html (besucht am 11.05.2009).

Dies.: Dow Jones STOXX Sustainability Indexes Guide, 2008, URL: http://www.sustainability-index.com/djsi_pdf/publications/Guidebooks/DJSI_STOXX_Guidebook_81.pdf (besucht am 03.05.2009).

Dies.: Information Sources, 2006, URL: http://www.sustainability-index.com/07_htmle/assessment/infosources.html (besucht am 11.05.2009).

Dies.: SAM Questionnaire, 2006, URL: http://www.sustainability-index.com/djsi_pdf/general_questionnaire_2009.pdf (besucht am 11.05.2009).

Drukarczyk, Jochen: Theorie und Politik der Finanzierung, 2. Aufl., München 1993.

Drukarczyk, Jochen und Andreas Schüler: Unternehmensbewertung, 5. Aufl., München 2007.

Dunfee, Thomas W.: Corporate Governance in a Market with Morality, in: Law and Contemporary Problems 62 (1999), S. 129–158.

Dye, Ronald R. und Sri S. Sridhar: Industry-Wide Disclosure Dynamics, in: Journal of Accounting Research 33 (1995), S. 157–174.

Efron, Bradley: Bootstrap Methods: Another Look at the Jackknife, in: The Annals of Statistics 7 (1979), S. 1–26.

Efron, Bradley und Robert J. Tibshirani: An Introduction to the Bootstrap, Boca Raton, FL u.a. 1998.

Eisele, Florian: Going Private in Deutschland – Eine institutionelle und empirische Analyse des Rückzugs vom Kapitalmarkt, zugl.: Tübingen, Univ., Diss. (2006), Wiesbaden 2006.

Elschen, Rainer: Agency-Theorie, in: Die Betriebswirtschaft 48 (1988), S. 248–250.

Ders.: Principal-Agent, in: Lexikon des Rechnungswesens, hrsg. v. Walther Busse von Colbe und Bernhard Pellens, 4. Aufl., München u.a. 1998, S. 557–560.

E.ON AG: Orientiert an den Bedürfnissen unserer Stakeholder – Über die Berichterstattung, 2009, URL: http://www.eon.com/de/unternehmen/29266.jsp (besucht am 11.05.2009).

Europäische Zentralbank: Euro Foreign Exchange Reference Rates, 2009, URL: http://www.ecb.europa.eu/stats/eurofxref/eurofxref-hist.xml (besucht am 17.03.2009).

Europäischer Rat: 23. und 24. März 2000 Lissabon: Schlussfolgerungen des Vorsitzes, 2000, URL: http://www.europarl.europa.eu/summits/lis1_de.htm (besucht am 02.06.2009).

Ewert, Ralf: Rechnungslegung, Gläubigerschutz und Agency-Probleme, Wiesbaden 1986.

Ders.: The Financial Theory of Agency as a Tool for an Analysis of Problems in External Accounting, in: Agency Theory, Information, and Incentives, hrsg. v. Günter Bamberg und Klaus Spremann, Berlin u.a. 1987, S. 281–309.

Ders.: Unabhängigkeit und Befangenheit, in: Handwörterbuch der Rechnungslegung und Prüfung (HWRP), hrsg. v. Wolfgang Ballwieser, Adolf G. Coenenberg und Klaus von Wysocki, 3. Aufl., Stuttgart 2002, Spalte 2386–2395.

Fama, Eugene F.: Efficient Capital Markets: A Review of Theory and Empirical Work, in: Journal of Finance 25 (1970), S. 383–417.

Ders.: Efficient Capital Markets II, in: Journal of Finance 46 (1991), S. 1575–1617.

Fama, Eugene F., Lawrence Fisher, Michael C. Jensen und Richard Roll: Adjustment of Stock Prices to New Information, in: International Economic Review 10 (1969), S. 1–21.

Fey, Gerd: Prüfung kapitalmarktorientierter Unternehmensberichte – Erweiterungen der Abschlussprüfung nach nationalen und internationalen Prüfungsgrundsätzen, in: Die Wirtschaftsprüfung 22 (2000), S. 1097–1108.

Fink, Christian: Management Commentary: Eine Diskussionsgrundlage zur internationalen Lageberichterstattung, in: Zeitschrift für internationale und kapitalmarktorientierte Rechnungslegung 3 (2006), S. 141–152.

Fink, Christian und Barbara Keck: Lageberichterstattung nach BilReG und DRS 15: Eine kritische Würdigung, in: Kapitalmarktorientierte Rechnungslegung 4 (2005), S. 137–146.

Folkes, Valerie S. und Michael A. Kamins: Effects of Information About Firms' Ethical and Unethical Actions on Consumers' Attitudes, in: Journal of Consumer Psychology 8 (1999), S. 243–259.

Franke, Günter und Herbert Hax: Finanzwirtschaft des Unternehmens und Kapitalmarkt, 5. Aufl., Berlin u.a. 2004.

Franken, Lars: Gläubigerschutz durch Rechnungslegung nach US-GAAP – Eine ökonomische Analyse, zugl.: Bochum, Univ., Diss. (2000), Frankfurt am Main u.a. 2001.

Freeman, R. Edward: Strategic Management: A Stakeholder Approach, Boston, MA 1984.

Fritsch, Michael, Thomas Wein und Hans-Jürgen Ewers: Marktversagen und Wirtschaftspolitik, Mikroökonomische Grundlagen staatlichen Handelns, 7. Aufl., München 2007.

FTSE International Limited: FTSE4Good Index Series, 2008, URL: http://www.ftse.com/Indices/FTSE4Good_Index_Series/index.jsp (besucht am 22. 12. 2008).

Dies.: Knowledge Centre – FTSE Glossary, 2008, URL: http://www.ftse.com/Research_and_Publications/FTSE_Glossary.jsp (besucht am 22. 12. 2008).

Geczy, Christopher C., Robert F. Stambaugh und David Levin: Investing in Socially Responsible Mutual Funds, in: SSRN eLibrary 2005, URL: http://ssrn.com/abstract=416380 (besucht am 07. 05. 2009).

Global Reporting Initiative: GRI Application Levels, 3. Aufl., Amsterdam 2006.

Dies.: GRI Boundary Protocol, Amsterdam 2005.

Dies.: GRI Portal – Board of Directors, 2007, URL: http://www.globalreporting.org/AboutGRI/WhoWeAre/Board/ (besucht am 22. 12. 2008).

Dies.: GRI Portal – Funding, 2007, URL: http://www.globalreporting.org/AboutGRI/Funding/ (besucht am 22. 12. 2008).

Dies.: GRI Portal – Secretariat, 2007, URL: http://www.globalreporting.org/AboutGRI/WhoWeAre/Secretariat/ (besucht am 22. 12. 2008).

Dies.: GRI Portal – Sector Supplements, 2007, URL: http://www.globalreporting.org/ReportingFramework/SectorSupplements/ (besucht am 22. 12. 2008).

Dies.: GRI Portal – Stakeholder Council, 2007, URL: http://www.globalreporting.org/AboutGRI/WhoWeAre/StakeholderCouncil/ (besucht am 22. 12. 2008).

Dies.: GRI Portal – Technical Advisory Committee, 2007, URL: http://www.globalreporting.org/AboutGRI/WhoWeAre/TechnicalAdvisoryCommittee/ (besucht am 22. 12. 2008).

Dies.: GRI Portal – What We Do, 2007, URL: http://www.globalreporting.org/AboutGRI/WhatWeDo/ (besucht am 22. 12. 2008).

Dies.: Indicator Protocols Set: Economic, 3. Aufl., Amsterdam 2006.

Dies.: Indicator Protocols Set: Environment, 3. Aufl., Amsterdam 2006.

Dies.: Indicator Protocols Set: Society, 3. Aufl., Amsterdam 2006.

Dies.: Sustainability Reporting Guidelines, 3. Aufl., Amsterdam 2006.

Google Incorporated: Google Finance, 2009, URL: http://www.google.com/finance (besucht am 17. 06. 2009).

Gordon, Richard: The Global Reporting Initiative. Meeting Reporters' Needs, in: Chartered Accountants Journal 83 (2004), S. 12–15.

Gozali, Nike O., Janice C. How und Peter Verhoeven: The Economic Consequences of Voluntary Environmental Information Disclosure, 2008, URL: http://www.iemss.org/iemss2002/proceedings/pdf/volumedue/349.pdf (besucht am 17. 06. 2009).

Graham, John R., Campbell R. Harvey und Shiva Rajgopal: The Economic Implications of Corporate Financial Reporting, in: Journal of Accounting and Economics 40 (2005), S. 3–73.

Größl, Ingrid: Wirtschaftspolitische Antworten auf Funktionsmängel im Finanzsystem, in: Monetäre Institutionenökonomik, hrsg. v. Dietrich von Delhaes-Guenther, Karl-Hans Hartwig, Uwe Vollmer, Thomas Apolte und H. Jörg Thieme, Stuttgart 2001, S. 137–160.

Grossman, Sanford J.: The Informational Role of Warranties and Private Disclosure About Product Quality, in: Journal of Law and Economics 24 (1981), S. 461–483.

Grothe, Anja: Zukunftsfähige Unternehmensführung – Analyse und Strategieentwicklung im Focus von Nachhaltigkeit, in: Umweltwirtschaft – International, interdisziplinär und innovativ, hrsg. v. André Martinuzzi und Michael Tiroch, Wien 2007, S. 25–32, URL: http://www.sustainability.eu/pdf/vhb/VHBTagungsband2007Gesamt.pdf#page=26 (besucht am 25. 02. 2009).

Güttler, Peter O.: Statistik. Basic Statistics für Sozialwissenschaftler, 3. Aufl., München u.a. 2000.

Hackenberger, Jens: Professionelle Fußballspieler in der internationalen Rechnungslegung. Eine ökonomische Analyse, zugl.: Bochum, Univ., Diss. (2007), Frankfurt am Main u.a. 2008.

Hall, Peter: On the Removal of Skewness by Transformation, in: Journal of the Royal Statistical Society. Series B (Methodological) 54 (1992), S. 221–228.

Haller, Axel und Jürgen Ernstberger: Global Reporting Initiative – Internationale Leitlinien zur Erstellung von Nachhaltigkeitsberichten, in: Betriebs-Berater 61 (2006), S. 2516–2524.

Hamilton, Sally, Hoje Jo und Meir Statman: Doing Well While Doing Good? The Investment Performance of Socially Responsible Mutual Funds, in: Financial Analysts Journal 49 (1993), S. 62–66.

Herkendell, Anja: Regulierung der Abschlussprüfung, zugl.: Bochum, Univ., Diss. (2007), Wiesbaden 2007.

Hesse, Axel: Langfristig mehr Wert – Nichtfinanzielle Leistungsindikatoren mit Nachhaltigkeitsbezug auf dem Weg in die Geschäftsberichte deutscher Unternehmen, hrsg. v. Deloitte, 2006, URL: http://www.sd-m.de/files/Hesse_SD-M_Deloitte_BMU_Langfristig_mehr_Wert.pdf (besucht am 27. 06. 2009).

Homann, Karl und Franz Blome-Drees: Wirtschafts- und Unternehmensethik, Göttingen 1992.

Horváth, Peter und Frank Minning: Wertorientierte Managementkonzepte in Deutschland, Großbritannien, Italien und Frankreich, in: Controlling 6 (2001), S. 273–281.

Institut der Wirtschaftsprüfer: Aufhebung des IDW Prüfungsstandards: Grundsätze ordnungsmäßiger Durchführung von Umweltberichtsprüfungen, in: Die Wirtschaftsprüfung 23 (2006), S. 1518.

Dass.: Grundsätze ordnungsmäßiger Prüfung oder prüferischer Durchsicht von Berichten im Bereich der Nachhaltigkeit (IDW PS 821), in: Die Wirtschaftsprüfung 23 (2006), S. 854–863.

Institute of Chartered Accountants in England and Wales: Information for Better Markets – Sustainabilty: The Role of Accountants, London 2004.

International Accounting Standards Committee Foundation: About the International Financial Reporting Interpretations Committee, 2008, URL: http://www.iasb.org/About+Us/About+the+IFRIC/About+the+IFRIC.htm (besucht am 22. 12. 2008).

International Labour Organization: International Labour Organization – Home, 2008, URL: http://www.ilo.org/global/lang--en/index.htm (besucht am 22. 12. 2008).

Jensen, Michael C. und William H. Meckling: Theory of the firm: Managerial Behavior, Agency Costs and Ownership Structure, in: Journal of Financial Economics 3 (1976), S. 305–360.

Jost, Peter-Jürgen: Die Prinzipal-Agenten Theorie im Unternehmenskontext, in: Die Prinzipal-Agenten Theorie in der Betriebswirtschaftslehre, hrsg. v. Peter-Jürgen Jost, Stuttgart 2001, S. 11–43.

Junker, Lukas: Equity Carveouts, Agency Costs and Firm Value, zugl.: Aachen, RWTH, Diss. (2005), Wiesbaden 2005.

Kahle, Holger: Informationsversorgung des Kapitalmarkts über internationale Rechnungslegungsstandards, in: Zeitschrift für kapitalmarktorientierte Rechnungslegung 2 (2002), S. 95–107.

Kessler, Manfred und Thomas Sauter: Handbuch Stock Options – Rechtliche, steuerliche und bilanzielle Darstellung von Stock-Option Plänen, München 2003.

Keuper, Frank, Alexander Vocelka und Michael Häfner: Die moderne Finanzfunktion. Organisation, Strategie, Accounting und Controlling, Wiesbaden 2007.

Kirchhoff, Klaus Rainer: Grundlagen der Investor Relations, in: Praxishandbuch Investor Relations. Das Standardwerk der Finanzkommunikation, hrsg. v. Klaus R. Kirchhoff und Manfred Piwinger, Wiesbaden 2005, S. 31–55.

Kirsch, Hans-Jürgen und Alexander Scheele: Die Auswirkungen der Modernisierungsrichtlinie auf die (Konzern)-Lageberichterstattung – unter Berücksichtigung von E-DRS 20 und des Entwurfs eines Bilanzrechtsreformgesetzes vom 15.12.2003, in: Die Wirtschaftsprüfung 57 (2004), S. 1–12.

Koch, Hans-Dieter und Reinhard H. Schmidt: Ziele und Instrumente des Anlegerschutzes, in: Betriebswirtschaftliche Forschung und Praxis 33 (1981), S. 231–250.

Kommission der Europäischen Gemeinschaften: European Multi-Stakeholder Forum on CSR, 10 February 2009, URL: http://ec.europa.eu/enterprise/csr/forum_2009_index.htm (besucht am 02. 06. 2009).

Dies.: Grünbuch: Europäische Rahmenbedingungen für die soziale Verantwortung der Unternehmen, KOM (2001) 366 endgültig, Brüssel 18.07.2001.

Dies.: Mitteilung der Kommission an das Europäische Parlament, den Rat, den Wirtschafts- und Sozialausschuss und den Ausschuss der Regionen. Auf dem Weg zu einer globalen Partnerschaft für nachhaltige Entwicklung, KOM (2002) 82 endgültig, Brüssel 13.02.2002.

Dies.: Mitteilung der Kommission an das Europäische Parlament, den Rat und den Europäischen Wirtschafts- und Sozialausschuss. Umsetzung der Partnerschaft für Wachstum und Beschäftigung: Europa soll auf dem Gebiet der sozialen Verantwortung der Unternehmen führend werden, KOM (2006) 136 endgültig, Brüssel 22.03.2006.

Dies.: Mitteilung der Kommission an den Rat und das Europäische Parlament. Überprüfung der EU-Strategie der nachhaltigen Entwicklung 2005: Erste Bestandsaufnahme und künftige Leitlinien, KOM (2005) 37 endgültig, Brüssel 09.02.2005.

Dies.: Mitteilung der Kommission betreffend die soziale Verantwortung der Unternehmen: ein Unternehmensbeitrag zur nachhaltigen Entwicklung, KOM (2002) 347 endgültig, Brüssel 02.07.2002.

KPMG: KPMG International Survey of Corporate Responsibility 2005, Amsterdam 2005.

Dies.: KPMG International Survey of Corporate Responsibility 2008, Amsterdam 2008.

KPMG: KPMG International Survey of Corporate Sustainability Reporting 2002, Amsterdam 2002.

Dies.: KPMG International Survey of Environmental Reporting 1999, Amsterdam 1999.

Krivin, Dmitry, Robert Patton, Erica Rose und David Tabak: Determination of the Appropriate Event Window Length in Individual Stock Event Studies, 2003, URL: http://www.nera.com/image/6394.pdf (besucht am 28.03.2009).

Kürsten, Wolfgang: „Shareholder Value" – Grundelemente und Schieflagen einer politökonomischen Diskussion aus finanzierungstheoretischer Sicht, in: Zeitschrift für Betriebswirtschaft 70 (2000), S. 359–381.

Küting, Karlheinz: Perspektiven der externen Rechnungslegung, in: Der Schweizer Treuhänder 3 (2000), S. 153–168.

Küting, Karlheinz und Claus-Peter Weber: Der Konzernabschluss – Praxis der Konzernrechnungslegung nach HGB und IFRS, Bd. 11, Stuttgart 2008.

Kuhlewind, Andreas-Markus: Grundlagen einer Bilanzrechtstheorie in den USA, zugl.: München, Univ., Diss. (1996), Frankfurt am Main u.a. 1996.

Kuhndt, Michael, Tuncer Burcu, Kristian S. Andersen und Christa Liedtke: Responsible Corporate Governance – An Overview of Trends, Initiatives and State-of-the-Art Elements, in: Wuppertal Papers 139 (2004).

Kunhenn, Horst: Ökobilanzen – Ursachen, Ausprägungen und Auswirkungen von Freiräumen auf den Einsatz von Ökobilanzen durch Unternehmen, zugl.: Bochum, Univ., Diss. (1996), Bochum 1997.

Leippe, Britta: Die Bilanzierung von Leasinggeschäften nach deutschem Handelsrecht und US-GAAP, zugl.: Bochum, Univ., Diss. (2001), Frankfurt am Main u.a. 2002.

Lenz, Thomas: Die Bilanzierung von Immobilien nach IFRS – Eine ökonomische Analyse vor dem Hintergrund des REIT-Gesetzes, Bochum, Univ., unveröffentlichte Diss., 2009.

Lev, Baruch und Stephen H. Penman: Voluntary Forecast Disclosure, Nondisclosure, and Stock Prices, in: Journal of Accounting Research 28 (1990), S. 49–76.

Livesey, Sharon M.: Eco-Identity as Discursive Struggle: Royal Dutch/Shell, Brent Spar, and Nigeria, in: The Journal of Business Communication 38 (2001), S. 58–91.

Livesey, Sharon M. und Kate Kearins: Transparent and Caring Corporations? A Study of Sustainability Reports by the Body Shop and Royal Dutch/Shell, in: Organization & Environment 15 (2002), S. 233–258.

Loew, Thomas und Jens Clausen: Leitlinien und Standards der Berichterstattung, in: Sozial- und Umweltstandards bei Unternehmen: Chancen und Grenzen, hrsg. v. Christian Bussler und Alexander Fonari, München 2005, S. 87–98.

Loew, Thomas, Kathrin Ankele, Sabine Braun und Jens Clausen: Bedeutung der internationalen CSR-Diskussion für Nachhaltigkeit und die sich daraus ergebenden Anforderungen an Unternehmen mit Fokus Berichterstattung, Berlin u.a. 2004, URL: http://www.ioew.de/uploads/tx_ukioewdb/bedeutung_der_csr_diskussion.pdf (besucht am 27.06.2009).

Lorson, Peter und Andreas Gattung: Die Forderung nach einer „Faithful Representation", in: Kapitalmarktorientierte Rechnungslegung 8 (2008), S. 556–565.

Lyon, John D., Brad M. Barber und Chih-Ling Tsai: Improved Methods for Tests of Long-Run Abnormal Stock Returns, in: The Journal of Finance 54 (1999), S. 165–201.

MacKinlay, A. Craig: Event Studies in Economics and Finance, in: Journal of Economic Literature 35 (1997), S. 13–39.

Mandl, Gerwald und Klaus Rabel: Unternehmensbewertung – Eine praxisorientierte Einführung, Wien 1997.

Mankiw, N. Gregory und Mark P. Taylor: Grundzüge der Volkswirtschaftslehre, 4. Aufl., Stuttgart 2008.

Margolis, Joshua D. und James P. Walsh: Misery Loves Companies: Rethinking Social Initiatives by Business, in: Administrative Science Quarterly 48 (2003), S. 655–689.

Martiensen, Jörn: Institutionenökonomik – Die Analyse der Bedeutung von Regeln und Organisationen für die Effizienz ökonomischer Tauschbeziehungen, München 2000.

McWilliams, Abagail und Donald Siegel: Event Studies in Management Research: Theoretical and Empirical Issues, in: Academy of Management Journal 40 (1997), S. 626–657.

Meadows, Dennis L.: It Is Too Late To Achieve Sustainable Development, Now Let Us Strive for Survivable Development, in: Toward Global Planning of Sustainable Use of the Earth – Development of Global Eco-Engineering, hrsg. v. Shunji Murai, Amsterdam 1995, S. 359–374.

Meck, Georg: Ringen um die Macht bei VW – Piëch hat überzogen, in: Frankfurter Allgemeine Zeitung, 13. September 2008.

Meckel, Miriam, Christian Fieseler, Katrin Mohr und Hendrik Vater: Unternehmenskommunikation und Corporate Governance als qualitative Erfolgsfaktoren in der Kapitalmarktpraxis, in: Zeitschrift für Corporate Governance 2 (2008), S. 59–64.

Menz, Klaus-Michael und Michael Nelles: Corporate Social Responsibility: Wird nachhaltig-verantwortungsvolle Unternehmensführung am Fremdkapitalmarkt honoriert? – Eine kritische Note, in: Finanz Betrieb 11 (2009), S. 189–199.

Mirvis, Philip: Transformation at Shell: Commerce and Citizenship, in: Business and Society Review 105 (2000), S. 63–84.

Mooney, Christopher Z. und Robert D. Duval: Bootstrapping: A Non-Parametric Approach to Statistical Inference, Newbury Park, CA 1993.

Morris, Clare: Quantitative Approaches in Business Studies, 7. Aufl., Upper Saddle River, NJ 2008.

Moxter, Adolf: Die Grundsätze ordnungsmäßiger Bilanzierung und der Stand der Bilanztheorie, in: Schmalenbachs Zeitschrift für betriebswirtschaftliche Forschung 18 (1966), S. 28–59.

Myers, Stewart C. und Nicholas S. Majluf: Corporate Financing and Investment Decisions When Firms Have Information That Investors Do Not Have, in: Journal of Financial Economics 13 (1984), S. 187–221.

Neuhaus, Stefan: Auslagerung betrieblicher Pensionszusagen – Eine ökonomische Analyse der Motive und Durchführungsformen, zugl.: Bochum, Univ., Diss. (2008), Frankfurt am Main u.a. 2009.

Nike Incorporated: Fiscal Year 2001 Corporate Responsibility Report, URL: http://www.nikebiz.com/responsibility/documents/Nike_FY01_CR_report.pdf (besucht am 30. 06. 2009).

O'Donovan, Gary: Environmental Disclosures in the Annual Report – Extending the Applicability and Predictive Power of Legitimacy Theory, in: Accounting, Auditing & Accountability Journal 15 (2002), S. 344–371.

Oler, Derek K., Jeffrey S. Harrison und Mathew R. Allen: The Danger of Misinterpreting Short-Window Event Study Findings in Strategic Management Research: An Empirical Illustration Using Horizontal Acquisitions, in: Strategic Organization 6 (2008), S. 151–184.

Orlitzky, Marc, Frank L. Schmidt und Sara L. Rynes: Corporate Social and Financial Performance: A Meta-Analysis, in: Organization Studies 24 (2003), S. 403–441.

Paine, Lynn S.: Royal Dutch/Shell in Transition (A). Case No. 9–300–039, Boston, MA 1999.

Paine, Lynn S. und Mihnea C. Moldoveanu: Royal Dutch/Shell in Nigeria. Case No. 9–399–126, Boston, MA 1999.

Pellens, Bernhard: Aktionärsschutz im Konzern – Empirische und theoretische Analyse der Reformvorschläge der Konzernverfassung, zugl.: Bochum, Univ., Habil.-Schrift (1993), Wiesbaden 1994.

Pellens, Bernhard und Rolf U. Fülbier: Differenzierung der Rechnungslegungsregulierung nach Börsenzulassung, in: Zeitschrift für Unternehmens- und Gesellschaftsrecht 29 (2000), S. 572–593.

Pellens, Bernhard und Joachim Gassen: Die Bereitstellung von Rechnungslegungssystemen – Eine Aufgabe des Staates oder des Marktes?, in: Rechnungslegung als Instrument für Führungsentscheidungen. Festschrift für Adolf G. Coenenberg zum 60. Geburtstag, hrsg. v. Hans Peter Möller und Franz Schmidt, Stuttgart 1998, S. 633–650.

Pellens, Bernhard, Rolf U. Fülbier, Joachim Gassen und Thorsten Sellhorn: Internationale Rechnungslegung, 7. Aufl., Stuttgart 2008.

Dies.: Wertorientierte Unternehmensführung in Deutschland – Eine empirische Untersuchung der DAX 100-Unternehmen, in: Der Betrieb 53 (2000), S. 1825–1833.

Perrini, Francesco, Stefano Pogutz und Antonio Tencati: Developing Corporate Social Responsibility – A European Perspective, Cheltenham u.a. 2006.

Posnikoff, Judith F.: Disinvestment from South Africa: They Did Well by Doing Good, in: Contemporary Economic Policy 15 (1997), S. 76–86.

Pratt, John W. und Richard J. Zeckhauser: Principals and Agents: An Overview, in: Principals and Agents: The Structure of Business, hrsg. v. John W. Pratt und Richard J. Zeckhauser, Boston, MA 1985, S. 1–35.

Rappaport, Alfred: Creating Shareholder Value: A Guide for Managers and Investors, 2. Aufl., New York, NY 1998.

Rat für Nachhaltige Entwicklung: Unternehmerische Verantwortung in einer globalisierten Welt – Ein deutsches Profil der Corporate Social Responsibility – Empfehlungen des Rates für Nachhaltige Entwicklung, Berlin 2008, URL: http://www.nachhaltigkeitsrat.de/uploads/media/Broschuere_CSR-Empfehlungen_01.pdf (besucht am 22.12.2008).

Rawls, John: Eine Theorie der Gerechtigkeit, 15. Aufl., Frankfurt am Main 2003.

Reents, Heino: Mit gutem Gewissen Geld verdienen, in: Financial Times Deutschland, vom 07.12.2005, S. 7.

Reinisch, August: Nachhaltige Entwicklung seit der Rio-Konferenz 1992, in: Recht auf Umwelt oder Umwelt ohne Recht? Lateinamerika-Jahrbuch, hrsg. v. Werner Raza, 4. Aufl., Wien 2000, S. 137–148.

Ritter, Jay: The Long-Run Performance of Initial Public Offerings, in: Journal of Finance 46 (1991), S. 3–27.

Robinson, Michael J., Anne Kleffner und Stephanie Bertels: The Value of a Reputation for Corporate Social Responsibility: Empirical Evidence, 2008, URL: http://northernfinance.org/2008/papers/221.pdf (besucht am 17.06.2009).

RWE AG: Wann, wenn nicht jetzt. Zukunftsorientiertes Handeln – daran werden wir gemessen. Unsere Verantwortung. Bericht 2007, URL: http://www.rwe.com/web/cms/mediablob/de/207554/data/10080/Unsere-Verantwortung.pdf (besucht am 25.06.2009).

SAM Indexes GmbH: Dow Jones Sustainability Indexes, 2008, URL: http://www.sustainability-indexes.com/07_htmle/indexes/overview.html (besucht am 22.12.2008).

Sauer, David A.: The Impact of Social-Responsibility Screens on Investment Performance: Evidence from the Domini 400 Social Index and Domini Equity Mutual Fund, in: Review of Financial Economics 6 (1997), S. 137–149.

Schaltegger, Stefan und Frank Figge: Öko-Investment-Spagat zwischen Shareholder Value und Sustainable Development, in: Umweltwirtschaftsforum 3 (1999), S. 4–6.

Schildbach, Thomas: Harmonisierung der Rechnungslegung – ein Phantom, in: Betriebswirtschaftliche Forschung und Praxis 50 (1998), S. 1–22.

Schmidt, Lars: Bilanzierung von Aktienoptionen nach IFRS 2, zugl.: Bochum, Univ., Diss. (2004), Frankfurt am Main u.a. 2006.

Schmidt, Reinhard H.: Grundformen der Finanzierung. Eine Anwendung des neo-institutionalistischen Ansatzes der Finanzierungstheorie, in: Kredit und Kapital 14 (1982), S. 186–221.

Schmidt, Reinhard H. und Eva Terberger-Stoy: Grundzüge der Investitions- und Finanzierungstheorie, 4. Aufl., Wiesbaden 1997.

Schneider, Dieter: Betriebswirtschaftslehre. Band 3: Theorie der Unternehmung, München u.a. 1997.

Schranz, Mario: Wirtschaft zwischen Profit und Moral, zugl.: Zürich, Univ., Diss. (2007), Wiesbaden 2007.

Schreiber, Stefan M.: RIC – Bindeglied zwischen deutschen IFRS-Anwendern und IFRIC, in: Accounting – Die Zeitschrift für IFRS 5 (2006), S. 3–5, URL: http://www.standardsetter.de/drsc/docs/articles/2006-05_accounting_schreiber_ric.pdf (besucht am 22. 12. 2008).

Schulz, Norbert: Wettbewerbspolitik – Eine Einführung aus industrieökonomischer Perspektive, hrsg. v. Rudolf Richter, Tübingen 2003.

Schumacher, Thilo: Beteiligungscontrolling in der Management-Holding, zugl.: Vallendar, Univ., Diss. (2005), Wiesbaden 2005.

Schwaiger, Manfred und Markus Zinnbauer: Unternehmensreputation: Treiber der Kundenbindung auch bei mittelständischen EVUs, in: Zeitschrift für Energiewirtschaft 27 (2003), S. 275–280.

Sharpe, William F.: A Simplified Model for Portfolio Analysis, in: Management Science 9 (1963), S. 277–293.

Ders.: Capital Asset Prices: A Theory of Market Equilibrium Under Conditions of Risk, in: Journal of Finance 19 (1964), S. 425–442.

Siegel, Theodor, Peter Bareis, Dieter Rückle, Dieter Schneider, Jochen Sigloch, Hannes Streim und Franz W. Wagner: Stille Reserven und aktienrechtliche Informationspflichten, in: Zeitschrift für Wirtschaftsrecht 20 (1999), S. 2077–2085.

Skinner, Douglas J.: Why Firms Voluntarily Disclose Bad News, in: Journal of Accounting Research 32 (1994), S. 38–60.

Slater, Alyson und Sean Gilbert: The Evolution of Business Reporting: Make Room for Sustainability Disclosure, in: Environmental Quality Management 3 (2004), S. 41–48.

Snavely, Howard J.: Accounting Information Criteria, in: Accounting Review 42 (1967), S. 223–232.

Sohmen, Egon: Allokationstheorie und Wirtschaftspolitik, 2. Aufl., Tübingen 1992.

Soppe, Aloy: Sustainable Corporate Finance, in: Journal of Business Ethics 53 (2004), S. 213–224.

Spence, Michael: Signaling in Retrospect and the Informational Structure of Markets, in: American Economic Review 92 (2002), S. 434–445.

Spiller, Achim: Erfolgschancen mittelständischer Hersteller als Handelsmarkenspezialisten: Eine institutionenökonomische Analyse, in: Jahrbuch der KMU-Forschung 2000: Marketing in kleineren und mittleren Unternehmen, hrsg. v. Jörn-Axel Meyer, München 2000, S. 391–412.

Spremann, Klaus: Portfoliomanagement, 3. Aufl., München u.a. 2006.

Statman, Meir: Socially Responsible Mutual Funds, in: Financial Analysts Journal 56 (2000), S. 30–39.

Sterr, Thomas: Industrielle Stoffkreislaufwirtschaft im regionalen Kontext – Betriebswirtschaftlich-ökologische und geographische Betrachtungen in Theorie und Praxis, hrsg. v. Dietfried G. Liesegang, zugl.: Heidelberg, Univ., Diss. (2002), Berlin u.a. 2003.

Steven, Marion, Erich J. Schwarz und Peter Letmathe: Umweltberichterstattung und Umwelterklärung nach der EG-Öko-Audit-Verordnung, Heidelberg u.a. 1997.

Streim, Hannes: Der Informationsgehalt des Human Resource Accounting. Zur Problematik der Erfassung und des Ausweises menschlicher Ressourcen im betriebswirtschaftlichen Rechnungswesen, unveröffentlichte Habil.-Schrift, Gießen, 1977.

Ders.: Die Vermittlung von entscheidungsnützlichen Informationen durch Bilanz und GuV – Ein nicht einlösbares Versprechen der internationalen Standardsetter, in: Betriebswirtschaftliche Forschung und Praxis 52 (2000), S. 111–131.

Ders.: Grundzüge der handels- und steuerrechtlichen Bilanzierung, Stuttgart u.a. 1988.

Ders.: Internationalisierung von Gewinnermittlungsregeln zum Zwecke der Informationsvermittlung – Zur Konzeptionslosigkeit der Fortentwicklung der Rechnungslegung, in: Unternehmensrechnung und -besteuerung: Grundfragen und Entwicklungen. Festschrift für Dietrich Börner zum 65. Geburtstag, hrsg. v. Heribert Meffert und Norbert Krawitz, Wiesbaden 1998, S. 323–343.

Ders.: Zum Stellenwert des Lageberichts im System der handelsrechtlichen Rechnungslegung, in: Unternehmenstheorie und Besteuerung. Festschrift für Dieter Schneider zum 60. Geburtstag, hrsg. v. Rainer Elschen, Theodor Siegel und Franz W. Wagner, Wiesbaden 1995, S. 703–721.

Streim, Hannes, Marcus Bieker und Britta Leippe: Anmerkungen zur theoretischen Fundierung der Rechnungslegung nach International Accounting Standards, in: Wolfgang Stützel – Moderne Konzepte für Finanzmärkte, Beschäftigung und Wirtschaftsverfassung, hrsg. v. Hartmut Schmidt, Eberhart Ketzel und Stefan Prigge, Tübingen 2001, S. 177–206.

Sutton, Clifton D.: Computer-Intensive Methods for Tests About the Mean of an Asymmetrical Distribution, in: Journal of the American Statistical Association 88 (1993), S. 802–810.

Teoh, Siew H., Paul C. Wazzan und Ivo Welch: The Effect of Socially Activist Investment Policies on the Financial Markets: Evidence from the South African Boycott, in: Journal of Business 72 (1999), S. 35–89.

Terberger, Eva: Neo-institutionalistische Ansätze: Entstehung und Wandel, Anspruch und Wirklichkeit, zugl.: Frankfurt am Main, Univ., Habil.-Schrift, Wiesbaden 1994.

Tesch, Jörg: Nichtfinanzielle Leistungsindikatoren im Lagebericht, in: Controlling und Rechnungslegung, hrsg. v. Carl-Christian Freidank, Stefan Müller und Inge Wulf, Wiesbaden 2008, S. 301–317.

Thomson Reuters: SocGen deckt Händlerbetrug auf – 4,9 Mrd Belastung, 2008, URL: http://de.reuters.com/article/companiesNews/idDEBUC42968320080124 (besucht am 02. 04. 2009).

Thomson Reuters Corporation: Thomson Datastream, 2009, URL: http://www.datastream.com/ (besucht am 17. 06. 2009).

Tiede, Manfred und Werner Voß: Schließen mit Statistik – Verstehen, München u.a. 2000.

TUI AG: Nachhaltig wirtschaften im TUI Konzern. Nachhaltigkeitsberichterstattung 2006/2007, URL: http://www.tui-group.com/media/nachhaltige_entwicklung/ne_bericht/ TUI_Nachhaltigkeitsberichterstattung_07 (besucht am 09.04.2009).

Ulrich, Peter: Integrative Wirtschaftsethik. Grundlagen einer lebensdienlichen Ökonomie, 4. Aufl., Bern 2008.

UmweltDialog: Neue Dow Jones Sustainability Indizes 2007, URL: http://www.umweltdialog.de/umweltdialog/finanzen/2007-09-14_Neue_Dow_Jones_Sustainability_Indizes_2007.php (besucht am 11.04.2009).

United Nations: Rio Declaration on Environment and Development, 1992, URL: http://www.un.org/documents/ga/conf151/aconf15126-1annex1.htm (besucht am 22.12.2008).

United Nations Global Compact: Communication on Progress and GRI, 2007, URL: http://www.unglobalcompact.org/cop/UNGC_and_GRI/index.html (besucht am 22.12.2008).

United Nations World Commission on Environment and Development: Our Common Future (The Brundtland Report), Oxford u.a. 1987.

Varian, Hal R.: Intermediate Microeconomics: A Modern Approach, 7. Aufl., New York, NY u.a. 2006.

Verrecchia, Robert E.: Discretionary Disclosure, in: Journal of Accounting and Economics 5 (1983), S. 179–194.

Waddock, Sandra A. und Samuel B. Graves: The Corporate Social Performance – Financial Performance Link, in: Strategic Management Journal 18 (1997), S. 303–319.

Wagenhofer, Alfred: Voluntary Disclosure with a Strategic Opponent, in: Journal of Accounting and Economics 12 (1990), S. 341–363.

Wagenhofer, Alfred und Ralf Ewert: Externe Unternehmensrechnung, 2. Aufl., Berlin u.a. 2007.

Wagner, Franz W.: Theorie und Praxis der Rechnungslegung: Lehren aus drei Jahrzehnten, in: Zeitschrift für betriebswirtschaftliche Forschung 45 (1993), S. 1–10.

Welge, Martin K. und Andreas Al-Laham: Planung: Prozesse – Strategien – Maßnahmen, Wiesbaden 1992.

Literaturverzeichnis

Wenger, Ekkehard und Leonhard Knoll: Aktienkursgebundene Management-Anreize: Erkenntnisse der Theorie und Defizite der Praxis, in: Betriebswirtschaftliche Forschung und Praxis 51 (1999), S. 567–591.

Werner, Frank: Global Reporting Initiative – Berichterstattung in Zeiten der Globalisierung, in: Sozial- und Umweltstandards bei Unternehmen: Chancen und Grenzen, hrsg. v. Christian Bussler und Alexander Fonari, München 2005, S. 67–74.

Wesner, Peter: Möglichkeiten und Grenzen der wertorientierten Unternehmensführung, in: Rechnungslegungskonzeptionen im Widerstreit: Beiträge zu den Wirtschaftswissenschaften, hrsg. v. Wirtschaftswissenschaftliche Fakultät der Universität Leipzig, KPMG Deutsche Treuhand Gesellschaft und PwC Deutsche Revision, Leipzig 2000, S. 293–309.

Woods, Maef: The Global Reporting Initiative, in: The CPA Journal 73 (2003), S. 60–65.

Wright, Peter und Stephen P. Ferris: Agency Conflict and Corporate Strategy: The Effect of Divestment on Corporate Value, in: Strategic Management Journal 18 (1997), S. 77–83.

Wysocki, Klaus von: Sozialbilanzen, Stuttgart 1981.

Yahoo! Incorporated: Yahoo! Finance, 2009, URL: http://finance.yahoo.com/ (besucht am 17.06.2009).

Zollinger, Peter: Sustainability Reporting: Ein Führungsinstrument für nachhaltiges Wirtschaften, in: Nutzen Managementsysteme? Vom Umwelt- zum Sustainability-Managementsystem, IWÖ-Diskussionsbeitrag 82, hrsg. v. Jost Hamschmidt und Thomas Dyllick, St. Gallen 2000, S. 65–78.

Zollner, Wolfgang: Handbuch Informationsvermittlung, 13. Aufl., Buch am Erlbach 2005.

Rechtsquellenverzeichnis

EU-Verordnungen

Verordnung (EG) Nr. 761/2001 des Europäischen Parlaments und des Rates vom 19. März 2001 über die freiwillige Beteiligung von Organisationen an einem Gemeinschaftssystem für das Umweltmanagement und die Umweltbetriebsprüfung (EMAS), ABl. L 114 vom 24.04.2001, S. 1 ff.

Verordnung (EG) Nr. 1606/2002 des Europäischen Parlaments und des Rates vom 19. Juli 2002 betreffend die Anwendung internationaler Rechnungslegungsstandards (IAS-Verordnung), ABl. EG L 243 vom 11.09.2002, S. 1–4.

Gesetze

HGB Handelsgesetzbuch vom 10. Mai 1897, RGBl. 1897, S. 219; zuletzt geändert durch Art. 1 des Gesetzes zur Modernisierung des Bilanzrechts vom 25.05.2009, BGBl. I 2009, S. 1102 ff.

BilReG Bilanzrechtsreformgesetz; Gesetz zur Einführung internationaler Rechnungslegungsstandards und zur Sicherung der Qualität der Abschlussprüfung vom 04.12.2004, BGBl. I 2004, S. 3166 ff.

BilKoG Bilanzkontrollgesetz; Gesetz zur Kontrolle von Unternehmensabschlüssen vom 20.12.2004, BGBl. I 2004, S. 3408 ff.

IDW

IDW PS 821 Grundsätze ordnungsmäßiger Prüfung oder prüferischer Durchsicht von Berichten im Bereich der Nachhaltigkeit, Düsseldorf 2005.

IASB/IASC

Discussion Paper, Management Commentary (MC), London 2005.

Exposure Draft ED/2009/06 **Management Commentary**, London 2009.

Exposure Draft, An Improved Conceptual Framework for Financial Reporting: Chapter 1: The Objective of Financial Reporting, Chapter 2: Qualitative Characteristics and Constraints of Decision-useful Financial Reporting Information, London 2008.

Framework for the Preparation and Presentation of Financial Statements, London 1989.

IAS 1 Presentation of Financial Statements, amended, London 2008.

IAS 12 Income Taxes, amended, London 2008.

IAS 14 Segment Reporting, amended, London 2005. Replaced by IFRS 8 Operating Segments.

IAS 18 Revenue, amended, London 2008.

IAS 19 Employee Benefits, amended, London 2008.

IAS 20 Accounting for Government Grants and Disclosure of Government Assistance, amended, London 2008.

IFRS 8 Operating Segments, amended, London 2008. Replaced IAS 14 Segment Reporting.

Preface to International Financial Reporting Standards, revised, London 2007.

Anhang

A.1 GRI Content Index

Abbildung A.1 zeigt ein Beispiel für einen GRI Content Index.[1] Der GRI Content Index der RWE AG verweist zu jedem Kernindikator auf die Stelle, an der die entsprechenden Informationen im Nachhaltigkeitsbericht, im Geschäftsbericht oder im Personalbericht zu finden sind. Für einige Kernindikatoren wird darauf verwiesen, dass sie auf den Internetseiten der RWE AG zu finden sind.

Da die RWE AG mit ihrem Nachhaltigkeitsbericht die Anwendungsebene A+ erfüllt, hat das Unternehmen Informationen zu jedem Kernindikator veröffentlicht. Der GRI Content Index liefert daher auch einen Überblick über alle Kernindikatoren, die in den GRI-Leitlinien definiert sind.

---

[1] Vgl. Abschnitt 3.4.1.3.

Index nach GRI (Global Reporting Initiative)

G3-Kernindikatoren		Seite
1. Vision und Strategie		
1.1	Vorwort des Vorstands- oder Aufsichtsratsvorsitzenden	2/3
1.2	Zentrale Nachhaltigkeitsauswirkungen, -risiken und -chancen	4–7, 12/13
2. Organisationsprofil		
2.1	Name des Unternehmens	4
2.2	Wichtigste Marken, Produkte und Dienstleistungen	4/5
2.3	Geschäftsbereiche und Unternehmensstruktur	4*/GB 39
2.4	Hauptsitz des Unternehmens	4
2.5	Länder mit Geschäftstätigkeitsschwerpunkt	6
2.6	Eigentümerstruktur	5
2.7	Märkte	6, 39, 73
2.8	Größe des Unternehmens	4
2.9	Signifikante Änderungen im Berichtszeitraum	62
2.10	Auszeichnungen im Berichtszeitraum	Umschlag vorne, 51, 60, 66
3. Berichtsparameter		
3.1	Berichtszeitraum	Umschlag vorne
3.2	Datum des letzten Berichts	18. April 2007
3.3	Berichtszyklus	Umschlag vorne
3.4	Ansprechpartner für Fragen zum Bericht	80
3.5	Vorgehensweise zur Auswahl der Berichtsinhalte	Umschlag vorne, 12/13
3.6	Bilanzierungsgrenzen des Berichts	77
3.7	Einschränkungen des Berichtsumfangs	Umschlag vorne
3.8	Joint Ventures, Tochterunternehmen, Outsourcing	Internet
3.9	Datenerfassung	64
3.10	Änderungen bei der Darstellung von Informationen im Vergleich zu früheren Berichten	16
3.11	Änderungen des Umfangs, der Berichtsgrenzen oder der Messmethoden	Keine
3.12	Index nach GRI	Umschlag hinten
3.13	Externe Verifizierung	78/79
4. Unternehmensführung, Verpflichtungen und Engagement		
4.1	Führungsstruktur	14/15, 18/19, 64
4.2	Unabhängigkeit des Aufsichtsratsvorsitzenden	GB 113 ff, 210
4.3	Kontrollorgan bzw. unabhängige Mitglieder des Unternehmensführung	GB 113 ff, 210
4.4	Mechanismen für Aktionärs- und Mitarbeiterempfehlungen an den Vorstand/Aufsichtsrat	GB 113 ff
4.5	Verknüpfung der Vorstandsvergütung mit der Unternehmensleistung	GB 119
4.6	Mechanismen zur Vermeidung von Interessenkonflikten	GB 113 ff
4.7	Expertise der Leitungsgremien im Bereich Nachhaltigkeit	14, 60, 64
4.8	Leitbilder, Unternehmenswerte und Verhaltenskodizes	13, 15
4.9	Verfahren auf Vorstands-/Aufsichtsratsebene zur Überwachung der Nachhaltigkeitsleistung	13, 64
4.10	Verfahren zur Beurteilung der Leistungen des Vorstands	GB 119
4.11	Umsetzung des Vorsorgeprinzips	14/15
4.12	Unterstützung externer Initiativen	15, 81
4.13	Mitgliedschaften in Verbänden und Interessengruppen	15, 57, 58
4.14	Einbezogene Stakeholdergruppen	12–14, 57/58
4.15	Auswahl der Stakeholder	12, 14, 57/58
4.16	Ansätze für den Stakeholderdialog (Art/Häufigkeit)	15, 57/58
4.17	Stellungnahme zu zentralen Anliegen der Stakeholder	10/11, 13/14, 57/58
5. Leistungsindikatoren		
Ökonomie – Managementansatz		39–43
EC1	Erwirtschafteter und verteilter Wert	5, 6, 76
EC2	Finanzielle Auswirkungen des Klimawandels	24/25
EC3	Betriebliche soziale Zuwendungen	52, 76
EC4	Finanzielle Zuwendungen der öffentlichen Hand	61
EC6	Zahlungen an lokale Zulieferer	61
EC7	Beschäftigung lokaler Arbeitnehmer in Führungspositionen	Internet
EC8	Infrastrukturinvestitionen und Dienstleistungen für das Gemeinwohl	58, 61

G3-Kernindikatoren		Seite
Ökologie – Managementansatz		13, 23–32
EN1	Gewicht/Volumen der eingesetzten Materialien	67, 69
EN2	Anteil von Recyclingmaterial am Gesamtmaterialeinsatz	68
EN3	Direkter Energieverbrauch nach Primärenergiequellen	67
EN4	Indirekter Energieverbrauch nach Primärenergiequellen	Internet
EN8	Gesamter Wasserverbrauch nach Quellen	Internet
EN11	Flächennutzung in geschützten Gebieten	Internet
EN12	Auswirkungen von Aktivitäten in geschützten Gebieten	Internet
EN16	Direkte und indirekte Treibhausgasemissionen	32, 67
EN17	Weitere relevante Treibhausgasemissionen (z.B. Reisen)	32, Internet
EN19	Ozonschädigende Substanzen nach Gewicht	Internet
EN20	NO_x, SO_x und andere signifikante Luftemissionen nach Gewicht	34, 70
EN21	Abwassereinleitungen	Internet
EN22	Abfall nach Art und Entsorgungsmethode	35, 71
EN23	Freisetzung von Schadstoffen nach Anzahl und Volumen	Internet
EN26	Initiativen zur Verringerung von Umweltauswirkungen der Produkte und Dienstleistungen	26/27, 29, 34/35, 41
EN27	Anteil von Produkten und deren Verpackungen, die wiederverwendet wurden	Nicht zutreffend
EN28	Geldbußen/Sanktionen wegen Nichteinhaltung von Umweltauflagen	19
Arbeitsumfeld und Arbeitsbedingungen – Managementansatz		49–53
LA1	Mitarbeiter nach Beschäftigungsverhältnissen und Regionen	6, 73*, PB 88
LA2	Mitarbeiterfluktuation nach Altersgruppen, Geschlecht und Regionen	73*
LA4	Mitarbeiter mit Tarifverträgen	Internet
LA5	Mitteilungsfristen in Bezug auf wesentl. betriebliche Veränderungen	Internet
LA7	Verletzungen, Abwesenheitsquote und Todesfälle	53, 75
LA8	Risikokontrolle und Programme bzgl. schwerer Krankheiten	53
LA10	Aus- und Weiterbildungsstunden nach Mitarbeiterkategorien	Internet
LA13	Zusammensetzung des oberen Managements und der Mitarbeiterstruktur (z.B. Alter/Geschlecht/Kultur)	74, Internet
LA14	Entlohnung nach Geschlecht und Mitarbeiterkategorie	Internet
Menschenrechte – Managementansatz		52
HR1	Investitionsvereinbarungen mit Klauseln oder Prüfungen bzgl. Menschenrechten	
HR2	Anteil Lieferanten, bei denen Prüfungen zu Menschenrechtsfragen durchgeführt wurden, und ergriffene Maßnahmen	61, 76*
HR4	Vorfälle von Diskriminierung und ergriffene Maßnahmen	52
HR5	Geschäftstätigkeiten mit signifikantem Risiko Vereinigungsfreiheit	61, 76*
HR6	Geschäfte mit erhöhtem Risiko Kinderarbeit und Maßnahmen	61, 76*
HR7	Geschäfte mit erhöhtem Risiko Zwangsarbeit und Maßnahmen	61, 76*
Gesellschaft – Managementansatz		57–60
SO1	Eindämmung negativer Folgen für Standortgemeinden	58, 60
SO2	Anteil der auf Korruptionsrisiken überprüften Geschäftsbereiche	44/45
SO3	Zur Prävention geschulte Mitarbeiter in Prozent	Internet
SO4	Nach Korruptionsvorfällen ergriffene Maßnahmen	Internet
SO5	Positionen und Beteiligung an politischen Entscheidungsprozessen und Lobbying-Aktivitäten	45, 60
SO8	Geldbußen/Sanktionen wegen Gesetzesverstößen	19
Produktverantwortung – Managementansatz		39–43
PR1	Lebenszyklusstadien von Produkten, für die Sicherheits- und Gesundheitsauswirkungen analysiert wurden	Internet
PR3	Grundsätze/Verfahren zur Produktkennzeichnung	45, 73
PR6	Programme zur Einhaltung von Gesetzen und freiwilligen Vereinbarungen in der Werbung	Internet
PR8	Beschwerden in Bezug auf die Verletzung des Schutzes der Kundendaten	73*
PR9	Wesentliche Geldbußen für Gesetzesverstöße bzgl. der Nutzung von Produkten und Dienstleistungen	45

GB = Geschäftsbericht 2007; PB = Personalbericht 2007;
* = keine vollständige Darstellung gemäß GRI-Kriterium bzw. nur Beispiel
Alle Kernindikatoren sind abgebildet. Sprünge in der Nummerierung sind darauf zurückzuführen, dass GRI-Zusatzindikatoren nicht im Index erfasst werden.

Ein detaillierter GRI-Index inkl. Angaben zu den Indikatoren des GRI Sector Supplements Electric Utilities ist im Internet verfügbar. [65] Den Erfüllungsgrad der GRI G3-Leitlinien schätzen wir selbst mit A+ ein.

Abbildung A.1: Beispiel für einen GRI Content Index,
Quelle: RWE AG: Wann, wenn nicht jetzt. Zukunftsorientiertes Handeln – daran werden wir gemessen. Unsere Verantwortung. Bericht 2007, Klappe hinten.

A.2 Daten zu Kapitel 5

Tabelle A.1 zeigt die Daten der Untersuchungen der Nullhypothesen 1 und 2. Sie enthält alle Unternehmen, die am 9. September 2008 im HDAX gelistet waren. Die Daten aus der Spalte „Börsennotiert seit" wurden bei der Überprüfung der Nullhypothese 1 verwendet, um zu ermitteln, welche Unternehmen in den untersuchten Zeiträumen durchgängig börsennotiert waren.

Die Spalten „GRI 2004" bis „GRI 2007" geben an, ob das jeweilige Unternehmen einen Nachhaltigkeitsbericht veröffentlicht hat, in dem es sich auf die GRI-Leitlinien berufen hat und in dem es über mindestens sechs Monate des jeweiligen Kalenderjahres berichtet hat. Mit diesen Daten wurde sowohl die Entwicklung der Nachhaltigkeitsberichterstattung in den Jahren 2004 bis 2007 als auch der Vergleich des Berichtverhaltens der Unternehmen des DAX und MDAX durchgeführt.

Unternehmen	Börsennotiert seit	GRI 2004	GRI 2005	GRI 2006	GRI 2007	Index 09.09.2008
Aareal Bank AG	01.01.2004 oder früher	nein	nein	nein	nein	MDAX
adidas AG	01.01.2004 oder früher	ja	ja	ja	ja	DAX
Aixtron AG	01.01.2004 oder früher	nein	nein	nein	nein	TecDAX
Allianz SE	01.01.2004 oder früher	ja	ja	ja	ja	DAX
Altana AG	01.01.2004 oder früher	nein	nein	ja	nein	MDAX
AMB Generali Holding AG	01.01.2004 oder früher	nein	nein	nein	nein	MDAX
Arcandor AG	01.01.2004 oder früher	ja	ja	ja	ja	MDAX
BASF AG	01.01.2004 oder früher	ja	ja	ja	ja	DAX
Bayer AG	01.01.2004 oder früher	ja	ja	ja	ja	DAX
BB Biotech NAM. SF1	01.01.2004 oder früher	nein	nein	nein	nein	TecDAX
BB Medtech NAM. SF2	01.01.2004 oder früher	nein	nein	nein	nein	TecDAX
Bechtle AG	01.01.2004 oder früher	nein	nein	nein	nein	TecDAX
Beiersdorf Aktiengesellschaft	01.01.2004 oder früher	nein	nein	ja	ja	MDAX
Bilfinger Berger AG	01.01.2004 oder früher	nein	nein	nein	nein	MDAX
BMW AG St	01.01.2004 oder früher	ja	ja	ja	nein	DAX
Carl Zeiss Meditec AG	01.01.2004 oder früher	nein	nein	nein	nein	TecDAX
Celesio AG	01.01.2004 oder früher	nein	nein	nein	nein	MDAX
Centrotherm Photovoltaics AG	12.10.2007	nein	nein	nein	nein	TecDAX
Commerzbank AG	01.01.2004 oder früher	ja	ja	ja	ja	DAX
Conergy AG	17.03.2005	nein	nein	nein	nein	TecDAX
Continental AG	01.01.2004 oder früher	nein	ja	ja	ja	DAX
Daimler AG	01.01.2004 oder früher	ja	ja	ja	ja	DAX
Demag Cranes AG	23.06.2006	nein	nein	nein	nein	MDAX
Deutsche Bank AG	01.01.2004 oder früher	ja	ja	ja	ja	DAX
Deutsche Börse AG	01.01.2004 oder früher	nein	nein	nein	nein	DAX
Deutsche EuroShop AG	01.01.2004 oder früher	nein	nein	nein	nein	MDAX
Deutsche Lufthansa AG	01.01.2004 oder früher	nein	nein	nein	nein	DAX
Deutsche Post AG	01.01.2004 oder früher	ja	ja	ja	ja	DAX
Deutsche Postbank AG	23.06.2004	ja	ja	ja	ja	DAX
Deutsche Telekom AG	01.01.2004 oder früher	ja	ja	ja	ja	DAX
Deutz AG	01.01.2004 oder früher	nein	nein	nein	nein	MDAX
Douglas Holding AG	01.01.2004 oder früher	nein	nein	nein	nein	MDAX
Drägerwerk AG & Co. KGaA	01.01.2004 oder früher	nein	nein	nein	nein	TecDAX
E.ON AG	01.01.2004 oder früher	ja	ja	ja	ja	DAX
EADS N.V.	01.01.2004 oder früher	nein	ja	ja	ja	MDAX
Epcos AG	01.01.2004 oder früher	nein	nein	nein	nein	TecDAX
Ersol Solar Energy AG	30.09.2005	nein	nein	nein	nein	TecDAX
Fraport AG	01.01.2004 oder früher	nein	nein	nein	ja	MDAX
Freenet AG	05.03.2007	nein	nein	nein	nein	TecDAX
Fresenius AG Vz	01.01.2004 oder früher	nein	nein	nein	nein	MDAX
Fresenius Medical Care AG & Co. KGaA St	01.01.2004 oder früher	nein	nein	nein	nein	DAX
Fuchs Petrolub AG Vz	01.01.2004 oder früher	nein	nein	nein	nein	MDAX
GAGFAH S.A.	19.10.2006	nein	nein	nein	nein	MDAX
GEA Group Aktiengesellschaft	01.01.2004 oder früher	nein	nein	nein	nein	MDAX
Gildemeister	01.01.2004 oder früher	nein	nein	nein	nein	MDAX
Hamburger Hafen und Logistik AG	02.11.2007	nein	nein	nein	nein	MDAX
Hannover Rückversicherung AG	01.01.2004 oder früher	nein	nein	nein	nein	MDAX
HeidelbergCement AG	01.01.2004 oder früher	ja	nein	ja	nein	MDAX
Heidelberger Druckmaschinen AG	01.01.2004 oder früher	nein	nein	nein	nein	MDAX
Henkel KGaA Vz	01.01.2004 oder früher	ja	ja	ja	ja	DAX
HOCHTIEF AG	01.01.2004 oder früher	ja	ja	ja	ja	MDAX
Hugo Boss AG Vz	01.01.2004 oder früher	nein	nein	nein	nein	MDAX
Hypo Real Estate Holding AG	01.01.2004 oder früher	nein	nein	nein	nein	DAX
IDS Scheer AG	01.01.2004 oder früher	nein	nein	nein	nein	TecDAX
Infineon Technologies AG	01.01.2004 oder früher	nein	nein	nein	nein	DAX
IVG Immobilien AG	01.01.2004 oder früher	nein	nein	nein	nein	MDAX
K+S Aktiengesellschaft	01.01.2004 oder früher	nein	ja	ja	ja	MDAX
Klöckner & Co Aktiengesellschaft	28.06.2006	nein	nein	nein	nein	MDAX
Kontron AG	01.01.2004 oder früher	nein	nein	nein	nein	TecDAX
Krones AG	01.01.2004 oder früher	nein	nein	nein	nein	MDAX
KUKA Aktiengesellschaft	01.01.2004 oder früher	nein	nein	nein	nein	MDAX
LANXESS AG	31.01.2005	nein	nein	nein	nein	MDAX
Leoni AG	01.01.2004 oder früher	nein	nein	nein	nein	MDAX
Linde AG	01.01.2004 oder früher	ja	nein	ja	ja	DAX

Tabelle A.1: Daten zu den Untersuchungen aus Kapitel 5,
Quelle: Eigene Darstellung

A.2 Daten zu Kapitel 5

Unternehmen	Börsennotiert seit	GRI 2004	GRI 2005	GRI 2006	GRI 2007	Index 09.09.2008
MAN AG St	01.01.2004 oder früher	ja	ja	ja	ja	DAX
Merck KGaA	01.01.2004 oder früher	ja	ja	ja	ja	DAX
METRO AG St	01.01.2004 oder früher	nein	nein	nein	nein	DAX
MLP AG	01.01.2004 oder früher	nein	nein	nein	nein	MDAX
MorphoSys AG	01.01.2004 oder früher	nein	nein	nein	nein	TecDAX
MTU Aero Engines Holding AG	06.06.2005	nein	nein	nein	nein	MDAX
Münchener Rück AG	01.01.2004 oder früher	nein	nein	ja	ja	DAX
Norddeutsche Affinerie AG	01.01.2004 oder früher	nein	nein	nein	nein	MDAX
Nordex AG	01.01.2004 oder früher	nein	nein	nein	nein	TecDAX
Pfeiffer Vaccum Technology AG	01.01.2004 oder früher	nein	nein	nein	nein	TecDAX
Pfleiderer AG	01.01.2004 oder früher	nein	nein	nein	nein	MDAX
Phoenix Solar Aktiengesellschaft	18.11.2004	nein	nein	nein	nein	TecDAX
Praktiker Bau- und Heimwerkermärkte AG	22.11.2005	nein	nein	nein	nein	MDAX
Premiere AG	09.03.2005	nein	nein	nein	nein	MDAX
ProSiebenSat.1 Media AG	01.01.2004 oder früher	nein	nein	nein	nein	MDAX
Puma AG	01.01.2004 oder früher	ja	nein	ja	ja	MDAX
Q-Cells AG	05.10.2005	nein	nein	ja	ja	TecDAX
Qiagen N.V.	01.01.2004 oder früher	nein	nein	nein	nein	TecDAX
QSC AG	01.01.2004 oder früher	nein	nein	nein	nein	TecDAX
REpower Systems AG	01.01.2004 oder früher	nein	nein	nein	nein	TecDAX
Rheinmetall AG	01.01.2004 oder früher	nein	nein	nein	nein	MDAX
RHÖN-KLINIKUM AG	01.01.2004 oder früher	nein	nein	nein	nein	MDAX
Rofin-Sinar Technologies Inc.	01.01.2004 oder früher	nein	nein	nein	nein	TecDAX
Roth & Rau AG	11.05.2006	nein	nein	nein	nein	TecDAX
RWE AG St	01.01.2004 oder früher	ja	ja	ja	ja	DAX
Salzgitter AG	01.01.2004 oder früher	nein	nein	nein	nein	MDAX
SAP AG	01.01.2004 oder früher	nein	nein	nein	ja	DAX
SGL Carbon AG	01.01.2004 oder früher	nein	nein	nein	nein	MDAX
Siemens AG	01.01.2004 oder früher	nein	nein	nein	nein	DAX
Singulus Technologies AG	01.01.2004 oder früher	nein	nein	nein	nein	TecDAX
Software AG	01.01.2004 oder früher	nein	nein	nein	nein	TecDAX
Solar World AG	01.01.2004 oder früher	nein	nein	nein	ja	TecDAX
Solon AG für Solartechnik	01.01.2004 oder früher	nein	nein	nein	nein	TecDAX
STADA Arzneimittel AG	01.01.2004 oder früher	nein	nein	nein	nein	MDAX
Südzucker AG	01.01.2004 oder früher	nein	nein	nein	nein	MDAX
Symrise AG	11.12.2006	nein	nein	nein	nein	MDAX
ThyssenKrupp AG	01.01.2004 oder früher	nein	nein	nein	nein	DAX
Tognum AG	02.07.2007	nein	nein	nein	nein	MDAX
TUI AG	01.01.2004 oder früher	ja	ja	ja	nein	DAX
United Internet AG	01.01.2004 oder früher	nein	nein	nein	nein	TecDAX
Versatel AG	27.04.2007	nein	nein	nein	nein	TecDAX
Volkswagen AG St	01.01.2004 oder früher	ja	ja	ja	ja	DAX
Vossloh AG	01.01.2004 oder früher	nein	nein	nein	nein	MDAX
Wacker Chemie AG	10.04.2006	ja	ja	nein	nein	MDAX
WINCOR NIXDORF Aktiengesellschaft	01.01.2004 oder früher	nein	nein	nein	nein	MDAX
Wirecard AG	01.01.2004 oder früher	nein	nein	nein	nein	TecDAX

Tabelle A.1: Daten zu den Untersuchungen aus Kapitel 5 (Forts.),
Quelle: Eigene Darstellung

A.3 Daten zu Kapitel 6

Tabelle A.2 listet die Unternehmen auf, die im Jahr 2007 oder 2008 in den DJSI STOXX aufgenommen wurden oder aus dem Index herausgefallen sind. Unternehmen, die in den betrachteten Jahren sowohl aus dem DJSI STOXX aufgenommen als auch herausgenommen wurden, werden zweimal aufgelistet. Eine Zeile enthält jeweils die Daten zu einem Ereignis. α und β sind die Parameter, die sich bei der OLS-Schätzung ergeben haben. Die Parameter wurden im Marktmodell verwendet, um für jeden Handelstag die erwartete Rendite zu berechnen.

Die Spalte $\widehat{CAR}_i(T_1, T_2)$ enthält zu jedem Unternehmen die kumulierte abnormale Rendite in der Ereignisperiode. Die Spalte $Var(\widehat{CAR}_i(T_1, T_2))$ weist die Varianz der kumulierten abnormalen Renditen in der Ereignisperiode aus.

A.3 Daten zu Kapitel 6

Unternehmen	Ereignis	α	β	$\widehat{CAR}_i(T_1, T_2)$	$Var(\widehat{CAR}_i(T_1, T_2))$
ACS	Aufnahme 2007	-0,00025	1,06282	-0,13748	0,00252
AKER SOLUTIONS	Aufnahme 2007	0,00333	1,12231	0,03466	0,02637
ATLAS COPCO A	Aufnahme 2007	-0,00776	0,18616	0,27479	0,22070
AXA	Aufnahme 2007	-0,00092	1,34771	0,07646	0,00230
E.ON	Aufnahme 2007	0,00152	0,78914	0,01559	0,00478
GAMESA	Aufnahme 2007	0,00123	1,32732	-0,07236	0,00687
GRUPO ACCIONA	Aufnahme 2007	0,00087	1,54574	-0,04318	0,00886
ITALCEMENTI	Aufnahme 2007	-0,00244	0,94927	-0,08758	0,00387
JCDECAUX	Aufnahme 2007	0,00024	0,56031	0,03706	0,00303
KLEPIERRE	Aufnahme 2007	-0,00218	1,07448	1,24107	0,00797
MAN GRP	Aufnahme 2007	-0,00191	1,77831	0,09641	0,00811
NOKIA	Aufnahme 2007	0,00247	1,05363	0,08445	0,00513
RAUTARUUKKI K	Aufnahme 2007	0,00154	1,35742	-0,02338	0,01491
SCHNEIDER ELECTRIC	Aufnahme 2007	-0,00001	0,89640	-0,07651	0,00326
TAYLOR WIMPEY	Aufnahme 2007	-0,00326	1,20441	-0,19208	0,01056
TRELLEBORG B	Aufnahme 2007	0,00213	0,74377	-0,10630	0,05096
UNION FENOSA	Aufnahme 2007	0,00006	0,21519	0,04740	0,00635
ACERGY	Aufnahme 2008	-0,00158	1,02668	-0,26819	0,02158
AMEC	Aufnahme 2008	0,00095	0,78747	-0,17088	0,01046
BCA MONTE DEI PASCHI DI SIENA	Aufnahme 2008	-0,00289	1,04242	0,13685	0,02829
CAPITA GRP	Aufnahme 2008	0,00056	0,56730	0,03365	0,00610
COCA-COLA HBC	Aufnahme 2008	-0,00552	0,47151	0,11218	0,03226
CREDIT AGRICOLE	Aufnahme 2008	-0,00219	1,97276	0,25060	0,01800
CRITERIA CAIXACORP	Aufnahme 2008	-0,00154	1,04083	0,13500	0,00673
EADS	Aufnahme 2008	0,00109	1,81957	-0,06602	0,01795
EDP ENERGIAS DE PORTUGAL	Aufnahme 2008	-0,00079	0,58608	-0,04090	0,00549
ENAGAS	Aufnahme 2008	-0,00106	0,37976	-0,02918	0,00416
ENEL	Aufnahme 2008	0,00018	0,57472	-0,00212	0,00277
ENI	Aufnahme 2008	0,00060	0,52336	-0,03274	0,00341
ESSILOR INTERNATIONAL	Aufnahme 2008	-0,00121	0,33719	0,08767	0,00714
FOMENTO DE CONSTRUCY CONTRA	Aufnahme 2008	-0,00120	1,45200	0,11427	0,00595
FORTUM	Aufnahme 2008	0,00123	0,11188	-0,09120	0,02606
GAS NATURAL SDG	Aufnahme 2008	-0,00208	0,56230	-0,03613	0,00721
HAMMERSON	Aufnahme 2008	-0,00154	1,33998	0,22582	0,01243
IBERIA	Aufnahme 2008	-0,00111	1,45199	0,05113	0,03440
IMI	Aufnahme 2008	0,00048	1,17151	-0,06761	0,00865
LAFARGE	Aufnahme 2008	-0,00196	1,20334	0,06332	0,00715
LIBERTY INTERNATIONAL	Aufnahme 2008	-0,00121	1,18929	0,22088	0,01007
LONDON STOCK EXCHANGE	Aufnahme 2008	-0,00332	2,22083	0,16195	0,02753
LUFTHANSA	Aufnahme 2008	-0,00070	1,29367	0,07922	0,00894
MICHAEL PAGE INTERNATIONAL	Aufnahme 2008	0,00214	1,69408	-0,36134	0,03074
RHODIA	Aufnahme 2008	0,00046	2,33345	-0,01034	0,02297
RIO TINTO	Aufnahme 2008	-0,00022	0,85316	-0,07825	0,01752
RSA INSURANCE GRP	Aufnahme 2008	0,00150	1,66481	0,14319	0,00803
SANDVIK	Aufnahme 2008	-0,00180	1,27452	0,05356	0,00973
THOMSON	Aufnahme 2008	-0,00229	1,27813	0,01425	0,02064
VOLKSWAGEN	Aufnahme 2008	0,00120	0,48879	0,20289	0,00846

Tabelle A.2: Daten zur Untersuchung aus Kapitel 6,
Quelle: Eigene Darstellung

Unternehmen	Ereignis	α	β	$\overline{CAR_i}(T_1,T_2)$	$Var(\overline{CAR_i}(T_1,T_2))$
ALCATEL LUCENT	Herausnahme 2007	-0,00115	0,74990	-0,13834	0,00770
ANGLO AMERICAN	Herausnahme 2007	-0,00322	1,98680	0,17509	0,01131
BALFOUR BEATTY	Herausnahme 2007	-0,00120	1,09918	0,06126	0,00589
BIFFA	Herausnahme 2007	-0,00382	1,00609	0,03369	0,01778
BP PLC	Herausnahme 2007	-0,00055	0,72792	0,00320	0,00212
CATTLE'S	Herausnahme 2007	-0,00229	0,95399	0,04300	0,00646
DEUTSCHE POST	Herausnahme 2007	-0,00075	0,45294	-0,02388	0,00499
ENEL	Herausnahme 2007	-0,00062	0,57812	0,08688	0,00110
GLAXOSMITHKLINE	Herausnahme 2007	-0,00120	0,56863	0,01656	0,00380
HAMMERSON	Herausnahme 2007	-0,00346	0,65015	0,01812	0,00609
HUHTAMAKI OYJ	Herausnahme 2007	-0,00078	0,11151	-0,00361	0,00846
L'OREAL	Herausnahme 2007	0,00041	0,63349	0,06959	0,00306
LAFARGE	Herausnahme 2007	-0,00049	1,19839	-0,07853	0,00272
MAN	Herausnahme 2007	0,00098	1,31510	-0,05891	0,00549
NATIONAL EXPRESS GRP	Herausnahme 2007	-0,00095	0,91242	0,03510	0,00628
OCE	Herausnahme 2007	0,00174	0,69170	-0,11477	0,01123
RIO TINTO	Herausnahme 2007	0,00032	1,57025	0,21297	0,01215
SVENSKA CELLULOSA B	Herausnahme 2007	0,03064	0,33965	-0,91526	1,63460
SWISSCOM R	Herausnahme 2007	-0,00080	0,54888	0,04717	0,00245
UPM KYMMENE	Herausnahme 2007	-0,00208	0,88811	0,09604	0,00444
VESTAS WIND SYSTEMS	Herausnahme 2007	0,00092	1,53362	0,16726	0,00874
WPP GRP	Herausnahme 2007	-0,00133	0,75374	-0,07042	0,00201
ACS	Herausnahme 2008	-0,00006	1,27758	-0,00202	0,00582
ASML HLDG	Herausnahme 2008	0,00147	1,23199	-0,25599	0,01516
AVIVA	Herausnahme 2008	-0,00096	1,84235	0,12561	0,00832
BAYER	Herausnahme 2008	0,00097	0,54193	0,01368	0,00512
COLOPLAST B	Herausnahme 2008	-0,00188	0,43960	0,32287	0,01727
DAIMLER	Herausnahme 2008	-0,00227	1,23453	0,08178	0,00677
DANISCO	Herausnahme 2008	0,00018	0,72773	-0,00180	0,01128
ENDESA	Herausnahme 2008	-0,00064	0,51072	-0,01836	0,00662
GRP SOCIETE GENERALE	Herausnahme 2008	0,00086	1,75681	0,08281	0,00952
INTERNATIONAL PERSONAL FINANCE	Herausnahme 2008	0,00318	0,68342	-0,21448	0,01751
ITALCEMENTI	Herausnahme 2008	-0,00180	1,22228	0,14438	0,01198
METSO	Herausnahme 2008	-0,00189	0,33793	-0,19278	0,03298
MONDI	Herausnahme 2008	-0,00255	0,82609	-0,05150	0,01508
NATIONAL GRID	Herausnahme 2008	-0,00046	0,74622	0,08292	0,00558
RED ELECTRICA CORPORATION	Herausnahme 2008	0,00005	0,35865	-0,03523	0,00559
RENAULT	Herausnahme 2008	-0,00055	1,45702	-0,11701	0,01165
ROCHE HLDG P	Herausnahme 2008	-0,00024	0,30045	-0,01143	0,00892
ROYAL DUTCH SHELL A	Herausnahme 2008	0,00067	0,53779	-0,03897	0,00624
TIETOENATOR	Herausnahme 2008	-0,00195	0,60192	-0,08857	0,01551
VODAFONE GRP	Herausnahme 2008	-0,00074	1,16420	-0,01873	0,01389
WERELDHAVE	Herausnahme 2008	-0,00045	0,85282	0,03824	0,00467

Tabelle A.2: Daten zur Untersuchung aus Kapitel 6,
Quelle: Eigene Darstellung (Forts.)

A.4 Daten zu Kapitel 7

Tabelle A.3 listet alle Unternehmen auf, die am 1. Januar 2005 zum HDAX gehörten. Die Spalte „Index" gibt Auskunft darüber, ob das jeweilige Unternehmen am 1. Januar 2005 im DAX, MDAX oder TecDAX gelistet war. Zudem gibt Spalte „GRI 2004" an, ob das Unternehmen für das Kalenderjahr 2004 einen Nachhaltigkeitsbericht in Anlehnung an die GRI-Leitlinien erstellte.

Die Spalten s und $s+\tau$ definieren den Zeitraum, für den das Unternehmen im untersuchten Zeitraum als Teil eines Buy-and-Hold-Portfolios in Frage kamen. Ist das Enddatum nicht der 31. Dezember 2008, ist das Unternehmen seit dem angegebenen Datum nicht mehr börsennotiert. Für diesen Zeitraum enthält die Spalte $R_{i,\tau}$ die Rendite, die das Unternehmen als Bestandteil eines Buy-and-Hold-Portfolios eingebracht hätte. Sie enthält daher neben der Aktienkursentwicklung auch die Dividenden und Bonuszahlungen, die an die Aktionäre ausgeschüttet wurden. Die letzten beiden Spalten $AR_{i,\tau}$ mit VW und $AR_{i,\tau}$ ohne VW setzen die Rendite des Unternehmen in Relation zur Rendite eines Portfolios, das jeweils im gleichen Umfang alle Unternehmen des jeweiligen Indexes (DAX, MDAX, TecDAX) enthält. Dabei wird bei DAX-Unternehmen unterschieden zwischen einem Referenzportfolio, das VW enthält, und einem Referenzportfolio, in dem VW aufgrund der außergewöhnlichen Kursreaktion während des Übernahmeversuchs durch Porsche nicht enthalten ist.

Zur Verhinderung des Skewness Bias fließen in die Untersuchung außerdem die Differenzen aus der abnormalen Rendite eines Unternehmens und der abnormalen Rendite des gesamten untersuchten Portfolios ein. Diese Differenzen werden in Tabelle A.4 aufgelistet, wobei erneut die Fallunterscheidung zwischen dem Portfolio mit VW und dem Portfolio ohne VW durchgeführt wird. Die Differenz der abnormalen Rendite von VW und der abnormalen Rendite des Portfolios ohne VW ist zwar in der Tabelle angegeben, fließt jedoch nicht in die Untersuchung ein.

Unternehmen	Index	GRI 2004	s	$s+\tau$	$R_{i,\tau}$	$AR_{i,\tau}$ mit VW	$AR_{i,\tau}$ ohne VW
Aareal Bank	MDAX	nein	04.01.2005	31.12.2008	0,29	-0,97	-0,97
Adidas-Salomon	DAX	ja	04.01.2005	31.12.2008	0,95	-0,49	-0,29
Aixtron	TecDAX	nein	04.01.2005	31.12.2008	1,50	0,54	0,54
Allianz	DAX	ja	04.01.2005	31.12.2008	0,91	-0,54	-0,34
Altana	DAX	nein	04.01.2005	31.12.2008	1,22	-0,22	-0,02
AMB Generali	MDAX	nein	04.01.2005	31.12.2008	1,42	0,17	0,17
AT&S	TecDAX	nein	04.01.2005	31.12.2008	0,34	-0,62	-0,62
AWD	MDAX	nein	04.01.2005	31.12.2008	1,20	-0,06	-0,06
BASF	DAX	ja	04.01.2005	31.12.2008	1,41	-0,03	0,17
Bayer	DAX	ja	04.01.2005	31.12.2008	1,90	0,46	0,66
Bayerische HypoVereinsbank	DAX	nein	04.01.2005	15.09.2008	2,57	0,87	1,02
BB Biotech	TecDAX	nein	04.01.2005	31.12.2008	1,12	0,16	0,16
Bechtle	TecDAX	nein	04.01.2005	31.12.2008	0,79	-0,17	-0,17
Beiersdorf	MDAX	nein	04.01.2005	31.12.2008	1,54	0,28	0,28
Beru	MDAX	nein	04.01.2005	31.12.2008	1,20	-0,05	-0,05
Bilfinger Berger	MDAX	nein	04.01.2005	31.12.2008	1,23	-0,03	-0,03
BMW	DAX	ja	04.01.2005	31.12.2008	0,73	-0,71	-0,51
Celesio	MDAX	nein	04.01.2005	31.12.2008	0,78	-0,48	-0,48
Comdirect	MDAX	nein	04.01.2005	31.12.2008	1,39	0,13	0,13
Commerzbank	DAX	ja	04.01.2005	31.12.2008	0,59	-0,85	-0,65
Continental	DAX	nein	04.01.2005	31.12.2008	0,73	-0,71	-0,51
DaimlerChrysler	DAX	ja	04.01.2005	31.12.2008	0,93	-0,51	-0,31
Degussa	MDAX	nein	04.01.2005	15.09.2006	1,53	-0,01	-0,01
DEPFA	MDAX	nein	04.01.2005	02.10.2007	1,27	-0,72	-0,72
Deutsche Bank	DAX	ja	04.01.2005	31.12.2008	0,62	-0,82	-0,62
Deutsche Börse	DAX	nein	04.01.2005	31.12.2008	2,49	1,05	1,25
Deutsche Euroshop	MDAX	nein	04.01.2005	31.12.2008	1,26	0,00	0,00
Deutsche Post	DAX	ja	04.01.2005	31.12.2008	0,86	-0,59	-0,38
Deutsche Postbank	MDAX	nein	04.01.2005	31.12.2008	0,63	-0,63	-0,63
Deutsche Telekom	DAX	ja	04.01.2005	31.12.2008	0,81	-0,63	-0,43
Dialog Semiconductor	TecDAX	nein	04.01.2005	30.12.2008	0,39	-0,57	-0,57
Douglas Holding	MDAX	nein	04.01.2005	31.12.2008	1,40	0,14	0,14
Drägerwerk	TecDAX	nein	04.01.2005	31.12.2008	0,60	-0,36	-0,36
E.ON	DAX	ja	04.01.2005	31.12.2008	1,94	0,49	0,69
EADS	MDAX	nein	04.01.2005	31.12.2008	0,61	-0,65	-0,65
Elmos Semiconductor	TecDAX	nein	04.01.2005	31.12.2008	0,22	-0,74	-0,74
Epcos	TecDAX	nein	04.01.2005	31.12.2008	1,71	0,76	0,76
Evotec	TecDAX	nein	04.01.2005	31.12.2008	0,28	-0,68	-0,68
Fielmann	MDAX	nein	04.01.2005	31.12.2008	1,96	0,71	0,71
Fraport	MDAX	nein	04.01.2005	31.12.2008	1,10	-0,16	-0,16
Freenet.de	TecDAX	nein	04.01.2005	31.12.2008	0,63	-0,33	-0,33
Fresenius	MDAX	nein	04.01.2005	31.12.2008	1,98	0,72	0,72
Fresenius Medical Care	DAX	nein	04.01.2005	31.12.2008	1,76	0,31	0,52
Funkwerk	TecDAX	nein	04.01.2005	31.12.2008	2,37	1,41	1,41
GPC Biotech	TecDAX	nein	04.01.2005	31.12.2008	0,10	-0,86	-0,86
Hannover Rück	MDAX	nein	04.01.2005	31.12.2008	0,92	-0,34	-0,34
HeidelbergCement	MDAX	ja	04.01.2005	31.12.2008	0,84	-0,42	-0,42
Heidelberger Druckmaschinen	MDAX	nein	04.01.2005	31.12.2008	0,36	-0,90	-0,90
Henkel	DAX	ja	04.01.2005	31.12.2008	1,14	-0,31	-0,11
Hochtief	MDAX	ja	04.01.2005	31.12.2008	1,61	0,35	0,35
Hugo Boss	MDAX	nein	04.01.2005	31.12.2008	0,98	-0,28	-0,28
Hypo Real Estate	MDAX	nein	04.01.2005	31.12.2008	0,21	-1,05	-1,05
IDS Scheer	TecDAX	nein	04.01.2005	31.12.2008	0,50	-0,46	-0,46
IKB	MDAX	nein	04.01.2005	31.12.2008	0,26	-1,00	-1,00
Infineon	DAX	nein	04.01.2005	31.12.2008	0,12	-1,33	-1,12

Tabelle A.3: Renditen zur Untersuchung aus Kapitel 7,
   Quelle: Eigene Darstellung

A.4 Daten zu Kapitel 7

Unternehmen	Index	GRI 2004	s	$s+\tau$	$R_{i,\tau}$	$AR_{i,\tau}$ mit VW	$AR_{i,\tau}$ ohne VW
IVG	MDAX	nein	04.01.2005	31.12.2008	0,63	-0,62	-0,62
IWKA AG (KUKA)	MDAX	nein	04.01.2005	31.12.2008	0,71	-0,54	-0,54
Jenoptik	TecDAX	nein	04.01.2005	31.12.2008	0,62	-0,34	-0,34
K + S	MDAX	nein	04.01.2005	31.12.2008	4,13	2,87	2,87
Karstadt Quelle	MDAX	ja	04.01.2005	31.12.2008	0,44	-0,82	-0,82
Kontron	TecDAX	nein	04.01.2005	31.12.2008	1,14	0,18	0,18
Krones	MDAX	nein	04.01.2005	31.12.2008	1,18	-0,08	-0,08
Leoni	MDAX	nein	04.01.2005	31.12.2008	0,97	-0,29	-0,29
Linde	DAX	ja	04.01.2005	31.12.2008	1,43	-0,01	0,19
Lufthansa	DAX	nein	04.01.2005	31.12.2008	1,32	-0,12	0,08
MAN	DAX	ja	04.01.2005	31.12.2008	1,55	0,11	0,31
Medion	MDAX	nein	04.01.2005	31.12.2008	0,50	-0,76	-0,76
Merck KGaA	MDAX	ja	04.01.2005	31.12.2008	1,40	0,14	0,14
Metro	DAX	nein	04.01.2005	31.12.2008	0,80	-0,65	-0,44
mg technologies (GEA)	MDAX	nein	04.01.2005	31.12.2008	1,40	0,14	0,14
Micronas Semiconductor	TecDAX	nein	04.01.2005	31.12.2008	0,07	-0,89	-0,89
MLP	MDAX	nein	04.01.2005	31.12.2008	0,78	-0,47	-0,47
Mobilcom	TecDAX	nein	04.01.2005	28.02.2007	1,22	-0,34	-0,34
Morphosys	TecDAX	nein	04.01.2005	31.12.2008	1,45	0,49	0,49
MPC	MDAX	nein	04.01.2005	31.12.2008	0,54	-0,71	-0,71
Münchener Rück	DAX	nein	04.01.2005	31.12.2008	1,37	-0,07	0,13
Norddeutsche Affinerie	MDAX	nein	04.01.2005	31.12.2008	2,20	0,94	0,94
Pfeiffer Vacuum	TecDAX	nein	04.01.2005	31.12.2008	1,65	0,69	0,69
ProSiebenSat.1 Media	MDAX	nein	04.01.2005	31.12.2008	0,42	-0,84	-0,84
Puma	MDAX	ja	04.01.2005	31.12.2008	0,72	-0,54	-0,54
Qiagen	TecDAX	nein	04.01.2005	31.12.2008	1,50	0,54	0,54
QSC	TecDAX	nein	04.01.2005	31.12.2008	0,33	-0,63	-0,63
Rheinmetall	MDAX	nein	04.01.2005	31.12.2008	0,70	-0,55	-0,55
Rhön-Klinikum	MDAX	nein	04.01.2005	31.12.2008	1,56	0,30	0,30
Rofin-Sinar	TecDAX	nein	04.01.2005	31.12.2008	0,94	-0,02	-0,02
RWE	DAX	ja	04.01.2005	31.12.2008	1,77	0,32	0,53
Salzgitter	MDAX	nein	04.01.2005	31.12.2008	4,19	2,93	2,93
SAP	DAX	nein	04.01.2005	31.12.2008	0,88	-0,57	-0,36
Schering	DAX	nein	04.01.2005	25.09.2008	2,27	0,52	0,72
Schwarz Pharma	MDAX	nein	04.01.2005	31.12.2008	3,46	2,20	2,20
SGL Carbon	MDAX	nein	04.01.2005	31.12.2008	2,53	1,27	1,27
Siemens	DAX	nein	04.01.2005	31.12.2008	0,93	-0,52	-0,31
Singulus Technologies	TecDAX	nein	04.01.2005	31.12.2008	0,26	-0,70	-0,70
Software	TecDAX	nein	04.01.2005	31.12.2008	1,67	0,71	0,71
SolarWorld	TecDAX	nein	04.01.2005	31.12.2008	3,63	2,67	2,67
STADA Arzneimittel	MDAX	nein	04.01.2005	31.12.2008	1,11	-0,15	-0,15
Südzucker	MDAX	nein	04.01.2005	31.12.2008	0,85	-0,41	-0,41
Süss Microtec	TecDAX	nein	04.01.2005	31.12.2008	0,24	-0,72	-0,72
T-Online	TecDAX	nein	04.01.2005	14.07.2006	0,70	-0,55	-0,55
Techem	MDAX	nein	04.01.2005	31.12.2008	2,42	1,16	1,16
Teles	TecDAX	nein	04.01.2005	31.12.2008	0,29	-0,67	-0,67
Thiel Logistik (Logwin)	MDAX	nein	04.01.2005	31.12.2008	0,37	-0,89	-0,89
ThyssenKrupp	DAX	nein	04.01.2005	31.12.2008	1,38	-0,06	0,14
TUI	DAX	ja	04.01.2005	31.12.2008	0,61	-0,83	-0,63
United Internet	TecDAX	nein	04.01.2005	31.12.2008	1,40	0,44	0,44
Volkswagen	DAX	ja	04.01.2005	31.12.2008	7,30	5,86	6,06
Vossloh	MDAX	nein	04.01.2005	31.12.2008	2,26	1,00	1,00
WCM	MDAX	nein	04.01.2005	31.12.2008	0,12	-1,14	-1,14
Web.de (Kizoo)	TecDAX	nein	04.01.2005	31.12.2008	1,11	0,15	0,15
Wincor Nixdorf	MDAX	nein	04.01.2005	31.12.2008	1,35	0,09	0,09

Tabelle A.3: Renditen zur Untersuchung aus Kapitel 7 (Forts.),
Quelle: Eigene Darstellung

Unternehmen	$AR_{i,\tau}-\overline{AR_\tau}$ (mit VW)	$(AR_{i,\tau}-\overline{AR_\tau})^3$ (mit VW)	$AR_{i,\tau}-\overline{AR_\tau}$ (ohne VW)	$(AR_{i,\tau}-\overline{AR_\tau})^3$ (ohne VW)
Adidas-Salomon	-0,47716	-0,10864	-0,14931	-0,00333
Allianz	-0,52174	-0,14202	-0,19389	-0,00729
BASF	-0,01241	0,00000	0,31544	0,03139
Bayer	0,47696	0,10850	0,80481	0,52128
BMW	-0,69295	-0,33274	-0,36510	-0,04867
Commerzbank	-0,83378	-0,57964	-0,50594	-0,12951
DaimlerChrysler	-0,49399	-0,12055	-0,16615	-0,00459
Deutsche Bank	-0,80240	-0,51663	-0,47455	-0,10687
Deutsche Post	-0,56902	-0,18424	-0,24117	-0,01403
Deutsche Telekom	-0,61401	-0,23148	-0,28616	-0,02343
E.ON	0,50901	0,13188	0,83686	0,58608
HeidelbergCement	-0,40337	-0,06563	-0,27754	-0,02138
Henkel	-0,29176	-0,02484	0,03609	0,00005
Hochtief	0,36610	0,04907	0,49193	0,11905
Karstadt Quelle	-0,80520	-0,52205	-0,67938	-0,31357
Linde	0,00428	0,00000	0,33213	0,03664
MAN	0,12709	0,00205	0,45494	0,09416
Merck KGaA	0,15675	0,00385	0,28258	0,02256
Puma	-0,52238	-0,14255	-0,39655	-0,06236
RWE	0,34012	0,03935	0,66797	0,29804
TUI	-0,81485	-0,54105	-0,48700	-0,11550
Volkswagen	5,87470	202,74856	6,20255	238,62234

Tabelle A.4: Differenzen der abnormalen Renditen zur Untersuchung aus Kapitel 7,
Quelle: Eigene Darstellung

Printed in Poland
by Amazon Fulfillment
Poland Sp. z o.o., Wrocław